Sommaire

Livre du professeur

Français 2de

Sous la direction de

Anne-Marie Bonnabel
Agrégée de Lettres modernes
Lycées Thiers et Marseilleveyre, Marseille

et

François Vanoosthuyse
Agrégé de Lettres classiques
Université Sorbonne Nouvelle - Paris III

Ronan Guellec
Agrégé de Lettres modernes
Lycée Robert Doisneau, Corbeil-Essonnes

Daniel Hermosin
Agrégé de Lettres modernes
Lycée Romain Rolland, Ivry

Laure Mangin
Agrégée de Lettres modernes
Lycée Robert Doisneau, Corbeil-Essonnes

Marie-Lucile Milhaud
Agrégée de Lettres modernes
IA-IPR de Lettres honoraire

Anne-Sophie Viallard
Agrégée de Lettres modernes
Lycée Gustave Eiffel, Gagny

Donatienne Woerly
Agrégée de Lettres modernes
Université Sorbonne Nouvelle - Paris III

Belin
ÉDITEUR INDÉPENDANT DEPUIS 1777

8, rue Férou 75278 Paris cedex 06
www.editions-belin.com

ISBN 978-2-7011-5532-6

I. Le roman au XIXe siècle

Introduction au chapitre

Ce chapitre a d'abord pour objet de familiariser les élèves avec les notions de réalisme et de naturalisme. On passe en revue les thématiques les plus récurrentes du récit réaliste et naturaliste du XIXe siècle, et on insiste sur le fait que cette littérature fait toujours signe vers son contexte réel, en précisant de quoi il s'agit : l'histoire politique, les mutations socio-économiques, idéologiques et morales, langagières et scientifiques, de la France du XIXe siècle. Il s'agit également de situer le roman réaliste dans l'histoire de la fiction, en montrant comment des thèmes romanesques traditionnels (courage, comique, amour) sont traités par les romanciers réalistes. Enfin, ce chapitre est une introduction à l'étude des formes narratives. On aborde les fonctions élémentaires de la fabrique du récit (personnages, narrateurs, décors), les moments essentiels du récit (incipit, explicit, chute, scènes, sommaires, dialogues), les paramètres fondamentaux du style (scénario, scénographies, focalisation, énonciation, langue). De grands noms, français ou étrangers, sont proposés pour cette initiation aux romans réalistes et naturalistes : Honoré de Balzac, Émile Zola, Gustave Flaubert, Stendhal, Léon Tolstoï, Charles Dickens. L'étude portant sur *Le Père Goriot* introduit à l'univers d'un écrivain majeur de la période. Les extraits retenus pour cette « Lecture d'une œuvre » permettent de l'envisager comme un roman d'apprentissage, en suivant les étapes de la formation de Rastignac. Les autres dimensions du roman sont abordées dans l'étude d'ensemble, notamment le réalisme et l'étude des passions.

Indications bibliographiques

– René Rémond, *Introduction à l'histoire de notre temps, T. 2, Le XIXe siècle (1815-1914)*, Seuil, coll. « Points », 1974.

– Francis Demier, *La France du XIXe Siècle (1814-1914)*, Seuil, coll. « Points-Histoire », 2000.

– Michel Raimond, *Le Roman*, Armand Colin, coll. « Cursus », 2002.

– Pierre Chartier, *Introduction aux grandes théories du roman*, Armand Colin, coll. « Lettres sup. », 2005.

– Vincent Jouve, *La Poétique du roman*, Armand Colin, coll. « Campus », 2001.

– Anne-Marie Lefèvre, *Honoré de Balzac, Le Père Goriot*, Ellipses, coll. « Résonances », 1998.

– Pierre Barberis, *Le Père Goriot de Balzac, écriture, structures, significations*, Larousse, 1972.

– Emmanuel Querouil, *Le Père Goriot et le roman d'éducation*, Bordas, 1990.

Le réel dans le roman réaliste et naturaliste

Nouveaux héros, nouveaux espaces

→ p. 18-19

Émile Zola, *Germinal*

Il s'agit de l'incipit du roman. Le héros, encore anonyme, est en marche, à la recherche d'un travail, sur une route du pays minier dans le nord de la France. Ce texte nous plonge dans l'univers du roman naturaliste : thèmes, techniques.

Analyse du texte

Le début d'un roman naturaliste

1. Le personnage est un homme seul. C'est un ouvrier au chômage, sans logis et quasiment sans bagage, autrement dit sans bien. Il est à pied, dans un pays qui ne lui est pas familier. Il est manifestement animé d'une forte volonté, qui lui fait affronter la souffrance du froid et de la fatigue. C'est ce qui constitue, pour le moment, son héroïsme.

2. Le narrateur nous prive en effet de cette information essentielle (alors qu'il nous donne des toponymes). Cela confirme que le héros est un inconnu. Qu'il est sans attache. Cela contribue à le rendre mystérieux (comme la nuit et le paysage industriel qui l'entoure sont étranges). Cela crée enfin une attente chez le lecteur : celle de savoir.

3. Il y a d'abord les sensations physiques du personnage (la douleur et la gêne). Il y a ensuite son état d'esprit (la crainte, mais aussi l'espoir et la détermination). Quant aux pensées, le narrateur spécifie qu'il y en a peu en raison de la situation (« tête vide d'ouvrier sans travail et sans gîte »). Mais d'un autre côté il le montre très attentif à son environnement. Le héros a à cet égard les qualités d'un pionnier. Pour la seconde partie de la question, les élèves répondront en comparant l'expérience du personnage à leur propre expérience de la vie et à leur propre situation sociale.

Un espace et une scénographie

4. On relèvera les indications fournies par le premier paragraphe (notamment les « dix kilomètres de pavé coupant tout droit », l'absence d'arbre, et toutes les caractéristiques du « plat pays »). Ces indications sont réalistes, mais leur traitement a quelque chose de poétique (nuit, étoiles, immensité, solitude de l'homme sur la terre et sous le ciel). Quelque chose de symbolique aussi : la route droite, métaphore du chemin de la vie.

5. L'auteur retarde l'explication du lieu où l'on se trouve, parce que le récit est ici focalisé : les informations qui nous sont données correspondent au champ de perception du personnage. Nous apprenons les choses en même temps que lui. L'intérêt est aussi de donner, après une longue rétention d'information, de la force à la révélation. Et pour cause : l'objet qu'on découvre a quelque chose de monstrueux et de sinistre.

6. « On » est un pronom personnel indéfini. Il implique évidemment le personnage, mais aussi un reste, qui ne peut être que le narrateur (le narrateur n'est pas ici un personnage, mais est bien une subjectivité). Mais l'usage de « on » a aussi pour fonction d'impliquer le lecteur, de solliciter son appareil perceptif. En ce sens, le point de vue change légèrement. Ce procédé est extrêmement fréquent dans le roman réaliste et naturaliste.

7. On pourra citer par exemple : « des profils de tréteaux gigantesques », « cette apparition fantastique, noyée de nuit et de fumée », « la respiration grosse et longue d'un échappement de vapeur, qu'on ne voyait point ». Dans ces expressions, absolument tous les termes peuvent faire l'objet d'un commentaire. Le mot « fosse » est aussi, en lui-même, inquiétant et spectaculaire. On prendra garde en revanche d'éviter l'inutile recours à des interprétations « symboliques » et déréalisantes.

Lecture de l'image

Émile Zola, dessin préparatoire à la première page de *Germinal*

8. On apprend que Zola préparait méticuleusement ses romans à partir de documents (qu'il transcrivait dans des carnets de travail) et à partir d'ébauches. On apprend surtout que ces préparatifs n'impliquaient pas seulement des textes, mais aussi des images. Et en particulier des cartes signifiant qu'il se faisait une idée précise de la topologie de son roman. On peut voir, sur le dessin, la route droite parcourue par le héros, et l'on voit la fosse du Voreux.

Vers le commentaire

9. On s'appuiera sur divers éléments, situés tout au long du texte, et qui ne sont pas exactement de même nature. On pourra relier le rapport du spectaculaire du texte à l'ambiance nocturne, au froid violent, ainsi qu'au mystère qui entoure le personnage et le paysage (en dépit – ou à cause – du caractère parfaitement réel de celui-ci). On pourra aussi le relier à la composition du texte : sa forte structuration (route droite, rigueur et homogénéité des informations, focalisation) prépare l'apparition finale. Enfin il faudra s'intéresser de près à cette apparition, en l'envisageant d'un point de vue stylistique (métaphores, adjectifs qualificatifs, usage du « on », usage du mot « fosse ») et aussi d'un point de vue factuel : la fosse est en soi tout un programme narratif (descente sous la terre, charbon noir, feu souterrain, danger de mort) qui a un caractère formidable.

Une poésie naturaliste : le paysage

→ pages 20-21

■ Edmond et Jules de Goncourt, *Germinie Lacerteux*

Ce texte raconte un moment de bonheur de la vie de l'héroïne, Germinie Lacerteux. Il s'agit d'une promenade, en compagnie de l'homme dont elle est amoureuse, après la barrière de Paris, au nord, en allant vers Saint-Ouen. Ce texte est d'une très grande qualité stylistique. Il permet de faire comprendre aux élèves que le « réalisme » est compatible avec une certaine forme de « poésie », et même, sur le plan formel, avec une forme de prose poétique.

Analyse du texte

Une description pittoresque et humaniste

1. Ce texte est la peinture en mouvement d'un paysage animé (route, bâtiments, arbres, personnages, objets, horizon). Le texte a un intérêt documentaire. D'abord parce que ce paysage a aujourd'hui disparu, mais qu'on peut aisément le situer dans la géographie. On comprend à quoi ressemblaient ces quartiers ouvriers de la périphérie de la capitale ; on comprend que la campagne était beaucoup plus proche de Paris, etc. Ensuite parce qu'il nous montre les occupations des ouvriers parisiens – près de 50 % de la population à l'époque – le dimanche.

2. Cette question demande qu'on soit attentif à la syntaxe. On remarque les inversions de l'ordre sujet/verbe, qui mettent en valeur les substantifs, les séries d'expansions du nom, qui mettent en fin de période des notations en valeur (exemple : les écailles d'huître l. 8, les branches d'acacia l. 25-26). La fin du dernier paragraphe, évoquant l'horizon, est particulièrement remarquable. On remarquera aussi, réciproquement, l'impact des phrases brèves (des indépendantes), porteuses de notations colorées (le poteau vert l. 15 par exemple). On signalera enfin le paragraphe 3, consacré à une image unique (particulièrement significative ici du printemps et du désir de Germinie).

3. Ici encore, la question est d'ordre stylistique. La symétrie de la première phrase du texte est un bon point de départ. Le balancement, au début de la phrase 3, peut être signalé aussi. On sera attentif aux assonances et aux allitérations, par exemple dans la remarquable phrase, ou à des effets plus simples et nets (la rime intérieure l. 15 réverbère/poteau vert). Mais on peut aussi noter que certaines phrases fonctionnent par paires (exemple : les phrases 2 et 3 du second paragraphe, l. 15-16).

4. Oui, ces impressions peuvent être attribuées à Germinie. Il y a un personnage focal dans ce récit, et c'est Germinie. Toutefois, il ne s'agit pas ici de ce qu'on appelle souvent abusivement « focalisation interne ». Germinie est ici objectivée comme personnage et fait en ce sens partie du paysage. D'autre part, le narrateur s'associe clairement à l'enchantement de Germinie, et la qualité des notations (précision, appréhension esthétique des phénomènes), est plutôt les marques d'un esthète. Le langage du narrateur, ici particulièrement mis en valeur, n'est pas celui de Germinie.

Lecture des images

Les représentations du monde moderne

Charles Marville, *Des Gobelins à Alésia, rue de l'Essai*

Claude Monet, *Impression, soleil levant*

5. Oui, cette vue est un paysage, mariant bâtiments et végétaux, orienté vers un horizon. Ce paysage, bien que du sud de Paris, a un rapport avec ce que décrivent les Goncourt. On peut noter la composition complexe de l'image : rue oblique au loin, muret qui sépare l'image en deux, angle de vue qui fait qu'aucun bâtiment n'est saisi de face, etc. Mais aussi ce qui la structure fortement : la série des verticales, les branches noires parallèles en haut à gauche. Le lieu est désert à ce moment (un moment qui dure : les prises de vue sont longues à cette époque), ce qui procure à l'image un caractère insolite.

6. Il s'agit d'un port industriel, dont on distingue les bâtiments et les machines. On distingue des cheminées qui fument. Des barques noires à contre-jour, et la bille rouge du soleil levant. Quant à savoir si le peintre est précis : oui, il l'est, si l'on considère, comme lui, qu'il rend compte d'un moment, d'une qualité de lumière et d'atmosphère. Il ne l'est pas, si l'on considère qu'il prend délibérément le parti de faire flou et d'esquisser les formes.

Vers la dissertation

7. Ces trois formes de représentation ont un point commun évident qui est l'intérêt pour les paysages et, plus particulièrement, pour les paysages urbains ou périurbains et les activités humaines qui s'y déploient. Ces trois formes artistiques sont l'expression d'une tendance générale au réalisme.

Mais chacune y participe avec ses propres moyens et en ce sens elles sont complémentaires. Le roman ne peut pas faire voir au sens strict du terme, la photo et la peinture ne peuvent pas raconter au sens strict du terme. Les couleurs de la peinture n'appartiennent qu'à elle, de même que celles de la photographie. Les moyens propres de ces trois arts complémentaires sont d'ailleurs des façons de déréaliser le paysage, et non seulement de nous documenter à son sujet : le noir et blanc du photographe, le coup de pinceau ou la touche du peintre, le style poétique des écrivains, sont trois manières complémentaires d'enchanter le monde.

On peut aussi dire que ces formes d'art communiquent. Les « tâches noires, presque immobiles, au loin », dans le texte des Goncourt, semblent anticiper l'art de Monet, mais dans l'ensemble le texte des Goncourt se caractérise notamment par l'art du détail et même du micro détail, qui peut évoquer la photographie. Chez Monet, l'ambiance bleutée, le camaïeu des bleus (avec le seul contraste, à l'horizon et à la verticale, du rose orangé) ressemble, structurellement, au camaïeu de gris de la photographie. Mais les remous de l'eau, l'équilibre qui s'instaure entre les touches, les segments, les lignes, peuvent évoquer l'art du rythme des Goncourt.

Sociologie des familles → p. 22-23

■ Stendhal, *Le Rouge et le Noir*
■ Gustave Flaubert, *L'Éducation sentimentale*

Ces deux textes ont un point commun : ils montrent un jeune héros, un provincial, découvrant un lieu parisien, un espace privé, qui se trouve être en plus la maison d'une femme qu'il aime (pour Frédéric) ou va aimer (pour Julien). Ces scènes sont typiques du roman d'apprentissage. Elles sont aussi propres à faire comprendre la notion de focalisation. Enfin, par la composition et par la thématique sociologique – étude des comportements, des discours, des liens familiaux, des objets – elles sont typiques de l'esthétique réaliste.

Analyse des textes

Le point de vue de Julien [Ier TEXTE]

1. Julien assiste au dîner de la famille de son employeur, le marquis de La Mole. Il observe, il écoute et il juge. Pour la seconde partie de la question, on peut relever par exemple : « semblèrent à Julien » (l. 1). « Il le trouva charmant » (l. 8), « il aperçut » (l. 9), etc.

2. On peut hésiter, sans doute, en raison de la structure de la phrase. L'indépendante est placée dans la continuité de celle qui a pour noyau l'expression « semblèrent à Julien », donc une certaine logique peut attribuer cette pensée à Julien. Mais la vraisemblance attribue plutôt cette maxime au narrateur : Julien découvre tout juste Paris et ne peut encore former ce type de jugement. Cette question est l'occasion de montrer que l'énonciation dans un roman est quelquefois ambiguë, que l'attribution des phrases n'est pas toujours évidente, et que, chez Stendhal en particulier, le personnage et le narrateur forment une sorte de couple, les opérations du second étant en quelque sorte greffées sur les activités du premier.

3. Sur le caractère des personnages, les interprétations et les jugements des élèves seront nécessairement variables, et également légitimes, du moins passé un certain niveau d'acceptabilité. Mais la question vise surtout à reprendre le thème de la focalisation. Le personnage focal est Julien et c'est par cette procédure que les autres personnages nous sont montrés. Julien apparaît ainsi lui-même comme un personnage réfléchi et comme un jugeur tous azimuts. Il fait par ailleurs l'objet d'une allusion du marquis, qui signale que Julien fait des fautes d'orthographe. Le dialogue est donc aussi un vecteur d'information au sujet des personnages. Le complexe d'infériorité sociale de Julien, qui débouche sur un vif ressentiment (le texte parle même de haine), transparaît également dans ce passage. On notera en particulier les marques de sa vive admiration pour Norbert, suscitée par des détails matériels, ainsi que les lignes 24-25.

4. On peut aborder en particulier la question des rapports ambivalents de Julien avec Mathilde, et plus généralement avec les femmes, en se penchant sur les lignes 11-19. Les interprétations des élèves varieront suivant qu'ils seront plus ou moins psychologues, ou plus ou moins expérimentés. Le fait que Julien compare Mathilde à la femme qu'il a aimée lui confère en tout cas une singulière importance. Et le rejet peut signifier, en creux, une attirance.

Un intérieur bourgeois [2e TEXTE]

5. Il s'agit de repérer l'ensemble des objets et des éléments décoratifs qui ne sont pas français. Jusqu'au détail vestimentaire de la « bourse algérienne » (l. 24). On pourra rappeler que l'histoire se passe à la fin des années 1840, alors que la conquête de l'Algérie se termine. Parallèlement, on pourra faire remarquer des éléments plus traditionnellement français et bourgeois (le vin à la cave, la causeuse, la table à ouvrage...). Les Arnoux sont à peu près l'équivalent de ce qu'on appelle aujourd'hui les « bobos ». Ce texte est l'occasion d'une recherche lexicale ou de manière plus approfondie sur le mobilier et le design au XIXe siècle. La réponse à la deuxième sous-question peut être le point de départ d'une activité d'écriture.

6. Ici encore le héros est le personnage focal. Frédéric découvre l'appartement de la femme qu'il aime. Le luxe des matières, la chaleur du feu, l'harmonie des couleurs, les lumières, l'originalité des objets sont en soi pourvoyeurs de sensations douces. Certains détails sont plus importants que d'autres (la cheminée). On se trouve dans un espace principalement habité par des objets féminins. Ils disposent aussi le jeune amoureux à la rêverie parce qu'ils sont les traces de la présence de Mme Arnoux (l. 18-20), et les marques de son bon goût. À partir des objets, Flaubert nous introduit dans l'univers d'une famille aisée et heureuse.

Vers le commentaire

7. On apprend peu de choses sur la relation entre Frédéric et M. Arnoux. Il disparaît, puis réapparaît discrètement à la fin du passage. Cela est assez significatif et mérite d'être noté. Le second paragraphe montre que Frédéric est sensible à la féminité de Mlle Marthe, et elle à lui. On voit que l'enfant est déjà habillée et coiffée comme une femme (les détails vestimentaires luxueux et sensuels, s'agissant des deux personnages féminins, prennent une grande importance dans ce texte). Le sentiment qu'éprouve Frédéric à l'égard de l'enfant est admiratif. Comme souvent, ce personnage est peu caractérisé (ni action, ni paroles, ni description physique) : ce sont les autres personnages qui le signifient comme en miroir (cf. notamment les lignes 10-12). Cet intermède avec l'enfant retarde et prépare en même temps l'apparition de Mme Arnoux (on pourra comparer ce texte à sa première apparition sur le bateau, au premier chapitre du roman). La description est extrêmement sensuelle et laisse percevoir le désir de Frédéric. La mise en scène du personnage (émergeant de l'ombre) favorise cette interprétation. Le fait que le corps de Mme Arnoux reste dans l'ombre ne diminue pas l'intensité de sa présence, au contraire.

Enquête sur les métiers et les milieux professionnels → p. 24-25

■ Honoré de Balzac, *Illusions perdues*
■ Émile Zola, *L'Assommoir*

Ces textes sont exemplaires du caractère documentaire de la littérature réaliste et naturaliste. Ils permettent de mettre en exergue la précision du roman réaliste et son attention à l'émergence de la modernité et des mœurs nouvelles.

Analyse des textes

Une étude de mœurs [Ier TEXTE]

1. Finot est le directeur de rédaction d'un journal. Il prend le héros sous son aile, noue une relation privilégiée avec lui et le lance dans la carrière de journaliste. C'est pourquoi le héros est heureux.

2. Oui, d'autres éléments confirment la maxime de Finot. Par exemple les recommandations de Finot au début du passage, ou sa prise de parole (l. 7). Se faire discret, prendre la place sans en avoir l'air, telle est la morale de Finot. Ce patronyme lui-même est significatif. Enfin, Finot annonce à la fin du passage qu'il passe à l'ennemi en faisant simplement remarquer que « les circonstances sont variables ». Lousteau met en doute l'authenticité du discours de Finot (l. 25).

3. Les personnages sont liés par une œuvre commune et, en principe, par des opinions communes. Ils sont aussi liés par les alliances qu'ils forment les uns avec les autres et contre les autres, sur le modèle de l'alliance Finot/Lucien.

4. Il s'agit ici d'approcher les manières de parler de Finot. Au début du passage, beaucoup de prescriptions (à Lucien), une attitude supérieure et en même temps complice, dans le secret ; beaucoup d'énergie, beaucoup de petites phrases vives qui s'additionnent, et, on peut le supposer, un grand débit. Attitude typique d'un homme de pouvoir, qui a besoin de lieutenants et qui fait sa carrière en conduisant celle des autres. Il convient de souligner le caractère trop démonstratif de sa harangue (l. 16-23), mais aussi l'ironie dont il fait preuve à l'égard de lui-même, et la complicité qu'il entretient avec ses auditeurs sur la base d'un sous-entendu ironique (« quoique mes opinions subissent une transformation nécessaire... », l. 18 – sous-entendu : en apparence, car je reste des vôtres en réalité, et ce n'est pas à vous que je mens, mais aux autres). Finot est un comédien et il ne le cache pas, c'est ce qui fait qu'il n'est pas tout à fait antipathique (voire pas du tout, selon les lecteurs).

5. Il est manifeste que le narrateur s'amuse : de son point de vue, Finot, Lousteau, Vignon, etc., sont des personnages amusants. Aucune notation ironique du narrateur, aucune censure morale non plus. Mais il faut également souligner que ce texte est sans illusion aucune sur l'honnêteté des journalistes ici représentés. On peut se reporter à la vie de Balzac résumée pages 42-43 et insister sur le fait que Balzac lui-même a évolué dans le monde de la presse parisienne de cette époque.

Une fine équipe [2e TEXTE]

6. Ces femmes sont des ouvrières qui confectionnent de petits accessoires décoratifs, des fleurs artificielles. Zola évoque, sur la table de l'atelier, leurs outils et les divers matériaux qu'elles travaillent. Le texte explique comment la journée commence ; il montre également que toutes les ouvrières travaillent à la même table et comment elles se disposent. On apprend qu'il fait très chaud dans l'atelier. Le petit détail de la fleur dans un pot (l. 17 sq) est intéressant : le lieu de travail est lui-même agrémenté d'une vraie fleur, comme une maison particulière : les ouvrières s'approprient ainsi un peu cet espace.

7. Les ouvrières ont pour tutrice Mme Lerat, qui est elle-même ouvrière mais semble avoir aussi les fonctions d'un contremaître (sans doute en raison de son ancienneté et de son sérieux). Les autres ouvrières sont manifestement plus jeunes, Nana, par exemple, étant une adolescente qui vit chez ses parents. Enfin il y a la patronne, dont l'approche inspire de la méfiance. L'attitude des ouvrières se caractérise par une certaine dissipation. La tendance est d'arriver d'en retard. La bonne humeur et une certaine forme de provocation sont de mise. Néanmoins, le travail est fait et l'autorité de Mme Lerat n'est pas mise en cause. Les bienséances, dont Mme Lerat se porte garante, sont contournées par les jeunes ouvrières : on notera le commérage tendancieux (l. 20-23) et même l'allusion sexuelle (l. 26).

8. Nana est clairement la moins sérieuse et la plus frondeuse de toutes (l. 4-5 ; l. 26). Elle est ambitieuse, ou ironique (l. 6-7). Elle est gouailleuse. Elle manque de respect envers son père (l. 31-32) – on pourra noter ici le discours indirect libre. Le jugement du narrateur n'est pas marqué.

Écriture d'invention

9. Il s'agit, pour les élèves, de s'approprier le style de cette scène : brefs récits d'actions, brèves descriptions, brèves prises de paroles, le tout finement entrelacé. Il s'agit aussi de fabriquer un court récit impliquant plus de trois personnages : de mettre en scène un groupe. Enfin, il s'agit de faire une scène réaliste, comportant des indications précises et pertinentes sur la vie de ce groupe et sur son activité. Ce lieu peut être le lycée lui-même.

Discours rapportés → p. 26-27

■ Gustave Flaubert, *Madame Bovary*
■ Honoré de Balzac, *La Cousine Bette*

Ces deux textes mettent en scène des bourgeois et ont un caractère satirique. Ils permettent de travailler la question du discours rapporté ainsi que la théâtralité du roman réaliste.

Analyse des textes

Sottises et idées reçues [1er TEXTE]

1. L'explication fournie par Homais n'est, de toute évidence, pas scientifiquement valable et il a tout l'air d'être un imbécile. Mais il ne semble pas qu'il fasse cet effet sur son auditoire – bien au contraire – ce qui contribue au comique. L'inutilité et la superfluité de certaines précisions (la conversation des degrés Réaumur en degrés Fahrenheit par exemple) est la marque du pédantisme de M. Homais. Le rapport de cause à effet établi par le pharmacien entre les exhalaisons de la rivière et des bêtes (les pets de vaches étant comiquement rapportés à leur composition chimique) et le climat est loufoque. Extension farfelue de la climatologie et de la chimie des gaz. De même l'idée que les vents se rafraichissent en passant au-dessus de la Seine, la comparaison de la situation d'Yonville avec les pays tropicaux, etc. Ce cuistre dit n'importe quoi sur un ton magistral.

2. Emma et Léon alignent les lieux communs. On relèvera en particulier les soleils couchants, la mer liée aux idées d'élévation spirituelle et d'infini. Leur conversation est un produit dérivé du romantisme, et d'un romantisme lui-même caricatural. Leur dialogue est structuré comme une liste : ils passent en revue l'un après l'autre les clichés qui sont le fond de leur pensée. Il s'agit de deux êtres sensibles, sans doute, mais pas d'esprits originaux.

3. La construction de la phrase très longue, avec ses pauses, ses reprises, ses enchaînements laborieux, sa ponctuation forte et souvent redoublée (qui pourrait signifier des pauses, des attitudes théâtrales, des gestes), participe du comique. Homais parle en propriétaire, dont la science justifie qu'il étende à tout l'environnement son désir de maîtrise, et non en scientifique. En ce sens, il fait un discours qui le met en valeur et qui en impose à son auditoire, quelque chose comme un mauvais cours, au lieu de faire la conversation aux nouveaux venus, dans un esprit hospitalier.

Un grossier personnage [2e TEXTE]

4. M. Crevel parle avec condescendance à cette femme qui a besoin de lui. Il la désigne par des termes qui la rabaissent (« *mon enfant* », dont le caractère abusif est souligné par l'auteur à l'aide des italiques, « ma petite mère »). Il abuse également de mots tendres (« cher ange »), qu'il ne devrait pas s'autoriser. Il est humiliant, en lui faisant la leçon, et en lui signifiant qu'il la croit sotte (l. 10-11). Enfin il est vulgaire, parce qu'il manifeste sans vergogne son avarice.

5. Sa façon de s'adresser à Mme Hulot est malséante et en ce sens malhonnête. Mais son discours est franc, dit carrément les choses, est honnête en ce sens.

6. M. Crevel dit en substance que l'argent gouverne le monde, c'est-à-dire, que les hommes sont mus d'abord par des intérêts d'argent. Au sujet de Louis-Philippe et de la monarchie de Juillet, Balzac dit la même chose que Stendhal dans *Lucien Leuwen*. Il semble clair qu'il accorde du crédit à la leçon de M. Crevel. On ne dénote aucune erreur logique dans ce discours, qui va au contraire remarquablement droit à ses conclusions.

7. La familiarité vulgaire, l'impudence, l'autosatisfaction, la vanité de Crevel, en bref l'énormité et le caractère ostentatoire de ses défauts, font de Crevel un personnage comique, presque farcesque. Mais c'est aussi son inventivité rhétorique qui fait rire (en particulier l. 15-21), son lexique familier, peut-être à dessein (« tripote »), l'accumulation des adjectifs qui consacrent la pièce de cent sous, le mode de désignation de la banque (l. 12-13). C'est un discours haut en couleur, amusant et écœurant à la fois.

Vers le commentaire

8. Les élèves pourront s'aider du questionnaire pour traiter cette question.

Roman et histoire nationale

→ p. 28-29

■ Gustave Flaubert, *L'Éducation sentimentale*
■ Émile Zola, *La Fortune des Rougon*

Ces deux textes sont issus de romans qui ne se contentent pas d'élire un cadre « historique », mais qui cherchent à raconter et à analyser l'histoire. Les romanciers réalistes, travaillant à partir de documents et d'enquêtes, deviennent alors des sortes d'historiens. C'est ce qui distingue fondamentalement leurs œuvres des romans historiques d'Alexandre Dumas par exemple. Ces deux textes en quelque sorte se répondent : les vaincus de juin 1848 réapparaissant, d'une certaine manière, sous l'aspect des résistants de décembre 1851.

Analyse des textes

L'horreur [Ier TEXTE]

1. Flaubert les a mis bout à bout pour rendre clairement perceptible l'ignominie du père Roque.

2. Le père Roque assassine le jeune homme d'abord parce que c'est un ennemi de classe : il se venge, comme l'indiquent les lignes 1 à 4, de la menace qu'a constitué pour ses biens, ses certitudes et son autorité de bourgeois l'activité des démocrates-socialistes des débuts de la Seconde République. Cette violence, dit le texte, fut particulièrement celle des gardes nationaux qui n'avaient pas participé aux combats, mais qui tenaient à démontrer leur bravoure, comme dit ironiquement Flaubert ligne 9, après que le danger était passé, en s'acharnant sur les prisonniers. Il l'assassine parce qu'il est habité de ce « fanatisme des intérêts » dont il est question dans la partie du texte qui a été coupée l. 4. Le père Roque assassine le jeune homme parce qu'il estime qu'il a droit de vie et de mort sur un homme qui, de toute manière, est condamné à être fusillé : tout lui est permis sous l'uniforme, un fusil en main. Son mépris à l'égard du jeune homme est total et, de ce point de vue, il ne fait qu'exprimer l'esprit général de cette répression qui traite les hommes moins bien que des animaux – à 900 dans une cave parmi les excréments, la crasse et les cadavres (paragraphe précédent le début de l'extrait). De façon plus anecdotique, le père Roque se sent investi d'une autorité naturelle et personnelle, et ne tolère pas qu'on lui tienne tête.

3. Il s'agit de la cervelle du jeune homme. La souffrance des prisonniers, « l'abjection » (l. 14) à laquelle ils sont condamnés, mais aussi le caractère « impitoyable » des gardes nationaux (l. 1) et l'ignominie du père Roque, sont les autres aspects effrayants de la scène.

L'enthousiasme démocratique [2e TEXTE]

4. Les élèves doivent être capables d'évoquer la Révolution française et, en particulier, l'épisode de la levée en masse, en 1792, d'une armée populaire française contre les armées étrangères. Il s'agit d'un chant patriotique et républicain. Les insurgés de décembre 1851 s'inscrivent dans cette tradition politique. Ils sont eux-mêmes provençaux, comme les bataillons marseillais qui chantèrent les premiers *La Marseillaise* en 1792.

5. Le paysage en amphithéâtre fonctionne comme une caisse de résonnance qui amplifie le chant. Cela s'ajoute aux bruits de la rivière et de la cascade. On relèvera la série des métaphores qui apparentent la nature elle-même à un orchestre puissant et à un chœur.

6. À partir de « La route, devenue torrent » (l. 3), le texte prend un tour métaphorique. L'ensemble des métaphores désignent des flux (d'eau, d'hommes, de sons) et des vibrations qui se transmettent et se répondent d'objets en objets. Des parties de la nature, puis la nature tout entière (la terre de France) prend le relai des hommes pour chanter le chant national. Le texte procède par accumulation (repérer par exemple la liste l. 13-15). Il avance aussi progressivement, accompagnant la marche des insurgés (l. 3-7). Cette progression peut être découpée en phases successives, dont les limites sont marquées : « Quand les derniers bataillons apparurent » (l. 6), « Et la campagne endormie s'éveilla » (l. 9-10), « Alors ce ne fut plus… » (l. 12-13). On passe de la peau (« elle frissonna », l. 10) aux « entrailles » de la nature (l. 11). Enfin, les segments de phrases s'allongent au fil du texte, lui donnant de plus en plus d'ampleur, de majesté, et suggérant une amplitude sonore de plus en plus grande.

Question sur le corpus

7. Il s'agit en particulier de faire apparaître que le réalisme de Zola (bien qu'il se désigne lui-même comme un « naturalisme » et revendique son caractère scientifique) est compatible avec un style métaphorique et avec un grand lyrisme hérité du roman hugolien et plus généralement du romantisme. Le roman flaubertien constitue à cet égard une rupture plus nette avec les styles de la première moitié du XIXe siècle.

Le roman d'amour à l'épreuve du réalisme

À quoi rêvent les jeunes filles ➜ p. 31-32

■ Honoré de Balzac, *Modeste Mignon*
■ Léon Tolstoï, *La Guerre et la Paix*

Ces deux textes mettent en scène des jeunes filles qui rêvent à l'amour. Ils rendent compte des dispositions sentimentales de leur temps, ainsi que des mœurs familiales. Ils peignent tous deux des jeunes filles cultivées, pratiquant les arts; mais le statut du romantisme dans ces textes n'est pas équivalent à celui qu'il a dans *Madame Bovary*. On pourra les comparer aux pages de Flaubert sur la jeunesse d'Emma: beaucoup moins ironiques, les textes de Balzac et de Tolstoï ont encore un pied dans le romantisme.

Analyse des textes

Le danger de lire des romans [Ier TEXTE]

1. Modeste Mignon est malheureuse. D'une part en raison de sa situation familiale: elle a perdu sa sœur, sa mère est aveugle, et stricte; elle est bien gardée; elle s'ennuie dans sa maison (et dans sa province). Ensuite, ses lectures romantiques la disposent à la mélancolie.

2. Le narrateur a une estime manifeste pour les auteurs romantiques français et peut-être surtout étrangers. Le fait que Modeste Mignon soit plurilingue est intéressant à cet égard: il s'agit d'une personne de culture et d'une culture complexe, à cheval sur plusieurs aires culturelles. Le mot «génie» (l. 25) n'est pas vain sous la plume de Balzac, celui d'idéal non plus. Il y croit, il en a, il pense qu'il est bon d'en avoir. Mais le terme d'«illusions», même précédé du qualificatif «belles» (l. 31), est la marque du retournement opéré par le scepticisme (enjoué) de Balzac.

3. Ces deux expressions recouvrent des concepts importants aux yeux de Modeste Mignon et sans doute aussi de Balzac.

4. Les élèves peuvent répondre librement à cette question, qui est moins faite pour tester leur sagacité que pour stimuler leur imagination.

Étude de jeune fille [2e TEXTE]

5. Natacha, à la différence de Modeste, est heureuse en famille et point sujette, pour lors, à l'inquiétude. Elle mène une vie amusante et relativement libre. De plus elle est courtisée, et par de jeunes aristocrates. Enfin elle s'aime manifestement beaucoup elle-même.

6. On retiendra en particulier les aspects suivants: l'intrication des récits et des prises de paroles; le beau travail sur l'oralité (phrases inachevées, familiarités, exclamations, questions suspendues, approximations); la vitesse du récit, qui est entée sur celle des personnages (vitesse des gestes, mouvements, paroles) et favorisée par l'ellipse temporelle (l. 17-18); enfin l'abondance et l'intéressante scénographie énonciative du monologue intérieur (l. 20-29), qui dédouble le personnage et fait entendre plusieurs voix, elles-mêmes caractérisées par cette oralité décrite ci-dessus.

Question sur le corpus

7. Ces deux figures de jeunes filles sont touchantes. Leurs sentiments, leurs rêves, leurs illusions, leurs paradoxes (Balzac, l. 28-29), nous les rendent éminemment sympathiques. Ils signifient la jeunesse (on a ici, dans la tradition romantique, deux beaux textes sur l'adolescence). L'humour tient en particulier à la représentation qu'elles se font des hommes et de leurs relations présentes ou futures avec les hommes (Balzac, l. 10-12; Tolstoï *in extenso*), et à la perspective de la «faute» (Balzac, l. 7). Humour tendancieux, donc. Il tient également à la représentation de leurs excès (la métaphore de l'orage chez Balzac, la volubilité de Natacha chez Tolstoï). Le personnage de Natacha, plus riche, est lui-même doté d'humour et de grandes compétences pour le jeu et pour une sociabilité amusante. Les personnages de la mère et du père sont eux aussi touchés par la grâce de cet humour.

Satires du mariage ➜ p. 32-33

■ Gustave Flaubert, *Madame Bovary*
■ Charles Dickens, *Les Aventures d'Oliver Twist*

Ces deux textes sont caractéristiques de la veine satirique du roman réaliste. Ils s'attaquent tous deux à l'institution du mariage. Mariage bourgeois dans le cas de Flaubert, tout petit bourgeois dans le cas de Dickens. La représentation du mariage et de ses périls est comme on sait un lieu commun du roman réaliste (et dans une moindre mesure du roman naturaliste).

Analyse des textes

Un ménage bourgeois [Ier TEXTE]

1. Le couple Bovary est bien considéré en raison de sa relative opulence et en raison des talents de madame.

2. Cette phrase vise la petite vanité du mari, que la possession d'une femme aussi talentueuse et désirable flatte. Emma n'éprouve pas le même sentiment. C'est notamment le détail du foulard qui nous l'apprend (l. 21-23) : elle veut réformer son mari.

3. Il s'agit d'imparfaits itératifs. Ils signifient la répétition, donc l'ennui, voire la sottise.

4. Il s'agit d'une seule et unique phrase, très linéaire, de structure accumulative, qui montre avec quelle continuité et quelle régularité Charles accomplit, chaque jour, les mêmes actions pauvres de contenu (dire des choses dépourvus d'un intérêt spécial, manger, dormir). Les enchaînements sont fluides, dénotant une vie mécanique, homogène, dépourvue de fantaisie, et ne comportant aucun événement, aucune hésitation, aucune intensité. Le détail des ronflements achève le tableau.

Une scène de ménage [2e TEXTE]

5. Pour les époux Bumble, le mariage est un contrat, sinon une affaire. L'un et l'autre ont le sentiment (pour le lecteur comique) de s'être fait rouler.

6. Les deux époux Bumble n'ont, ni l'un ni l'autre, strictement rien de désirable. On peut les croire lorsqu'ils se plaignent de leur conjoint. Mais on ne les plaint pas puisqu'on les trouve ridicules, trop chargés de défauts physiques et moraux, et qu'on rit d'eux. En soi, ce dispositif est caractéristique de la farce. Cette scène est un vif dialogue, et même un face à face, ce qui lui confère une certaine théâtralité. Leur interaction est particulièrement comique, puisqu'elle signe la déconfiture du mari, dont l'autorité légale (l. 33-36, le jeu sur le mot « prérogative ») est mise en échec par la supériorité langagière, morale et même physique de l'épouse. Les excès de langage, les excès de la colère participent également du registre farcesque. Enfin, on peut signaler certains détails : celui du ronflement par exemple, comme chez Flaubert (l. 29 et suivantes).

7. Le narrateur émet des jugements ironiques sur les personnages (« son intéressante épouse », l. 16-17), s'amuse ouvertement de leur situation, soit par ses commentaires (« mais le soupir... il en disait long, ce soupir. », l. 8-9), soit par des modalisateurs ironiques (« à tout hasard », l. 18), soit par des périphrases comiques (« ce son si inattendu », l. 27).

Écriture d'invention

8. Il est essentiel que les textes soient rédigés à l'imparfait (à valeur itérative) et que, au lieu d'inventer une scène, comme a fait Dickens ici, ils envisagent le quotidien des époux Bumble (les repas, les discussions sur des sujets matériels, les soirées, les nuits, les dimanches...).

Rapports sociaux et séductions

→ p. 34-35

■ Stendhal, *Le Rouge et le Noir*
■ Guy de Maupassant, *Bel-Ami*

Les deux romans ont un rapport, même si Georges Du Roy et Julien Sorel diffèrent complètement. Dans les deux cas il s'agit, notamment, du lieu commun de la carrière par les femmes (mariées). Mais les deux textes contrastent fortement, le premier mettant en scène un amour vrai qui s'ignore encore, le second une duperie.

Analyse des textes

L'amour de Mme de Rênal [1er TEXTE]

1. Ce sont notamment des détails physiques qui font penser que Mme de Rênal est amoureuse. Très préoccupée par son apparence, elle se change souvent et raccourcit ses robes. On peut aussi noter qu'elle accomplit le plus rapidement possible un désir, une suggestion de Julien (un chemin pour se promener ensemble), et se met à son école (l. 8-10), alors qu'il est son employé. Mais le bonheur lui-même, la joie de vivre, l'énergie, peuvent être aussi interprétés comme des manifestations de l'amour, à tout le moins du désir.

2. Le parc, l'été, le grand air, disposent au bonheur. Stendhal reprend ici un motif traditionnel, celui du jardin. Le motif du chemin est également intéressant, pour ce qu'il signifie du bonheur d'être ensemble, et parce qu'il peut indiquer un but, un avenir, un chemin de vie.

3. La chasse aux papillons croise la thématique typiquement stendhalienne de « la chasse au bonheur ». L'amour est fréquemment et traditionnellement comparé à une chasse, en particulier chez les libertins, et Stendhal a repris cette idée. Mais les papillons sont tués et ceci peut être lu comme un mauvais présage (le narrateur insiste : « les pauvres *lépidoptères* »).

4. Le narrateur émet des jugements sur les personnages, et en particulier sur l'héroïne, des jugements qu'il peut fortement modaliser (l. 21), ou loger dans un simple adjectif (« barbare », l. 14, « superbe », l. 22), ou dans une expression développée (l. 24). On perçoit de l'ironie dans le paragraphe final, qui tient au fait que ces remarques ont un contenu sous-entendu, qui est érotique : Mme de Rênal est remplie de désir pour Julien, Mme de Rênal est en train de tomber amoureuse ; et aussi celui-ci : Mme de Rênal s'apprête à fauter, elle a déjà passé la limite du raisonnable. Le lecteur est censé comprendre ces signes, et se fait donc complice de l'ironie du narrateur.

L'amour de Mme Walter [2e TEXTE]

5. Mme Walter a un rendez-vous amoureux avec un autre homme que son mari. Elle est donc en position de commettre une infidélité et, à la différence de Mme de Rênal, elle en est consciente. Autre différence, subsidiaire : elle en éprouve du remords, et elle souffre.

6. Les personnages ont choisi ce lieu parce qu'il est discret, et parce qu'il est improbable. Mme Walter l'a choisi pour une autre raison, qui est qu'elle a besoin de se mettre sous la protection de Dieu et aussi, sans doute, de chercher son pardon. Mais en réalité le choix de cet endroit a un caractère blasphématoire et c'est de toute évidence, de la part de Maupassant, une provocation anticatholique.

7. Georges Du Roy fait une déclaration d'amour. Il a l'intention de se faire passer pour ce qu'il n'est pas : un homme sentimental, un homme aimant, un homme fragile aussi. Son attitude n'est guère comparable à celle de Julien Sorel de ce point de vue (dont l'éthos est plutôt inverse : en position de faiblesse et d'infériorité, Julien est constamment à la recherche d'une position dominante). L'attitude de Georges Du Roy relève de l'imposture et de la manipulation.

8. Cette scène de déclaration d'amour ne comporte pas d'élément sensuel parce qu'elle met aux prises une femme qui n'est pas sensuelle et qui de plus est en souffrance, et un homme qui n'a pas d'amour et dont les paroles sonnent faux. La situation est cruelle.

Vers le commentaire

9. La question invite à étudier le découpage du texte (brièveté des paragraphes, rapidité des enchaînements, variété du propos), le rythme des phrases, toujours assez brèves, et variablement découpées : trois subordonnées (phrase 1), un complément rejeté après virgule (phrase 2), la coordination de deux indépendantes (phrase 3), etc. Le rythme est toujours vif, mais varié, mélodieux. La question invite à mettre en relation cet aspect stylistique du texte avec l'allégresse des personnages (mouvements, échanges, jeux, séductions).

Survivances du romantisme

→ p. 36-37

■ Gustave Flaubert, *L'Éducation sentimentale*

■ Ivan Tourgueniev, *Premier amour*

Ces deux textes ont plusieurs points communs (en dehors du fait qu'ils sont à peu près contemporains et qu'ils sont écrits par deux amis). Un jeune homme se promène dans un jardin avec la femme qu'il aime en vain. Entre eux circule une rose. Mais les deux couples sont très différents l'un de l'autre. Si le personnage de Tourgueniev est le plus romantique des deux héros, la situation narrative ne l'est pas tellement ; si la situation narrative, chez Flaubert, est romantique, le héros manque d'étoffe.

Analyse des textes

Mélancolie flaubertienne [1er TEXTE]

1. Il s'agit du jardin, du moment de l'année, de la rose (la seule du jardin) offerte à Mme Arnoux.

2. Tout laisse penser qu'ils s'aiment profondément. Et d'ailleurs ils se le disent, l'un en donnant la rose, l'autre en « aspirant » la fleur et en ayant « un regard aussi doux qu'un baiser » (l. 20-21).

3. Il s'agit de paroles de Mme Arnoux rapportées au discours indirect libre.

4. Les élèves répondent librement à cette question.

Mystérieuse Zinaïda [2e TEXTE]

5. Zinaïda fait l'effet d'une personne troublée, voire malade. On ne sait si elle ne se donne pas volontairement en spectacle. Durant l'entretien elle est à la fois tendre (l. 10), douce (l. 13), séductrice (la rose est dans ce cas-ci un accessoire de séduction) et fuyante, évasive (l. 25-26), et finalement décevante, avec un zest de provocation (l. 30-31). Il s'agit donc d'une figure de jeune femme séduisante, jouant avec la pitié d'autrui, et d'une tendresse vaguement suggestive.

6. Ce jardin n'est pas, par conséquent, le lieu du bonheur. Le thème, encore célébré chez Stendhal (p. 34), et même chez Flaubert (en particulier dans le passage coupé l. 1, p. 36), est ici dégradé. Aucun élément agréable ne vient de l'environnement, pas même la rose qui finalement sonne le glas des espoirs du héros.

7. Il s'agit de l'amour d'un adolescent pour une personne plus âgée et surtout plus expérimentée que lui. Son intérêt procède de l'admiration, de la commisération et de l'éloignement, du mystère. Il est soigneusement entretenu par la jeune femme (qui en réalité a une liaison avec le père du jeune homme, à l'insu de celui-ci). Pour répondre à la seconde sous-question, on sera attentif aux formes de phrases (phrases inachevées, suspendues), à leur caractère allusif (« Et vous serez de nouveau comme avant ? »), qui fait signe vers un passé heureux, aux notes de régie caractérisant la voix du jeune homme (l. 24), qui appuie l'expression du regret, de la douleur (l. 24), et bien sûr à la déclaration d'amour (l. 27).

Vers le commentaire

8. On privilégiera deux axes. 1. La situation : l'amour impossible, surtout en présence de l'enfant et de la bonne ; le jardin, triste en dépit du printemps ; les objets

– la pelle à feu qui évoque les cendres, l'unique rose ; le départ et la solitude de Frédéric. 2. Le dialogue, avec ses sentences tristes, ses répétitions, ses regrets, ses allusions à un passé commun, qui construisent une histoire commune et sont le seul mode d'existence du couple, mais aussi les gestes et les regards qui accompagnent les paroles.

NB. On pourra montrer aux élèves *La Fille à la valise*, film de Valerio Zurlini (1960) avec Claudia Cardinale et Jacques Perrin, qui raconte une histoire proche de celle-ci.

Cocottes et prostituées → p. 38-39

■ Gustave Flaubert, *L'Éducation sentimentale*

Le texte, assez suggestif (et plus encore à la suite), raconte le début de la liaison entre Frédéric Moreau et Rosanette, la « Maréchale », une femme entretenue, entre autres, par M. Arnoux et par Delmar, un acteur. Ce texte permet d'aborder l'un des lieux communs du roman réaliste et de la satire des mœurs bourgeoises, ce que Stendhal a appelé « la femme en deux volumes » : le grand amour non consommé d'une part et la cocotte d'autre part.

Analyse du texte

Une scène burlesque

1. La Maréchale se comporte d'entrée de jeu en cocotte : gestes et paroles d'une familiarité exagérée et d'une certaine vulgarité, contacts physiques, allusions sexuelles (et financières) : « je l'ai, je l'ai » (l. 1), mais aussi prévenance exagérée d'une femme qui « s'occupe » d'un homme (l. 11), excitation physique et théâtralisation de celle-ci (le baiser – vraisemblablement sur la bouche – montée sur un coussin, l. 9-10). Frédéric commence par être transparent, par se laisser conduire, tout en refusant de saisir la situation (à savoir qu'il est chez une femme entretenue et qu'il se trouve là pour des motifs sexuels, que les baisers ont pourtant déjà en partie satisfaits). À partir de la ligne 24, on voit Frédéric traiter la Maréchale « carrément » (l. 23). Le texte est allusif mais sans ambiguïté : quel que soit le geste exact, il caresse le postérieur de la Maréchale. Il le fait de manière insistante et en faisant fi de ses réactions. Au paragraphe qui suit l'extrait reproduit, il est dans son lit.

2. Les commentaires du narrateur (l. 18-21), qui prennent immédiatement le relai du monologue intérieur du personnage, en mettent en doute l'honnêteté et sont franchement péjoratifs : non seulement Frédéric manque de fibre, mais il est foncièrement lâche et de mauvaise foi.

3. La question ligne 13, tout à fait idiote, signale l'ironie de Flaubert à l'égard du héros, de même que la phrase « Frédéric le crut ». Flaubert cherche ici à provoquer le rire par un mot d'esprit. Ce monologue intérieur de Frédéric, rapporté au discours indirect libre, indique sa mauvaise foi. Il permet au lecteur de synthétiser la situation romanesque : Frédéric chasse exclusivement sur les terres de M. Arnoux, sur un territoire qu'il n'a pas eu à découvrir lui-même.

Lecture des images

Deux figurations de la prostitution parisienne

Gustave Manet, *Olympia*

Henri de Toulouse-Lautrec, *Au salon de la rue des Moulins*

4. Ce tableau a fait scandale parce qu'il est la représentation explicite d'une jeune prostituée, désignée par son nom (nom réel ou pseudonyme à usage professionnel) et représentée sur son lit. Il ne s'agit ni d'un « nu » académique, ni d'un sujet mythologique (Vénus, nymphe, etc.), mais d'une femme bien réelle et dont la nudité est nettement sexualisée ; il ne s'agit pas non plus d'une odalisque orientale, d'une femme des colonies, mais d'une femme blanche qui pourrait être une Française (la présence d'une femme noire, quant à elle habillée, le souligne fortement). D'autre part cette jeune prostituée a pris la place de la déesse Vénus, ce qui constitue une forme de dégradation. « Olympia » a ironiquement remplacé la divinité olympienne. Le cadre, la scénographie, la gestuelle du Titien sont ici pastichés, au profit d'un discours réaliste et cru, qui renvoie aux bourgeois français du XIXe siècle un miroir désagréable.

5. Le regard d'Olympia, droit dans les yeux du spectateur, sa pose pleine de fierté, en dépit de sa nudité, la fausse pudeur de sa main gauche : tout cela est provocant – provoque le désir, défie le désir et défie la moralité publique.

6. La construction du tableau de Manet est frontale. Les personnages sont dans un plan parallèle à celui du spectateur et tournés vers lui. Olympia est là tout entière, au centre de l'attention. Les personnages de Toulouse-Lautrec habitent le fond de l'espace (le premier plan étant vide), sont dans un plan oblique et tournent le dos au spectateur, pour certains d'entre eux. L'une des six femmes est coupée.

7. On voit que l'établissement est luxueux : colonnes, pilastres, dorures, immenses canapés de velours, broderies, papiers peints, lumière. Le peintre, bien qu'il pratique un style proche de l'esquisse, a été attentif à rendre les matières, et en particulier les textiles.

8. Ces six femmes, loin d'être dans une attitude de défi, ont l'air las, fatigué. Il s'agit manifestement d'une pause dans leur journée. Elles-mêmes ne semblent pas luxueuses, au contraire d'Olympia qui prend grand soin de sa personne. Elles ne semblent pas non plus particulièrement jeunes. Le personnage coupé à droite est dans une attitude un peu obscène, mais sans intention de provoquer.

Vers le commentaire

9. Il s'agit d'une scène burlesque. L'essentiel tourne autour des gestes et des paroles de la Maréchale (qui mène rondement et très théâtralement son entreprise) et de ses interactions très piquantes avec Frédéric. La fin du texte est particulièrement bouffonne (les deux personnages adoptant de concert le registre de la grivoiserie, de la gauloiserie, après en avoir essayé quelques autres plus sentimentaux) ; mais le narrateur sanctionne ironiquement le défaut de cette attitude (l. 35-36), qui ne dispose pas réellement au lit mais en tient lieu au contraire (l'expression « émotion sérieuse » désignant ironiquement un élan un peu consistant de libido). L'incompétence de Frédéric est en jeu dans cette scène. Il convient donc aussi de s'intéresser au point de vue, au monologue intérieur de Frédéric (on s'appuiera sur la réponse aux questions 2 et 3). Enfin il faut évoquer la présence de Delmar, qui, après avoir peut-être passé la nuit là et pris ses aises (assis à son petit guéridon), se voit tout à coup tenir la chandelle. On pourra montrer que, en dépit de son caractère comique (voir question 1), Rosanette est aussi une figure de femme touchante (l. 2-4) et que cette scène, dans la mesure où elle constitue une étude de mœurs et un document sur la vie des cocottes et l'attitude des hommes à leur égard, possède un caractère sérieux.

Sexualités

→ pages 40-41

■ Émile Zola, *La Bête humaine*
■ Camillo Boito, *Senso*

Ces deux textes contrastent. Le premier est la marque d'un intérêt très moderne pour la psychiatrie et pour la vie sexuelle au sens où la psychiatrie l'entend. Le second se situe dans une tradition libertine qui remonte au XVIIe siècle. Mais tous deux montrent que, dans la seconde moitié du XIXe siècle, le roman peut évoquer à nouveau explicitement la sexualité quand, dans la première moitié (en réaction au libertinage du XVIIIe siècle), il se l'interdisait.

Analyse des textes

Le sexe et l'effroi [1er TEXTE]

1. Jacques vit le désir sexuel sur un mode panique. Il en perd la maîtrise de soi. Il est obsédé par l'idée du meurtre, c'est-à-dire, il est habité du désir de tuer la femme qu'il désire posséder.

2. On ne peut pas dire que Jacques est inhumain parce qu'il est conscient du mal dont il est atteint et parce qu'il en souffre. Il souhaite une vie normale et cette vie normale implique, à ses yeux, une histoire d'amour.

3. On peut rassembler de nombreux éléments pour répondre à cette question. L'élément le plus spectaculaire est le corps désirable de la jeune femme, au contact de la brutalité de Jacques. Les vêtements arrachés et l'apparition de la poitrine (l. 34-35) sont le point culminant du passage envisagé sous cet angle. Zola met précisément en scène le contact des corps et la frénésie des personnages. Il y a également le spectacle de la folie de Jacques. Enfin, les objets funestes (les cordes, les ciseaux).

Une mise en scène de la sensualité [2e TEXTE]

4. L'eau, la nudité de l'héroïne, l'expression du désir et la perspective très explicite de l'amour physique, confèrent une grande sensualité à ce texte. Le fait que cet endroit s'appelle une sirène a pour ainsi dire une valeur programmatique.

5. Livia est une femme sensuelle et manifestement libre sur le plan sexuel. Elle est dotée (et c'est important dans l'économie du roman) d'un fort amour d'elle-même : elle se trouve belle et prend plaisir à être seule avec elle-même.

6. Cet homme est sans nul doute celui qu'elle désire, celui qu'elle attendait, le lieutenant Remigio. Elle est nue et le désire, il l'est presque et est venu pour lui faire l'amour, l'issue de cette rencontre absolument non fortuite ne fait aucun doute.

Vers le commentaire

7. Les élèves doivent être capables de proposer un découpage pertinent du texte et doivent comprendre correctement la notion d'intensité : il s'agit d'intensité émotionnelle (et plus particulièrement sexuelle) et d'intensité dramatique. À l'intensité du rapport sexuel s'ajoute celle du meurtre dans le dernier paragraphe.

Honoré de Balzac, *Le Père Goriot*

Des débuts difficiles → p. 44-45

L'étude du roman étant centrée sur l'apprentissage de Rastignac, le premier texte raconte sa première erreur, due à son inexpérience des milieux de l'aristocratie parisienne. Après le bal donné par Mme de Beauséant, le jeune homme est tombé sous le charme d'Anastasie de Restaud. Pensant devenir son amant et ainsi obtenir son aide pour s'intégrer dans la société, il se rend chez la jeune femme. En arrivant, il croise le père Goriot, qui sort de la maison. Le texte montre l'ignorance de Rastignac, mais Balzac y met aussi en scène l'hypocrisie sociale qui domine dans l'aristocratie.

Le second texte illustre lui aussi la jeunesse de Rastignac. La distance entre ses conditions de vie dans la pension de Mme Vauquer et le luxe des beaux quartiers fait naître en lui une ambition qui ne cessera de grandir au fil de l'œuvre. La pension Vauquer, par sa médiocrité, va le pousser à trouver des solutions pour sortir de ce milieu.

Analyse des textes

Un jeune homme ignorant [Ier et 2e TEXTES]

1. Dans le premier texte, Rastignac annonce, en toute candeur, qu'il a vu « le père Goriot » sortant de chez les de Restaud. Il s'agit d'une erreur puisqu'Anastasie et son mari veulent cacher leur parenté avec cet homme qui n'a pas leur condition sociale. Anastasie ne doit pas montrer à la face du monde qu'elle est la fille de ce dernier car cela pourrait être préjudiciable à sa réputation et à la fortune du couple. C'est bien la parenté qui dérange, comme le souligne l'emploi de l'italique à la ligne 4 : « À ce nom enjolivé du mot *père* ». Rastignac commet donc une erreur à cause de son ignorance des codes sociaux et des relations familiales au sein de la famille Goriot. De plus, il devient dangereux pour le couple dans la mesure où il connait le père Goriot et son lien avec Anastasie : il pourrait révéler l'origine sociale de la jeune femme.

2. Plusieurs signes trahissent l'agacement des personnages. Le comte a un mouvement vif : « le comte, qui tisonnait, jeta les pincettes dans le feu, comme si elles lui eussent brûlé les mains ». La rapidité du geste, marquée par le passage au passé simple, exprime une forte gêne, renforcée par la comparaison avec la brûlure, qui marque avec force son embarras, et suggère métaphoriquement que Rastignac vient d'aborder un sujet brûlant. Après ce premier mouvement, il fait les cent pas (ligne 19 : « Le comte de Restaud se promenait de long en large »), signe de son trouble et de son impatience à voir le jeune homme quitter les lieux. Ses paroles montrent son agacement, comme le souligne le verbe de parole « s'écria-t-il », ainsi que la modalité exclamative « Monsieur, vous auriez pu dire M. Goriot ! ». Ici, sa première réaction souligne son mécontentement d'avoir entendu le mot « père » dans la bouche de Rastignac.

La comtesse montre moins clairement son agacement et tente de le dissimuler. Malgré ses efforts, de nombreux signes laissent percer son embarras, amplifié par la réaction brutale de son mari. À la ligne 7, une gradation met en avant son trouble grandissant : « La comtesse pâlit d'abord [...], puis elle rougit, et fut évidemment embarrassée ». L'adverbe « évidemment » souligne que son trouble est bien visible. Les modalisateurs « elle voulut rendre naturelle » et « air faussement dégagé » montrent qu'elle joue une comédie, de manière visible. Après une parole visant à apaiser la tension (« il est impossible de connaître quelqu'un que nous aimions mieux... »), elle change de sujet, parle musique et se met même à chanter pour faire diversion. Il convient de noter que la phrase « C'est dommage, vous vous êtes privé d'un grand moyen de succès » (l. 20) peut être comprise de deux manières. Elle concerne à première vue l'ignorance de Rastignac en matières de musique, mais elle peut aussi renvoyer à l'erreur que vient de commettre le jeune homme, erreur qui lui ferme la porte de chez la comtesse. De cette manière détournée, la comtesse se venge.

3. Les deux répliques finales, prononcées par M. de Restaud, sont construites sur un parallélisme. Elles débutent de la même manière : « Toutes les fois que vous viendrez », « Toutes les fois que Monsieur se présentera ». Dans la première, le comte témoigne à Rastignac le plaisir qu'il a eu de le recevoir et lui suggère de revenir leur rendre visite. Cependant, une fois le jeune homme parti, il donne une consigne à son domestique, Maurice : ne plus laisser entrer Eugène chez eux, en prétextant leur absence. La succession de ces deux phrases, de manière très rapprochée, illustre l'hypocrisie du comte : il congédie un intrus de manière très courtoise, mais cette politesse n'est qu'une façade car il bannit définitivement Rastignac de sa maison. Il s'agit, pour Balzac, de montrer la distance qui sépare le public et le privé. Cet extrait est, en effet, une « Scène de la vie privée », qui permet de démasquer l'hypocrisie de l'aristocratie.

4. Le narrateur s'emploie à démontrer l'ignorance et la maladresse du jeune homme.

Dans le premier texte, sa description physique pointe sa gêne et son manque de lucidité : « devenu rouge et bêtifié par l'idée confuse qu'il eut d'avoir commis quelque lourde sottise ». Rastignac prend conscience de son erreur, mais sans véritablement savoir quelle est cette erreur précisément. Il est dépeint comme un enfant qui a honte. Le paragraphe allant des lignes 22 à 27 met en avant encore plus nettement sa maladresse. Après avoir rappelé, grâce à l'image de la « baguette magique », l'effet produit par l'emploi du nom « père Goriot », le narrateur le compare à un intrus chez une « amateur de curiosités ». Cette métaphore met en parallèle les dommages causés par Rastignac avec la maladresse de cet intrus qui casse des objets inconnus qui sont chers au collectionneur. La phrase qui clôt ce paragraphe « Il aurait voulu se jeter dans un gouffre » souligne sa gêne et son embarras, mal maîtrisés à cause de sa jeunesse. Lors de sa sortie de chez les Restaud, son geste de salut est aussi présenté ironiquement grâce à l'adverbe, « salua profondément », qui souligne son manque d'aisance et son respect un peu outré des conventions.

Dans le second texte, le narrateur ironise dans les dernières lignes de l'extrait, se moquant de la jeunesse et de l'ignorance de Rastignac. Après avoir exposé les projets du jeune homme désireux de se faire une place dans la société par le travail et les femmes, le narrateur emploie une exclamation moqueuse : « Il était encore bien enfant ! » Cette phrase détruit les rêves du personnage en les présentant comme des illusions de jeunesse. Le commentaire du narrateur qui suit illustre, au contraire, la connaissance que ce dernier a de la société et démontre que les projets de Rastignac sont, en effet, irréalisables.

La Misère [2e TEXTE]

5. Le jeune homme est dérangé, dégoûté par la vue de la pension : « le spectacle de ces misères et l'aspect de cette salle lui furent horribles. ». C'est le contraste entre ce lieu et les beaux quartiers qu'il vient de quitter qui provoquent ce sentiment de malaise. Ce sentiment fait naître l'ambition chez lui, de manière forte comme en témoigne la locution « outre mesure ». De plus, ce sentiment trouve son aboutissement à la fin du texte dans sa décision de changer de vie et de milieu. La personnification « la misère les commenta » (l.16) montre que c'est cette image de la pauvreté physique, financière et morale, qui permet à Rastignac de tirer des conclusions sur sa propre vie, de prendre des décisions quant à son avenir, en lui rappelant notamment le discours de Mme de Beauséant.

6. La pension est représentée comme un lieu où règne la misère. Les termes péjoratifs abondent : « nauséabonde », « sinistres, « fange », « misère ». La pension apparait donc comme un lieu des bas-fonds, le repaire privilégié d'une humanité dégradée. Les pensionnaires perdent leur humanité, comme en témoigne la comparaison avec les animaux : « il aperçut comme des animaux à un râtelier, les dix-huit convives en train de se repaître ». Ce dernier verbe poursuit la comparaison et donne l'image d'une assemblée de personnes médiocres qui mangent comme un troupeau de bestiaux.

7. Les deux phrases illustrent la « transition » et le « contraste » évoqués à la ligne 7. Les deux mondes décrits, les beaux quartiers et la pension Vauquer, sont opposés par la construction binaire : « D'un côté... de l'autre ». De plus, les termes mélioratifs qui décrivent le monde luxueux entrevu chez Mme de Beauséant (« fraiches », « charmantes », « la plus élégante », « jeunes », « vives », « les merveilles de l'art et du luxe ») contrastent radicalement avec les termes péjoratifs qui décrivent la pension (« sinistres », « fange », « faces »). Les deux univers sont dépeints grâce à la métaphore du tableau, comme l'indiquent les termes « encadrées », « tableaux bordées de fange ». Cette image permet d'opposer deux tableaux, deux images du monde : l'un positif, l'autre négatif. Les personnes qui habitent ces deux milieux sont donc servies par un cadre élégant et riche, ou détruites par un cadre dégradé et sale. De plus, les « passions », présentes dans les deux mondes, ne sont pas représentées de la même manière. Dans le beau monde, on peut voir « des têtes passionnées pleines de poésie », tandis que la pension Vauquer ne laisse la place qu'à des « faces où les passions n'avaient laissé que leurs cordes et leur mécanisme ». Ainsi, tout oppose ces deux mondes : les « têtes » et les « faces », la « poésie » et les « cordes » et « mécanismes ». Dans le premier univers, les passions s'épanouissent dans la beauté tandis que la pension détruit les individus et les passions sont réduites à des pulsions dénuées de charme et d'intérêt.

Vers le commentaire

8. Cet exercice vise à faire travailler la caractérisation du personnage. La question 2 permet d'aborder l'analyse du personnage de Mme de Restaud et peut aider les élèves à entrer dans l'analyse. Le commentaire proposé permettra, en outre, de dresser le bilan de l'étude sur l'hypocrisie sociale qu'incarne ce personnage.

En plus des éléments déjà évoqués dans la question 2, on pourra attendre des élèves qu'ils étudient les paroles rapportées au discours direct, notamment son cri « Rrrrah ! », exprimant sa passion, mais aussi sa colère en ce moment d'embarras. Sa façon de jouer avec son piano montre la vivacité de sa colère. Elle apparait donc comme une femme hypocrite, comédienne, mais aussi comme une esthète, une musicienne pour qui le piano semble cependant moins une passion qu'un moyen de succès. C'est donc l'image d'une femme manipulatrice qui se dessine.

Recherche documentaire

9. Pour les cartes de Paris, on pourra utiliser un moteur de recherche et lancer une recherche de plan. Pour une carte historique représentant le Paris du début du XIXe siècle, on pourra se reporter à l'adresse suivante : http://www.lexilogos.com/paris_carte.htm. Ce site recense plusieurs cartes de Paris et, notamment des cartes anciennes, parfois longues à charger.

On pourra également consulter la carte des lieux du *Père Goriot* reproduite dans l'ouvrage d'Emmanuel Querouil, *Le Père Goriot et le roman d'éducation*, Bordas, 1990, p. 21

L'analyse de ces lieux fera apparaître le quartier de la pension Vauquer dans l'actuel cinquième arrondissement, mais aussi la zone des beaux quartiers, de l'autre côté de la Seine, vers le nord-ouest de Paris. Ainsi, on pourra conclure à une vraie géographie sociale à l'œuvre dans Paris. Le cimetière du père Lachaise est, lui, un peu isolé par rapport aux autres lieux, mais sa situation en hauteur permet d'embrasser d'un coup d'œil les lieux traversés par le jeune homme et de dresser un bilan de son parcours.

Initiateurs

➜ p. 46-47

Le discours de Mme de Beauséant et le discours de Vautrin sont deux textes clés dans le parcours de Rastignac. Ces deux personnages vont lui donner des indications précieuses pour comprendre et pénétrer la société. Ce sont deux visions du monde que proposent ces discours à travers une grande dame et un ancien bagnard. Tout au long du roman, Rastignac va longuement hésiter entre les deux solutions qui lui sont proposées pour réussir.

Analyse des textes

Deux discours d'initiation [Ier et 2e TEXTES]

1. Le langage des initiateurs se remarque à la tonalité didactique de leur parole. Chacun s'adresse à Rastignac par le vouvoiement et emploie des temps verbaux propres à la transmission. On retrouve dans les deux textes des phrases au présent de vérité générale pour montrer la connaissance des locuteurs, qui sont deux personnes d'expérience, mais aussi pour apprendre des règles de vie à Rastignac : « Il existe quelque chose de plus épouvantable que ne l'est l'abandon du père par ses deux filles, qui le voudraient mort. C'est la rivalité de deux femmes entre elles. » (texte 1) ; « L'honnêteté ne sert à rien » (texte 2). Vautrin emploie le passé pour rappeler ce qu'il a vu, ce que Rastignac a déjà expérimenté et tenté pour réussir. Le futur est employé dans les deux textes pour envisager l'avenir du jeune homme, lui présenter les choix auxquels il peut se trouver confronté ou encore la marche à suivre pour réussir. Enfin, l'impératif est employé pour donner des conseils : « Frappez sans pitié, vous serez craint. », « gardez bien votre secret », « apprenez » (Texte 1) ; « jugez ». Le discours de Mme de Beauséant se caractérise par une avalanche de conseils, tandis que l'extrait choisi du discours de Vautrin est plus concis : il fait le bilan du passé pour envisager un avenir. Dans les deux cas cependant, il s'agit d'apprendre à Rastignac comment fonctionne la société et quels sont les moyens de parvenir les plus efficaces. Mme de Beauséant propose d'ailleurs directement son aide (ligne 2), se plaçant ainsi dans la position de l'initiatrice.

2. Mme de Beauséant et Vautrin se présentent comme deux personnes lucides et clairvoyantes, qui ont une fine connaissance de la société. Ils emploient tous les deux l'image de la lecture pour montrer qu'ils savent déchiffrer le monde, qu'ils ont appris ses codes : « Quoique j'aie bien lu dans ce livre du monde, il y avait des pages qui m'étaient inconnues. Maintenant, je sais tout. » (Texte 1) ; « Vous êtes revenu avec un mot sur le front, que j'ai bien su lire : *Parvenir* ! ». Les deux initiateurs insistent ainsi sur leurs connaissances, notamment par l'emploi du verbe « savoir ». Ce verbe recouvre tant les connaissances que les compétences acquises dans la fréquentation de la société. On peut évoquer aussi les phrases au présent de vérité générale et les passages où les deux initiateurs évoquent les personnages de l'histoire (la famille Goriot, celle de Rastignac...).

3. Mme de Beauséant propose à Rastignac de se servir de Delphine de Nucingen : déçue par son amant actuel, elle est présentée comme fragile et il suffirait à Rastignac de l'introduire chez Mme de Beauséant pour se faire aimer d'elle, comme le souligne la dernière phrase de l'extrait. De plus, ce stratagème a le mérite de faire jouer la rivalité entre les deux sœurs : Anastasie a réussi et Delphine est consumée par la jalousie. C'est un moyen de parvenir qui est donc réaliste et très envisageable.

Vautrin, lui, dessine deux voies : « par l'éclat du génie ou de la corruption ». Mais il semble que sa préférence aille au second moyen. Il montre à Rastignac qu'il est un jeune ambitieux comme les autres, et qu'il doit donc se démarquer. Ainsi, formule-t-il une règle de vie : « il faut entrer dans cette masse d'hommes comme un boulet de canon, ou s'y glisser comme une peste. L'honnêteté ne sert à rien ».

Pour Rastignac, deux solutions sont envisageables : séduire Delphine et s'en servir pour entrer dans le monde ; s'introduire dans la société par des actions malhonnêtes grâce à l'aide de Vautrin. Il faut rappeler que, dans la suite de son discours (qui n'est pas reproduite ici), Vautrin va proposer à Rastignac de séduire la pauvre Victorine Taillefer, et de faire exécuter le frère de la jeune fille afin que celle-ci hérite de la fortune de son père.

4. Mme de Beauséant a un niveau de langue courant, parfois soutenu : « vous sonderez », « vous toiserez ». Cela correspond à la femme du monde, au ton libre et en même temps réfléchi avec lequel elle s'adresse à Rastignac. La parole de Vautrin est plus intéressante, puisqu'en employant le niveau de langue familier, Balzac nous fait entendre la langue des bagnards. On retrouve l'argot du bagne dans des expressions comme : « vous y avez flairé la Parisienne. », « Voilà un gaillard qui me va ! », « Dieu sait comme ! », « filer comme des soldats à la maraude », « des gars de la force de Poiret. ».

Au-delà de la caractérisation des personnages, cette différence de niveau de langue souligne la différence de statut social entre les deux personnages, mais aussi la différence de point de vue sur le monde : celui d'une grande dame intégrée dans la haute société, celui d'un bagnard marginal.

À partir de cette différence, il est possible de faire remarquer aux élèves que la personnalité de chaque locuteur envahit son discours. Mme de Beauséant se trompe de prénom, prise qu'elle est dans ses tourments amoureux avec d'Ajuda Pinto. Son discours traite d'ailleurs du malheur de se rendre esclave d'un amant, du désespoir de se faire délaisser. La leçon qu'elle donne à Rastignac est une conséquence des événements immédiats de sa vie. Vautrin, lui, préconise logiquement la corruption : c'est un bagnard en cavale.

Deux discours, une vision du monde [Ier et 2e TEXTES]

5. Les deux initiateurs défendent l'arrivisme, l'opportunisme et les vertus de la corruption pour parvenir dans la société. Ils recommandent le calcul, la force et le cynisme plutôt que le respect des valeurs traditionnelles associées au bonheur et à la réussite : l'honnêteté, la sincérité des sentiments, l'amour vrai et la famille sont mis à mal dans les deux textes. Vautrin montre l'inutilité du travail pour une réussite éclatante : au contraire, il ne mène qu'à des vies médiocres comme celle de Poiret.

6. Mme de Beauséant distingue les hommes des femmes et attribue à chaque sexe des qualités spécifiques. Les femmes sont corrompues, et constituent des moyens de réussir dans le monde ; les hommes sont vaniteux (« la misérable vanité des hommes »). Quoi qu'il en soit, hommes ou femmes sont des moyens, des instruments qu'il faut connaître et manœuvrer pour se faire une place dans le monde. On ne retrouve pas cette opposition dans le texte 2 : la Parisienne est un objet de convoitise, la sœur est une personne faible que « flouent » leurs frères, les hommes sont des ambitieux ou des misérables selon le moyen qu'ils ont choisi pour parvenir. Quoi qu'il en soit, pour Vautrin, hommes ou femmes se valent puisque tous sont corrompus.

7. Le texte 1 évoque plusieurs luttes. La lutte entre les sœurs Goriot est la plus évidente. Ces deux personnages sont en rivalité pour la gloire, ce qui détruit Delphine, comme le souligne la tonalité pathétique : « la jalousie la dévore, elle est à cent lieues de sa sœur ; sa sœur n'est plus sa sœur ». Au-delà, c'est la rivalité au sein des familles qui est évoquée. De manière indirecte, Mme de Restaud évoque la rivalité amoureuse, lorsqu'elle évoque de Marsay, qui est l'actuel amant de Delphine et que Rastignac devra éclipser. De même, au sein du couple, il convient de calculer ses actes, de taire ses sentiments car il existe une rivalité entre les amants : « Vous ne seriez plus le bourreau, vous seriez la victime », « elle s'est fait l'esclave de de Marsay ». Ainsi, il faut dominer au sein de son couple, se faire maître ou bourreau. Elle parle aussi d'un combat plus général, qui règne sur toute la société : « Frappez sans pitié, vous serez craint ». Il convient donc de s'imposer par la force dans le monde que dépeint l'initiatrice.

Vautrin présente la lutte de l'ensemble des jeunes ambitieux pour réussir : « Vous êtes une unité de ce nombre-là. Jugez des efforts que vous avez à faire et de l'acharnement du combat. Il faut vous manger les uns les autres comme des araignées dans un pot, attendu qu'il n'y a pas cinquante mille bonnes places. ». La comparaison animale renforce la noirceur et la difficulté de la lutte. Il s'agit d'un combat qui est moins physique que mental et qui requiert une stratégie bien rôdée.

Ces deux discours, en présentant le monde comme un terrain de lutte généralisée, permettent de mettre en garde Rastignac sur les embûches qui peuvent advenir sur son chemin. Il est ainsi prévenu des erreurs à ne pas commettre et des adversaires qu'il doit affronter. De plus, il faut noter que connaître ces rivalités peut lui permettre de mieux appréhender la société et de se servir des faiblesses de chacun.

Écriture d'invention

8. Il s'agit d'un exercice d'imitation qui doit s'appuyer sur le texte 1. Ainsi, les élèves doivent :

– écrire à la manière de Mme de Beauséant : un discours direct, qui nomme le destinataire et rappelle de temps à autre sa présence ; de nombreuses phrases à l'impératif, au futur, au présent de vérité générale pour délivrer un message ou donner un conseil ; des phrases courtes, souvent binaires (« Plus froidement vous calculerez, plus avant vous irez » ; « Frappez sans pitié, vous serez craint ») ; l'ensemble du discours doit être structuré de la même manière, partant de considérations générales sur la nature humaine, pour aborder ensuite des conseils de conduite et enfin proposer une solution d'action ;

– révéler à un jeune homme une vision désenchantée de la société actuelle : l'élève doit mettre à mal certaines valeur en montrant comment elles sont méprisées dans le monde contemporain (le travail, le respect d'autrui, la solidarité...), mais aussi illustrer la vision désenchantée par des exemples (d'hypocrisie, d'individualisme, d'arrivisme).

L'apprentissage de la vie → p. 48-49

Les deux textes permettent de mesurer l'évolution du rapport de Rastignac aux femmes dans le roman. Tout au long de l'œuvre, celles-ci font l'objet d'une attention particulière : elles sont objet du désir et moyen de parvenir. Lors du premier bal auquel il assiste, premier contact avec le grand monde, il se laisse émerveiller par Mme de Restaud et le faste de cette vie qu'il voudrait mener. À la fin du texte, il connait les secrets de chacune des femmes présentes, signe de son intégration dans la société aristocratique. De plus, il faut noter que Rastignac est alors l'amant de Delphine, autre signe de son intégration.

Analyse des textes

Le regard d'un jeune premier [Ier TEXTE]

1. Rastignac s'inscrit sur la liste des danseurs pour deux danses avec Anastasie. Il profite de la première pour lui parler et lui demander où il peut la revoir. Rastignac se montre, certes, entreprenant, mais il est en décalage avec les usages du milieu dans lequel il évolue. Il est d'une franchise et d'une spontanéité étonnante, comme le montre l'adverbe « brusquement ».

2. Le narrateur porte un regard amusé et ironise sur la naïveté d'Eugène. L'adjectif « aventureux » à la ligne 7 semble ironique, puisqu'il n'y a ici pas grand péril pour le jeune homme. L'adjectif « naïf » (l. 15) souligne, lui, son ignorance. Le commentaire qui suit illustre le regard ironique que porte le narrateur sur Rastignac : « autant qu'un jeune homme peut se lier avec une femme pendant une contredanse et une valse ». Cette précision montre que ce lien est bien ténu par rapport à l'immense importance qu'il semble revêtir aux yeux d'Eugène. Des modalisateurs viennent indiquer au lecteur que Rastignac est pris au piège de l'illusion : « il prit pour une grande dame », « crut sa visite nécessaire ». Le terme « ignorance » renforce le portrait de Rastignac en jeune premier maladroit. Ainsi, à la fin de l'extrait, la question du narrateur souligne que le héros commet une erreur bien commune, née de sa méconnaissance de ce milieu et de la candeur de sa jeunesse.

3. L'infinitif présent est employé à de nombreuses reprises. Il est ici employé pour exprimer la vivacité des sentiments de Rastignac, ce que renforce son accumulation et l'emploi de la modalité exclamative. Rastignac voit un avenir brillant et ressent ici une forte euphorie : son ambition grandit, il est plein de son désir pour Mme de Restaud et, au-delà, de cette vie qu'il convoite.

4. Mme de Restaud est ici représentée comme le symbole de l'espoir du jeune homme, presque une allégorie. Elle se tient en hauteur, fière comme le suggère le verbe « se dressait », et s'impose ici comme une alternative entre les études de droit, désignées par le nom « Code », et la vie de Rastignac chez Mme Vauquer, désignée par le nom « misère ». Mme de Restaud est une apparition providentielle, idéalisée par le jeune homme. Elle représente donc aux yeux du jeune homme son moyen de parvenir, son salut, une sorte de protectrice qui peut le mener à la réussite.

Les leçons de l'expérience [Ier et 2e TEXTES]

5. L'extrait est composé en deux temps. Dans le premier paragraphe, Rastignac se trouve avec Mme de Beauséant dans l'intimité de ses appartements. Il écoute son dernier discours, assiste à la préparation de la femme qui donne son dernier bal. Les deux autres paragraphes se déroulent dans la sphère publique du bal : Rastignac peut observer les sœur Goriot et Mme de Beauséant en public. Cette dernière change de comportement entre le premier et le second lieu. En effet, dans ses appartement, elle se laisse aller à sa mélancolie, fait un cadeau à Rastignac, se montre émue et touchante lorsqu'elle dresse le bilan de sa vie, symbolisée par son coffret à gants : « il y a beaucoup de moi là-dedans, il y a toute une Mme de Beauséant qui n'existe plus ». Mais au moment de se rendre dans la salle de bal, elle sèche ses larmes et se reprend afin de faire bonne figure : « Puis, après s'être un moment caché les yeux avec sa main, elle se les essuya, les baigna d'eau fraiche, et prit le bras de l'étudiant. » Elle efface les marques visibles de sa tristesse et cherche à paraître forte et sereine. L'expression « douleur noblement contenue » représente bien l'intensité de ses efforts ; et c'est bien cela qui impressionne Rastignac.

6. Mme de Restaud se montre arrogante et en même temps gênée. Elle fait preuve d'« orgueil » et l'adjectif « magnifique », ainsi que l'expression « diamants étalés », traduisent sa confiance en elle et sa volonté de paraitre la plus belle. Cependant, le narrateur remarque un jeu de regard : « elle ne soutenait pas bien les regards de son mari ». Elle éprouve donc de l'embarras. En effet, la métaphore du feu, dans « tous ses diamants étalés, qui, pour elle, étaient brûlants sans doute », rappelle que ces bijoux représentent plus qu'une simple parure. En effet, Anastasie, qui n'avait pas de quoi payer sa robe pour le bal, a mis en gage les bijoux des de Restaud pour payer les dettes de Maxime de trailles, son amant. Le comte découvre ce qu'elle a fait et parvient à reprendre les bijoux. Lors de la soirée, les bijoux lui permettent d'exhiber sa fortune et de démentir des rumeurs. Cependant, ces diamants sont en effet brûlants puisqu'ils ont mis à jour les excès de Mme de Restaud aux yeux de son mari, jusqu'alors complaisant.

7. Rastignac a progressé dans la connaissance des femmes, et plus largement de la société. En effet, dans le premier texte, il est sous le charme, émerveillé, comme un enfant, devant le luxe et la beauté de Mme de Restaud. Il entreprend de la séduire avec candeur et rêve d'un avenir glorieux grâce à elle. En revanche, le second bal le montre introduit dans les secrets des femmes : il entre chez Mme de Beauséant qui se confie à lui, il connait les secrets de Mme de Restaud, et de Delphine de Nucingen puisqu'il est son amant. Ainsi, il a appris à mieux connaître les femmes, mais aussi à ne plus se laisser impressionner par les fastes de l'apparence. Il a appris à se tenir à distance aussi, à observer, de manière plus distancée. Enfin, on peut remarquer une déception de Rastignac : euphorique lors de son entrée dans le monde, il est habité de sombres pensées dans le second texte. Ce qui l'impressionne désormais, c'est la maîtrise de Mme de Beauséant, sa capacité à dissimuler sa douleur.

Lecture de l'image

8. Le tableau de Vermeer introduit le spectateur dans l'intimité du personnage féminin, assis au second plan du tableau. Au premier plan, un vestibule, où sont entreposées des partitions (en bas à droite), situe le spectateur : il n'est pas dans la chambre, mais dans l'entrée, à l'extérieur, en position de voyeur. Le drapé situé au premier plan, en haut à droite, contribue aussi à cet effet : tout se passe comme si l'on dévoilait une intimité, comme si on ouvrait une porte au spectateur. Dans la pièce principale, on voit une femme, assise tenant sur ses genoux un luth, signe de son rang social élevé, et dans sa main droite une lettre, que sa servante lui a probablement donnée. C'est du moins ce que l'on peut déduire du regard de la femme, tourné vers sa servante (la fonction de cette dernière étant identifiable à son vêtement, au balai posé dans l'angle de la porte et au panier de linge posé à ses pieds). Les dalles, au sol, guident, par un effet de perspective, le regard du spectateur vers la femme et la lettre, qui se trouve au centre de la composition.

Seul le titre du tableau parle de « lettre d'amour ». Sans ce titre, le lecteur se retrouve dans la position d'un enquêteur : il doit émettre ses propres hypothèses sur la nature du document que tient la femme. Le luth indique cependant la présence du thème amoureux, puisqu'il symbolise l'union entre les amants. De plus, la femme n'est pas en train de coudre, ou de travailler : jouer du luth est ici un appel à l'amour. Des détails peuvent être interprétés dans ce sens : les pantoufles à l'entrée suggèrent que les pieds sont nus (et partant érotisés), le balai relaie l'idée d'un ménage à faire dans les sentiments et le tableau d'un voyage en mer, à l'arrière-plan, peut représenter une épreuve, risquée, celle de la passion.

Valeurs

→ p. 50-51

Les deux extraits retenus mettent en scène Rastignac au sein de la famille Goriot. Il assiste à deux scènes entre le père et ses filles. Ces deux moments montrent comment la valeur de l'argent met en cause les valeurs positives de l'amour familial, de la sincérité et du bonheur.

Analyse des textes

Un nid d'amour [Ier TEXTE]

1. Le père Goriot apparait comme un sauveur puisque il a acheté et meublé l'appartement rue d'Artois. Il intervient au moment où Delphine veut aller dîner pour annoncer : « j'ai payé toutes les factures ». Ainsi, il sort Rastignac d'ennuis financiers. Il représente une sorte de martyr de la paternité, qui se dévoue pour le bonheur de ses filles. C'est en imaginant « l'embarras » financier dans lequel allait se trouver Delphine qu'il s'est décidé à payer l'appartement et ses meubles. En ce sens, on peut assimiler Goriot à un créateur, celui qui réalise les rêves, rend concret ce qui n'était qu'imagination.

2. L'argent domine tout. On retrouve des chiffres qui correspondent au budget du père Goriot : « je me suis fait, avec quinze mille francs, douze cents francs de rentes viagères bien hypothéquées », « j'ai là-haut une chambre de cinquante écus par an, je peux vivre comme un prince avec quarante sous par jour ». De plus, il fait référence aux tractations financières qui ont cours à l'époque, notamment en faisant référence aux usuriers juifs : « vous allez emprunter de l'argent à des juifs, n'est-ce pas ? », « je me suis fait juif, j'ai payé toutes les factures », « vous ne me devez pas un centime », « Ça ne fait pas une grosse somme, tout au plus cinq mille francs ». Le discours du père Goriot est donc envahi par ces références à l'argent. Cette valeur domine les échanges au XIXe siècle, et vient même pervertir les relations familiales : ici, malgré son dévouement et son envie de bien faire, le père Goriot parle économie et hypothèques, réduisant ainsi les relations familiales à des considérations financières.

3. Delphine compare l'appartement aux armes des chevaliers médiévaux : « Autrefois les dames ne donnaient-elles pas à leurs chevaliers des armures, des épées, des casques, des cottes de mailles, des chevaux, afin qu'ils pussent aller combattre en leur nom dans les tournois ? ». Elle poursuit en affirmant : « Les choses que je vous offre sont les armes de l'époque ». Le parallèle est intéressant sur le plan des valeurs. Les armes énumérées par Delphine renvoient au combat, à l'univers de la chevalerie et à ses valeurs : gloire, honneur, vaillance... Or, l'appartement, s'il est une arme, renvoie à d'autres valeurs, celles de la société au début du XIXe siècle : c'est un signe extérieur de richesse et de réussite. C'est bien cela que représente cet appartement pour Rastignac : ce logement lui permet de sortir de la pension Vauquer et constitue une étape supplémentaire vers sa réussite.

4. Le Père Goriot demande aux deux jeunes gens s'ils sont heureux. *A priori*, le bonheur qu'il se représente existe : ils sont en couple, ont un appartement bien aménagé, et déjà payé, ce qui éloigne les soucis financiers. L'extrait montre aussi qu'ils veulent former une vraie famille unie : Delphine appelle son père « papa », « mon pauvre père », et ce dernier pose la question : « n'êtes-vous pas mes enfants ? » Or, ce bonheur est un bonheur de façade et on assiste plus à une parodie de scène familiale. Le père Goriot désire fonder une vraie famille et se dévoue pour le bonheur de Delphine. Cependant, Rastignac n'est que l'amant de Delphine, mariée à M. de Nucingen. De plus, l'argent est une valeur envahissante, qui gâche la pureté des liens entre eux. Ce bonheur n'est donc pas vrai ni complet : il est grevé par les considérations financières et la valeur sociale que revêt l'appartement pour Rastignac. C'est, au plus, le bonheur d'un père qui veut croire à cette comédie.

Vérité et mensonge [2e TEXTE]

5. La comtesse de Restaud se montre encore une fois comédienne et hypocrite. Elle demande pardon, dès sa première réplique. Elle joue la comédie du repentir, en employant les ressources du pathétique : Elle se met à genoux, pleure (« les yeux baignés de larmes »), semble regretter ses actions (« la douleur m'a rendue injuste »), feint des sentiments profonds pour Rastignac (« Vous serez un frère pour moi ? ») Cependant, malgré ses excuses, elle se révèle cruelle : lorsque Delphine, touchée par ce qui ressemble à un repentir, l'enjoint à tout oublier, elle lui répond de manière cinglante : « Non, dit-elle, je m'en souviendrai, moi ! » Cette phrase peut être interprétée de deux manières : soit elle s'en souviendra et gardera le souvenir de ce remords, soit elle se souviendra de son humiliation d'avoir à accepter de l'argent de l'amant de sa sœur. Anastasie apparait comme un personnage duel, machiavélique, qui manipule les sentiments de son père pour obtenir une signature et de l'argent.

6. Cette scène montre des relations complexes au sein de la famille Goriot. Entre les deux sœurs, on remarque une vraie différence de ton : Delphine appelle sa sœur par son diminutif hypocoristique « Nasie », « ma petite Nasie », témoignant ainsi son attachement, alors qu'Anastasie lui répond assez sèchement « Non [...] je m'en souviendrai, moi ! » Le ton d'Anastasie est très différent lorsqu'elle s'adresse à son père. Après sa demande de pardon, à genoux, les yeux baignés de larmes, elle demande une signature à son père, l'appelant « papa ». De même, pour rendre sa demande de pardon crédible, elle s'adresse à Rastignac et propose une union, parlant de « frère », et « tendant la main » vers lui. Elle joue ici la comédie de la famille unie.

Cette stratégie montre que Mme de Restaud n'hésite pas à jouer sur la corde sensible du père Goriot pour avoir de l'argent. C'est donc bien l'image d'une famille désunie, d'un père trompé par ses filles, qui se dessine.

La seconde réplique du père Goriot (l. 9-11) montre qu'il est aveuglé par l'amour qu'il porte à ses filles, qu'il appelle « Les anges », qualificatif paradoxal pour parler de celles qui le trompent. Dans la réplique suivante (l. 13-17), il évoque ses relations avec la famille d'Anastasie : il refuse de voir M. de Restaud et espère que Maxime arrête de perdre tout son argent au jeu. Là encore, il est aveuglé : c'est M. de Restaud qui refuse de reconnaître le père Goriot et qui a tout fait pour l'éloigner de sa famille. De plus, en parlant de Maxime, il se montre complaisant puisqu'il s'agit de l'amant de sa fille.

7. Delphine pense que malgré ses accès de colère, sa sœur a un « bon cœur ». Elle est donc convaincue qu'Anastasie est venue demander pardon sincèrement. Rastignac, lui, voit juste : il pense qu'elle est « revenue pour l'endos » et que son intention n'est donc pas de se repentir, mais d'obtenir la signature nécessaire à rendre la lettre de change valable. Cet épisode montre combien le jeune homme a retenu les leçons de Mme de Beauséant, qui lui parlait de la « corruption féminine ». Il sait maintenant lire les signes de la manipulation derrière les apparences.

Question sur le corpus

8. La confrontation des deux textes met en avant plusieurs caractéristiques théâtrales :

– on retrouve des dialogues, avec très peu de passages narratifs entre les répliques ;

– la parole des personnages est très expressive, parfois outrée. Le père Goriot, dans le premier texte, se laisse aller à l'enthousiasme, posant des questions, usant d'interjections (« Eh bien, quoi ! » ; « Ah ! »), de phrases exclamatives (« je vous les prête, moi ! » ; « Vont-ils être heureux ! ») On retrouve cette façon de s'adresser à ses enfants dans le second texte. Dans cet extrait, c'est surtout Anastasie qui joue la comédie : ses gestes sont ceux qui caractérisent le pardon (« à genoux », en « larmes », « tendant la main »), ses paroles aussi sont théâtrales, comme le montrent les changements de tons en fonction de ses différents destinataires (voir question 6).

– Rastignac est presque muet, mais il est présent sur scène et le narrateur ne l'oublie pas : il pleure dans le texte 1, regarde Delphine avec émotion et est touché par les paroles du père Goriot. Dans le second texte, il reste muet jusqu'à la fin de la scène, « stupéfait ». On peut considérer le jeune homme comme le spectateur d'une pièce de théâtre : il observe, est ému par ce qu'il voit et entend dans le premier texte, il analyse le jeu et commente les motivations du personnage dans le second texte.

La fin d'un apprentissage

→ pages 52-53

L'enterrement du père Goriot est l'un des passages les plus connus de l'œuvre. C'est la fin du personnage éponyme, mais aussi le point d'arrivée du parcours de Rastignac, regardant avec défi la ville des hauteurs du cimetière du Père Lachaise.

Analyse du texte

Des funérailles sordides

1. De nombreux détails contribuent à rendre la scène réaliste :

– Les indications spatio-temporelles et les notations descriptives permettent de dessiner le cadre de la scène. L'extrait progresse de manière chronologique (« Quand le corbillard vint », « Arrivé là », « le service dura vingt minutes », « À six heures », « le jour tombait »). L'église « Saint-Étienne-du-Mont » est située près de la « rue Neuve-Sainte-Geneviève », c'est une « petite chapelle basse et sombre ». Le cimetière est nommé : « Père-Lachaise ». Ces lieux parisiens contribuent à la tonalité réaliste de la scène.

– Le déroulement de l'enterrement permet d'organiser l'extrait : la levée du corps, le convoi, l'office funèbre, puis l'inhumation par les fossoyeurs. Le personnel de l'Eglise est désigné par la fonction respective de chaque personnage : « les deux prêtres », « l'enfant de chœur », « le bedeau ». La présence des « gens », c'est-à-dire des domestiques de Mme de Nucingen et Mme de Restaud, ainsi que de Christophe, rendent ce texte réaliste.

– Le choix d'un lexique spécifique aux enterrements contribue au réalisme du passage : « corbillard », « bière », « char », « bedeau », « fossoyeurs ». Le titre des psaumes chantés lors du service funéraire participent de cet effet de réel : « *Libera* », « *De Profundis* ».

– La présence de l'argent, la thématique de la pauvreté est aussi un aspect du réalisme de ce passage. (voir question 2)

2. Très peu de personnages sont présents lors de l'enterrement. La répétition de « seul(s) » (l. 5 et 10) souligne la présence de deux personnages uniquement : Christophe et Rastignac. De plus, de nombreuses tournures négatives évoquent l'absence de la famille : « autour de laquelle l'étudiant chercha vainement les deux filles du père Goriot ou leurs maris » (l. 8-9) ; « Il n'y a point de suite (l. 23) ; « deux voitures armoriées, mais vides » (l. 25).

D'autres détails rendent cet enterrement sordide comme le manque d'argent qui est rappelé tout au long du texte : les poches vides de Rastignac, la rapidité du service religieux, la pauvreté de l'Eglise... Le narrateur ironise d'ailleurs sur le clergé, qui enterre des morts pour l'argent plus que par sentiment chrétien : « donnèrent tout ce qu'on peut avoir pour soixante-dix francs dans une époque où la religion n'est pas assez riche pour prier gratis ». Le manque d'argent a pour conséquence la rapidité de l'enterrement : « le service dura vingt minutes », « nous pourrons aller vite », « la courte prière due au bonhomme pour l'argent de l'étudiant ».

3. Christophe apparait comme un personnage très conventionnel. Il prononce une réplique aux lignes 14-16, qui résonne comme un éloge funèbre. Or, sa parole n'est pas originale et il emploie des expressions toutes faites : « un brave et honnête homme, qui n'a jamais dit une parole plus haut que l'autre, qui ne nuisait à personne et n'a jamais fait de mal. » On remarque d'ailleurs qu'il dresse un portrait du père Goriot par la négative, mentionnant ce qu'il n'a pas fait. L'éloge est donc peu flatteur. Le narrateur souligne le caractère conventionnel de cette prise de parole, notamment grâce au modalisateur : « qui se croyait obligé de rendre les derniers devoirs à un homme qui lui avait fait gagner quelques bons pourboires. ». Ainsi, c'est moins un vif sentiment de deuil qui fait parler Christophe qu'une reconnaissance financière.

Cependant, ce personnage est nécessaire dans cette scène. Sa prise de parole souligne l'absence de la famille, qui devrait normalement être là et prononcer ce discours. De plus, il prête de l'argent à Rastignac pour payer les fossoyeurs, ce qui témoigne de sa bonté d'âme.

La naissance d'un homme

4. La phrase est composée de plusieurs propositions juxtaposées. Elle s'allonge, notamment grâce à la répétition du nom « larme », soulignant l'importance de cet élément. La tonalité pathétique de cette phrase signe la fin d'une époque pour le jeune homme et vient clore l'enterrement, mais aussi son apprentissage. Les indications temporelles, « le jour tombait », « humide crépuscule », contribuent à créer un sentiment d'achèvement. Après avoir enterré le père Goriot, c'est une larme qu'enterre le jeune homme : le choix du verbe « ensevelit » montre qu'avec cette larme, Rastignac enterre son passé. Avec elle, ce sont ses sentiments purs, sa naïveté, sa jeunesse. Mais la phrase ménage une progression : le regard va du bas vers le haut. Rastignac regarde par terre, puis, la phrase s'achève sur l'expression « rejaillissent jusque dans les cieux ». La phrase suivante montre d'ailleurs Rastignac regardant vers le ciel. Il s'agit donc d'un adieu à sa vie passé, mais aussi d'une renaissance, d'un nouvel élan, d'une nouvelle ère pour le jeune homme.

5. Dans l'extrait, le narrateur désigne le personnage par son prénom, Eugène, le « bien né ». Il montre la tendresse de ce personnage, qui enterre le père Goriot avec un portrait de ses filles « religieusement », « sans pouvoir prononcer une parole ». L'émotion de Rastignac est sincère. En revanche, à la fin de l'enterrement, ce personnage est représenté comme arriviste : il est nommé Rastignac et s'attriste du manque d'argent. On peut aussi voir un contraste entre son attitude fière de défi devant Paris et son geste, assez prosaïque, d'aller dîner. L'évolution dans la présentation du personnage permet au narrateur de souligner le changement qui est en train de s'opérer chez le jeune homme.

6. Paris est l'objet du désir de Rastignac dans ce passage. La ville le fascine. Elle est assimilée à une femme sensuelle, à une courtisane, par l'expression :

« tortueusement couché ». Les lumières de la ville renforcent le désir du jeune homme, comme le montre l'adverbe « avidement ». De plus, la métaphore animale : « il lança sur cette ruche bourdonnante un regard qui semblait ne par avance en pomper le miel » souligne la gourmandise du jeune homme, désireux de se repaître des plaisirs que peut offrir cette ville.

7. Rastignac se trouve dans une posture théâtrale : il est debout, sur les hauteurs de la ville, contemplant celle-ci, étalée à ses pieds. Cette position illustre son ambition, sa force. De plus, ses dernières paroles sont placées sous le signe du défi : « À nous deux maintenant ! ». Rastignac se lance donc à la conquête de la ville. Sa décision est suivie immédiatement d'une action : il se rend chez Mme de Nucingen. On remarquera que Delphine est ici nommée par son nom d'épouse, signe qu'elle incarne moins la maîtresse que le monde de l'aristocratie que convoite le jeune homme. Le terme « acte » a ici, en outre, son sens théâtral : c'est le « premier acte » de la vie de Rastignac. La fin du roman suggère donc une suite.

Vers le commentaire

L'objectif de cet exercice est de permettre aux élèves de faire le bilan de l'étude du texte, mais aussi de réfléchir à la manière dont Balzac laisse une fin « ouverte » sur l'avenir de son héros. En ce sens, l'exercice pourra déboucher sur une recherche des œuvres où l'on retrouve Rastignac dans la *Comédie humaine*.

Le commentaire des élèves pourra s'organiser ainsi :

I. La fin d'un roman

a. Un enterrement (voir questions 1 à 3)

b. La fin de l'apprentissage de Rastignac, qui enterre ses illusions, sa naïveté et ses sentiments

II. Mais une fin ouverte

a. L'enterrement achève la formation du jeune homme (tous ses adjuvants ont disparus : Mme de Beauséant est partie, Vautrin est arrêté, le père Goriot meurt). L'absence de la famille Goriot confirme leur manque de sentiment vrai et dessine pour le jeune homme l'image d'une société dégradée, où les signes de richesse et de noblesse (les armoiries) sont « vides ».

b. La naissance d'un homme : Rastignac est ici en train de prendre son essor. Il se redresse et affirme sa détermination à la fin de l'extrait.

c. Une fin ouverte sur de nouvelles aventures. Le lecteur connait le destin des personnages, sauf celui de Rastignac. Ainsi, le roman s'achève sur des questions : que va devenir le jeune homme ? adressera-t-il des reproches à Delphine ? va-t-il réussir à s'intégrer à la société ?

Étude d'ensemble

→ pages 54-55

Le roman d'un début

1. Rastignac est un provincial, ainé de cinq enfants. Sa famille vit entre Angoulême et Ruffec. Il est proche de sa mère et de ses deux sœurs, Agathe et Laure, qui lui envoient l'argent nécessaire pour débuter à Paris. Sa tante, Madame de Marcillac, lui envoie une lettre qui lui permet d'être invité la première fois au bal de Mme de Beauséant. Il faut remarquer l'absence du père, mentionné très épisodiquement dans l'œuvre.

Tout d'abord proche de sa famille, Eugène va leur demander de l'argent, s'émouvoir de leurs sacrifices. Leurs relations sont très fortes : les lettres de ses sœurs « contenaient un arrêt de vie ou de mort sur ses espérances ». La mère de Rastignac lui écrit même que de lui dépendent la vie de sa famille. Très présente au début de l'œuvre, sa famille s'efface au fur et à mesure que le jeune homme grandit et se forme à la corruption des milieux parisiens. Tout se passe donc comme s'il se détachait de ses origines, comme si abandonner sa famille était nécessaire à sa réussite.

2. Rastignac pleure à plusieurs reprises dans le roman. Trois moments sont essentiels.

– Lorsque Mme de Beauséant lui raconte l'histoire du père Goriot, il est sincèrement ému. Ses larmes correspondent à la découverte de la réalité de la vie parisienne, très éloignée de son milieu protecteur d'origine.

– Lorsqu'il reçoit la lettre de sa mère, il pleure face à la bonté dont elle témoigne à son égard. Mais sa tristesse nait aussi de ce qu'il compare sa mère au père Goriot, « tordant son vermeil et le vendant pour aller payer la lettre de change de sa fille ». Il ne peut s'empêcher de se sentir coupable des sacrifices faits par sa mère et pense, un instant seulement, à ne pas accepter l'argent.

– À la fin du roman, Rastignac enterre sa dernière larme, signe de la fin de sa formation et du début de sa nouvelle vie.

Les larmes du jeune homme symbolisent donc la perte de ses illusions de pureté, qui se dissipent au fil du roman. À ce propos, de nombreux passage soulignent le caractère féminin de Rastignac et sa forte sensibilité. On remarquera aussi que c'est souvent dans des situations touchant au père Goriot que le jeune homme pleure : ceci renforce l'aspect pathétique du héros éponyme, mais montre aussi à quel point Rastignac est touché par les sentiments purs, si rares dans les milieux parisiens qu'il découvre.

3. Rastignac obtient l'aide de plusieurs adjuvants.

– Sa mère et ses sœurs (voir question 1).

– Le père Goriot l'aide à se rapprocher de Delphine, lui fournit un appartement rue d'Artois et lui livre, au moment de son agonie, sa vision de la vie. Ce discours est, à l'image des discours de Mme de Beauséant et de Vautrin, un moment clé dans l'apprentissage de Rastignac.

– Bianchon, l'étudiant en médecine, s'occupe du père Goriot lors de son agonie. Pur et sincère, il conseille Rastignac sur ses choix de vie, choix que le jeune méridional ne suivra pas. En effet, Bianchon propose un idéal de vie modeste et fondé sur des préceptes moraux.

– Les gens du peuple sont d'une aide précieuse, bien qu'épisodique. L'usurier Gobsek prête de l'argent à Rastignac ; Christophe fait de même lors de la scène de l'enterrement ; le tailleur constitue une aide précieuse et apparait comme une figure paternelle : « Eugène rencontra dans le sien un homme qui avait compris la paternité de son commerce, et qui se considérait comme un trait d'union entre le présent et l'avenir des jeunes gens. ».

4. On peut recenser plusieurs femmes qui apportent leur aide à Rastignac.

– Mme de Marcillac l'aide à être invité au bal de Mme de Beauséant.

– Mme de Beauséant lui apprend le monde (voir son discours page 46), mais à son contact, Rastignac découvre aussi les tourments de la passion féminine, la douleur d'être abandonnée par un amant, la force de caractère pour paraître toujours forte et l'attention aux parures, aux étoffes, à la sensualité.

– Sa mère et ses sœurs lui prêtent de l'argent et lui rappellent son importance des valeurs familiales.

– Anastasie de Restaud représente la première femme désirable, la grande dame qu'il faut séduire. Mais rapidement, après sa première erreur (voir page 44), elle devient à ses yeux la femme manipulatrice et hypocrite qui exploite les sentiments paternels pour obtenir de l'argent. C'est avec elle qu'il découvre la « corruption féminine ».

– Delphine de Nucingen représente la jeune femme qui peut aider Rastignac à réussir. Il va la séduire et connaître avec elle l'amour. Ceci dit, c'est aussi une égoïste qui exploite son père aux mêmes fins que sa sœur. À ses côtés, Rastignac va apprendre à dominer ses sentiments.

– Victorine Taillefer propose à Rastignac le modèle de la jeune fille pure. Cependant, si Rastignac est un moment tenté par cette fille, il y renonce car il n'y a pas de place pour cet idéal dans un monde où le mariage est surtout un contrat.

5. Rastignac a évolué tout au long du roman. Il est le type du héros des romans d'apprentissage. Son désir de parvenir est très fort et il va tout faire pour s'insérer dans la société qu'il convoite. Ainsi, après avoir longuement hésité tout au long du roman sur la voie à suivre pour parvenir, il abandonne ses scrupules et se lance dans la société avec un cynisme grandissant et une attitude de moins en moins naïve et spontanée. La vertu lui semble finalement peu efficace dans la société et il se laisse gagner par la corruption. Il incarne le type de l'arriviste ambitieux.

Si le personnage a évolué, en apprenant le monde et ses règles, il n'a pas encore trouvé sa place dans le monde. À la fin du roman, il a toutes les cartes en main : la connaissance de conventions sociales, un appartement rive droite, une maîtresse. Il ne lui reste plus qu'à se faire sa place. Le lecteur apprendra, notamment dans *La Maison Nucingen*, qu'il devient ministre et pair de France.

Le roman d'une fin

6. Le portrait physique du père Goriot est assez aisé à reconstituer grâce aux premières pages du roman. C'est un « vieillard de soixante-neuf ans environ », dont le narrateur évoque le « ventre piriforme et proéminent ». Plus loin, une description est faite à partir du point de vue de Mme Vauquer, alors amoureuse de lui. On peut en retenir quelques éléments : « Quoique le larmier des yeux de Goriot fût retourné, gonflé, pendant, ce qui l'obligeait à les essuyer fréquemment », « mollet charnu, saillant », « long nez carré », « face lunaire et naïvement niaise du bonhomme », « cheveux en aile de pigeon, que le coiffeur de l'école Polytechnique vint lui poudrer tous les matins, dessinaient cinq pointes sur son front bas, et décoraient bien sa figure », « un peu rustaud ». Ainsi, le personnage n'est pas mis en valeur par son physique. Ses yeux pleurent sans cesse, peut-être à cause d'une maladie chronique qui s'apparent au furoncle des paupières. Quoi qu'il en soit, c'est un personnage marqué par la tristesse, qui se vide de ses pleurs. Tout au long du roman, le lecteur va le voir se dégrader, maigrir, se vider de la vie qu'il donne à ses filles.

Sur le plan moral, il est caractérisé par sa bêtise. Il est une victime, qui supporte farces et quolibets sans dire un mot. En revanche, il se sacrifie pour ses filles, qui sont sa seule et unique passion. Bianchon, qui le soumet à un examen phrénologique affirme haut et fort : « il n'y a qu'une bosse, celle de la paternité, ce sera un Père éternel. » Ainsi, le père Goriot incarne la paternité par son dévouement. C'est ainsi seulement qu'il se voit valorisé dans l'œuvre.

7. On apprend le passé de Goriot en deux temps.

– Après la présentation des personnages et l'histoire de la fausse comtesse de d'Ambermesnil, le narrateur fait un retour en arrière pour expliquer la déchéance de Goriot au fil du temps. On apprend qu'il est arrivé à la pension assez riche, et qu'il a progressivement réduit son train de vie, notamment en changeant de chambre, les payant de moins en moins cher.

– Après son erreur auprès de Mme de Restaud, Rastignac se rend chez la vicomtesse de Beauséant, qui se trouve en compagnie de la duchesse de Langeais. Ces deux femmes lui apprennent qu'Anastasie est la fille du père Goriot, dont elles se moquent. On apprend que Goriot est un ancien vermicellier, qui a construit sa richesse lors d'une disette en 1793, en vendant les farines « dix fois plus qu'elles ne lui coutaient». Elles parlent aussi de sa passion dévorante pour ses deux filles, et de ses relations avec ses deux gendres : alors qu'il était accepté chez eux sous Napoléon, il s'est vu chassé lors de la Restauration.

8. Au début du roman, le lecteur voit le père Goriot recevoir des visites de femmes, apparemment toutes différentes. Au début du récit, Rastignac l'aperçoit aussi en train de fondre de l'or pour en faire des lingots. Tout le monde y va de sa supposition. Malgré les protestations de Goriot, qui affirme que deux femmes seulement lui rendent visite et qu'il s'agit de ses filles, les rumeurs vont bon train et il se voit assimilé à un séducteur qui entretient des femmes ou à un voleur. Le narrateur fait voir le père Goriot par le point de vue des pensionnaires ou de Rastignac afin de placer le lecteur dans la peau d'un enquêteur. C'est une stratégie qui permet d'intéresser le lecteur au début de l'œuvre car il se questionne sur l'identité réelle de ces femmes et du père Goriot, personnage qui donne son nom à l'œuvre et doit donc avoir un intérêt particulier. Au-delà, c'est le thème des apparences et du mensonge qui se joue dans ces rumeurs : chacun interprète les signes visible à sa manière (la venue des filles, leurs parures, l'attachement du père Goriot, sa perte de fortune…) jusqu'à ce qu'on découvre la vérité. Enfin, assimiler Goriot à un séducteur ou un malfrat montre, au début de l'œuvre, que sa passion est destructrice, qu'elle frôle l'inceste et le mène à la corruption.

9. Le père Goriot évoque à plusieurs reprises l'affection qu'il pour ses filles. Lorsque Rastignac se rapproche de lui, il lui fait cette confession : « J'aime les chevaux qui les traînent, et je voudrais être le petit chien qu'elles ont sur leurs genoux ». Ainsi, le père Goriot est prêt à perdre son humanité pour se rapprocher de ses filles. L'image du chien symbolise ici sa fidélité sans borne, mais cette même image sera reprise plus loin, par le personnage lui-même : « Ah ! tu t'es fait des rentes viagères, vieux scélérat, et tu avais des filles ! mais tu ne les aimes donc pas ? Crève, crève comme un chien que tu es ! Oui, je suis au-dessous d'un chien, un chien ne se conduirait pas ainsi ! ». Ici, le chien évoque bien la perte de l'humanité du père Goriot, mais renvoie aussi à son estime de soi. Il se déteste de ne pas pouvoir rendre ses filles pleinement heureuses. Ceci dit, il se trompe de bonheur, puisqu'il pense uniquement à l'argent. C'est surtout à la fin, lorsqu'il adresse ses dernières paroles à Rastignac, qu'il laisse éclater la force de son amour paternel : « Mes filles, c'était mon vice à moi ; elles étaient mes maîtresses, enfin tout ! ». Sa relation à ses filles est proche de l'inceste. On peut donc voir dans ce personnage un être passionnément attaché et dévoué à ses filles. Cependant, cet amour est dénaturé, et débouche sur ce qui s'apparente à du masochisme.

10. Nous avons déjà évoqué la bosse de la paternité dont a parlé Bianchon. Dans un autre passage du roman, à la fin de la visite rue d'Artois (voir texte page 50), le narrateur représente le père Goriot comme un martyr : « Pour bien peindre la physionomie de ce Christ de la Paternité, il faudrait aller chercher des comparaisons dans les images que les princes de la palette ont inventées pour peindre la passion soufferte au bénéfice des mondes par le Sauveur des hommes. ». Cette comparaison avec le « Christ » montre le sacrifice fait par Goriot pour ses filles. Le symbole religieux est très présent dans les paroles du père. Ainsi, dira-t-il à Rastignac : « Quand j'ai été père, j'ai compris Dieu. Il est tout entier partout, puisque la création est sortie de lui. Seulement, j'aime mieux mes filles que Dieu n'aime le monde, parce que le monde n'est pas si beau que Dieu, et que mes filles sont plus belles que moi. ». Pour le père Goriot, le créateur est donc imparfait, capable de créer plus parfait que lui-même.

11. L'agonie du père Goriot occupe une large place dans la fin du roman. Il fait preuve d'une grande lucidité car il réalise que ses filles ne l'ont jamais aimé et ne viendront pas le voir. Cette fin est pathétique, voire tragique par moments. Le père Goriot apparait bien comme un Christ, destiné à mourir, qui se sacrifie pour ses filles, et leur pardonne. Son discours révèle sa lucidité, mais aussi sa vision du monde. Il blâme ses gendres, clame son amour pour ses filles et représente un monde renversé, détruit, corrompu. La mise en scène souligne l'enjeu pathétique du roman : l'agonie du père Goriot se joue au même moment que le bal de Mme de Beauséant, ce qui rend cette fête d'autant plus déplacée ; lors de sa mort, le père Goriot prend les deux jeunes hommes, Rastignac et Bianchon, pour ses filles.

Le roman du réel

12. a. Balzac rend son récit réaliste grâce à plusieurs procédés :

– il affirme haut et fort qu'il va raconter une histoire vraie (« *All is true* ») ;

– il situe son histoire à Paris, nomme des rues qui existent, comme la Rue Neuve-Sainte-Geneviève ou la Rue de l'Arbalète ;

– il établit une description précise de la pension de l'extérieur (la façade, la porte, les fenêtres, le jardin) et de l'intérieur (la salle à manger et la cuisine). On retrouve de nombreux détails de couleur, d'odeurs, de formes, de matière ; des indicateurs de lieux qui permettent de placer les différents éléments les uns par rapport aux autres. On peut aussi lire les inscriptions : celle qui orne l'entrée : « MAISON VAUQUER […] *pension bourgeoise des deux sexes et autres* », celle qui orne la statue d'Eros : « Qui que tu sois, voici ton maître : / Il l'est, le fut, ou le doit être. »

12. b. Balzac montre dans l'extrait concerné, les relations de réciprocité qui unissent le personnage de Mme Vauquer et le lieu. Il emploie des termes d'architecture pour décrire Mme Vauquer : « les fentes de l'étoffe lézardées» et des personnifications pour décrire le lieu: «cette salle où suinte le malheur, où s'est blottie la spéculation». Dès son entrée en scène, Mme Vauquer annonce le lieu, comme le montre le lexique de la prophétie: «résume», «annonce», «fait pressentir». Le lieu et le personnage sont indissociables, puisque l'un semble ne pas pouvoir se passer de l'autre: «Quand elle est là, ce spectacle est complet». De plus, la propriétaire est habituée à ce lieu et à son odeur: «madame Vauquer respire l'air chaudement fétide sans en être écœurée». L'harmonie entre elle et sa pension est soulignée par le chiasme: «toute se personne explique la pension comme la pension implique sa personne». Les images employées pour décrire le lieu et sa patronne illustrent leur relation proche et exclusive: «le bagne ne va pas sans l'argousin»; «comme le typhus est la conséquence des exhalaisons d'un hôpital». On remarque cependant que l'image de la prison et de la maladie pointent le caractère néfaste et délétère de la relation.

12. c. Les chambres sont distribuées en fonction des ressources des pensionnaires. Au rez-de chaussée se trouve le salon et la salle à manger. Au premier étage logent Mme Vauquer, la propriétaire, mais aussi Mme Couture et Victorine Taillefer, qui paient 1800 francs par mois. Au second étage se trouvent Vautrin et Poiret, qui paie, lui, 72 francs par mois. Au troisième étage, Rastignac dispose de 1200 francs par ans, Goriot paie 45 francs par mois. On trouve aussi Mlle Michonneau et une chambre vide. Sous les combles, on trouve le grenier à linge et les chambres de Sylvie et Christophe. Ainsi, plus on monte dans les étages, moins les logements sont chers. On remarque aussi qu'aux premiers et deuxième étage il n'y a que deux chambres, contre quatre au troisième étage: plus on monte, plus les chambres sont donc petites. La mansarde abrite, logiquement, les domestiques. On retrouve ici une répartition sociale de l'espace: la pension classe les gens en fonction de leurs ressources. C'est un phénomène qu'illustre bien le trajet du père Goriot: il a habité successivement chaque étage, payant 12000, 900, puis 45 francs par mois. Son ascension dans les étages de la pension correspond à son dénuement grandissant.

13. Plusieurs exemples sont particulièrement amusants ou intéressants:

– Poiret est comparé à un âne et à un raton. Mais il est surtout associé au Perroquet puisqu'il ne sait que répéter ce qui est dit par d'autres.

– On peut rappeler l'image du père Goriot en chien, ainsi que sa bosse de la paternité

– Bianchon parle de la bosse de Judas de Mlle Michonneau, ce qui annonce sa trahison finale.

– Mme Vauquer est un rat, animal maléfique, tandis que Vautrin, au moment de son arrestation, est un lion, signe de sa violence, mais aussi de sa passion pour la domination.

14. Le roman représente la société comme un corps malade. On retrouve de nombreuses personnifications de lieux qui témoignent d'une corruption, comme le mobilier de la pension: «vieux, crevassé, pourri, tremblant, rongé, manchot, borgne, invalide, expirant». À l'image de la pension, c'est l'ensemble de la société qui est «gangrenée», composée de «membres flasques».

15. On peut relever plusieurs types dans le roman: Vautrin est le bagnard, Gobsek incarne l'usurier sans scrupule, Mme Vauquer est la propriétaire hypocrite et intéressée d'une pension, Sylvie est la cuisinière revêche et dévouée à sa maîtresse.

Ce procédé de généralisation permet à Balzac, à partir d'un personnage particulier, de dresser le portrait d'une société plus vaste, de donner des exemples précis d'un trait de caractère ou d'une fonction qui existe à une échelle plus large dans le réel.

Le roman des passions

16. On peut évoquer:

– l'amour incestueux de Goriot pour ses filles;

– l'amour homosexuel de Vautrin;

– le désir sans fin des richesses pour les filles Goriot: ce désir est tourné vers la satisfaction de leur plaisir personnel.

17. Plusieurs couples sont présentés.

– Mme de Beauséant et le marquis d'Ajuda Pinto: ce dernier la délaisse pour épouser la fille Rochefide.

– M. de Restaud et Anastasie: à la fin du roman, le comte a un accès d'autoritarisme pour pouvoir contrôler une femme trop dépensière. Avant cet épisode, on le voit complaisant, acceptant la présence de l'amant de sa femme sous son toit.

– M. de Nucingen entretient une relation amoureuse dénaturée avec Delphine: cette dernière est victime de violences conjugales, et son mari est impuissant. On retrouve la même complaisance que précédemment, au sujet de l'amant de Delphine.

– Poiret et Mlle Michonneau incarnent une autre image du couple: tous les deux sont unis par la médiocrité et tendent un guet-apens à Vautrin, moins par vertu que par soumission excessive aux autorités et recherche d'une récompense.

Le roman donne donc l'image d'un amour fortement dégradé, de couples qui se déchirent, de maris complaisants, de femmes volages ou médiocres. La seule image de l'amour pur pourrait être donnée par Victorine Taillefer, mais Rastignac ne mène pas à bout le projet de Vautrin à son sujet. Signe peut-être que la valeur de l'amour n'a plus cours dans la société représentée par Balzac.

18. a. Vautrin explique à Rastignac ce que sont les hommes à passion, en usant de plusieurs images, celle du vêtement et celle de la soif : « ces gens-là chaussent une idée et n'en démordent pas. Ils n'ont soif que d'une certaine eau, prise à une certaine fontaine, et souvent croupie ; pour en boire, ils vendraient leurs femmes, leurs enfants ; ils vendraient leur âme au diable. » Ainsi, l'homme a passion a une idée fixe, une obsession, parfois néfaste ou minable, et il est prêt à tout pour la satisfaire. Vautrin donne ensuite des exemples de ces passions : femmes, musique, jeu... et applique ensuite sa théorie au père Goriot, qui se dévoue entièrement au service de ses filles.

À travers Vautrin, c'est toute la conception balzacienne des passions qui s'expose, comme il l'avait déjà fait dans *La Peau de chagrin*. En effet, pour Balzac l'homme naît avec un capital d'énergie qui diminue dès que l'on a une passion et qu'on la poursuit.

18. b. Vautrin se caractérise par sa passion pour la domination, la puissance : il a un vrai génie pour fasciner les gens qu'il désire manœuvrer à sa guise. Il avoue aussi sa passion pour les jeunes hommes, et notamment pour Rastignac, lorsqu'il lui dit : « je vous aime, moi... »

Écriture et prolongements

Vers la dissertation

Il s'agit, avec ce sujet, de dresser un bilan sur l'œuvre en prenant en compte les différentes dimensions de l'étude : le roman d'apprentissage, mais aussi les autres aspects abordés dans la page d'étude de l'œuvre.

I. Le Père Goriot, un roman d'apprentissage

a. Le parcours d'un jeune homme
Le roman présente Eugène, de son arrivée à Paris jusqu'à la fin de sa formation, à la mort de Goriot. Il possède alors tous les instruments nécessaires à sa réussite.

b. Les éléments topiques de la formation
Le lecteur retrouve les éléments d'un apprentissage : les initiateurs, les erreurs, les hésitations et les réflexions du héros, son éducation sentimentale...

c. Une vision de la société
Le roman d'éducation vise à faire découvrir une société : ici, elle est corrompue et dominée par les apparences. Ce qu'apprend Rastignac, c'est la connaissance des âmes, la faculté de déchiffrer la vérité sous les masques sociaux.

II. Mais le Père Goriot dépasse le seul cadre du roman d'éducation

a. Le roman du père Goriot
C'est aussi la fin de la vie d'un homme qui est racontée. En ce sens, le roman se donne comme un récit de vie. De plus, le mystère qui règne autour de ce personnage évoque le récit policier. Enfin, dans l'analyse de la passion de Goriot pour ses filles, on peut voir des éléments d'un roman de mœurs.

b. Le roman de Vautrin
Le personnage de Vautrin est le troisième personnage principal. Bien sûr, il tient une place importante dans la formation de Rastignac, mais *Le Père Goriot* raconte aussi son arrestation, qui constitue un moment fort dans le récit.

c. Le roman d'un monde
Au-delà, c'est tout un monde que dépeint Balzac, fidèle au projet de *La Comédie humaine*. On retrouve dans l'œuvre toutes les catégories sociales, de l'aristocratie aux gens du petit peuple. Balzac nous fait voir en action leurs lâchetés, leurs désirs, leurs émotions, mais il nous les fait entendre aussi (comme lors de la scène où les pensionnaires parlent avec le suffixe à la mode : -rama)

Recherche documentaire

→ **TICE** On se reportera à un résumé dans un dictionnaire des œuvres, ou à l'aide d'un moteur de recherche sur Internet. L'œuvre de Fénelon indique, dès l'entrée dans l'œuvre, qu'il s'agit d'un roman d'éducation. La scène de la grotte de Calypso peut faire référence à la scène d'initiation de Rastignac par Mme de Beauséant. C'est en effet l'un des moments forts de l'apprentissage tant de Télémaque que de Rastignac.

→ **TICE** Il est difficile de trouver des éléments clairs et ciblés sur l'histoire de France sur Internet. Cette activité peut donc permettre de travailler sur la méthode de recherche, et sur la gestion du « bruit » généré par ce type de recherches historiques. Pour faciliter la tâche des élèves, on peut néanmoins leur indiquer des sites tel que :

http://www. bibliolettres.com/w/pages/page.php?id_page=303

Les élèves peuvent, en outre, mener des recherches plus fructueuses en cherchant des mots-clés comme « réalisme » : les fiches de présentation de ce « mouvement » comportent en général une présentation du contexte.

Histoire littéraire

L'évolution du roman au XIXe siècle

→ p. 56-57

Recherche documentaire

Sur Stendhal, on pourra consulter:

– Georges BLIN, *Stendhal et les problèmes du roman*, José Corti, 1953;

– Yves ANSEL, *Stendhal littéral: Le Rouge et le Noir*, Kimé, 2001;

– Philippe BERTHIER, *Stendhal*, Éd. de Fallois, 2010;

– le site de référence sur Stendhal: http://www.armance.com.

Histoire des arts

L'art du portrait au XIXe siècle

→ p. 58-59

1 David, ou le portrait à l'antique

Lecture de l'image

Le personnage n'est pas au premier plan et n'occupe qu'une petite partie de l'espace: il est saisi dans l'espace, de loin, comme on appréhende une statue. La posture (mouvement figé, torsion inconfortable du bassin et du cou, et en même temps abandon, élégance, ampleur du geste du bras droit), le drapé, la blancheur de marbre, sont des aspects de la peinture qui peuvent aussi évoquer la sculpture classique.

2 Ingres, ou le luxe du portrait

Lecture de l'image

1. La question porte en particulier sur la représentation des soieries (le luisant, les plis ronds et droits, le volume, les qualités tactiles même) et de la dentelle. Autre aspect: la robe reflète la lumière, au niveau de la taille et plus bas, et permet de comprendre d'où la lumière vient.

2. Le modèle se détache sur un fond ombreux, mais où l'on distingue deux cadres jaunes (d'une couleur similaire à celle du fauteuil) qui délimitent l'espace où s'épanouit le haut du corps. Mais ce cadre dans le tableau n'est qu'une réplique du cadre général, qui coupe le bas du corps et de la robe, et accorde au fauteuil jaune d'or et au volume de la robe, de part et d'autre de la verticale du corps, une égale importance. La verticale du corps est au milieu du tableau et le sépare en deux régions à peu près symétriques, n'était la différence des couleurs; la poitrine du modèle en est le centre. Elle s'appuie sur le fauteuil, et du fait de sa robe qui se déploie en bas à gauche du tableau, la figure est légèrement oblique, ce qui déstabilise et dynamise légèrement l'architecture d'ensemble.

3 Courbet, ou l'esthétique de la présence

Lecture de l'image

1. On note le regard concentré, et naturellement la barbe rousse, dans laquelle la lumière donne, et qui forme des remous. Et, de part et d'autre du visage, l'encadrant, les tissus, en particulier la batiste blanche, avec le détail des broderies, et la doublure rouge vif de la veste.

2. Les deux idées majeures sont le recours au gros plan et la fiction du naturel: les deux modèles ont l'air saisis dans leur pensée et semblent ne pas poser. On est donc tout près des modèles, dans leur intimité, dans leur solitude. Et cependant, ils ne nous regardent pas, ils ne nous voient pas. Paul Chenavard penche la tête, Alfred Bruyas la soutient. Ces gestes simples, ajoutés à la profondeur des regards, à la majesté du front, suggèrent la pensée.

4 L'impressionnisme de Manet

Lecture de l'image

1. Il ne semble pas que ce soit l'objet de ce portrait, pour la raison que manifestement le modèle pose. Néanmoins, on est à proximité de Berthe Morisot et, en dépit du chapeau et de la violette, la toile ne propose pas une scénographie qui magnifie le modèle : elle paraît saisie dans le mouvement de la vie, à l'air libre, en passant (elle est habillée pour sortir), naturelle, les cheveux un peu indociles.

2. Les élèves répondront librement à cette question, l'essentiel étant qu'ils réussissent à mettre des mots sur leurs impressions.

Recherche documentaire

Dans cet exposé sur le peintre Pierre-Auguste Renoir, il serait bien de faire intervenir le paramètre chronologique, pour montrer l'évolution du style de Renoir.

Les temps du récit

→ p. 60-61

1 **1.** eut entendu : antériorité. **2.** eut fini : antériorité. **3.** eut disparu : action accomplie rapidement. **4.** eut appris : antériorité. **5.** eut vite : action accomplie rapidement.

2 Je (sortis) sous prétexte d'aller déjeuner. Au lieu de déjeuner au café Foy, au coin du boulevard, comme j'(avais) l'habitude de le faire, je (préférai) aller déjeuner au Palais-Royal et passer par la rue d'Antin. Chaque fois que de loin j'(apercevais) une femme, je (croyais) voir Nanine m'apportant une réponse. Je (passai) rue d'Antin sans avoir même rencontré un commissionnaire. J'(arrivai) au Palais-Royal, j'(entrai) chez Véry. Le garçon me (fit) manger ou plutôt me (servit) ce qu'il (voulut), car je ne (mangeai) pas. Malgré moi, mes yeux se (fixaient) toujours sur la pendule. Je (rentrai), convaincu que j'(allais) trouver une lettre de Marguerite.

3 – La noce descendit, muette, boudeuse, avec la seule dégringolade des souliers sur les marches : *fait progresser l'action.*
– En bas, M. Madinier voulait payer : *arrière-plan.*
– Mais Coupeau se récria, se hâta de mettre dans la main du gardien vingt-quatre sous, deux sous par personne : *fait progresser l'action.*
– Il était près de cinq heures et demie ; on avait tout juste le temps de rentrer : *arrière-plan.*
– Alors, on revint par les boulevards et par le faubourg Poissonnière : *fait progresser l'action.*
– Coupeau, pourtant, trouvait que la promenade ne pouvait pas se terminer comme ça : *arrière-plan.*
– il poussa tout le monde au fond d'un marchand de vin, où l'on prit du vermouth : *fait progresser l'action.*
– Le repas était commandé pour six heures. On attendait la noce depuis vingt minutes, au Moulin-d'Argent. Madame Boche, qui avait confié sa loge à une dame de la maison, causait avec maman Coupeau, dans le salon du premier, en face de la table servie ; et les deux gamins, Claude et Étienne, amenés par elle, jouaient à courir sous la table, au milieu d'une débandade de chaises : *arrière-plan.*
– Lorsque Gervaise, en entrant, aperçut les petits, [qu'elle n'avait pas vus de la journée : *arrière-plan*], elle les prit sur ses genoux, les caressa, avec de gros baisers : *fait progresser l'action.*

4 Dans ces deux textes l'auteur associe passé simple, présent de narration et formes en -ait (imparfait ou plus-que-parfait). Ces formes en -ait dans les deux cas sont dans des énoncés à l'arrière-plan. Les phrases au passé simple sont au début des deux textes : elles servent à installer le récit, l'action. Le présent historique est employé de manière transitoire à la place du passé simple. Le plus difficile est de justifier ce changement de temps ; il semble que dans les deux cas il y ait à la fois le sentiment d'une accélération du rythme de l'action et le sentiment que les événements sont saisi en train de surgir, sans être encadrés dans le récit d'un narrateur surplombant. C'est ainsi que, dans le texte de Chateaubriand, les événements se présentent tels qu'ils sont vécus par les soldats, sans être intégrés dans une chaîne cohérente.

Activités d'écriture

Vers le commentaire

On remarque que le texte ménage une progression, notamment grâce aux temps verbaux. L'imparfait est abondamment utilisé pour décrire, mais surtout pour montrer le personnage dans sa marche, en cours de déroulement. À partir de la ligne 18 seulement, le passé simple apparait, créant une rupture dans le texte : « il aperçut des feux rouges ». Son attention est attirée vers ce point lumineux. Cependant, Zola reprend une narration où domine l'imparfait pour retarder l'apparition de la « fosse », grâce à des descriptions. Le plus-que-parfait de la ligne 10 permet d'introduire un commentaire sur le passé du personnage, en indiquant le lieu et l'heure d'où il est parti. Tout concourt donc à retarder la révélation et à créer le mystère autour du personnage et des lieux.

Écriture d'invention

Pour ce travail, les élèves doivent veiller à :

– décrire à l'imparfait ; ce travail pourra s'appuyer sur des représentations picturales ou des photographies de la ville choisie pour travailler sur le réalisme ;

– faire agir le groupe, et ses individus, grâce au passé simple ;

– commentez, expliquer et donner de l'épaisseur aux personnages grâce à des remarques sur les lieux, sur leurs intentions ou leur passé.

Émile Zola, *Au bonheur des dames*

→ p. 63

1. Thème et motif

On peut certainement proposer plusieurs réponses. Une position médiane pourrait être celle-ci : le grand magasin exerce sur l'auteur une certaine fascination, non seulement en raison de l'accumulation des objets, mais aussi parce que ces endroits procurent une vue panoptique sur des centaines de femmes (l. 6-8) ; il n'en fait pas pour autant à proprement parler l'éloge – aucune expression ne répond précisément à cette intention.

2. Mouvement et genre

a. Le parti pris descriptif est minutieusement et complètement assumé. Le grand magasin est un lieu naturaliste. Zola fait là, en effet, le choix d'un espace public, d'un espace moderne, d'un espace caractéristique des mutations économiques et idéologiques du pays.

b. Mme Desforges est le personnage focal. Le haut et le bas, la gauche et la droite, le près et le lointain : tout l'espace est orienté par rapport à elle. Mais le narrateur est lui-même emporté, chaleureux, voire lyrique. La description est méthodique, en dépit du sentiment d'accumulation et de confusion, puisqu'elle procède thème par thème (il faut détailler). C'est une description en mouvement (bien que le personnage focal soit lui-même immobile) dans la mesure où elle cherche à rendre la perception du mouvement de centaines de personnes en même temps dans toutes les directions. Mais les verbes de mouvement sont attribués aussi aux objets immobiles (l. 11-12, 21-22). Le naturalisme apparaît ici comme un mouvement, presque au sens premier et physique du terme, tant il illustre ici son caractère dynamique.

3. Langue et style

On peut noter que la structure qui organise l'essentiel du texte est la liste, mais que de nombreux connecteurs spatiaux et temporels, et de simples conjonctions de coordination, articulent vigoureusement ces différentes listes entre elles. L'impression de fouillis est compensée par la forte organisation du texte. On peut noter également la richesse du lexique (substantifs désignant les objets, adjectifs qualificatifs, éléments architecturaux) et son caractère volontiers métaphorique. Le style est aussi chatoyant et dynamique en raison du rythme des phrases : les séries d'appositions, les redoublements de substantifs, les développements métaphoriques, en bref toutes les expansions du nom contribuent à l'impression d'opulence et de vitalité.

4. Littérature et arts

a. On pense à la photographie parce qu'il s'agit d'une représentation sur le vif d'une réalité qui n'est pas un sujet pictural traditionnel. Les corps sont saisis au passage et souvent partiellement (l. 12-13). L'attention aux profondeurs, aux échappées, aux contrastes blanc/noir, fait également penser à la photographie.

b. Le texte est « impressionniste » pour la bonne raison qu'il additionne des milliers de sensations, de vues partielles, d'impressions visuelles et/ou tactiles.

Écriture d'invention

Il est important que les élèves travaillent à partir d'un lieu réel. Le travail sur l'organisation du texte et la construction des phrases, dans le texte de Zola, doit leur permettre d'élaborer leur propre description.

2. La nouvelle au XIXe siècle

Introduction au chapitre

Ce chapitre, comme le précédent sur le roman au XIXe siècle, a d'abord pour objet de familiariser les élèves avec les notions de réalisme et de naturalisme. Il s'agit également de situer la nouvelle réaliste dans l'histoire de la fiction, en montrant comment le récit fictionnel bref est traité par les écrivains réalistes (voir notamment l'Histoire littéraire, p. 98-99 du manuel). Ce chapitre introduit enfin à l'étude des formes narratives : fonctions de la fabrique du récit (personnages, narrateurs, décors), moments essentiels (incipit, explicit, chute, scènes, sommaires, dialogues), paramètres du style (scénario, scénographies, focalisation, énonciation, langue). On pointe les caractéristiques formelles propres à la nouvelle (récit-cadre, vitesse du récit, retournement de situation) et on met en exergue le sous-genre de la nouvelle fantastique. L'étude sur le texte intégral de *Madame Baptiste* introduit à l'univers d'un écrivain majeur de la période, Guy de Maupassant. D'autres grands noms, français ou étrangers, sont également mis en valeur ici : Honoré de Balzac, Émile Zola, Gustave Flaubert, Stendhal, Théophile Gautier, Edgar Allan Poe, E.T.A. Hoffmann...

Indications bibliographiques, sites Internet

– Paul ALEXIS, Henry CÉARD, Léon HENNIQUE, Joris-Karl HUYSMANS, Guy de MAUPASSANT, Émile Zola, *Les Soirées de Médan*, recueil de nouvelles, 1880, Grasset, coll. « Les Cahiers rouges », 2003.

– Gustave FLAUBERT, *Trois Contes*, Flammarion, coll. « GF », 2009.

– Guy de MAUPASSANT, *Contes et nouvelles*, tomes I et II, éd. Louis Forestier et Armand Lanoux, Gallimard, coll. « Bibliothèque de la Pléiade », 1974.

– Émile ZOLA, *Contes et nouvelles,* tomes I (1874-1884) et II (1875-1899), Flammarion, coll. « GF », 2008.

– hbalzac.free.fr

– flaubert.org

– maupassant.free.fr

– emilezola.free.fr

L'art de la nouvelle réaliste

Esquisse du cadre

→ p. 68-69

■ Émile Zola, *Le Capitaine Burle*

Le texte constitue l'incipit de la nouvelle : il dresse le cadre de l'histoire et esquisse le portrait de l'une des protagonistes. Zola nous présente ici la misère et la déchéance d'une famille de militaires. On étudiera donc la dimension réaliste de la description, mais aussi sa dimension sociale.

Analyse du texte

Un cadre réaliste

1. Le premier paragraphe présente la ville de Vauchamp, puis la rue des Récollets où se situe la maison de Mme Burle. Le second paragraphe nous fait pénétrer à l'intérieur de l'appartement, en nous présentant son aménagement et son mobilier. Le dernier paragraphe dresse le portrait de Mme Burle, assise près de la cheminée, et celui du petit Charles. Nous pouvons donc observer un effet de resserrement du début à la fin du texte, puisque le narrateur décrit d'abord la ville entière pour s'intéresser à un logement et des personnages particuliers.

2. Plusieurs éléments donnent au récit un caractère réaliste. Tout d'abord, on trouve dans le texte plusieurs toponymes : la ville de « Vauchamp », la « rue des Récollets », le « quartier Saint-Jean ». Le narrateur précise également l'époque de l'année à laquelle se situe l'histoire (le mois de novembre) et l'heure (« neuf heures »). Le cadre spatio-temporel est donc assez précis. Pour renforcer le caractère réaliste de son récit, le narrateur ajoute des précisions financières sur le prix de la location de l'appartement (« soixante francs par ans ») ou le style du mobilier (« un mobilier Empire d'acajou massif »). Des détails visuels comme le « carreau peint en rouge » ou le « fauteuil de velours jaune » permettent au lecteur de se représenter la scène.

3. La description des lieux revêt une dimension sociale : tout prouve que la famille Burle est dans la misère. Tout d'abord, la grande surface des pièces n'est pas un atout mais un inconvénient dans l'habitation, comme l'indique la subordonnée « qu'on ne parvenait pas à chauffer l'hiver ». Ainsi, tous les adjectifs évoquant la taille des lieux (« quatre pièces énormes », « la plus vaste », « un immense salon », « les hauts plafonds ») se teintent d'une connotation péjorative. Le champ lexical de la décomposition revient dans toute la description : tentures « moisies », meubles « bossué[s] » aux cuivres « arraché[s] », tapis « usés », tout semble dans un état de décrépitude avancé. Le second paragraphe s'achève sur une image très sombre, alliant personnification et hyperbole dans l'expression « d'une pauvreté grelottante dans ce désert, où tous les vents soufflaient », qui met en évidence la misère et la solitude caractérisant les lieux.

L'esquisse d'un portrait

4. Le portrait de Mme Burle n'est qu'esquissé dans le dernier paragraphe, mais il est suffisant pour permettre au lecteur de se représenter une vieille femme sévère et sèche. De son physique, on ne connaît que « sa haute taille », « sa longue figure » et ses « lèvres minces » : on peut ainsi se représenter une femme élancée et maigre, à l'image de l'appartement qu'elle occupe. Ses attitudes traduisent la dureté de son caractère : elle a le regard « fixe et vide », ne sourit jamais, son visage reste « grave », et de temps à autre laisse échapper une « plainte ». Zola dresse donc ici le portrait d'un personnage austère, renfermé et triste.

5. C'est en racontant brièvement l'histoire de Mme Burle que Zola parvient à en esquisser le portrait moral. Le plus-que-parfait apparaît aux lignes 25, 26, 29 et 30 pour évoquer son passé, lié à la carrière militaire de son mari et de son fils. Mme Burle a forgé son caractère sur les valeurs de l'armée, comme l'indiquent l'expression « raideur militaire » et la comparaison « avec la sévérité d'un sergent chargé d'instruire ses recrues ». La ligne 27 développe une autre comparaison, celle de la sécheresse (« comme séchée sous la rudesse de la discipline ») : le sens propre et le sens figuré se mélangent dans cette image. Mme Burle est à la fois sèche de caractère, et séchée physiquement : son corps maigre, « rigide », a perdu toute souplesse à force d'incarner la droiture militaire. Les principaux traits de caractère de ce personnage sont donc l'austérité, la sévérité et l'intransigeance, qui se manifestent notamment dans l'éducation que Mme Burle donne à Charles.

6. Alors que Mme Burle apparaît comme un personnage dur, sévère et sombre, l'enfant évoqué à la fin du dernier paragraphe semble fragile (comme le souligne l'expression « tempérament délicat ») et lumineux, avec son teint « pâle », ses « beaux yeux », « trop clairs », et sa « face éclairée ». Sa présence crée un contraste dans cette atmosphère austère et triste.

Lecture de l'image

7. Le tableau est composé de deux plans : au premier plan, la vieille femme assise sur sa chaise, et à l'arrière-plan, le mur de la pièce décoré de tableaux. La géométrie de l'image est très marquée : la femme constitue une sorte de triangle sombre sur la droite ; une ligne verticale, formée par le mur, crée un rectangle d'ombre sur la gauche, et croise les deux lignes horizontales formées par le plancher et la plinthe du mur. Le tableau accroché au mur vient dessiner un rectangle lumineux dans ce cadre obscur. Toutes ces lignes droites donnent à l'ensemble de la composition un côté rigide et austère, qui semble traduire dans l'espace l'expression du visage de la femme, dont les traits tirés et le regard fixe indiquent la sévérité. Les couleurs sont sombres et froides, essentiellement noires et grises. Le visage de la femme, sa coiffe, ses mains et les tableaux accrochés au mur sont les seuls éléments lumineux de l'image, éclatés dans l'ensemble de la composition. On peut apprécier le réalisme de cette peinture, qui présente un personnage peint avec précision dans le dénuement de son univers quotidien. Whistler (1834-1903) est un peintre d'origine américaine, ayant vécu à Paris et à Londres. Il a côtoyé les artistes réalistes comme Gustave Courbet, et le tableau présenté ici s'inscrit bien dans ce mouvement. Whistler s'est aussi rapproché des impressionnistes, dont on voit l'influence dans d'autres de ses toiles.

Vitesse du récit ➜ p. 70-71

■ Gustave Flaubert, « Un cœur simple »

Dans cet extrait, Flaubert raconte en quelques lignes la seule histoire d'amour de Félicité. Étudier la vitesse du récit permet ici d'apprécier la portée satirique du texte. La rapidité du sommaire met en évidence le caractère dérisoire de l'histoire d'amour.

■ Edgar Allan Poe, « La lettre volée »

Il est intéressant de mettre en regard le texte de Flaubert et celui de Poe pour étudier les rythmes du récit : dans cet extrait de « La lettre volée », le rythme de la narration ralentit pour rendre compte d'une scène de quelques minutes à peine. Pourtant les actions ne s'enchaînent pas moins rapidement. Pour compléter ce travail sur les rythmes du récit, on pourra étudier l'ellipse dans le texte de Zola de la page 77, et la pause dans les portraits des pages 80 et 81.

Analyse des textes

Un sommaire [Ier TEXTE]

1. Le récit comporte cinq étapes. La première constitue le premier paragraphe, et raconte les premiers rendez-vous et le projet de mariage. La seconde, des lignes 8 à 13 (second paragraphe), signalée par l'adverbe « bientôt », évoque les craintes de Théodore au sujet du service militaire, qui le poussent à précipiter les événements. La troisième se concentre dans les lignes 14 et 15 ; elle est introduite par l'adverbe « enfin » : le projet de mariage se concrétise. La quatrième met en évidence l'abandon de Théodore et la déception de Félicité, des lignes 16 à 23 : l'expression « le moment arrivé » souligne l'importance de l'événement pour la jeune femme. La dernière étape, signalée par l'adverbe « puis », présente le dénouement de cette histoire malheureuse et le départ de Félicité (l. 23 à 28). On retrouve donc toutes les étapes du schéma narratif dans cette brève histoire d'amour. Entre le début et la fin de l'extrait, il s'écoule sans doute deux ou trois semaines, si l'on en croit les quelques indications temporelles du texte : « la semaine suivante » à la ligne 1, « dimanche prochain » à la ligne 15 et « au bout du mois » à la ligne 24.

2. Le temps majoritairement employé est le passé simple. C'est le temps du récit qui permet d'évoquer des actions finies et bornées. Les faits sont délimités dans le passé et se succèdent très vite. Ce choix permet de mettre en évidence la rapidité des différentes étapes de l'histoire d'amour de Félicité.

3. Les actions s'enchaînent rapidement dans le texte car le narrateur donne très peu de précisions sur les événements : il se contente d'évoquer brièvement la résistance de Félicité aux instances de Théodore dans le premier paragraphe, et l'origine des craintes de Théodore dans le second. En dehors de cela, toutes les actions sont évoquées de façon extrêmement laconique. Dans toute la fin du texte, les phrases sont très brèves, souvent simples (on trouve peu de subordonnées). Les deux dernières phrases de l'extrait présentent toutes les actions de Félicité dans une succession de propositions juxtaposées ou coordonnées.

4. Derrière la rapidité du récit, on peut apprécier la cruauté du romancier et la portée satirique du sommaire. Félicité était sur le point de se marier avec un homme qu'elle connaissait depuis quelques jours, et qui l'a immédiatement et lâchement abandonnée. La désillusion est d'autant plus forte qu'elle est immédiate et brutale. La grande histoire d'amour de Félicité n'est en réalité qu'une amourette dérisoire.

Une scène [2e TEXTE]

5. Le premier paragraphe raconte ce qui se passe à l'intérieur, dans la maison de D… . Le second revient quelques instants en arrière (comme le prouve l'emploi du plus-que-parfait des lignes 11-12) pour raconter ce qui s'est passé au même moment à l'extérieur ; dans les dernières lignes du paragraphe, on revient à l'intérieur, pour voir D… quitter son poste d'observation à la fenêtre. Cet ordre permet de mettre en évidence les deux aspects de la ruse du détective Dupin : subtiliser la lettre volée et la remplacer par une fausse d'une part, et attirer l'attention de D… pour pouvoir réaliser cette substitution d'autre part.

6. La simultanéité est exprimée dans le texte au moyen de « pendant que » (l. 2-3), et « en même temps » à la ligne 6. Plusieurs actions ont donc lieu au même moment : le début de la conversation entre D… et Dupin correspond au moment de la détonation à l'extérieur. Puis D… regarde par la fenêtre ce qui se passe dans la rue, c'est-à-dire la confrontation entre le lunatique et la foule, pendant que le détective substitue son fac-similé à la lettre. Entre le début et la fin de l'extrait, il s'écoule à peine quelques minutes : le temps de la diversion à l'extérieur (très brève, puisqu'on se rend compte qu'aucun crime n'a été commis, et qu'il n'y a aucun danger réel), et de l'échange de lettre à l'intérieur.

7. Le rythme de la dernière phrase du premier paragraphe est rapide et saccadé : les actions s'enchaînent dans des propositions indépendantes juxtaposées aux lignes 6 et 7, puis la phrase ralentit légèrement avec l'apposition permettant de décrire la lettre de substitution. Le rythme de la phrase permet donc de mettre en évidence à la fois la rapidité des actions et la ruse du détective Dupin.

Écriture d'invention

8. L'objectif de cette activité d'écriture est double ; il permet à la fois de vérifier la compréhension du texte de Flaubert, et d'évaluer la maîtrise d'un rythme du récit particulier : la scène. On attachera donc de l'importance à la cohérence du texte de l'élève par rapport au modèle, notamment en ce qui concerne la narration (on attend un récit à la troisième personne, et un point de vue omniscient), les personnages (dont il s'agit de respecter l'identité et la psychologie) et la tonalité du texte (on pénalisera les scènes trop pathétiques, s'écartant trop de la dimension satirique du texte source). Le sujet implique que l'élève développe dans son récit des passages narratifs mais aussi les discours rapportés de Félicité et de l'ami de Théodore : on valorisera les copies qui présentent une bonne maîtrise de l'insertion du dialogue dans le récit et qui proposent un texte vivant et rythmé. Étant donné que la consigne indique clairement le rythme du récit à développer, la scène, on pénalisera les copies trop descriptives, ou au contraire trop rapides, déviant vers la pause ou le sommaire.

Retournement de situation

→ p. 72-73

Stendhal, *Vanina Vanini*

Vanina Vanini est l'une des *Chroniques italiennes* où Stendhal allie la précision historique au dynamisme d'un récit riche en rebondissements. Cet extrait présente l'un des nombreux retournements de situation de la nouvelle : la trahison de Vanina. On étudiera la façon dont le nouvelliste prépare ce coup de théâtre tout en ménageant une part de mystère pour créer la surprise.

Analyse des textes

Une intrigue complexe

1. Vanina est très éprise de Pietro, et souhaite être aimée en retour avec passion. Mais les sentiments de Pietro ne sont pas à la hauteur de ses attentes. Depuis qu'il est rétabli et libre, il ne porte plus le même intérêt à Vanina. Même s'il ne rejette pas la jeune femme, toutes ses préoccupations sont centrées sur la conspiration des carbonari. C'est ce qui fait dire à Vanina : « vous m'aimez comme un mari ; ce n'est pas là mon compte. » Elle attend un amour bien plus fort et passionné. Or le tempérament passionné de Pietro se développe dans un autre domaine : il ne parle d'amour qu'avec « un air distrait », tandis qu'il évoque ses entreprises politiques « avec un accent autrement plus profond » (l. 17-18). Son amour pour sa patrie est bien plus fort que son amour pour Vanina.

2. C'est dans le premier paragraphe du texte qu'on trouve une analyse psychologique de Vanina. C'est un personnage passionné en proie à de violentes émotions. Tout d'abord, Vanina est fière : le mot « fierté » apparaît dès la ligne 2, redoublé par le mot « orgueil » à la ligne 6. Cette fierté la pousse à être très sévère avec elle-même, puisqu'elle ressent de la « honte » pour sa propre conduite (l. 8-9) et cherche une solution qui lui permettra de ne pas se sentir « indigne » (l. 12-13). Ensuite, Vanina est en proie à une grande tristesse, un « noir chagrin » (l. 4), une « douleur » (l. 6) qui paraît démesurée. Il semble même que le personnage éprouve une certaine complaisance dans tous ces troubles passionnés, comme nous pouvons le penser en lisant les lignes 10-11 : « Elle trouva une joie cruelle à se punir de la faiblesse qui venait de la faire parler. » Vanina ne cherche qu'une chose : l'intensité du sentiment amoureux.

3. Pour comprendre les pensées de Vanina évoquées aux lignes 23-24, il faut les mettre en relation avec ce que dit Pietro aux lignes 19-20 : il projette de quitter les carbonari si l'affaire qu'il prépare avec eux échoue. Vanina a tout intérêt à ce que la conspiration soit déjouée, car alors elle deviendra la seule préoccupation de Pietro. Le lecteur comprend qu'elle va devenir une ennemie des carbonari, d'autant qu'elle ne risque pas d'être soupçonnée, puisqu'elle les soutient financièrement, comme elle se le dit aux lignes 23-24. Vanina prépare donc une trahison.

Un retournement de situation

4. Les deux premiers paragraphes nous présentent une scène entre les deux amants. Les propos de Vanina apparaissent au discours direct aux lignes 6-7 et 25-29 entre guillemets. Ceux de Pietro se trouvent aux lignes 19-20 en italique, ce qui souligne leur importance, car ce sont ces mots qui vont faire germer l'idée de la trahison dans l'esprit de Vanina. Les pensées de la jeune femme sont également rapportées aux lignes 23-24, au discours direct, mais sans signe de ponctuation ni nuance typographique. Dans le premier paragraphe, on note également des passages de discours narrativisé, où les propos des personnages sont simplement évoqués sans être précisément rapportés: «Missirilli répondit à ces larmes en homme préoccupé» (l. 9), «elle rompit le silence, et fit tout au monde pour lui arracher une parole d'amour» (l. 16-17), «il lui dit d'un air distrait des choses fort tendres» (l. 17-18). Dans tout le début de l'extrait, ce sont donc les paroles ou les pensées des personnages qui dynamisent le récit, alors que dans le troisième et le début du quatrième paragraphe (jusqu'à la ligne 37), ce sont plutôt les actions de Vanina. La fin du texte insère de nouveau des discours rapportés: les propos contenus dans le message destiné au cardinal-légat (l. 37-38), et enfin les paroles de Vanina adressées à son ancienne femme de chambre (l. 40-43). Le récit, en mêlant paroles et actions, est donc varié et dynamique.

5. Dans les deux derniers paragraphes, le lecteur devine que Vanina cherche à trahir les carbonari, mais ignore comment elle va s'y prendre, car le narrateur n'a pas précisé la suite de sa «rêverie» (l. 25). Ses propos témoignent de sa volonté de l'écarter de ses camarades, mais on peut encore imaginer que c'est pour profiter de sa présence; il en va de même au paragraphe suivant, puisque le narrateur n'évoque que son intention de s'occuper des «préparatifs du voyage». Le *suspense* se poursuit un moment dans le dernier paragraphe, tant qu'on ignore pourquoi Vanina va trouver son ancienne femme de chambre. Le lecteur apprend finalement sa trahison grâce aux mots écrits sur le livre d'Heures, rapportés dans le récit aux lignes 37-38, ainsi qu'à la consigne donnée à la femme de chambre.

6. Les indices qui permettaient d'annoncer cette trahison plus haut dans le texte sont la fierté du personnage, mais aussi son idée de quitter Pietro, évoquée aux lignes 10 à 13, et le pressentiment des lignes 21-22: «Depuis une heure, elle sentait qu'elle voyait son amant pour la dernière fois». À ce stade, Vanina éprouve à la fois colère et amour pour Pietro.

7. Vanina va mettre Pietro dans une situation difficile: elle dénonce tous les carbonari sauf lui. Une fois qu'ils seront arrêtés, il leur viendra forcément à l'idée que c'est lui qui les a trahis, puisqu'il aura échappé à l'arrestation.

Recherche documentaire

8. ➜ **TICE** Pour cette activité, on encouragera les élèves à chercher des éléments de réponse dans des biographies ou des sites consacrés aux auteurs réalistes du XIXe siècle. Sur le site http://maupassant.free.fr par exemple, ils trouveront les conditions de première publication des nouvelles de Maupassant. On peut aussi les orienter vers de grands noms de journaux, tels que le *Figaro*, le *Gil Blas*, ou la *Revue des deux mondes*: http://www.revuedesdeuxmondes.fr.

Satires sociales ➜ p. 74-75

■ Villiers de L'Isle-Adam, «Virginie et Paul»

■ Henry James, *La maîtresse de M. Briseux*

Ces deux textes présentent deux satires sociales teintées d'humour, le premier à travers un dialogue, le second à travers un portrait. Villiers de L'Isle-Adam propose une parodie de dialogue amoureux, tandis qu'Henry James se livre à la critique des ambitions d'une bourgeoise anglaise. Dans ces deux textes, on analysera plus précisément l'ironie du narrateur (ou de la narratrice), ses indices et sa portée.

Analyse des textes

Des satires sociales

1. Le champ lexical le plus récurrent dans le texte est celui de l'argent. Le mot apparaît dans son sens propre dans les répliques des personnages (l. 13, 15, 17, 25 et 28-29), car il constitue leur principale préoccupation. Il apparaît également dans les métaphores du début du texte: la voix «pure et argentine» du rossignol, et la lune «argentée». Même dans leurs grands élans poétiques, les personnages voient le monde avec les yeux de l'argent. De plus, on trouve dans le texte le mot «dot» (l. 10) et le verbe «économiser» (l. 16) qui appartiennent au même champ lexical. Le narrateur critique donc implicitement le matérialisme des jeunes gens de son époque, dont le discours amoureux est dénaturé par les préoccupations financières.

2. Mrs Staines connaît une première déception avec son mari, car elle comptait sur sa réussite sociale pour acquérir un certain prestige (celui d'être la femme d'un grand homme), l'imaginant faire une brillante carrière dans le droit ou la politique. Après la mort de son mari, ses espoirs se tournent vers son fils. Mais là encore, c'est la déception, puisqu'il se dirige vers un domaine qui n'est pas assez prestigieux pour Mrs Staines, le domaine artistique.

3. La narratrice du texte 2 met à distance les ambitions de Mrs Staines au moyen de plusieurs modalisateurs d'énoncé: «elle *se croyait, je pense*» (l. 6), «il *semblait* être apte» (l. 14), «il fit *apparemment*» (l. 6). Ces différentes expressions montrent que la narratrice ne prend pas en charge les jugements énoncés. À la ligne 13, elle remet en question les talents du fils de Mrs Staines avec la proposition «si génie il y avait», qui rejette le mot «génie» dans le domaine de l'hypothèse.

4. En anglais, le mot *stain,* à la fois verbe et substantif, signifie «tache», ou «tacher». Le choix du nom de Mrs Staines est donc ironique: le personnage porte dans son patronyme son propre échec, car la médiocrité du fils viendra tacher l'image de la mère.

L'ironie des narrateurs

5. Dans le dialogue amoureux rapporté par Villiers de L'Isle-Adam, les personnages emploient beaucoup de phrases exclamatives et interrogatives, ainsi que des interjections («Oh!», l. 1 et 6, «Ah!» l. 14, «hein?» l. 20) et des phrases nominales («Quelle voix pure et argentine» l. 1-2, «la Poésie!» l. 6, «Votre main, vite.» l. 26). Leur discours est donc marqué par l'émotion, mais une émotion caricaturale. Le dialogue contient bon nombre de stéréotypes amoureux, notamment dans le rapport à la nature (les amants apprécient le chant du rossignol et la couleur de la lune) ou à la poésie, évoqué aux lignes 5 à 8. Cependant les jeunes gens semblent être de piètres poètes puisque Virginie, quand on parle de poésie, répond qu'elle étudie le piano, et Paul connaît «toutes sortes de beaux vers» qu'il n'a appris que pour pouvoir les réciter sans vraiment les comprendre. Le fait qu'il sache «tout Boileau par cœur» fait rire le lecteur, car Boileau, auteur de satires et d'épîtres, n'est pas une référence en matière de poésie amoureuse. Enfin, les jeunes amants évoquent leur future vie commune, mais ils semblent plus préoccupés par les questions matérielles qui lui sont liées que par le bonheur qu'elle leur procurera.

6. Dans le dernier paragraphe du texte, le principal indice de l'ironie est l'exagération. Le narrateur adopte une tonalité lyrique forcée: les apostrophes («Ô jeunesse», «enfants»), la présence systématique de la modalité exclamative, les métaphores ou comparaisons stéréotypées («printemps de la vie», «l'âme est simple comme la fleur»), le parallélisme («vous dont l'âme» / «vous dont les paroles»), l'évocation des «larmes» de nostalgie versée par le passant observateur, et enfin la bénédiction des enfants par le narrateur condensent en quelques lignes trop de procédés lyriques, et prouvent que son enthousiasme est exagéré. Ce lyrisme, qui renvoie à une conception idéalisée du jeune amour, ne convient pas du tout au matérialisme des deux amants dénoncé au paragraphe précédent par l'écho qui répète le mot «argent». Le narrateur critique la jeunesse bourgeoise dont la conception de l'amour est à la fois caricaturale et pervertie par des préoccupations financières.

7. Dans les expressions «égérie légitime d'un chef de cabinet» et «Apollon décoratif», l'ironie naît du contraste entre la référence mythologique et poétique et l'aspect extrêmement concret voire dérisoire de la suite de la désignation: en effet, le «chef de cabinet» est une fonction politique, et le terme «décoratif» reprend l'adjectif «ornemental» employé aux lignes 14 et 15, qui sous-entend que le fils de Mrs Staines va être parfaitement inutile, et ne va rien apporter de concret à la société. La dimension hyperbolique de ces deux expressions est donc profondément ironique. L'adjectif «légitime» renforce l'ironie dans la première, en associant à l'inspiratrice un statut juridique et matrimonial.

Vers la dissertation

8. Le sujet invite à un plan dialectique. Il permet à la fois de faire le point sur les connaissances que les élèves ont acquises sur la nouvelle, et de les confronter à d'autres genres littéraires. Selon le niveau des élèves, on proposera un plan en deux ou trois parties: il est tout à fait possible de regrouper les deux dernières parties du plan suivant en une seule.

I. Certes la nouvelle est un genre littéraire approprié pour critiquer la société.

a. Les personnages constituent souvent des types représentatifs d'une catégorie sociale: leurs portraits vont permettre de la critiquer implicitement.

b. La brièveté du genre oblige l'écrivain à être particulièrement incisif dans son style, et efficace dans sa critique.

c. Le récit distrait le lecteur, ce qui rend la critique plaisante, et donc plus percutante.

II. Toutefois, le but de la nouvelle n'est pas forcément la critique sociale: elle peut avoir d'autres fonctions.

a. L'histoire de la nouvelle ne dissimule pas forcément de critique: la vision de la société donnée par le récit peut être relativement neutre.

b. D'autres fonctions bien connues de la nouvelle ont beaucoup de succès: faire rire, faire peur, émouvoir...

III. Enfin, d'autres genres littéraires peuvent paraître plus adaptés pour critiquer la société.

a. Les genres de l'apologue, tels que la fable, le conte philosophique ou bien encore l'utopie, allient à l'art du récit une portée argumentative plus marquée que dans la nouvelle. Ils sont peut-être plus adaptés à la critique sociale.

b. Les genres de l'argumentation directe exposeront le point de vue de l'auteur sur la société de façon plus claire, tandis que le lecteur de nouvelles peut passer à côté de la critique, qui reste généralement implicite.

Chutes

→ p. 76-77

■ Guy de Maupassant, «Rose»

La fin de cette nouvelle a l'avantage de proposer deux chutes différentes, qui reposent sur deux effets de surprise. Le premier concerne l'intrigue, tandis que le second est plus psychologique. La combinaison des deux permet de susciter une réflexion sur l'orgueil féminin.

■ Émile Zola, «Les coquillages de M. Chabre»

Ce second texte propose un troisième type de chute, qui repose sur une ellipse. La fin de la nouvelle permet de comprendre ce qui s'est passé entre deux personnages, mais aussi de mettre en évidence la naïveté et la sottise de Monsieur Chabre.

Analyse des textes

Une double chute [Ier TEXTE]

1. La première chute du texte repose sur une révélation d'identité : le lecteur apprend avec la narratrice que sa femme de chambre était en réalité un homme, un criminel évadé de prison. La dernière phrase de la narratrice à ce sujet, « et on emmena ma femme de chambre ! », est pleine d'humour, car désormais le mot « femme » ne peut plus s'appliquer au personnage. La seconde chute vient du commentaire de la narratrice sur cet incident : elle est légitimement en colère, mais contrairement à ce qu'on attendrait, sa colère ne vient pas du sentiment d'avoir été trahie, mais d'une certaine jalousie. L'homme recherché par la police a commis un meurtre, mais surtout un viol. En tant que femme de chambre, il a eu toutes les occasions d'avoir envie de violer la narratrice, puisqu'il l'habillait et la déshabillait. Ce qui vexe la jeune femme, c'est qu'il ait pu ainsi soit contenir son désir, soit tout simplement ne pas en éprouver. C'est cela qu'elle qualifie d' « humiliation de femme » à la ligne 31.

2. Les points de suspension employés aux lignes 30 à 34 mettent en évidence l'hésitation de la narratrice à préciser la véritable raison de sa colère, et traduisent l'inachèvement de son discours. Elle ne dit pas tout, sans doute par honte, car sa jalousie de ne pas avoir été violée est absurde et inavouable. Elle laisse donc le soin à son amie de compléter l'explication.

3. Si la première chute, qui constitue une tombée de masque digne du vaudeville, suscite chez le lecteur une surprise amusée, la seconde, plus grave, entraîne nécessairement une réflexion sur l'orgueil des femmes face au désir des hommes.

Un jeu sur l'implicite [2e texte]

4. Une ellipse sépare la fin du cinquième chapitre du début du sixième. Entre les deux, neuf mois s'écoulent, comme il est précisé à la ligne 16 (« Neuf mois après son retour à Paris ») : c'est le temps qui correspond à la grossesse de Mme Chabre, ce qui signifie qu'elle a conçu son fils à la fin du chapitre V, probablement le soir où elle est restée coincée dans la grotte. Le lecteur en déduit que M. Chabre se méprend quand il croit être le père de l'enfant.

5. L'intérêt de cette ellipse est de créer la surprise en laissant le lecteur deviner qui est le véritable père de l'enfant, mais aussi de lui laisser imaginer ce qui s'est passé dans la grotte, à savoir la relation charnelle entre Mme Chabre et Hector, qui ne peut se raconter pour des questions de bienséance. En relisant le dernier paragraphe du chapitre V, on en apprécie les allusions érotiques. Les éléments naturels personnifiés expriment le désir des personnages : la « longue plainte » de l'eau fait écho aux « soupirs » emportés par le vent, qui sont ceux des jeunes gens dans leurs ébats. La mer devient une image de l'acte sexuel aux lignes 11-12, puisqu'elle dégage « une odeur de fécondité », et que la personnification des « vagues vivantes » exprime de façon imagée les mouvements érotiques des personnages.

6. L'image que le lecteur se fait de M. Chabre est celle d'un homme naïf et suffisamment idiot pour ne rien soupçonner de la trahison de sa femme. Il est en effet persuadé que la grossesse de Mme Chabre est due à la vertu des arapèdes qu'il a mangées. Son enthousiasme, matérialisé par les phrases exclamatives, l'interjection « oh ! » et les expressions hyperboliques (« j'en mettrais ma main au feu », « jamais je n'aurais pensé que les coquillages eussent pareille vertu »), rend le personnage pathétique. Mais le lecteur s'amuse surtout de son allusion à la « circonstance bien curieuse » dans laquelle il a dévoré les arapèdes : elle souligne son aveuglement, puisqu'il évoque justement le moment précis où sa femme l'a trompé !

Vers le commentaire

8. Cette activité d'écriture permet de synthétiser et d'organiser les réponses aux questions précédentes. On pourra proposer le plan suivant :

I. L'effet de l'ellipse

On reprendra ici la réponse à la question 4 pour analyser l'effet de l'ellipse et notamment l'amusante surprise qu'elle produit chez le lecteur.

II. La stupidité de M. Chabre

On développera ici plus précisément la réponse à la question 6, notamment en s'intéressant aussi à la prise de parole de M. Chabre au début du texte, et au contraste créé entre la sensualité de la scène entre les deux amants et le manque total de finesse du mari.

III. La complicité avec le lecteur dans les allusions érotiques

On reprendra ici la réponse à la question 5, en insistant sur la complicité qui se crée entre le narrateur et le lecteur, qui est incité à décoder les allusions érotiques du passage.

Du réalisme au fantastique

L'irruption de l'étrange → p. 78-79

■ Théophile Gautier, « La Cafetière »

« La Cafetière » est l'une des plus fameuse nouvelles fantastiques de Théophile Gautier. Il y développe le thème de la tapisserie qui prend vie, que l'on retrouve aussi dans la nouvelle « Omphale ». On analysera ici l'irruption de l'événement étrange, qui fait d'autant plus frissonner le lecteur qu'elle intervient dans un univers très réaliste.

Analyse du texte

Un cadre réaliste

1. Plusieurs éléments rendent le récit réaliste dans les premiers paragraphes. Le cadre spatial reste certes relativement flou (« au fond de la Normandie »), mais le lecteur peut se représenter précisément le type de campagne dans lequel se rend le narrateur, puisqu'il décrit « les chemins creux », « la bourbe » et l'« épaisse couche de terre grasse » qu'il doit affronter pendant le trajet. Ensuite, la chambre dans laquelle il va passer la nuit est minutieusement décrite. Le narrateur en évoque le mobilier (les meubles, les trumeaux des miroirs, la toilette), le style (celui de la Régence, un style « rocaille »), mais aussi les nombreux objets qui se trouvent dans la chambre (les « boîtes à peignes », les « houppes à poudrer », les « deux ou trois robes », l'« éventail semé de paillettes d'argent », et la « tabatière d'écaille »). La référence à un véritable peintre, Boucher, ancre le récit dans le réel. Tout ceci permet au lecteur de se faire une représentation assez précise de l'univers de fiction dans lequel évolue le narrateur.

2. La décoration de la chambre manque cruellement de finesse. Plusieurs termes péjoratifs qualifient le mobilier: le participe passé « surchargés », l'adverbe « lourdement », et le superlatif « du plus mauvais goût ». La « rocaille » constitue certes un style particulier et reconnu en décoration, mais le mot lui-même n'évoque rien de subtil. La toile représentant les saisons est sans doute elle aussi trop chargée, puisqu'elle représente les quatre à la fois; de plus, le sujet est assez banal. On peut enfin apprécier l'humour du narrateur qui choisit comme référence artistique le peintre Boucher, un peintre réel certes, mais dont le nom est chargé de connotations qui n'ont rien à voir avec l'art. L'ensemble de la décoration semble donc assez baroque, voire rococo, et constitue une plongée dans le passé car elle renvoie à l'époque de la Régence, au début du XVIIIe siècle.

3. La description des objets dans le septième paragraphe est particulièrement vivante: ils « couvr[ent] » la toilette et « jonch[ent] » le parquet comme si l'on venait de les jeter là négligemment; les pluriels (« boîtes à peigne, houppes à poudrer », « deux ou trois robes ») et l'énumération des lignes 21-23 donnent l'impression qu'ils sont nombreux et éparpillés; plusieurs expressions laissent penser qu'ils viennent d'être utilisés par quelqu'un (les houppes « paraissaient avoir servi la veille », la tabatière est « ouverte » et « pleine de tabac encore frais »); et enfin, les couleurs et la brillance qui caractérisent les robes et l'éventail donnent encore plus de vie à la description. La chambre est inoccupée depuis des années, mais tout donne l'impression qu'on y vit encore.

L'irruption de l'étrange

4. L'événement étrange qui survient dans le texte, introduit par la locution adverbiale « tout à coup » à la ligne 43, est l'animation des personnages de la tapisserie, qui prennent vie sous les yeux effrayés du narrateur.

5. Les verbes d'action de l'avant-dernier paragraphe mettent en évidence l'étrangeté de la scène: d'une part, il s'agit pour le narrateur d'une apparition, et plus précisément d'une vision, comme en témoignent les verbes « je vis » (l. 45) et « je n'entendis rien que… » (l. 50). D'autre part, cette vision repose sur des effets de lumière, comme le prouvent les verbes « illumina » (l. 44) et « scintillaient » (l. 47), et sur des effets de mouvements, décrits au moyen des verbes « remuaient » (l. 47), « s'ouvraient et se fermaient » (l. 48-49). L'ensemble de la vision semble donc naître de l'activité du feu, évoquée à la ligne 43 (« Tout à coup le feu prit un étrange degré d'activité »): par sa lumière et son mouvement, le feu peut en effet donner vie à un décor inanimé, ici la tapisserie. C'est ce qu'indique la comparaison de la ligne 49-50: « comme des lèvres de gens qui parlent ». À ce stade du récit, le narrateur ne veut pas encore croire à une apparition, mais à une hallucination due à la lumière vacillante des flammes. C'est pourquoi il emploie encore la comparaison pour décrire le phénomène.

6. Le point de vue adopté dans ce récit est un point de vue interne: le narrateur-personnage parle à la première personne et nous connaissons l'histoire à travers son regard, ses sensations, ses émotions. Ce choix est judicieux pour faire naître le fantastique, car en se plaçant du point de vue du personnage, nous appréhendons l'événement étrange avec ses peurs, ses doutes, ses hésitations. Or, selon la définition qu'en donne Todorov dans son *Introduction à la littérature fantastique*, le fantastique repose précisément sur l'hésitation, face à l'étrange, entre une explication rationnelle et une explication surnaturelle des faits. Le point de vue interne permet au lecteur de s'identifier au narrateur, et de mieux ressentir son angoisse, évoquée dans le dernier paragraphe.

Lecture de l'image

7. Cette image de Charles Allan Gilbert représente bien l'ambiguïté propre au fantastique telle que nous venons de la définir, car on peut l'interpréter de deux façons. À première vue, il s'agit d'une femme devant son miroir, mais nous pouvons aussi y voir une tête de mort. L'œil hésite sans cesse entre le rationnel (le réalisme de la femme à sa toilette), et le surnaturel (l'image de la mort). Tout est affaire d'interprétation.

Écriture d'invention

8. Cet exercice d'écriture permet tout d'abord de vérifier que les élèves ont bien compris l'enjeu du texte de Gautier, le principe de l'hésitation fantastique, et qu'ils maîtrisent la narration à la première personne et les effets du point de vue interne. Mais il a surtout l'avantage de faire appel à l'imagination des élèves, que le thème fantastique fascine bien souvent.

On attendra donc que les copies proposent bien dans la description une hésitation du narrateur entre l'explication rassurante (il s'agit d'une coïncidence donnant une illusion d'optique effrayante) et l'interprétation effrayante (la vision est un mauvais présage, ou la manifestation d'une puissance diabolique). On valorisera le réalisme et la précision dans le portrait de la femme et la description des objets qui l'entourent.

Des portraits inquiétants → p. 80-81

■ Honoré de Balzac, « Le Chef-d'œuvre inconnu »
■ E.T.A. Hoffmann, « L'homme au sable »

Balzac et Hoffmann, dans ces deux textes, proposent deux portraits de personnages effrayants présentant bien des similitudes, ce qui n'est pas étonnant, Balzac ayant été un grand admirateur d'Hoffmann. On étudiera donc dans cette double page l'art du portrait en littérature, mais aussi en peinture avec le tableau de Rembrandt. On pourra également se référer aux pages Histoire des arts 58 et 59 du manuel, consacrées au portrait au XIXe siècle.

Analyse des textes

Des portraits effrayants

1. Les deux personnages apparaissent dans une atmosphère assez sombre : dans le premier texte, Nicolas Poussin rencontre Frenhofer dans l'escalier, qui n'est éclairé que par un « faible jour » (l. 23). Dans le second, Nathanaël aperçoit Coppelius dans la chambre de son père éclairée « à la lueur des flambeaux ». Nicolas Poussin, à la porte de l'atelier de maître Porbus, s'attend à rencontrer des artistes, mais celui qui se présente à lui est particulièrement mystérieux et effrayant car il ressemble plus à un tableau qu'à une personne réelle. Nathanaël, quant à lui, n'a qu'une dizaine d'années au moment de l'événement, et il est terrorisé car il s'attend à trouver l'Homme au Sable auprès de son père : même s'il reconnaît finalement Coppelius, il ne reste pas moins effrayé et impressionné par cet homme qui lui a toujours inspiré de la peur par son physique disgracieux et sa cruauté naturelle.

2. Les deux personnages sont laids car tout dans leur corps est disproportionné. Dans le portrait de Frenhofer, Balzac fait alterner le trop gros et le trop petit, les angles saillants et les angles rentrants : le front est « bombé, proéminent » (l. 6), et retombe « en saillie » (l. 7), tandis que le nez est « petit » et « écrasé » (l. 7) et le menton est « court » (l. 8); la barbe, « taillée en pointe » (l. 9), a un côté agressif. Dans le portrait de Coppelius, en revanche, tout est trop gros, de ses « larges épaules » (l. 6) à « ses grosses mains » (l. 20) en passant par sa « grosse tête informe » (l. 7), son « nez gigantesque » et ses « lèvres épaisses » (l. 9). Les deux hommes ont les yeux verts (l. 9 chez Balzac, 8 chez Hoffmann), le nez qui retombe (celui de Frenhofer est « retroussé », celui de Coppelius « s'abaisse brusquement »), et la bouche qui dessine un sourire inquiétant (l. 8 dans le premier texte, l. 10 dans le second). Cependant certains détails les opposent : le corps de Coppelius est impressionnant par sa taille, tandis que celui de Frenhofer est « fluet et débile ». Alors que le vieux peintre n'a plus de cheveux (l. 6), « plus de cils » et quasiment plus de sourcils (l. 15-16), celui de l'avocat se caractérise par un surplus de pilosité : des « sourcils gris et touffus » (l. 7) et des « mains velues » (l. 20). Leurs deux visages semblent dégradés, celui de Frenhofer par la vieillesse (sa bouche est « ridée », ses yeux « ternis » et son visage « flétri »), et celui de Coppelius par deux étranges « taches livides » sur ses joues.

3. Dans le deuxième texte, Nathanaël écrit à son ami Lothaire ; dans le premier texte, le narrateur s'adresse tout simplement au lecteur. Dans les deux cas, le lecteur est pris à parti au moyen de l'impératif : « imaginez » (l. 6), « mettez sur cette tête » (l. 17) dans le texte de Balzac, et « représente-toi » (l. 6) dans le texte d'Hoffmann. Le but est d'attirer l'attention du lecteur et de l'inviter à s'identifier au personnage-spectateur pour mieux se représenter le vieil homme inquiétant. Balzac pique même son lecteur avec l'expression « vous aurez une image imparfaite » (ligne21), pour mieux le pousser à imaginer le vieux peintre au-delà de la lecture du portrait.

Des personnages diaboliques

4. Frenhofer est comparé à « une toile de Rembrandt » dans la dernière phrase du texte. La comparaison devient particulièrement inquiétante car il faut imaginer le personnage du tableau « marchant silencieusement et sans cadre » dans l'obscurité : on est donc face à quelque chose de mi-homme mi-objet. On peut d'ailleurs rapprocher ce texte de celui de Gautier à la page précédente : le thème fantastique du tableau qui prend vie est toujours particulièrement angoissant. Dans le deuxième texte, Hoffmann compare le personnage à un chat à la ligne 8, car il en a les « yeux verts et arrondis ». Dans ce cas, c'est l'animalisation de l'homme qui est inquiétante, d'autant que le chat est un animal mystérieux qui a parfois des connotations diaboliques. Les deux comparaisons sont fantastiques car elles marquent une hésitation entre l'humain et le non-humain.

5. La comparaison des yeux de Coppelius à ceux des chats est rendue plus inquiétante par le fait qu'ils « étincellent » (l. 8) : la métaphore du feu traduit une expression particulièrement intense. Les yeux de Frenhofer au contraire sont « ternis », mais toutefois rendus lumineux par leur « blanc nacré ». La mention de la « prunelle » qui « flott[e] » a de quoi faire frissonner le lecteur, qui imaginera un regard vague et insaisissable. Mais c'est surtout l'adjectif « magnétiques » (l. 13-14) qui rend ce regard inquiétant car il suppose un pouvoir du personnage sur les gens qui le regardent.

6. Coppelius a d'autres attributs démoniaques : on a déjà remarqué ses « grosses mains velues » qui lui donnent un côté animal ; de même, les « accents à la fois sourds et siffleurs » de sa voix (l. 11) l'apparentent au serpent avec un bel effet d'allitération. Les habits de l'avocat sont sombres (« couleur de cendre » et « noirs »), contrastant avec ses « grandes oreilles d'un rouge vif » : le noir et le rouge sont les couleurs traditionnellement associées au diable, que l'on représente souvent avec de grandes oreilles pointues et la peau écarlate. Homme difforme, bête, chat, serpent : Coppelius a tout du démon.

Écriture d'invention

7. L'intérêt de cet exercice « à la manière de » est de mêler la lecture d'image à l'écriture d'invention, et de solliciter l'imagination des élèves dans la création de comparaisons et de métaphores. On pourra en profiter pour effectuer quelques rappels sur les figures de style, et notamment sur le mécanisme qui, dans les figures d'analogies, lie un comparant à un comparé. On valorisera les copies qui proposeront, en plus d'une description bien organisée et ornée de figures intéressantes, une lecture fine et subtile du portrait de Rembrandt.

Apparition ou hallucination ?

→ p. 82-83

Guy de Maupassant, « Lui ? »

Grand maître de la nouvelle réaliste, Maupassant l'est aussi de la nouvelle fantastique, et sait l'art de développer chez son lecteur une angoisse intense et saisissante. Ce texte, comme celui de Gautier (p. 78-79), repose sur une hésitation du narrateur entre deux façons d'interpréter l'événement étrange, l'une rationnelle, l'autre surnaturelle.

Analyse du texte

1. Cet épisode est effrayant car l'étrange apparition à laquelle assiste le narrateur renvoie le lecteur à une peur très courante : tout le monde a déjà ressenti la sensation angoissante de ne pas être seul dans une habitation pourtant vide. Finalement ce n'est pas la peur de solitude qui est en jeu ici, bien au contraire, c'est la peur de la présence à nos côtés de quelque chose d'*autre*, inconnu, étrange et non-humain. Le narrateur aura désormais toujours peur de la solitude car il craindra de se retrouver de nouveau face à une apparition de ce type.

2. Les étapes du récit sont les suivantes : tout d'abord, le narrateur pénètre chez lui et aperçoit quelqu'un dans son fauteuil (l. 1 à 4). Il cherche et trouve une explication à la présence d'un homme chez lui (l. 5 à 10). Puis il tente de s'adresser à lui et de le toucher, mais la vision s'efface (l. 11 à 23). Il cherche une explication rationnelle au phénomène (l. 24 à 33). Ensuite, il tente de se calmer et part se coucher (l. 34 à 44). Enfin, l'apparition se renouvelle (l. 45-46). On peut donc remarquer dans cette progression une alternance entre les événements angoissants et actions du personnage, et ses tentatives d'explication du phénomène lui permettant de se rassurer.

3. Dans les passages du texte qui racontent les événements, les phrases sont globalement assez courtes, et ponctuées de nombreuses virgules, ce qui donne au texte un rythme saccadé. Les paragraphes eux aussi sont très courts : les actions et les impressions s'enchaînent rapidement. Le récit est donc vif et haletant. De plus, le narrateur emploie la modalité exclamative pour traduire l'intensité de son émotion au moment de la première apparition (l. 16 à 18). Le lexique de la peur est peu présent dans le texte (le mot est nié à la ligne 5, et on trouve juste le terme « épouvante » à la ligne 22), en revanche ses manifestations sont nombreuses. Des verbes de mouvement montrent la crainte du narrateur par rapport à ce qui se trouve devant lui ou pourrait se trouver derrière (« je reculai d'abord » à la ligne 19, « je me retournai » à la ligne 20, « me fit pivoter » à la ligne 21). Le « sursaut » (l. 18) ou la « secousse » (l. 35) sont également des mouvements brusques provoqués par la surprise. Le narrateur halète (l. 22) et tremble

(l. 35). Enfin, il cherche à briser la solitude et le silence pour atténuer son angoisse, comme on peut le voir à la ligne 37 : « je parlai haut. Je chantai à mi-voix quelques refrains. » Tout dans le texte insiste donc sur l'angoisse du personnage.

Susciter le doute

4. Dans la colonne *ce qui est probablement vu ou senti*, on notera les passages suivants : « j'aperçus quelqu'un assis dans mon fauteuil » (l. 3-4), « sentant quelqu'un derrière mon dos » (l. 20) « comme si on m'eût touché par-derrière » (l. 35), et « je crus revoir l'homme assis dessus » (l. 46).

Dans la colonne *ce qui est certainement vu ou senti*, on notera : « je ne voyais que les cheveux » (l. 1), « je le voyais parfaitement, un de ses bras pendant à droite ; ses pieds étaient croisés l'un sur l'autre ; sa tête, penchée un peu sur le côté gauche du fauteuil » (l. 12 à 14).

Les mots qui permettent de susciter le doute dans la première colonne sont les verbes « apercevoir » et « sentir » qui évoquent des sensations trop fugitives ou vagues pour être certaines, la locution conjonctive « comme si » qui introduit une subordonnée hypothétique à valeur d'irréel au subjonctif plus-que-parfait (« eût touché »), et le verbe modalisateur « croire » qui remet en question la vérité de la sensation. Le narrateur est donc troublé au point de ne plus faire confiance à ses sens, ce qui est finalement plus rassurant pour lui, car il préfère de loin penser qu'il est victime d'une hallucination. D'ailleurs, seules les sensations visuelles, qui peuvent effectivement relever de l'illusion, se trouvent dans la seconde colonne.

5. Lorsqu'il voit l'homme pour la première fois, avant de le toucher, le narrateur explique sa présence avec une « supposition très vraisemblable », celle de la visite d'un ami à qui la concierge aurait ouvert la porte (l. 6 à 10). Mais cette explication perd toute vraisemblance quand le personnage s'aperçoit qu'il ne peut toucher personne sur le fauteuil où il voyait quelqu'un. La seconde supposition qu'il fait est l'hallucination, qu'il explique dans les lignes 29 à 33 par un phénomène médical (« un peu de congestion peut-être »). Les connecteurs « or » et « donc » prouvent que son raisonnement est logique. Le personnage cherche à tout prix à rester rationnel.

6. Maintenir le doute entre les deux explications possibles (apparition ou hallucination) permet de laisser le lecteur dans l'angoisse. En effet, si l'explication rationnelle l'emporte, la peur disparaît, et si l'explication surnaturelle l'emporte, elle est atténuée : si l'on admet l'existence d'êtres fantomatiques, on bascule dans un univers merveilleux qui n'est pas celui du lecteur. L'angoisse naît de l'inconnu ; le monstrueux mène à l'épouvante, qui fait moins d'effet dans le cadre d'une fiction : il est bien plus effrayant de ne pas savoir, car on peut imaginer le pire.

Vers le commentaire

7. Pour rédiger cette partie de commentaire sur l'hésitation fantastique, les élèves seront amenés à choisir, parmi les questions traitées, celles qui développent cet axe de lecture. Cet exercice permet de les entraîner progressivement à la constitution d'un plan. On retiendra les questions 2, 4, 5 et 6, que l'on pourra réinvestir dans le plan suivant :

I. Une alternance entre étrangeté et rationalisme : on reprendra ici la question 2, que l'on complètera avec les questions 5 et 6.

II. Des sensations incertaines : on invitera ici les élèves à rédiger ce qui apparaît dans le tableau de la question 4, en commentant les citations par une analyse lexicale et grammaticale.

Le trouble face à la mort → p. 84-85

■ Edgar Allan Poe, « Bérénice »
■ Villiers de l'Isle-Adam, « Véra »

L'objectif de ces deux pages est de montrer comment la nouvelle fantastique peut, en présentant des situations étranges, conduire le lecteur à une réflexion psychologique sur les grandes angoisses de l'homme. Ici, il s'agit du rapport à la mort : le texte de Poe décrit la déchéance du corps malade, et celui de Villiers le refus de la perte d'un être cher.

Analyse des textes

La perte des repères

1. Dans chacun des textes, l'apparition a quelque chose de dérangeant car on ne parvient pas à se fixer sur le statut de la femme vue par le personnage. Dans le premier texte, Bérénice est bien vivante, mais, très malade, elle paraît déjà presque morte. Dans le second, Véra est bien morte, pourtant le comte d'Athol la voit, lui parle et l'entend comme si elle était vivante.

2. La frontière entre la vie et la mort s'efface dans les deux textes. Dans le premier, on trouve trois négations aux lignes 21-22 : « les yeux étaient sans vie et sans éclat, en apparence sans pupille ». La répétition de la préposition « sans » insiste sur le vide du regard du personnage. D'autres termes évoquent l'absence de mouvement (le front est « singulièrement placide » et les yeux d'une « fixité vitreuse »), mais aussi de chair (les tempes sont « creuses » et les lèvres « amincies et recroquevillées »). Cet aspect cadavérique du personnage contraste terriblement avec le « blond ardent » des cheveux, seul élément de couleur qui lui donne vie. Dans le deuxième texte, on est face à la situation inverse : Véra, morte depuis longtemps, est pourtant toujours présente dans l'esprit du comte d'Athol. Des phrases affirmatives rapportent ses actions : elle rit (l. 10-11), regarde son mari (l. 15), lui parle (l 16), et l'embrasse (l. 17). Plusieurs parties de son corps sont décrites aux lignes 13-14 : sa main, ses cheveux et sa bouche. Tout se passe donc comme si le personnage était bien là dans la pièce.

3. Dans le premier texte, le narrateur-personnage exprime un doute sur sa vision en détaillant le contexte de l'apparition avec une série d'adjectifs qui montrent que la situation peut susciter l'illusion : « imagination *surexcitée* », « influence *brumeuse* de l'atmosphère », « crépuscule *incertain* », « vêtement *obscur* » (l. 3 à 5). La modalité interrogative, et la négation qui la suit (« Je ne pourrais le dire. ») soulignent encore son incertitude. Dans le texte de Poe, le narrateur n'est pas le personnage. Le comte d'Athol est certain de voir Véra, mais le narrateur parvient à exprimer un doute sur la vision en jouant avec la typographie. Plusieurs passages apparaissent en italiques, aux lignes 4-5, 7 et 8, ce qui attire l'attention du lecteur et marque une prise de recul du narrateur par rapport à ces énoncés. Le narrateur nous rapporte les pensées du comte, au style indirect libre, mais ces pensées sont exagérées, trop enthousiasme, comme en témoignent les exclamations et les hyperboles des lignes 9-10.

Le rapport à la mort

4. Dans la nouvelle de Poe, le narrateur exprime son effroi au moyen du lexique de la peur à la ligne 8 avec le « frisson de glace » et l' « insupportable angoisse ». Il souligne l'inquiétante fascination qu'il éprouve à contempler l'horreur avec des expressions hyperboliques : « une dévorante curiosité pénétrait mon âme » (l. 9), « je restai [...] les yeux cloués sur sa personne » (l. 10-11), « mes regards tombèrent ardemment sur sa figure » (l. 13). À cela s'ajoutent deux exclamations, aux lignes 11 et 29 à 31. La première est une interjection, la seconde une sorte de prière où le narrateur invoque Dieu pour exprimer le regret d'avoir contemplé Bérénice (le subjonctif imparfait et plus-que-parfait rejette le souhait dans l'irréel du passé). Ce qui l'effraie dans le corps de sa fiancée est son extrême maigreur (« son amaigrissement était excessif »), son absence de vie, notamment dans le regard, et enfin ses dents, qu'il voit bien trop nettement. Bérénice prend le visage de la mort : elle apparaît comme un véritable squelette sous les yeux effarés du narrateur.

5. Dans le deuxième texte, l'expression de la nécessité apparaît dans les passages en italiques, avec les verbes « devoir » (l. 5 : « elle devait être là ») et « falloir » (l. 8 : « il fallut bien qu'elle s'y trouvât »), liés à l'expression de la causalité (« comme il ne manquait plus que Véra elle-même »). Ces propos sont à attribuer au comte d'Athol, mais ils sont mis à distance par le narrateur au moyen des italiques. Le narrateur jette le doute sur les certitudes du comte au sujet de Véra. Le lecteur peut conclure à la folie du personnage, qui croit voir sa femme morte. Mais il n'en est pas absolument certain. On est donc bien dans l'hésitation fantastique.

6. À la fin du texte, le comte d'Athol se souvient de la mort de sa femme, car il est « frappé d'une réminiscence fatale » (l'allitération en F met en valeur le choc de la prise de conscience). Il prend conscience que sa femme n'existe plus que dans ses pensées. C'est ce que montre la phrase « ils s'aperçurent, *alors*, qu'ils n'étaient, réellement, qu'*un seul être* », où le pluriel du pronom « ils » vient fusionner dans le singulier « *un seul être* ». La dernière phrase du comte a quelque chose de cruel, car il s'adresse encore à sa femme avec le pronom de deuxième personne, mais pour prononcer une phrase qui fera disparaître l'apparition car elle met fin à la folie du personnage : « Mais tu es morte ! »

Activité orale

7. Débat. L'intérêt de cette activité argumentative est de permettre aux élèves de dépasser le premier niveau de lecture des textes fantastiques qu'ils connaissent, pour parvenir à une interprétation plus fine de la réflexion qui est en jeu dans ces œuvres qu'on prend souvent pour de simples divertissements. La question est suffisamment ouverte sur le genre fantastique pour permettre aux élèves d'évoquer aussi bien des textes littéraires que des films ou des œuvres picturales. Ce débat constitue également un bon entraînement à la dissertation, surtout s'il donne lieu à un compte-rendu écrit.

L'angoisse

➜ p. 86-87

■ Maupassant, « Sur l'eau »

L'angoisse naît de l'attente d'un événement terrible. Ce texte de Maupassant le prouve parfaitement : rien de véritablement étrange ne se produit, et pourtant, la peur grandit irrésistiblement dans l'esprit du personnage aussi bien que du lecteur. On cherchera donc à analyser dans cet extrait la façon dont Maupassant fait naître l'angoisse et monter la tension au fil du récit.

Analyse du texte

La naissance du trouble

1. Dans cet extrait, le narrateur est dans un canot sur une rivière, la nuit, et l'angoisse le saisit. Il ne parvient plus à lever l'ancre de son embarcation, malgré plusieurs tentatives relatées dans le deuxième et le troisième paragraphe. Il entend un petit coup contre son canot. Enfin, un épais brouillard se lève sur la rivière. Tels sont les trois événements inquiétants qui se produisent réellement.

2. Le premier paragraphe décrit la tranquillité du lieu avec des expressions hyperboliques : « parfaitement tranquille » (l. 1), « silence extraordinaire » (l. 2). Les indéfinis « tout » et « rien » renforcent cette idée aux lignes 2-3 (« toutes les bêtes [...] se taisaient »), 5 (« je n'entendis plus rien »), et 15 (« tout était calme »). Pourtant, cette tranquillité perturbe le narrateur. En effet, il effectue plusieurs actions pour briser la solitude des lieux, mais cela augmente son malaise. Le cœur lui tourne quand il fume (l. 5 à 7), et lorsqu'il se met à chanter, il précise : « le son de ma voix m'était pénible » (l. 8).

3. La fin du premier paragraphe multiplie les oppositions entre les impressions du narrateur et la réalité : les « légers mouvements de la barque » (ligne10) sont interprétés comme des « embardées gigantesques » (l. 11) ; l'impression d'être « ballotté comme au milieu d'une tempête » (l. 14) est contredite par le fait que « l'eau brillait » (l. 15), ce qui implique qu'elle est parfaitement lisse ; et enfin, les « bruits » entendus par le narrateur (l. 14) s'opposent au « calme » qui règne sur la rivière (l. 15).

La montée de l'angoisse

4. Les dangers envisagés par le narrateur sont évoqués à la fin du premier paragraphe et dans le dernier : il imagine qu' « un être ou une force invisible » l'attire vers le fond (l. 12-13), puis que quelqu'un essaie de monter dans sa barque (l. 37-38), que la rivière est « pleine d'êtres étranges » (l. 39) susceptibles de l'attaquer, et enfin que s'il se jette à l'eau pour fuir, il se perdra dans les joncs et sera attiré vers le fond de l'eau (l. 43-46). À chaque fois, un verbe indique que le danger n'est pas réel, que ce soit un verbe modalisateur comme « il me sembla » (l. 10) ou « je crus » (l. 12), ou bien un verbe indiquant qu'il ne fait qu'imaginer la scène comme « je me figurais » (l. 37) ou « je me vis ». Le conditionnel employé dans la dernière phrase signale bien qu'on est dans l'irréel.

5. Les manifestations physiques de la peur du personnage augmentent au fil du texte : les mouvements nerveux vont du tressaillement (l. 4) au « soubresaut » (l. 24) et à l' « agitation nerveuse » (l. 27), et le narrateur ressent les sensations courantes de la peur : la « sueur froide » (l. 25), les « tempes serrées » (l. 40), et le rythme du cœur qui s'accélère comme l'indique l'hyperbole « battait à m'étouffer » (l. 41). Enfin, on note une gradation dans le lexique de la peur : la simple inquiétude du premier paragraphe que l'on trouve à la ligne 10 (« les légers mouvements de la barque m'inquiétèrent ») se transforme en « malaise horrible » et en « épouvante » dans le dernier (l. 40 et 42). Si l'on observe la place de toutes ces expressions dans le texte, on constate que le premier paragraphe ne comporte que deux indications de peur, le troisième, trois, et le dernier, quatre. On voit donc bien que l'angoisse monte au fil du texte.

6. Le narrateur a la sensation qu'une chose non identifiée le menace. Dans le premier paragraphe, il imagine « un être ou une force invisible » (l. 12), et dans le dernier, cette chose désignée par le pronom « on » (l. 37 : « on essayait de monter dans ma barque »), prend la forme d' « êtres étranges » (l. 39) qui le tireraient par les pieds s'il se jetait à l'eau. Dans tous ces passages du texte, l'indétermination est marquée par les indéfinis, qu'ils soient articles (« un » ou « une ») ou pronom (« on »), mais aussi par les adjectifs « invisible » et « étranges ». Enfin, les noms « être » ou « force » restent très vagues : ils n'évoquent rien de précis.

Vers la dissertation

7. En fin de séquence, la dissertation est un bon moyen de faire le point sur les connaissances acquises sur le thème. Pour traiter le sujet, on invitera les élèves à se remémorer tous les textes fantastiques étudiés, et à en chercher les fonctions. Le sujet les mène à un plan dialectique. On pourra proposer le suivant :

I. Certes, la fonction première du fantastique est de faire peur.

a. Le fantastique repose sur une hésitation entre le rationnel et le surnaturel. Cette hésitation est source d'angoisse.

b. Les thèmes traditionnels du fantastique sont des thèmes effrayants (apparitions, histoires de fantômes...)

c. La peur est un moyen efficace de captiver le lecteur, car elle constitue une émotion forte.

II. Cependant, la littérature fantastique a bien d'autres fonctions.

a. Une fonction de divertissement : elle permet au lecteur de s'évader et de faire travailler son imagination.

b. Une fonction esthétique : on peut apprécier chez bon nombre d'auteurs fantastiques la qualité de l'écriture, la maîtrise de l'art du récit, la finesse du style.

c. Une fonction réflexive : le fantastique, à travers la fiction, dit quelque chose de la psychologie humaine. Il met en évidence les grandes angoisses de l'homme, ses perversions, son rapport au corps ou à la mort.

Maupassant, « Madame Baptiste »

Une curiosité morbide → p. 90-91

Cet incipit est caractéristique de la nouvelle du XIXe siècle : un personnage-narrateur assiste par hasard à une procession funèbre. Son intérêt pour les circonstances de l'enterrement permet la mise en place d'un récit enchâssé.

Analyse du texte

L'incipit

1. On sait que l'histoire se déroule à « Loubain » (l. 1). Il s'agit d'une « petite ville ». Par contre, aucune indication temporelle en nous est donnée. Le comportement des personnages, les références au chemin de fer, au journal, laissent supposer que l´histoire est contemporaine au moment de sa publication, à la fin du XIXe siècle. Les indications sont faussement précises (toponyme fictionnel).

2. Le personnage s'intéresse à la rue devant la gare : les maisons et les arbres, la topographie (« colline », l. 10). Ensuite les êtres vivants, à défaut d´êtres humains : un chat, un roquet ; et enfin le corbillard au loin. L'impression est négative : monotonie, médiocrité, solitude. La focalisation interne rend compte de cette impression : « Un morne découragement m'envahit » (l. 15).

3. Le personnage-narrateur s'ennuie. L'apparition du corbillard lui évitera, du moins pendant quelques minutes, les fades occupations du voyageur en attente dans une gare (3e paragraphe). Il est étonné du cortège, peu nombreux, mais surtout de l'absence d'un prêtre, circonstance tout à fait exceptionnelle au XIXe siècle (l. 22-24).

4. On peut dire du personnage-narrateur que c'est un original car il a l'idée, qu'il qualifie lui-même de « baroque » (l. 30), de se joindre au cortège, normalement réservé aux intimes et aux connaissances.

5. À partir de la ligne 37, un dialogue s'instaure entre le personnage-narrateur et deux membres du cortège. Le personnage-narrateur explique pourquoi il souhaite se joindre à eux – « apercevant un enterrement civil, je me suis empressé de le suivre » (l. 38-39) – et, surpris d'apprendre que c'est une femme qui est enterrée – il est rare qu'une femme puisse s'émanciper de la religion au XIXe siècle en France –, il apprend que l'absence de prêtre n'est pas une volonté de la défunte, mais du clergé lui-même, qui refuse toute cérémonie religieuse aux suicidés : « Cette jeune femme s'est tuée » (l. 50-51). Le personnage-narrateur manifeste alors sa curiosité à l'un des deux hommes (« vous m'intéressez beaucoup », l. 56-57), avec tout le tact requis en la matière : « si je vous importune, mettez que je n'ai rien dit » (l. 59-60). Sur le chemin qui mène au cimetière, son interlocuteur se lance alors dans l'histoire de la défunte, qui va constituer le récit enchâssé.

Un curieux convoi funèbre

6. Le personnage-narrateur pense qu'il pourrait s'agir d'un enterrement civil à cause de l'absence d'un prêtre, mais il lui vient une objection : le convoi n'est pas grossi par les libres-penseurs de la ville, qui se seraient manifestés en pareil cas. Le personnage-narrateur est donc dans l'incertitude (l. 22-28) et cela attise sa curiosité (l. 29).

7. Les paroles des personnages sont rapportées au discours direct dans les lignes 37 à 65. On reconnaît la présence de verbes introducteurs de parole, par exemple : « je dis » (l. 37) ou « je prononçai » (l. 55). Les paroles sont rapportées telles qu'elles ont été prononcées par les personnages, sans aucune transformation grammaticale, entre guillemets et sont précédées du signe « : ». Le dialogue permet de faire partager la surprise et la curiosité du personnage-narrateur, face aux réponses des deux autres hommes.

8. Il s'agit de l'annonce du suicide d'une jeune femme (l. 50-51), circonstance choquante pour l'époque : l'Église catholique, encore très influente dans la société française du XIXe siècle, notamment auprès des femmes, considérait le suicide comme un pêché mortel (pour l'Église, l'homme n'est pas propriétaire de sa vie : seul « Dieu » la donne et peut la reprendre ; se substituer à Lui est un acte grave). Le narrateur s'y intéresse précisément parce qu'il se situe du côté des libres-penseurs, non assujettis aux dogmes de la religion dominante.

9. Oui, on peut imaginer que la défunte, dont l'un des membres du cortège s'apprête à raconter la vie, est celle qui donne son titre à la nouvelle, « Madame Baptiste », en tant que son personnage central.

Lecture de l'image

10. Les arbres qui encadrent le convoi funèbre, tout comme le groupe des personnages, apparaissent comme des tâches sombres peu détaillées.

11. Les participants à l'enterrement semblent se fondre dans la masse des arbres. Ils paraissent perdus et insignifiants, coupés de la ville qui, par contraste, est peinte dans des tons clairs, malgré le ciel d'orage.

Vers le commentaire

12. On s'attend à ce que les élèves reprennent les réponses aux questions précédentes. Exemple de plan détaillé :

I. Une mise en place progressive du récit

a. Un contexte réaliste mais imprécis

b. Une ville morne

c. L'ennui du personnage-narrateur

II. Un convoi funéraire inhabituel

a. Les caractéristiques du convoi

b. Un personnage-narrateur audacieux

c. Un dialogue qui crée un suspense

La pestiférée

➜ p. 92-93

Le récit enchâssé résume la vie de Mlle Fontanelle, depuis son viol jusqu'à son mariage et sa grossesse. Aucun événement ne vient agrémenter l'intrigue : tout ce passage repose sur une peinture critique de la société et non sur l'action romanesque. Le narrateur décrit la façon dont les habitants de cette ville de province se conduisent envers Mlle Fontanelle.

Analyse du texte

Souillure et purification

1. Mlle Fontanelle est mise à l'écart (« marquée d'infâmie, isolée, sans camarade, à peine embrassée par les grandes personnes », l. 73-74), après avoir failli mourir des suites d'un viol. Le narrateur second souligne l'horreur du crime commis en en précisant les circonstances : l'âge de la victime (« onze ans »), la durée du supplice enduré par l'enfant (« depuis trois mois »), la brutalité du violeur (« Elle en faillit mourir, estropiée... »). Il emploie des termes hyperboliques pour désigner la victime (« la pauvre martyre »), le bourreau (« ce misérable »), le crime (« aventure terrible ») et le procès (« procès épouvantable »), ce qui insiste encore davantage sur le caractère dramatique de l'histoire.

2. Les étapes du sommaire résumant la vie de Mlle Fontanelle sont les suivantes (les connecteurs temporels sont indiqués entre parenthèses) :

– lignes 69-72 : le viol de l'enfant et le procès du valet (« étant tout enfant, à l'âge de onze ans ») ;

– lignes 73-93 : l'enfance et l'adolescence dans la solitude (« La petite fille grandit... ») ;

– lignes 94-116 : Mlle Fontenelle jeune fille (« Elle grandit... ») ;

– lignes 117-134 : Arrivée de M. Hamot, mariage et grossesse (« voici maintenant dix-huit mois »).

Les repères chronologiques sont vagues, sauf le dernier, qui permet de dramatiser le récit en faisant comprendre que le bonheur de Mme Hamot n'a duré qu'un an et demi.

3. L'imparfait de l'indicatif dans le cinquième paragraphe a une valeur d'habitude (ou de répétition). La scène décrite se reproduit quotidiennement (« tous les après-midi », l. 84). Le registre pathétique s'appuie sur deux antithèses principales : la solitude et l'immobilité de la petite fille face aux autres enfants qui s'amusent ensemble, d'une part ; les tentatives timides de l'enfant pour rejoindre les autres face à la brutalité des adultes entraînant leur progéniture loin d'elle (l. 88-90). Ces antithèses sont encore renforcées par les procédés d'accumulation (« isolée, éperdue, sans comprendre », l. 91) et de gradation (« se mettait à pleurer [...] courait se cacher la figure, en sanglotant », l. 92-93)

4. La conjonction de coordination « or » (l. 117), qui amorce la dernière étape de cette partie, a une valeur adversative. Elle suggère un retournement de situation, confirmé par l'arrivée de deux nouvelles personnes dans la ville de Loubain : l'une d'elle, M. Hamot, tombe amoureux de Mlle Fontanelle et l'épouse. L'aplomb du mari, qui n'hésite pas à faire « des visites de noce comme si de rien n'était » et accomplit « un acte de courage que bien peu d'hommes accompliraient » (l. 130), puis la grossesse de la nouvelle Mme Hamot (« Elle devint enceinte », l. 132) produisent, contre toute attente, son admission rapide dans la vie sociale dont elle était peu avant violemment rejetée (« les personnes les plus chatouilleuses lui ouvrirent leur porte », l. 132-133). En employant l'expression « comme si », suivie du subjonctif (« comme si elle eût été définitivement purifiée par la maternité », l. 134), le narrateur suggère cependant que la « purification » ne s'est pas vraiment réalisée. La rapidité de ce retournement suggère aussi sa fragilité.

La cruauté et l'hypocrisie de la société

5. Mlle Fontanelle est rejetée parce qu'elle est « marquée d'infamie » (l. 73). Ce rejet est déjà présent dans la façon dont le narrateur second désigne le viol. Il ne dit pas de façon neutre : « un valet la viola », mais utilise une expression qui véhicule le préjugé de l'époque sur le viol : « un valet la souilla » (l. 69). L'idée de souillure représente le traumatisme subi par l'enfant comme une tache, analogue à celle du péché originel des religions issues de la Bible. En présentant la petite fille comme souillée, salie, le narrateur suggère déjà que le malheur qu'elle a traversé, au lieu d'inspirer de la compassion et du soutien, va n'inspirer que dégoût et rejet à ses contemporains, y compris à ses proches, la condamnant à avoir honte de sa blessure comme si elle était coupable de ce qui lui est arrivé.

Les images exprimant l'opinion publique sont un mélange de voyeurisme (Mlle Fontanelle est « une sorte de monstre, de phénomène » derrière laquelle on se retourne, l. 76), de mise en quarantaine (elle est « une pestiférée», l. 95, dont on craint la «contagion», l. 81) et de peur sociale (les parents de la petite fille la considèrent comme un «forçat [...] sortant du bagne», l. 113-114).

6. Le surnom de Mme Baptiste donné à Mlle Fontanelle est particulièrement cruel, voire pervers : en faisant porter à la victime le patronyme de son bourreau, il suggère qu'elle est mariée avec lui et que, par conséquent, le viol n'en était pas un. S'exprime ici un préjugé répandu vis-à-vis des violences sexuelles, qui consiste à adopter le point de vue du violeur: si Mlle Fontanelle a été violée, c'est parce qu'elle n'a pas su opposer une résistance suffisante, c'est donc parce qu'elle le voulait bien. Il est important que le narrateur mentionne cette agression verbale car : 1. cela introduit le nom du bourreau de Mlle Fontanelle, le valet Baptiste ; 2. c'est précisément le nom du valet qui déclenchera, dans la dernière partie de la nouvelle, une reprise par la foule du surnom chargé d'insinuations insultantes et provoquera la catastrophe finale.

7. M. Hamot est un homme qui a pris ses distances par rapport à la morale publique : «un drôle de garçon, qui avait mené la vie dans le Quartier Latin» (l. 118-119). L'expression «mener la vie» a ici pour signification «mener une vie de plaisirs, une vie de bohème» impliquant notamment une vie sexuelle sans tabous. À l'opinion commune que des gens bien intentionnés se chargent de lui répercuter («On lui dit tout.»), Paul Hamot oppose un raisonnement qui renverse les perspectives : «Bah c'est justement là une garantie pour l'avenir» (l. 121). Au lieu de considérer les violences subies par sa future épouse comme un passé interdisant tout avenir, il les présente comme la condition d'une vie commune réussie. Il met l'opinion publique de son côté en adoptant ironiquement son point de vue misogyne selon lequel toute femme serait infidèle, et assimilant le déshonneur subi à de l'infidélité : «J'aime mieux que ce soit avant qu'après. Avec cette femme-là, je dormirai tranquille» (l. 121-122).

Il faut rappeler ici la forte emprise de la religion sur les mœurs de l'époque, qui impose la virginité aux filles à marier, symbolisée par la fleur d'oranger (l. 96). À la différence des hommes de cette province, Paul Hamot, qui a «mené la vie» (l. 119) n'est pas effarouché par le fait que sa promise a «pénétré, presque avant de savoir lire, le redoutable mystère que les mères laissent à peine deviner, en tremblant, le soir seulement du mariage» (l. 97-98).

8. La souillure semble oubliée avec la maternité de Mme Hamot. L'adverbe «définitivement» est présent à la ligne 133-134. La remarque du narrateur montre une acceptation mais aussi une incompréhension du phénomène («C'est drôle mais c'est comme ça», l. 134). On peut émettre l'hypothèse que, dans l'inconscient collectif, la maternité retire en partie à la femme son caractère d'objet sexuel et fait passer au second plan le souvenir des violences qu'elle a subies.

9. Tout en manifestant de la compassion pour la victime de ce drame et pour la façon dont elle a été traitée par ses contemporains, le narrateur second partage les préventions de l'opinion publique. La remarque la plus significative est celle des lignes 125-126 : «Elle m'aurait plu beaucoup sans cette affaire». Considérant le viol comme une souillure (l. 69), et non comme une blessure à guérir, il participe de l'imaginaire collectif qui fait porter à la victime la responsabilité de ce qu'elle a subi et estime par conséquent qu'une fille «déflorée» n'est plus bonne à marier. Sa conclusion reflète également cet état d'esprit : «C'est peut-être ce qu'elle avait de mieux à faire dans sa position. Il y a des choses qu'on n'efface pas.» (l. 183-186)

Écriture d'invention

10. Une attention particulière sera apportée à l'expression du point de vue du narrateur (voir question 9).

Une fin tragique

→ p. 94-95

L'excipit de la nouvelle contraste avec le reste de l'histoire par son dynamisme et sa violence. La narration, particulièrement dramatique, se concentre sur quelques heures. Après la chute, on trouve une courte reprise du récit-cadre.

Analyse du texte

La fête patronale

1. La cérémonie de remise des médailles est interrompue à la suite d'un affrontement entre deux hommes : un chef de musique et le secrétaire chargé de remettre les médailles. Mécontent de n'avoir reçu qu'une médaille de deuxième classe, le chef de musique jette sa médaille à la tête de M. Hamot qui vient de la lui remettre, en poussant un cri : «Tu peux la garder pour Baptiste, ta médaille. Tu lui en dois même une de première classe aussi bien qu'à moi» (l. 147-148). Cette allusion, qui réactive le passé douloureux de Mme Hamot et insinue que son époux serait redevable de son agresseur, est non seulement insultante pour le couple, mais disproportionnée. Le narrateur rend compte de cette attitude qui entraînera la mort de l'héroïne par une phrase à portée générale : «il y a toujours des jalousies et des rivalités qui font perdre la mesure aux gens» (l. 140-141).

2. Madame Hamot, comme toutes les dames de la société, est assise à une place d'honneur, sur l'estrade, et donc face au public (l. 142). Cette situation tourne en sa défaveur quand survient l'incident puisque, visible par tous, elle ne peut se cacher de la curiosité du peuple. Elle est prise au piège (l. 152-155 : «Elle se leva [...] qui l'entourait» et l. 162-169 : «Elle en remuait plus [...] dissimuler son visage»).

3. Le narrateur utilise des comparaisons aux lignes 153 : « comme si elle eût voulu se sauver... », 162 : « comme si elle eût été placée en montre pour l'assemblée », 170 : « comme si une grande lumière lui eût brûlé les yeux » et « à la façon d'un cheval qui monte une côte », 178 : « comme si tous ses nerfs eussent été mis en danse par un ressort ». Le narrateur second cherche ainsi à décrire la progressive plongée de Mme Hamot dans la folie (l. 151 : « Oh, monsieur, n'avez-vous jamais vu une femme devenir folle ? »).

4. Le narrateur second ne fait pas partie du peuple. Ses manières, son expression sont celles d'un bourgeois. Il affirme : « Le peuple n'est pas charitable ni délicat » (l. 149-150) pour dire qu'il se dissocie de la réaction dont il vient de parler : « il y avait là tout un tas de peuple qui se mit à rire » (l. 149) et qui montre l'absence d'empathie du public à l'égard du couple qui vient d'être offensé. La suite du récit confirme ses paroles : plutôt que de se mettre à la place de Mme Hamot, les spectateurs prennent plaisir à voir son embarras et cette jouissance collective grandit en « une houle, un tumulte » (l. 157-160).

5. Oui, il éprouve de la pitié, comme il l'a montré tout au long de son récit. Par exemple : « Ça fendait le cœur à voir », jugement de valeur isolé en un paragraphe ligne 172. Pourtant, sa remarque des lignes 183-186 montre les limites de sa compassion : il considère que c'est « peut-être ce qu'elle avait de mieux à faire dans sa position ».

6. Le narrateur second commente l'attitude des habitants de Loubain qui ont renoncé à suivre l'enterrement parce qu'il n'était pas religieux. Le sens des convenances (« il est bien difficile, ici, de suivre un enterrement sans prêtre », l. 193-194), a pris le dessus, chez « les familles », sur la pitié et la compassion pour cette femme et son époux. Le narrateur premier ne peut que trouver cette abstention inhumaine et injuste, de son point de vue d'homme étranger à la ville et à ses conventions.

7. On repère le retour au récit-cadre par la fermeture des guillemets ligne 194, signe que les paroles rapportées que constituait le récit enchâssé s'achèvent. On retrouve le contexte spatio-temporel du début du récit : « Nous franchissions la porte du cimetière » (l. 195-196) fait écho à : « Nous avons le temps, avant d'arriver au cimetière » (l. 64-65). Enfin, on remarque la prédominance des pronoms personnels de la première personne, qui renvoient maintenant aux actions et aux pensées du premier narrateur.

8. L'émotion du narrateur premier, le serrement de main énergique qu'il donne au veuf, montrent qu'il est sans doute plus proche de M. Hamot, qui a aimé cette femme et a lutté pour qu'elle retrouve sa respectabilité, que du narrateur second, qui juge qu'« il y a des choses qu'on n'efface pas » (l. 185-186). Sa phrase finale peut avoir deux sens. Suivre le convoi lui a permis, bien sûr, de ne pas sombrer dans l'ennui à la gare, mais aussi de montrer sa solidarité avec une jeune femme qui, même morte, reste ostracisée.

Lecture de l'image

9. Le titre de ce tableau, « Le Silence » fait référence à la fermeture totale du personnage qui, prostré et replié, est dans l'absence totale de communication.

10. Elle a le dos courbé, le visage renversé en avant et caché par ses cheveux, les bras en croix devant elle, les mains ouvertes, les pieds nus. La lumière est ténue, les tons terreux : toute sa personne exprime le dénuement et le désespoir.

Activité orale

11. Pour les romans, on s'attend à des références d'auteurs réalistes et naturalistes (Balzac, Flaubert, Zola), pour la peinture, des réalistes (Courbet) et des impressionnistes (Degas, Manet). Voici quelques références bibliographiques pour le professeur :

– Maurice BARDÈCHE, *Histoire des femmes*, Stock, 1967-1968.

– Yannick RIPA, *Les Femmes en France*, 1880 à nos jours, Éditions du Chêne, 2007.

Étude d'ensemble

→ p. 96-97

« Madame Baptiste », conte moral ou histoire sordide ?

1. La nouvelle a pu et peut encore choquer les lecteurs en raison de la dureté de son sujet : un viol d'enfant et du fait que les seules personnes à faire preuve d'humanité sont des personnes peu soucieuses des convenances –les messieurs qui suivent l'enterrement de Mme Hamot et, en particulier, l'homme qui l'a épousée et le narrateur premier.

2. Afin de rendre sa nouvelle réaliste, Maupassant donne à sa ville un nom et donne toutes sortes de détails où le lecteur reconnaît les manières et les caractères d'une ville de province française de la fin du XIXe siècle (voir « la fête patronale du pays », l. 136). La teneur du récit enchâssé est d'autant plus crédible que le sujet de la nouvelle est moins tabou et que sont aujourd'hui mieux connus la puissance de la convention et les mécanisme de rejet dans une société. La mise en scène du récit enchâssé, long et détaillé mais censé être prononcé par un monsieur qui gravit à pied une route escarpée (« la côte est rude », l. 65) peut sembler, en revanche, peu réaliste.

3. M. Hamot minimise le crime et ses conséquences ; le narrateur second au contraire veut montrer toute l'horreur du viol et de sa tache indélébile. Le narrateur principal semble accablé par le malheur de cette femme et la cruauté de la société.

4. L'intérêt de ce débat est de formuler toutes les morales possibles, pour montrer que le texte est ouvert. Qu'il propose une certaine vision de la société, mais ne se propose pas d'indiquer une conduite.

Un recueil entre pessimisme et plaisanterie

5. Cette question va donner lieu à un débat, dans la mesure où de nombreuses histoires contiennent un récit enchâssé. De plus, le récit-cadre est parfois minimal : une petite introduction, qui prend souvent la forme d'un dialogue rapporté au discours direct. Parfois le récit-cadre est à la première personne, parfois c'est le récit enchâssé qui est à la première personne.

Les récits à la première personne sont : « Madame Baptiste » (pour le récit-cadre), « Marroca » (lettre), « La Relique » (lettre), « Le Lit » (récit-cadre et lettres), « Fou ? », « Un Réveillon », « Mots d'amour » (lettres).

Les récits à la troisième personne sont : « Mademoiselle Fifi », « La Rouille », « La Bûche » (pour le récit-cadre), « Réveil », « Une Ruse » (pour le récit-cadre), « À Cheval », « Une aventure parisienne » (en excluant « celle dont je veux dire l'aventure » au début du deuxième paragraphe), « Deux Amis », « Le Voleur » (pour le récit-cadre), « Nuit de Noël » (pour le récit-cadre), « Le Remplaçant » (pour les paroles rapportées au style direct au début).

D'une manière générale, le récit à la troisième personne permet une focalisation omnisciente et donc une analyse psychologique plus importante. Le récit à la première personne rend le récit plus vivant, crée un suspense, imite une anecdote (ce qui est le propre de la nouvelle).

6. Les nouvelles comportant un récit enchâssé sont : « Madame Baptiste », « La Bûche », « Une Ruse », « Le Voleur », « Nuit de Noël », « Le Remplaçant » – ce dernier cas étant discutable, le dialogue initial n'étant pas à proprement parler un récit. On peut aussi inclure « Le Lit », même si les lettres ne constituent pas à proprement parler un récit enchâssé.

Ce procédé met en scène une transmission orale de l'histoire. Il suggère une actualité et une réalité de l'histoire racontée. Il augmente ce que Roland Barthes appelle « l'effet de réel ».

7. La plupart des femmes appartiennent à la bourgeoisie, c'est-à-dire au même milieu que les lecteurs de *Gil Blas* ou *Le Gaulois*, journeaux où les nouvelles ont d'abord été publiées (par exemple les héroïnes de « Mme Baptiste » ou de « Réveil »). Mais Maupassant aime bien explorer d'autres milieux, comme celui des prostituées (« Mademoiselle Fifi ») ou de l'aristocratie (« La Rouille »). On a aussi un spécimen exotique dans « Marroca ». Les sentiments de l'auteur à l'égard des femmes sont complexes : fascination sexuelle (« Marroca »), critique de leur mièvrerie et de leur superstition (« Mots d'amour », « La Relique »), admiration pour leur courage (« Mademoiselle Fifi ») mais aussi dénonciation de leur perversité (« Une Bûche » et « Une Aventure parisienne »).

8. Les hommes sont des soldats (« Mademoiselle Fifi », « Le Remplaçant »), des chasseurs et des pêcheurs (« La Rouille », « Deux Amis »), des artistes (« Le Voleur »). Ils sont présentés comme des gens simples dans leurs sentiments, assez faciles à saisir, alors que les femmes apparaissent comme des êtres insondables, dont les sentiments sont assez retors.

9. Paris est la grande ville moderne, lieu de culture mais surtout de plaisir (« Une aventure parisienne »). La province, elle, semble vivre encore sous l'Ancien Régime, en particulier dans les campagnes habitées par des aristocrates qui ne sortent de leurs châteaux que pour la chasse, et par des paysans que la misère condamne à un certain abrutissement (« Un Réveillon »). La ville de province se distingue par l'ennui et une certaine hypocrisie (« Mme Baptiste »). L'Afrique, peu connue de l'auteur et des lecteurs, est un lieu exotique et presque merveilleux inspiré par les contes orientaux des *Mille et une Nuits* (« Marroca »).

10. Les exemples de situations sordides sont nombreux : la bacchanale avec les prostituées dans « Mademoiselle Fifi », le réveillon avec le cadavre dans « Un Réveillon », l'amant mort promené en fiacre dans « Une Ruse ». Le naturalisme de Maupassant le conduit à s'intéresser à des aspects du monde qui sont ordinairement refoulés car difficiles à supporter.

11. De ce monde loin de toute idéalisation, les narrateurs prennent souvent le parti de rire. C'est une manière de mettre à distance les choses désagréables que d'en faire des anecdotes pour faire frissonner les dames (voir en particulier « Une Ruse »).

12. La diversité des registres du recueil, allant du pathétique au satirique, permet d'alimenter ce débat. Montrer que le rire est paradoxal : il semble être le signe d'un détachement superficiel ; il peut être la marque d'un regard incisif. De même, l'indignation peut être une posture commode si elle n'est pas suivie d'actes.

« Mademoiselle Fifi », une autre nouvelle du recueil

13. Cette guerre se déroule de juillet 1870 à janvier 1871. Elle est un désastre pour la France car le territoire national est envahi et Napoléon III est fait prisonnier. Elle entraîne la chute de l'Empire et la perte d'une partie de l'Alsace et de la Lorraine.

14. Ces dégradations apparaissent dans les trois premiers paragraphes, puis dans la description de la salle à manger, et enfin dans tout le passage qui concerne la mine. Ces destructions sont une forme d'humiliation de l'ennemi à travers le patrimoine culturel. Les officiers prussiens sont présentés comme des rustres.

15. Il est surnommé ainsi à cause de son allure efféminée et de son utilisation de la locution française « fi, fi donc ! » Il est animé d'une perversité particulière qui lui fait imaginer l'idée de « la mine ».

16. Il a l'idée, pour tuer l'ennui, d'organiser une « fête », en réalité une parodie de soirée mondaine où les dames seront des prostituées recrutées pour l'occasion.

17. Après plusieurs toasts avinés, Mademoiselle Fifi s'exclame « À nous aussi [...] toutes les femmes de France ! » L'orgie prend alors un sens particulier. De même que la dégradation du château est pour les Prussiens la démonstration de leur possession de la France, de même ils veulent que cette soirée, où ils profitent de prostituées françaises, soit la démonstration que toutes les femmes françaises leur appartiennent.

18. Rachel est présentée comme « la plus petite de toutes », « une brune toute jeune à l'œil noir comme une tâche d'encre, une Juive... » Ces caractéristiques renvoient au stéréotype de la bohémienne vive et passionnée, qui permet d'expliquer ensuite son geste meurtrier. Elle est héroïque dans son patriotisme, en insultant les Prussiens (« Je ne suis pas une femme, moi, je suis une putain ; c'est bien tout ce qu'il faut à des Prussiens ») et en se vengeant, par un coup de couteau mortel, d'une gifle reçue.

19. C'est le curé qui a caché Rachel. On pouvait le supposer car il semblait déjà animé d'un certain esprit de résistance, refusant de faire sonner la cloche de l'église depuis l'invasion prussienne, dût-il se faire fusiller. Son changement d'attitude après la mort de l'officier, les « gaîtés singulières » de la cloche, permettent de comprendre où se trouve cachée Rachel.

20. D'un côté, c'est une histoire à la fois patriotique et édifiante : les « méchants » sont punis, l'honneur de la France est sauf. De l'autre, on voit ce qu'elle a d'anticonformiste : ce sont un prêtre et une prostituée qui défendent l'honneur des femmes françaises, non des soldats... La morale peut être que les sentiments élevés se rencontrent aussi chez les personnes les plus réprouvées par la société (voir, dans le même esprit, la nouvelle qui donne son nom au premier recueil publié par Maupassant : « La Maison Tellier ») et qu'une prostituée est une femme comme une autre, qu'un « patriote sans préjugés » peut tout à fait épouser.

Un art nouveau, la photographie

→ p. 100-101

1 Le daguerréotype

Lecture de l'image

1. Une plaque de cuivre recouverte d'une solution sensible à la lumière y était exposée pendant un temps assez long (pouvant aller jusqu'à plusieurs quarts d'heure). Daguerre améliore l'invention de Niepce en trouvant le moyen de raccourcir le temps de pose et de fixer l'image. Chaque daguerréotype est une image unique, non reproductible.

2. Le calotype est l'invention de l'Anglais Talbot, quelques années après le daguerréotype (1841). La grande innovation de Talbot est que le calotype est reproductible à l'infini. Il procède à partir d'un négatif papier, et non d'une plaque de cuivre. Le calotype est le véritable ancêtre de la photographie argentique.

2 Nadar ou l'art du portrait

Lecture de l'image

La composition de l'image a ceci de paradoxal que nous voyons sur la photographie un personnage qui fait mine de nous photographier. Ce personnage est un Pierrot, un mime dont l'art, comme celui du photographe, est muet. Mais le mime n'a besoin d'aucun instrument, et son art est aussi ancien que la culture, tandis que l'appareil photographique appartient à l'extrême contemporain. L'appareil noir et l'homme blanc contrastent fortement.

3 Le Gray ou le romantisme photographique

Lecture de l'image

La question mobilise l'attention aux phénomènes lumineux relatifs au contre-jour et aux qualités de réflecteurs de la mer et des nuages. La description doit impliquer la forme des nuages, l'horizon, la surface à peu près lisse de la mer, le détail du bateau.

4 Atget ou l'invention du reportage

Lecture de l'image

C'est le choix des sujets qui fait d'Atget le plus réaliste de ces photographes : son intérêt pour l'espace des rues, même en dehors de tout événement, son attention aux milieux populaires, aux faits sociaux.

Recherche documentaire

Cette liste n'est pas limitative. Beaucoup d'autres photographes du XIXe siècle pourraient être cités. On peut consulter par exemple :

– *Primitifs de la photographie – Le calotype en France 1843-1860*, Gallimard, BNF, 2010 ;

– *Charles Marville,* Photo poche, 1996 (la même collection consacre des monographies à plusieurs photographes cités ci-dessus, et notamment à Atget) ;

– Joanna COHAN SCHERER, *Edward Sheriff Curtis*, Phaidon, 2008 ;

– Julia Van HAAFTEN, *From Talbot to Stieglitz – Masterpieces of early photography from the New York Public Library*, Thames and Hudson, 1982.

Les reprises nominales et pronominales

→ p. 102-103

1 Le bon châtelain regarda de droite et de gauche, appela tant qu'**il** (reprend «le bon châtelain») put. Personne! Le vent sifflait, les brumes du matin s'envolaient. **Il** (reprend «le bon châtelain») attribua cette vision à la fatigue de sa tête pour avoir trop peu dormi. «Si j'en parle, on se moquera de moi», **se** (reprend «il») dit-**il** (reprend «le bon châtelain»). Cependant les splendeurs destinées à son fils **l'**(reprend «le bon châtelain») éblouissaient, bien que la promesse n'**en** (reprend «les splendeurs destinées à son fils») fût pas claire et qu'**il** (reprend «le bon châtelain») doutât même de **l'**(reprend «la promesse») avoir entendue. Les époux **se** (reprend «les époux») cachèrent leur secret. Mais tous deux chérissaient l'enfant d'un pareil amour; et, **le** (reprend «l'enfant») respectant comme marqué de Dieu, **ils** (reprend «les époux») eurent pour sa personne des égards infinis. Sa couchette était rembourrée du plus fin duvet; une lampe en forme de colombe brûlait dessus, continuellement; trois nourrices **le** (reprend «l'enfant») berçaient; et, bien serré dans ses langes, la mine rose et les yeux bleus, avec son manteau de brocart et son béguin chargé de perles, **il** (reprend «l'enfant») ressemblait à un petit Jésus. Les dents **lui** (reprend «l'enfant») poussèrent sans qu'**il** (reprend «l'enfant») pleurât une seule fois. Quand **il** (reprend «l'enfant») eut sept ans, sa mère **lui** (reprend «l'enfant») apprit à chanter.
Gustave Flaubert, « La Légende de saint Julien l'hospitalier », *Trois contes*, 1877.

2 **a.** Quelle vision, quand on arrive, comme moi, à Avranches, vers la fin du jour !
La ville (reprend «Avranches») est sur une colline; et on me conduisit dans le jardin public, au bout de **la cité** («reprend «Avranches»). Je poussai un cri d'étonnement. Une baie démesurée s'étendait devant moi, à perte de vue, entre deux côtes écartées se perdant au loin dans les brumes; et au milieu de **cette immense baie jaune** (reprend «une baie»), sous un ciel d'or et de clarté, s'élevait sombre et pointu un mont étrange, au milieu des sables. Le soleil venait de disparaître, et sur l'horizon encore flamboyant se dessinait le profil de **ce fantastique rocher** (reprend «un mont étrange») qui porte sur son sommet un fantastique monument. Dès l'aurore, j'allai vers lui. La mer était basse, comme la veille au soir, et je regardais se dresser devant moi, à mesure que j'approchais d'elle, **la surprenante abbaye** (reprend «un fantastique monument»). Après plusieurs heures de marche, j'atteignis l'énorme bloc de pierres qui porte **la petite cité dominée par la grande église** (reprend «la surprenante abbaye»). Ayant gravi la rue étroite et rapide, j'entrai dans **la plus admirable demeure gothique construite pour Dieu sur la terre** (reprend «la grande église»), vaste comme une ville, pleine de salles basses écrasées sous des voûtes et de hautes galeries que soutiennent de frêles colonnes. J'entrai dans **ce gigantesque bijou de granit** (reprend «la grande église»), aussi léger qu'une dentelle, couvert de tours, de sveltes clochetons, où montent des escaliers tordus.
Guy de Maupassant, *Le Horla*, 1887.

Une seule reprise se fait par le même nom: «baie»/«cette immense baie jaune»).
Les autres reprises nominales se divisent en deux types:
– Les unes utilisent un terme synonyme («ville»/«cité») ou un terme qui réfère à une classe qui englobe l'antécédent («Avranches»/ «ville»).
– Les autres permettent de présenter l'antécédent sous un jour différent, en lui ajoutant des propriétés.
Le plus souvent, l'énonciateur porte aussi des jugements de valeur («immense», «fantastique», «surprenante», «petit/grand», «admirable», «gigantesque»)

b. J'avais grimpé sur le Sancy et j'entrais dans une petite auberge, auprès d'une chapelle à pèlerinage qu'on nomme Notre-Dame-de-Vassivière, quand j'aperçus, déjeunant seule à la table du fond, une vieille femme, étrange et ridicule.
Elle avait un aspect singulier, des yeux inquiets, une physionomie d'être que l'existence a maltraité. Je la regardais malgré moi, me demandant : « Qui est-ce ? Quelle est la vie de **cette femme** (reprend «une vieille femme») ? Pourquoi erre-t-elle seule dans ces montagnes ? »
Le lendemain, à la nuit tombante, j'arrivai au château de Murol. **La vieille forteresse** (reprend «le château de Murol»), tour géante debout sur son pic au milieu d'une large vallée, au croisement de trois vallons, se dresse sur le ciel, brune, crevassée, bosselée, mais ronde, depuis son large pied circulaire jusqu'aux tourelles croulantes de son faîte. Elle surprend plus qu'aucune autre ruine par son énormité simple, sa majesté, son air antique puissant et grave. Elle est là, seule, haute comme une montagne, reine morte, mais toujours la reine des vallées couchées sous elle. [...] J'étais seul, rôdant par **cette ruine** (reprend «la vieille forteresse»). Soudain, derrière un pan de muraille, j'aperçus un être, une sorte de fantôme, comme l'esprit de **cette demeure antique et détruite** (reprend «la vieille forteresse»).

J'eus un sursaut de surprise, presque de peur. Puis je reconnus **la vieille femme** (reprend « une vieille femme ») rencontrée deux fois déjà.
Guy de Maupassant, « Humble drame », *Gil Blas*, 1883.

La reprise nominale se fait de deux façons :
– Par la reprise du même nom : « une vieille femme »/ « cette femme »/ « la vieille femme » ;
– En employant d'autres noms, pour présenter l'antécédent sous un jour différent : « vieille forteresse »/ « ruine »/ « demeure antique et détruite ».

Activités d'écriture

Écriture d'invention

Le sujet est très libre et laisse beaucoup de choix aux élèves quant au contenu du récit, qui pourra être aussi bien réaliste que fantastique. Les copies doivent cependant respecter les critères suivants :

– Le genre imposé est celui de la nouvelle. Il s'agit donc d'écrire un texte narratif, un récit complet avec un début et une fin, suivant une progression bien définie, et présentant un système de personnages cohérent. On valorisera les copies qui proposent un récit rythmé et vivant, présentant de rapides portraits des personnages et des éléments de description du cadre, insérant des discours rapportés et faisant s'enchaîner les actions rapidement.

– Rien ne précise dans le sujet le type de narrateur ni de point de vue à adopter. Cependant, on attend que les choix effectués restent les mêmes tout au long de la copie.

– La nouvelle doit comporter une chute révélant l'identité du personnage principal et surprenant le lecteur. Il s'agit donc de ménager dans tout le récit une part de mystère, en dissimulant certaines informations essentielles qui viendront créer un coup de théâtre quand elles seront dévoilées. Même si la chute se situe à la fin de la nouvelle, elle se prépare tout au long du récit.

– D'un point de vue grammatical, le sujet impose d'utiliser tous les types de reprises nominales et pronominales étudiées dans la page. Il s'agit donc d'en faire une liste, et de la conserver sous les yeux au moment de la rédaction.

– La langue doit être correcte. On attachera un soin tout particulier à la relecture pour éviter les fautes d'orthographe et les erreurs de syntaxe.

Vers le commentaire

Pour rédiger une partie de commentaire sur l'étrangeté du personnage dans le texte d'Hoffmann, on pourra suivre le plan suivant :

I. Un physique difforme et repoussant.

Dans cette partie on analysera, dans l'énumération des lignes 6 à 13, et dans la description des oreilles à la ligne 16 et des mains aux lignes 19-20, les adjectifs qualificatifs évoquant la taille des parties du corps et leur difformité. On reprendra notamment des éléments de réponse à la question 2 du questionnaire.

II. Une tenue informe qui manque de goût.

On se penchera ici plus précisément sur les lignes 12 à 18, en s'intéressant aux expansions du nom, aux contrastes créés par les éléments de la tenue, et aux verbes qui soulignent son manque d'ajustement.

III. Un personnage monstrueux, aux identités multiples.

On pourra reprendre ici des éléments de réponse aux questions 4, 5 et 6 du questionnaire pour montrer la monstruosité du personnage, qui tient à la fois du légendaire Homme au Sable, du chat, du serpent, de la bête velue et du diable.

Guy de Maupassant, « La Dot »

➜ p. 105

1. Thème et motif

a. Elle est brusquement séparée de son mari, dans une ville qu'elle ne connaît pas, et mise au contact d'inconnus dans un espace restreint (cf. notamment l. 14-15).

b. Il s'agit de relever l'ensemble des figurants et les informations dont le lecteur dispose à leur égard. Différentes conditions, différents types sociaux sont ici rassemblés. On peut commenter en particulier les lignes 16 et suivantes.

2. Mouvement et genre

a. Ce texte est représentatif du naturalisme parce qu'il est animé d'un puissant réalisme social.

b. Il s'agit ici notamment d'étudier le découpage du texte, en courts paragraphes, eux-mêmes constitués de phrases courtes. Ce rythme élevé accompagne la vitesse d'exécution remarquable du mari et du conducteur, qui est soulignée par le narrateur (l. 7, l. 10). Le décalage entre cette vitesse et la passivité de la jeune héroïne ajoute encore à l'impression de vitesse (« elle n'eut pas le temps de ... », l. 10).

c. Le dernier paragraphe est particulièrement exemplaire de cette veine satirique. Le mot « charges », l'expression « semblables à des rangées de pantins comiques » souligne clairement cette orientation du récit.

3. Langue et style

a. Les prises de parole rendent naturellement les personnages vivants. Même lorsqu'ils ne parlent pas effectivement, le narrateur leur prête des paroles (l. 19-20). Le style des prises de parole est oral, tandis que le narrateur, en particulier à la fin du texte, déploie son savoir-faire (abondance des comparaisons et des qualificatifs, construction sinueuse et surtout discontinue d'une phrase fortement ponctuée).

b. L'attaque (« Et » en début de paragraphe) et la construction d'ensemble de cette phrase sont très flaubertiennes. Cette phrase est isolée, en ce sens elle marque une pause. Cette pause est légitime : l'héroïne vient de s'asseoir, la course des premiers paragraphes est terminée. Isoler cette phrase, symétrique comme sont symétriquement disposés ses voisins de gauche et de droite, tous deux odorants, c'est aussi introduire, d'une manière appuyée, la nouvelle situation. L'effet est comique, même si notre sympathie pour l'héroïne nous interdit de nous moquer d'elle.

4. Littérature et arts

Il s'agit des lignes 12-13.

Vers le commentaire

Pour l'axe n°1, on peut s'appuyer sur les questions 2. b., 3 a. et 4. Pour l'axe n°2, sur les questions 1. b., 2. a., 2. c., 3. b.

3. La tragédie classique

Introduction au chapitre

Ce chapitre vise à donner un aperçu des aspects essentiels du genre tragique au XVIIe siècle. On s'est efforcé de choisir un texte qui puisse rappeler les origines grecques de la tragédie, et ainsi de présenter la trace d'une filiation entre les auteurs tragiques, de Sophocle à Voltaire en passant par les dramaturges du XVIe siècle.

Le premier groupement est problématisé autour d'une constante de la tragédie : une intrigue politique, où l'amour trouve une place de choix. Le second groupement présente un certain nombre de figures tragiques et permet notamment de montrer les spécificités et les différences du héros tragique racinien et du héros tragique cornélien – un autre objectif du chapitre étant de construire des connaissances et des savoirs sur les deux grands dramaturges tragiques du XVIIe siècle français, Pierre Corneille et Jean Racine. Le choix d'étudier *Britannicus,* dans le cadre de la lecture intégrale, permet de rendre compte d'une intrigue tragique à la fois politique et privée : elle engage Néron et Rome. Cette étude donne un aperçu particulier de ce qu'est la monstruosité du héros racinien en général – elle permet de découvrir, en l'occurrence, comment le meurtre de Britannicus est l'acte de naissance de Néron monstre d'État, lequel s'illustrera ensuite, conformément aux prédictions d'Agrippine sa mère, dans bien d'autres forfaits.

Indications bibliographiques

– P. CORNEILLE, *Œuvres complètes,* Gallimard, coll. « Bibliothèque de La Pléiade », tomes I et II, éd. G. Couton, 1980-1984.

– J. RACINE, *Œuvres complètes,* Gallimard, coll. « Bibliothèque de La Pléiade », tome I, éd. G. Forestier, 1999.

– J. RACINE, *Britannicus,* Gallimard, coll. « Folio classique », 2000.

– A. COUPRIE, *Lire la tragédie*, A. Colin, 2005.

– J. MOREL, *La Tragédie*, A. Colin, 1964.

– J. SCHERER, *La Dramaturgie classique en France*, Nizet, nlle éd. 2001.

– J.-M. THOMASSEAU, *Drame et tragédie*, Hachette, coll. « Contours littéraires », 1995.

Politique et amour au cœur de la tragédie

Une tragédie de la désobéissance ➜ p. 110-111

■ Sophocle, *Antigone*

Dans une première intervention, le chœur avait résumé la guerre subie par Thèbes et présenté son nouveau roi Créon. Cette deuxième intervention du chœur se situe après un dialogue dans lequel un garde apprend au roi Créon qu'on a tenté de recouvrir le corps de Polynice. Le chœur fait l'éloge de l'homme. L'entrée d'Antigone en rebelle est d'autant plus surprenante, inattendue. Le chœur marque sa surprise et la surprise du spectateur. L'élève peut ici voir à l'œuvre une des fonctions du chœur dans le théâtre grec.

Analyse du texte

L'homme, les dieux, la cité

1. Le chœur évoque ici sa satisfaction. On est à un moment où Thèbes semble renaître sous les lois nouvelles imposées par Créon. Ces lois, un rebelle tente de les déjouer. Pour le chœur, c'est le moment de s'interroger sur la grandeur de l'homme, sa relation à la cité et aux dieux, et sur ce qui peut faire sa faiblesse. Le chœur fait donc, en trois strophes l'éloge de l'homme (jusqu'à la l. 24), et la dernière strophe (l. 25 à 32) est consacrée au risque chez l'homme – malgré sa puissance au travail, son intelligence, la maîtrise qu'il a sur la nature et la maladie – de ne pas respecter « les lois de sa ville et la justice des dieux ». Le chœur évoque implicitement ce que les Grecs appellent l'hybris.

2. Les domaines où l'homme excelle sont ceux où excellent les citoyens grecs : c'est un peuple de marins strophe 1, ils domptent les mers. Les Grecs ont conquis le pourtour méditerranéen. Ils sont aussi agriculteurs (éloge de l'agriculture : le labourage de la terre, symbole de la relation particulière de l'homme à la terre nourricière qu'il sait fertiliser). Strophe 2 : L'homme à l'image du citoyen grec est chasseur, pêcheur. Il a de l'industrie, de l'intelligence. Il sait dompter les bêtes sauvages. Strophe 3, l'homme est architecte pour se protéger des intempéries. Il a de la science au point de faire reculer la mort s'il ne peut pas en triompher.

3. La 4e strophe est celle de la mise en garde. Le chœur a fait l'éloge de l'homme précisément pour en arriver là : dire les limites qu'il ne doit pas dépasser... parce que l'homme a partie liée avec la cité (ceux à qui s'adresse le dramaturge sont des citoyens), et avec les dieux (d'où le titre de l'axe). Le chœur dit toujours une parole de sagesse. La grandeur de l'homme a des limites : celles des lois de la cité et de la justice des dieux. Cela s'adresse évidemment aux spectateurs mais sans doute aussi aux personnages.

L'entrée de la rebelle

4. Le coryphée indique clairement au public qu'il n'est pas du côté d'Antigone et qu'il est stupéfait de son action. La folie seule peut expliquer pour le chœur l'affront fait aux lois de Créon qui représente l'ordre nouveau de la cité.

5. La fonction du chœur ici est de ménager une parole qui permet d'installer le conflit tragique. Le public, dans un premier temps, se range du côté du coryphée. L'entrée d'Antigone est placée ainsi sous plusieurs signes : elle est rebelle donc condamnable mais en même temps, c'est une enfant, héritière du destin tragique d'Œdipe ; elle a eu « un coup de folie » et le chœur marque son horreur (prodige : ce n'est pas naturel, effrayant le mot est très fort). Le chœur en état de sidération et d'incompréhension.

Recherche documentaire

6. Pour le schéma de théâtre grec antique, se reporter à la « Petite histoire de la tragédie », p. 146-147 du manuel. L'espace réservé aux décors est la *skéné*. Le mot *theatron* veut dire « le lieu d'où l'on voit ».

Prolongement

On a déjà évoqué les deux premières interventions du chœur (voir plus haut). Après une scène qui a opposé Créon à Antigone et à sa sœur Ismène, Créon demande aux esclaves d'enfermer « ces femmes » au palais. Le chœur, intervenant pour la troisième fois, chante alors le malheur qui ne cesse de frapper des générations de Labdacides, et le pouvoir de Zeus. Le Coryphée annonce l'arrivée d'Hémon, fiancé d'Antigone. Suit une longue scène qui se termine par une grande colère de Créon accusant son fils d'être « l'esclave d'une femme ». Le roi réitère la condamnation à mort d'Antigone. Le chœur intervient alors pour la quatrième fois regrettant que le désir amoureux « se joue de tous ». Antigone se lamente et Créon somme les gardes de l'emmurer vivante. Le chœur, pour sa cinquième intervention, proclame qu' « une enfant des dieux [...] n'en a pas moins subi l'assaut des Parques aux longs jours [...] ». Mais, à la scène suivante, Créon accepte, à la demande de Tirésias, de délivrer Antigone. Le chœur, intervenant pour la sixième fois, réclame à Zeus la « guérison » de Thèbes.

Les interventions du chœur scandent l'action de la pièce par des commentaires (avertissements, conseils, supplications). Le chœur incarne sur scène le public et son regard, il est la sagesse, l'apaisement, il « assure le passage du particulier au général » par son style lyrique. Il rappelle les lois des dieux et celles de la cité.

Une tragédie de la lamentation

➜ p. 112-113

■ Jodelle, *Cléopâtre captive*

L'extrait de cette tragédie de Jodelle est destiné à montrer que la tragédie réapparaît avec l'humanisme et reste très proche de la tragédie antique dans sa forme. Le chœur y a encore une place importante. Il disparaîtra au XVIIe siècle au profit du confident dont le rôle sera de pure convention.

Analyse du texte

Un chœur imité de l'antique

1. 1re strophe. « Tu », vers 1 : Octave ; « Ton », vers 3 : Antoine est effectivement le compagnon d'Octave et l'amant de Cléopâtre ; « tu », vers 6 : Octave.

La 2e strophe s'adresse à Cléopâtre. « tu », vers 12 : Cléopâtre.

La 3e strophe s'adresse à la « fortune », c'est-à-dire au destin. « tu », vers 15 : la fortune.

3e et 4e strophes. Le référent de « qui » est le temps.

5e strophe. « il », vers 25 à 29 : le temps ; « elle », vers 30 : sa peine.

2. Le chœur aborde les thèmes de la puissance de l'homme, puissance politique puisqu'Antoine et Cléopâtre avaient le pouvoir mais aussi de sa chute vertigineuse symétriquement égale à son ascension. (v. 9 et 10). Il interpelle le destin (la fortune). Toute la strophe 3 y est consacrée : le chœur est dans l'incompréhension devant la sévérité de la fortune ! Les trois dernières strophes construisent une allégorie du temps et de la mort : un temps dont le pouvoir absolu sur les hommes est capricieux, un temps qui abat « les plus orgueilleux ».

3. Le chœur s'adresse autant aux spectateurs qu'aux personnages présents ou absents sur scène. Le chœur ici assume une sorte de fonction didactique qui existait déjà dans le chœur antique. Il prend en charge les questions que se posent les spectateurs : c'est une sorte d'intermédiaire qui permet au public d'interroger les personnages.

Une morale destinée aux spectateurs

4. Le chœur met en garde les spectateurs contre la démesure. Antoine et Cléopâtre sont des exemples de la superbe réduite à néant.

5. Cléopâtre est précisément coupable d'hybris. Elle en est punie.

6. La morale apparaît aux vers 35 et 36 : la violence du destin est proportionnelle à l'orgueil humain. Plus l'homme s'est élevé au-dessus de son humaine condition, plus le risque de sa chute est grand.

Recherche documentaire

7. Marc-Antoine : http://lemonderomain.free.fr/indexer/politique/marc.html

Octave : www.empereurs-romains.net/emp02.htm

Cléopâtre : http://mythologica.fr/rome/bio/cleo.htm

La mort de Cléopâtre : www.educnet.education.fr/louvre/mort/mortcleo.htm

Lecture de l'image

8. Éléments de réponse :

– deux groupes : trois hommes à gauche, six femmes à droite en deux triangles à peu près égaux ;

– position centrale de Cléopâtre pourtant au second plan : éclairage sur son costume pourpre et or, couleurs chaudes. Elle porte encore les marques de sa puissance passée, de l'amour et de l'érotisme. L'aspic est en train de la piquer au sein gauche mais le groupe est empreint de sérénité. Les femmes l'assistent dans la mort ; seules deux femmes debout à droite montrent de l'émotion. Cléopâtre ne veut pas survivre à Antoine, visage dans l'ombre. Le corps d'Antoine envahit le premier plan autour d'une ligne pleinement horizontale contrastant avec la verticalité des autres personnages. Grisâtre, il a déjà la couleur de la mort, et il est étendu sur une sorte de drap (linceul) blanc qui entre en opposition avec le costume de Cléopâtre, laquelle est encore du monde des vivants ;

– effet produit : pathétique, compassion. Le corps d'Antoine dit la douleur de Cléopâtre.

Activité orale

9. Voir, par exemple, le film de Joseph L. Mankiewicz, *Cléopâtre*, avec Rex Harrison, Richard Burton et Elizabeth Taylor.

Une tragédie de la conspiration page ➜ p. 114-115

■ Corneille, *Cinna*

Le complot d'Émilie et de Cinna contre Auguste est au cœur de cette tragédie. *Cinna* est une tragédie politique.

Analyse du texte

La grandeur d'Auguste

1. Du vers 1 à 8, Auguste s'adresse d'abord au Ciel, aux divinités, au Destin, puis au vers 5 à l'Histoire. À partir du vers 9 Auguste revient au destinataire sur scène : d'abord Cinna, expressément nommé vers 9 puis Emilie au vers 19.

La décision de clémence est surtout chez Auguste une victoire sur lui-même. Il choisit de pardonner, non parce qu'il est faible, mais parce qu'il y voit l'occasion d'une reconquête de son moi profond. C'est le triomphe de l'énergie et de la volonté sur la peur, sur le cycle infernal sédition/répression. Auguste se lance en quelque sorte un défi et sort d'un déterminisme et d'une fatalité qui n'apportent que du sang. Il se dépasse, proclamant ainsi sa liberté et son immense supériorité. C'est ici proprement la « générosité » qui s'exprime, au sens du XVIIe siècle, telle que la définit Serge Doubrovsky : « La générosité est une arme morale qui élimine son objet : le bienfaiteur *écrase* sa victime sous le poids de son bienfait » (*Corneille et la Dialectique du héros*, Gallimard, 1970)

2. Corneille veut ainsi instiller de l'admiration chez le spectateur. On découvre ici une des particularités du tragique cornélien : Auguste est un être d'exception, que l'on doit craindre et admirer. Son geste est « héroïque » puisqu'il se place délibérément dans une vérité au-delà du vraisemblable. C'est aussi que nous sommes au cœur de la tragédie politique et c'est une issue politique qu'Auguste veut donner à la conjuration. Il a été un tyran sanguinaire, comme Cinna le rappelle à l'acte I scène 3, en le désignant comme un homme « qui n'a rien d'humain ». Il s'est transformé et a choisi d'exprimer autrement sa puissance, par un grandiose pardon qui le rend sublime.

3. Auguste provoque une mutation chez les conjurés. Ils sont dans une sidération qui leur fait abandonner leur rôle. Cinna se dépouille de sa soif de vengeance pour devenir le plus sûr soutien d'Auguste. Émilie et Maxime sont eux aussi contaminés par cette « générosité » (v. 24, 30 à 32). Tout se passe comme si Auguste se rendait maître d'eux également, après avoir assuré sa propre maîtrise.

4. Les spectateurs du XVIIe siècle peuvent voir, dans les rapports conflictuels du héros et avec le politique et dans ce pardon d'Auguste, un écho à l'histoire contemporaine. Nous sommes à la fin du règne de Louis XIII et l'aristocratie a des velléités de pouvoir. Les parlementaires frondeurs contestent le pouvoir royal. Corneille construit ainsi une tragédie politique dans laquelle l'aristocratie se réconcilie avec le pouvoir royal. Le tyran y devient un bon souverain, au terme d'une conversion intérieure, et choisit de favoriser la construction de l'État.

Un acteur de l'Histoire

5. vers 5 : 3/3 / 3 /3 ; vers 9 : 4/2 / 6 ; vers 15-16 : 6/6 et 6 / 6 ; vers 21 : 6/6 (sans vraie coupure à l'hémistiche). Dans ces utilisations de l'alexandrin, Corneille privilégie les effets de symétrie et d'oppositions. Chaque vers reste une unité et donne à la phrase une grande clarté syntaxique. Le choix de la parataxe, l'accumulation de propositions indépendantes renforcent encore ce résultat. C'est l'expression de l'autorité suprême d'Auguste qui martèle ainsi ses décisions.

6. Dans les deux tirades successives d'Auguste, les nombreux présents de l'impératif, tous mis en valeur par leur place en début de vers (« Conservez », v. 6, « Soyons », v. 9, « Commençons », v. 13, « Reçois », v. 18, « Aime », v. 19, « Préfères », v. 20, « Apprends », v. 21, « Cesse », v. 41, « Reprends », v. 45, « Rentre », v. 46), soulignent le pouvoir sans limites de l'empereur, qui décide et ordonne.

Son pouvoir lui permet d'opposer le passé de la générosité trahie, exprimée au passé composé (v. 10 : « je t'ai donné ») et au plus-que-parfait de l'indicatif (v. 16 : « je t'en avais comblé »), au présent immédiat du pardon, exprimé au présent de l'indicatif. Dans l'hypothèse d'une nouvelle trahison, exprimée au conditionnel présent (« A-t-il quelqu'un des miens qu'il veuille encor séduire », v. 2), Auguste réaffirme cette attitude magnanime (« je le suis, je veux l'être. », v. 5).

Le souci de la gloire d'Auguste (« O Siècles, o Mémoire,/ Conservez à jamais ma dernière victoire », v. 5-6) se confond avec celui de l'État (« Reçois le consulat pour la prochaine année », v. 18). Il s'exprime comme une volonté de passer à la postérité par son empire sur soi-même (« Je suis maître de moi comme de l'Univers. », v. 4) – par sa clémence, qu'il veut exemplaire (« Apprends sur mon exemple à vaincre ta colère », v. 21).

7. Émilie annonce qu'à la place de la fureur qu'elle nourrissait contre Auguste, elle voit naître en elle, en même temps que le repentir (v. 27-28) une volonté farouche de le servir (v. 36).

8. Auguste, qui permet à Maxime de reprendre sa place et sa réputation auprès de lui, lui inflige pour seul châtiment le spectacle du mariage d'Émilie – dont Maxime était secrètement amoureux – avec Cinna.

Écriture d'invention

9. L'objectif de l'exercice est de faire prendre conscience aux élèves de la nécessité du passage à la scène. Le texte théâtral doit être incarné : le personnage qui se tait reste néanmoins sur scène. L'intéressant, ici, d'un point de vue théâtral, est la rapidité avec laquelle Maxime, Cinna et Émilie se débarrassent de leur haine pour Auguste. Ils deviennent immédiatement ses plus fidèles zélateurs, comme si chaque conspiré faisait sien ces deux vers, prononcés par Cinna (v. 39-40) : « Ô vertu sans exemple ! Ô clémence qui rend/Votre pouvoir plus juste et mon crime plus grand ». Il faut ainsi trouver au discours des équivalents – dans la gestuelle, dans l'occupation de l'espace autour de Cinna, notamment.

Une tragédie de la séparation

➜ p. 116-117

Corneille, *Tite et Bérénice*

On connaît bien *Bérénice* de Racine, beaucoup moins *Tite et Bérénice* de Corneille. C'est l'occasion ici de montrer que Corneille s'est aussi intéressé à la place de l'amour dans la tragédie.

Analyse du texte

Un adieu

1. Bérénice refuse d'épouser Tite parce qu'elle y perdrait de la gloire. D'où cette série de vers coupés à l'hémistiche présentant de manière symétrique l'état passé et l'état présent (v. 6, 7 et 8).

2. Il s'agit du vers 17, dont le premier hémistiche : « Adieu, Seigneur, je pars. » achève la tirade de Bérénice et confirme, par l'annonce de son départ, son refus d'épouser Titus. La détermination de Bérénice se marque par la brièveté de sa conclusion, au rythme équilibré et rapide 2/2/2, et par la redondance entre le premier et le dernier mot, qui ne laissent aucune place au doute : « Adieu » et « je pars ». Le second hémistiche du vers 17, sorte de cri prononcé par l'empereur, « Ah ! Madame, arrêtez. », ne remet pas en cause ce « si noble refus » (v. 28) ; Tite demande seulement à Bérénice de différer un peu leur séparation, le temps de lui faire part des décisions que lui-même va prendre et qui donneront toute son ampleur au refus de Bérénice.

Remarque : les vers précédents, 15 et 16, préparaient cette déclaration. Bérénice, être d'exception, éprouve pour l'empereur un amour d'exception, qui ne se dissocie pas de la gloire. C'est précisément en cela qu'elle est une héroïne cornélienne.

3. Cette question revient à s'interroger sur la composition de la scène.

Deux tirades composent cet extrait, à peine interrompues par les répliques de Tite et de Domitian.

Bérénice illustre d'abord ce qui fait sa gloire au moment où elle part. On remarquera la subtilité du vers 1 : « Ne me renvoyez pas, mais laissez-moi partir ».

Pas d'élégie mais une première réplique organisée autour des effets de sa gloire. Il semble que Bérénice se venge de Rome (v. 8 : « J'y rentrais exilée, et j'en sors triomphante. ») On appréciera là les réseaux d'opposition entre l'évocation du passé et le présent d'énonciation. La première réplique de Bérénice est une constatation de sa gloire à renoncer à la main de Tite.

Une concession se développe ensuite (v. 10 à 13 : « Nous pourrions vivre heureux mais avec moins de gloire. ») Bérénice dit implicitement qu'elle associe la gloire et l'amour et qu'elle ne peut concevoir le bonheur si la gloire est amoindrie.

Le troisième argument revêt la forme d'un ordre à Tite (« Épousez Domitie », v. 13) et plaide pour le retour à l'ordre des choses : l'histoire romaine.

Le quatrième argument consiste à affirmer qu'elle n'est pas « comme une autre ». Elle revendique une personnalité d'exception qui prend une décision d'exception, d'où l'alexandrin paradoxal (v. 15) :

« C'est à force d'amour que je m'arrache au vôtre. » Le premier hémistiche renvoie à la passion que Tite éprouve pour elle et qui ne saurait se démentir, le second à sa décision de maîtriser son sort dans la gloire. Elle met donc non pas en opposition mais en parallèle l'amour et la gloire. (voir réponse question 4).

Tite dans sa réplique apparaît plus humain. Il a des accents plus « sentimentaux ». Il veut être à la hauteur du sacrifice de Bérénice en donnant Domitie à Domitian. Lui aussi marque ainsi le caractère exceptionnel de son amour. Notons l'anaphore « Tout est à vous ».

Une déclaration d'amour

4. Dans l'amour cornélien, la passion amoureuse n'est pas isolée de la gloire. Elle y est liée, comme est lié le sentiment amoureux à son dépassement par des décisions d'exception. Tite et Bérénice se séparent en même temps qu'ils se témoignent un amour indéfectible : la cause devient en même temps la conséquence. Ils s'aiment d'autant plus qu'ils sont dans l'héroïsme. Et cette valeur-là n'est pas celle d'un amour qui apporterait seulement le bonheur quotidien. Cet amour, par le refus que Bérénice oppose à sa réalisation, entre dans l'histoire de Rome et la mémoire des peuples.

5. Tire renonçant à Domitie déclare son amour à Bérénice. Il trouve un équivalent héroïque à la décision de Bérénice. Tite redit le lien inaltérable qu'il a avec Bérénice, fait de reconnaissance (la main que je vous dois) et de soumission au peuple de Rome (Rome l'ordonne). Bérénice triomphe en partant : elle n'épouse pas Tite mais il est marqué à jamais par elle.

Rappelons la phrase de Corneille : « Il faut qu'il [l'amour] se contente du second rang dans le « poème » dramatique ».

6. La question consiste à réfléchir sur le tragique cornélien. Les deux personnages ne sont pas victimes d'une quelconque fatalité mais leur amour rentre en conflit avec l'Histoire. L'amour suppose chez Corneille l'honneur et le respect de la liberté de l'autre (c'est ce que fait Tite à l'égard de Bérénice, il la laisse partir). Les exigences de l'amour confinent à l'héroïsme : c'est bien ainsi que l'entend Bérénice. La passion amoureuse est donc bien une source du tragique ici : elle est sublimée parce qu'en même temps qu'elle est sacrifiée à la gloire des deux héros, elle atteint une profondeur exceptionnelle qui l'inscrit dans la mémoire des peuples.

7. Le document iconographique donne une première idée, qui peut servir de consigne : un rapprochement des corps mais pas de face à face. Il pourrait y avoir aussi un face à face, mais éloigné dans l'espace, avec simplement des bras qui tenteraient de se rejoindre.

Lecture de l'image

8. Bérénice part. Elle a pris sa décision. Tite essaie de la retenir. L'amour entrave mais le discours que Corneille prête à ses personnages ne permet pas à l'étreinte de se réaliser. Il faut quand même que la mise en espace dise l'héroïsme des deux personnages et la tragédie qu'ils vivent. L'amour chez Corneille doit rester une vertu pas une faiblesse.

Prolongement

Chez Corneille, le héros prend sa décision en pleine clarté. Chez Racine, il ne décide pas vraiment, il est acculé à… D'où le ton de la lamentation. C'est l'amour impossible, interdit. Les personnages ne se séparent pas dans la gloire, mais dans le malheur et la douleur. Racine écrit une tragédie élégiaque. Il y a plus d'humanité dans sa tragédie que dans celle de Corneille. C'est ce qui a fait le succès du texte de Racine.

Une tragédie de la déploration

→ p. 118-119

■ Corneille, *Suréna*

Suréna est une tragédie de Corneille vieillissant, peu connue mais redécouverte par des metteurs en scène d'aujourd'hui comme Brigitte Laques-Wajeman (2011). Elle donne un autre éclairage sur la place de l'amour dans la tragédie politique.

Analyse du texte

Une scène d'exposition

1. Euridice fait implicitement allusion à son amour pour Suréna, lequel se transforme en torture car cet amour est désormais interdit.

2. En ce début de scène, Euridice demande à Suréna, venu lui rendre visite, de ne plus venir, car sa présence la fait trop souffrir. Suréna annonce alors son envie de mourir, mais Euridice lui demande de rester vivant, parce que sa propre souffrance d'amoureuse contrariée est la seule vie qui lui reste (v. 29 et 30). Elle demande à Suréna de ne pas épouser Mandane, la fille du roi à laquelle il a été destiné. Suréna, en lui répondant qu'il n'aura aucun mal à lui obéir, en profite pour lui redire son amour (v. 51-52).

3. Dans la perspective du respect de l'unité de temps, on peut faire l'hypothèse que tout va se jouer autour des duos désespérés de Suréna et d'Euridice avec, en toile de fond, la menace de répression par le roi qui risque de se voir contredire deux fois (refus de Suréna d'épouser Mandane ; refus d'Euridice d'épouser Pacorus, le prince héritier).

4. Les vers 47 à 51 (« Plein d'un amour si pur, et si fort que le nôtre, […] Je vous aime, et vous perds. ») résument la situation de Suréna : il aime Euridice et en est aimé, mais cet amour est impossible.

Une « douloureuse et fatale tendresse »

5. C'est là que réside la singularité de ce texte dans la production cornélienne. Suréna vient voir Euridice pour la dernière fois. Il annonce son suicide. Il vit l'amour comme une passion absolue et mortelle. Serait-ce un héros « romantique » avant la lettre ? Il exprime (v. 11-12, 15) que la seule manière de réaliser cet amour est de mourir… même si cette mort est peut-être seulement une métaphore de la séparation, la vie étant assimilée à la proximité de l'aimée (« Je n'ai plus que ce jour, que ce moment de vie : »).

6. L'expression du lyrisme amoureux dans la tirade de Suréna relève de la plainte. La vue de l'être aimé est une souffrance (v. 11). Le temps qui rapproche du dénouement se fait court et tragique (v. 13 à 15). Suréna évoque une « dernière joie » à soupirer aux genoux d'Euridice (v. 17-18) : il vit cette scène comme l'ultime rencontre avec celle qui est l'objet de sa passion.

On observe deux champs lexicaux dominants : celui du temps (« l'heure approche », « demain », « éternelle », « ce jour », « moment de vie », « dernière ») ; celui de la mort ou de l'extrême souffrance (« mourir », « tue », « sacrifie », « exhale »).

7. La circulation de la parole entre Suréna et Euridice se fait par la reprise du mot « soupirs ». Euridice annonce l'identité de leur destin. Elle attend aussi la mort. Au lexique de la mort dominant chez Suréna répond chez

Euridice le lexique de la souffrance, au-delà de la mort, une incurable souffrance.

8. L'expression est un oxymore : les connotations du mot « tendresse », qui relèvent du bonheur et de la joie, font contraste avec les deux adjectifs « douloureuse » et « fatale », qui résument le destin d'Euridice et de Suréna. Leur amour est à la fois bonheur et souffrance.

9. Le tragique de cette scène est élégiaque parce que les deux personnages parlent de leur passion partagée comme d'une souffrance. L'extrait est une variation sur un thème essentiel : cet amour impossible se nourrit de souffrance et de pulsion de mort, ce que résume Euridice dans le vers 30 : « Toujours aimer, toujours souffrir, toujours mourir ».

Vers la dissertation

L'objectif de l'exercice est de construire un savoir sur le tragique cornélien. Voir les éléments donnés dans la synthèse sur la tragédie classique, page 152 du manuel.

Une tragédie du sentiment

→ p. 120-121

■ Voltaire, *Zaïre*

Cet extrait permet de montrer aux élèves que la tragédie classique perdure jusqu'au XVIIIe siècle, et que Voltaire fut, en son temps, considéré comme un grand dramaturge.

Une scène de rupture

1 et 2. Orosmane tient un discours plein de regrets, mais aussi digne et maîtrisé. Cependant on a l'impression qu'il lui manque l'étoffe d'un personnage tragique. Les vers 5 à 11 pourraient se trouver dans une comédie.

Orosmane vient vérifier si Zaïre l'aime. Il la met à l'épreuve. Il commence par la tancer et prend de manière grandiloquente la posture de l'amoureux déçu qui se plaint. Il se trouve qu'il est sultan et qu'il a le pouvoir, d'où les adjectifs au superlatif absolu : « trop fier », « trop généreux », « trop grand ». L'autoportrait fait un peu sourire. Puis Orosmane demande à Zaïre de ne plus chercher à le séduire et, de manière inattendue, lui annonce qu'elle est remplacée. Nous avons là encore une situation de comédie.

Une méprise tragique

3. Dans les vers 29 et 30, Zaïre s'adresse à Dieu (« Tu » en tête des deux vers) tandis que le « vous » du vers 31 désigne Orosmane. Dans les vers 36 à 41, Zaïre s'adresse à Orosmane. Dans l'ultime réplique (v. 42), « l' » renvoie à Orosmane.

4. Les derniers mots de Zaïre peuvent être prononcés bas mais distinctement : ils ne sont pas à destination d'Orosmane mais d'elle-même et du public. C'est un aparté, convention théâtrale que Patrice Pavis ainsi : « Discours du personnage qui n'est pas adressé à un interlocuteur, mais à soi-même (et, conséquemment, au public). Il se distingue du monologue par sa brièveté, son intégration au reste du dialogue. [...] L'aparté s'accompagne d'un jeu scénique susceptible de le rendre vraisemblable (mise à l'écart du comédien, changement d'intonation, regard fixé sur la salle). » (*Dictionnaire du théâtre*, A. Colin, 2002).

5. Zaïre est une héroïne tragique en ce qu'elle est victime d'une méprise (ironie tragique) qui fait d'elle un personnage qu'elle n'est pas et qui pendant un certain temps la condamne.

Lecture de l'image

6. Le tableau d'E.Vigée-Lebrun – hommage à la cantatrice Giussepina Grassini habillée pour l'occasion en Zaïre – est le portrait d'une femme en pleine possession d'une beauté que le costume oriental rehausse particulièrement. La conjugaison du blanc, du rouge et de la couleur or rend le costume « royal » et donne à l'ensemble une harmonie absolue.

L'orientalisme est dans la fluidité et les superpositions : une première robe blanche étoilée, couverte par une sorte de manteau aux motifs or et blanc, puis un châle rouge qui ne couvre qu'une épaule et aussi un turban qui recouvre les cheveux de Mme Grassini.

Le geste et le regard sont celui d'une femme assurée de ses effets et sereine. Le coude repose sur ce qui pourrait être le dossier d'une chaise recouvert d'un tissu aux couleurs chaudes or et rouge. Remarquons que l'actrice tient à la main gauche un volumineux mouchoir de soie et qu'elle est assise de façon que les lignes du corps, enveloppé de transparence, soient perceptibles. L'arrière-plan est peut-être l'espace du théâtre puisqu'il semble composé d'un tissu qui rappelle le rideau rouge du théâtre.

Vers le commentaire

7. Un plan possible :

I. L'action : une scène de rupture

a. Le dépit amoureux d'Orosmane

b. La méprise tragique

II. Le sentiment : la souffrance amoureuse des personnages et son expression

a. L'étonnement et la douleur

b. Le tragique, le pathétique

Les héros tragiques devant leur destin

La provocation de Genest

➜ p. 122-123

■ Rotrou, *Le véritable Saint-Genest*

Il a paru souhaitable d'élargir le corpus à Rotrou pour montrer aux élèves qu'il y a, outre Corneille et Racine, d'autres auteurs de tragédies au XVIIe siècle. La comparaison de Genest avec Polyeucte peut être intéressante.

Analyse du texte

Deux pièces

1. Deux pièces se jouent devant le spectateur. Il s'agit de théâtre dans le théâtre : dans la première pièce, Genest est un acteur et il joue dans une pièce le rôle d'Adrien, martyr chrétien. Dans la deuxième pièce, il abandonne son rôle et on assiste à un dialogue entre Dioclétien, l'empereur, qui est spectateur et Genest qui a embrassé la religion d'Adrien.

2. action/pièce/comédie/rôle/réplique/rôle/action/acteur. Genest proclame « Un ange tient la pièce » (v. 3). Il est dans son nouveau rôle, cette fois dicté par Dieu. Il avoue sa conversion avec des termes d'acteur. La vie humaine est assimilée à une pièce de théâtre.

3. Dioclétien est lassé par Genest qui ne dit plus son rôle. L'empereur marque son irritation. Il s'étonne du « désordre » (v. 22). Genest ne récite plus son rôle ; il provoque les spectateurs en disant qu'il récite ce que Dieu lui inspire. L'empereur parle encore de « jeu » (v. 23) donc de théâtre, d'où la réponse de Genest : « Ce jeu n'est plus un jeu, mais une vérité. »

4. Dans sa seconde tirade, Genest se place sur un autre plan : celui du triomphe de la foi. Il a atteint la vraie vie, la plénitude de la foi. Il ne joue plus de rôle.

Un tragique triomphant

5. D'abord Genest est acteur de Dieu, ensuite vient le baptême, enfin le martyre accepté. La puissance de la foi l'emplit. Elle vient d'en haut. Il est traversé par la grâce et cet état s'oppose aux péchés et aux démons, au « monde périssable » et à la « gloire frivole ». Mais la plus grande opposition réside entre le jeu (comédien) et la vérité (Genest devient chrétien comme Adrien).

6. Genest ne connaît pas le déchirement. Il n'y a pas pour lui de dilemme. Il est porté par la foi. Il est dans son plus beau rôle. Il ne regrette pas son passé.

7. Genest n'est pas soumis à une quelconque fatalité. Il se rapproche du héros cornélien : c'est un être d'exception. Dans la conquête de sa foi et son affirmation, il ressemble à Polyeucte. C'est un héros tragique parce qu'il va consciemment au martyre.

Vers la dissertation

8. L'esthétique baroque s'est exprimée avec une grande virtuosité en Europe dans les fêtes royales, en architecture, sculpture et peinture avec une prédilection pour le monumental, le théâtral, l'accumulation décorative, les courbes, la recherche de points de déséquilibre dans l'équilibre, l'ostentation. En France, sous la pression de Louis XIV, l'art de la « mesure » finit par triompher dans le Classicisme.

Au théâtre, avant que ne triomphe, là aussi, la doctrine classique, on produit des pièces à machines, audacieuses, dont l'intrigue est très compliquée, où les sentiments sont exacerbés, et le thème de l'illusion, dominant. Rotrou est considéré comme le plus important dramaturge du baroque français.

Le Véritable Saint Genest est dans la tradition du goût baroque pour le spectaculaire, l'inattendu, le revirement de situation, tout ce qui frappe l'imagination, et en particulier l'enchâssement du théâtre dans le théâtre. La pièce joue en effet sur les tensions ambigües qui se créent entre plusieurs niveaux de fiction. La scène 7 de l'acte IV est exemplaire de ce procédé. Il conviendrait de la faire lire en entier aux élèves.

L'*Illusion Comique* de Corneille porte la marque de cette esthétique que les doctes finiront par condamner en élaborant les règles du classicisme qui interdiront tous les excès.

Les imprécations de Camille

➜ p. 124-125

■ Corneille, *Horace*

Il s'agit d'un texte très célèbre de Corneille où s'affrontent deux héros, un frère et une sœur. Les élèves auront ainsi l'occasion de compléter leur savoir sur le héros cornélien.

Un affrontement inévitable

1. Camille et Horace obéissent à des valeurs opposées. Horace est le symbole du héros de la cité. Camille est fidèle d'abord à son amour.

2. Camille renie sa patrie en termes violents. Elle en arrive à souhaiter la ruine de Rome. Elle utilise l'impératif, elle nomme son frère « barbare », « tigre altéré de sang ». Le jeune Romain est comparé à une bête sauvage. L'anaphore « Rome », dans la seconde tirade de Camille qui scande le vœu pressant de voir Rome détruite, contribue à nourrir la provocation.

3. La violence est d'abord celle de l'amante qui a perdu l'homme aimé. Camille assimile la gloire d'Horace à la brutalité du « barbare ». Elle refuse de considérer Horace comme un héros parce qu'il est d'abord pour elle un meurtrier. Elle ose dire le contraire de ce que doit dire tout citoyen romain et va jusqu'à se montrer ennemie de sa propre patrie, dont elle souhaite la disparition dans un délire de feu. Plus encore, elle appelle le monde entier à se liguer contre Rome.

Une vision d'apocalypse

4. Les oppositions : Rome et sa gloire/les sentiments de Camille ; Horace/Camille ; le monde entier/Rome.

5. Camille imagine la destruction de Rome comme un séisme planétaire. Dans son délire, elle appelle à l'anéantissement de Rome par le fer et le feu. Les imprécations suivant une courbe ascendante, qui l'amène à souhaiter aussi la destruction de tout un peuple ; plus que cela, elle fait de cette destruction dont elle serait le seul commanditaire, un spectacle qui la comble de plaisir... Les images de déferlement de feu et de sang, l'image saisissante de Rome, personnifiée, déchirant ses propres entrailles : ce tableau tient de l'hallucination parce que Camille se situe toujours au paroxysme de la vision. Horace ne peut supporter ce tableau de destruction car, en insultant sa propre patrie, Camille devient sacrilège.

6. Le mot « raison » peut être choquant dans ce contexte ; mais il ne l'est pas au regard des valeurs d'Horace. Par ailleurs le mot s'oppose aussi à ce qui peut s'assimiler à une crise de folie de Camille. Pour Horace, Camille sombre dans la démesure et sa mort est la conséquence d'une condamnation au tribunal de l'histoire. Horace a une justification : Camille a foulé au pied une valeur fondamentale : l'héroïsme. Horace prétend n'agir qu'en justicier.

7. Le déchaînement de violence est progressif mais suit par accumulation une progression jusqu'à une véritable explosion. Le paroxysme est atteint au vers 45. Dans sa volonté destructrice, Camille provoque l'acte de son frère. Elle ne doute pas non plus de son droit. Sa condamnation de Rome est sans appel, de l'ordre de l'inouï. Le fait qu'elle proclame prendre du plaisir à la destruction de sa patrie entraîne sa mort.

Vers le commentaire
(tirade de Camille, vers 28 à 45)

8. L'objectif de l'exercice est de faire rassembler dans un développement organisé certaines des réponses aux questions posées.

On pourrait simplement choisir deux axes :

I. La provocation contre Horace

II. Une vision hallucinatoire

La détermination de Polyeucte

→ p. 126-127

Corneille, *Polyeucte*

Polyeucte est exemplaire du héros cornélien : doué d'une vertu hors du commun, il choisit librement de se sacrifier et de quitter la femme qu'il aime, pour ne pas renoncer à sa foi.

Un monologue de la résolution

1. Définition des stances : « En dramaturgie classique (en France, essentiellement de 1630 à 1660), les stances sont des vers qui se présentent en strophes régulières bâties sur le même modèle de rime et de rythme et prononcées par le même personnage, le plus souvent seul en scène. Chaque strophe se termine par une chute et marque une étape dans la réflexion du personnage qui les prononce. » (Patrice Pavis, *Dictionnaire du théâtre*)

Ici les strophes sont composées de dix vers : cinq alexandrins suivis de cinq octosyllabes. Les rimes suivent le schéma suivant : a/b/a/b/c ; d/d/c/c/d.

2. Polyeucte est imprégné de sa foi au point d'avoir déjà quitté ce qui le rattache au monde des humains. Il s'est éloigné des plaisirs du monde mais n'ignore pas qu'ils l'entourent (v. 4). Il a donc besoin de confirmer sa force face à ce qu'il considère comme de fausses valeurs mondaines et fragiles (v. 5 à 10).

3. La première stance s'adresse aux plaisirs de la chair et de la mondanité. La deuxième stance est articulée à la première puisque le « vous » du vers 11 désigne encore les honneurs et les plaisirs du vers 5. Cependant, au vers 14, apparaissent Dieu et sa puissance sur les « Grands ». La troisième stance est construite autour de Décie qui va périr après avoir fait périr les chrétiens. Il est puni par « la foudre » de Dieu. Dans la quatrième strophe Polyeucte fait référence à sa famille : son beau-père Félix, sa femme Pauline. Il oppose sa femme à la « flamme toute divine » et supérieure qui l'habite. La cinquième stance fait l'éloge des « Saintes douceurs du Ciel » et du bonheur de se sacrifier en chrétien.

La sixième conclut sur le renoncement à Pauline : « Je la vois, mais mon cœur d'un saint zèle enflammé,/N'en goûte plus l'appas dont il était charmé ; »

Les stances ne sont pas vraiment délibératives : Polyeucte se conforte dans l'idée qu'il est tout entier déjà dans son sacrifice, heureux de l'être et hors d'atteinte des tentations humaines. Il n'y a pas vraiment de progression du début à la fin des stances. Sauf dans l'apparition de Pauline qui, pour lui, appartient à un monde qu'il a déjà quitté.

4. Le Cid hésite. Il y a un véritable dilemme et un monologue délibératif. Ce n'est pas le cas ici.

Le choix délibéré du sacrifice de soi

5. Les strophes qui composent les stances sont hétérométriques. Le groupe de cinq vers en octosyllabes contient ce que Pavis appelle la chute. L'alternance entre groupe d'alexandrins et groupe d'octosyllabes donne le sentiment qu'on a un poème lyrique à l'intérieur de la tragédie.

6. Au début des stances, Polyeucte interroge la sensualité, à la fin des stances, il voit Pauline qui ne l'émeut plus.

7. Polyeucte laisse très peu de place à l'amour humain puisqu'il est rempli de l'amour de Dieu et du sacrifice.

8. Polyeucte est un héros exceptionnel ; il provoque l'admiration.

9. Polyeucte ressemble au Genest de Rotrou. C'est un héros qui ne doute pas et qui va à la gloire même au prix de sa propre mort. Il se proclame martyr chrétien. Et il veut mourir, atteindre la gloire en chrétien – au vers 47, il évoque « l'heureux trépas » qu'il attend – c'est-à-dire en renonçant à tout ce qui est de l'ordre du monde. Il est conforme au héros cornélien.

Activité orale

10. Le monologue est ressenti comme anti-dramatique, c'est une convention. Dans le théâtre classique, le dramaturge est soucieux de lui trouver une vraisemblance. Le destinataire est le spectateur.

Modalités d'expression du monologue

Le monologue révèle un certain nombre de traits dialogiques quand le héros «fait le point» et qu'il choisit de s'adresser à des interlocuteurs imaginaires, personnages absents ou personnifications (stances de Polyeucte). Celui qui parle est souvent partagé entre un « je » et un « tu », ou bien il met à distance une partie de lui-même (par ex. le cœur), en adoptant la 3e personne du singulier ou la 1re du pluriel (monologue d'Hermione).

Deux types d'expression dominent : le lyrisme (avec les interrogations et les exclamations, une ponctuation particulière) et la délibération (système d'oppositions, alexandrins coupés à l'hémistiche, etc.)

Fonctions du monologue

– fonction informative : le spectateur a besoin d'informations qui ne peuvent être données autrement ;

– fonction lyrique : le personnage a besoin de s'épancher au paroxysme de sa souffrance, il mêle à son émotion des éléments de réflexion sur sa situation ;

– fonction délibérative : face à un choix difficile, à un dilemme, le personnage échange avec lui-même des arguments et leur réfutation.

La folie d'Hermione → p. 128-129

■ Racine, *Andromaque*

Hermione est exemplaire du héros tragique racinien. Le monologue la montre aux prises avec ses propres démons.

Un monologue

1. Hermione est en plein désarroi : elle n'assume pas l'ordre tragique qu'elle a donné, elle n'a pas l'énergie du héros cornélien. Elle ne manque certes pas de lucidité, reconnaît sa faiblesse mais le type de phrases utilisé met en évidence son égarement. Son monologue accumule les interrogatives (v. 1 à 14, puis à partir du v. 29) avec quelques exclamatives.

Les pronoms sujets se partagent essentiellement entre « je » et « il ». Le dédoublement des pronoms en « je » et « tu », fréquent dans le monologue, n'a pas vraiment lieu ici mais « je » considère « mon cœur » ou « l'amour d'Hermione ». À partir du vers 15, Hermione est plus centrée sur l'autre, Pyrrhus, désigné par le pronom « il ».

L'énonciation se partage entre « je » et « nous » et la manière de nommer l'autre : Le Cruel/Le perfide/L'Ingrat/Ce prince...

Le temps utilisé le plus souvent est le présent, qu'il soit indicatif, impératif ou subjonctif. Hormis les interrogations, tout est de l'ordre de la constatation et de l'injonction.

Le rythme de certains alexandrins (v. 24, 25, 26), les coupes particulières (v. 5, 12, 15, 16, 25, 26, 27, 31 par exemple) expriment la violence de l'émotion et des sentiments contradictoires. Hermione ne sait plus très bien où elle en est.

2. Les étapes du monologue :

a. Les 4 premiers vers : le sujet du monologue est exposé, Hermione révèle sa condition physique et mentale face aux sentiments contradictoires qu'elle éprouve pour Pyrrhus.

b. Les vers 4 à 14 offrent une série d'interrogations indignées sur elle-même, avec le rappel, on peut dire la remémoration, de la scène de confrontation avec Pyrrhus. Elle tente de fixer un Pyrrhus révoltant, indigne d'elle, provocateur pour s'étonner de sa propre lâcheté devant ce qu'elle a décidé : son assassinat. Elle met à distance son propre cœur (« mon lâche cœur »)

c. Du vers 15 au vers 28, une décision est deux fois martelée : « Qu'il périsse » (v. 16) et « Qu'il meure » (v. 27). Elle est étayée par l'attitude d'un Pyrrhus triomphant qui ne la croit pas capable de violence (v. 17 et 18) ou qui triomphe dans le Temple (allusion à son mariage avec Andromaque (v. 23) indifférent aux conséquences que peut avoir la douleur de la femme délaissée (v. 23 et 24). Hermione finit par affirmer que c'est Pyrrhus qui se condamne, par son attitude, plus qu'elle qui décide de sa mort.

d. Moment du revirement : le verbe vouloir (v. 28 et 29) articule les dernières parties. C'est le retour au début du monologue. Elle ne peut pas se résoudre à ordonner sa mort (v. 30 : à l'interrogation oratoire, « Sa Mort sera l'effet de l'amour d'Hermione ? », elle a déjà répondu non).

De nouveau elle rappelle le passé en deux temps : Pyrrhus héros, elle est venue le rejoindre en Épire. Le dernier vers n'est pas une décision : avec ce qui précède, la conclusion serait « non » à la mort de Pyrrhus, mais Hermione se rattrape in extremis, « devant qu'il expire » (avant qu'il n'expire...), elle tente d'arrêter le temps à défaut d'avoir arrêté une décision.

3. Le monologue, pause qui donne le temps au héros de peser la situation, a pour fonction essentielle « de permettre l'expression lyrique d'un sentiment » (Jacques Scherer, *La Dramaturgie classique en France*). Ici, le monologue permet à Hermione d'exprimer son désarroi et sa solitude, de même que sa colère contre sa propre lâcheté et contre Pyrrhus. Mais la fonction lyrique ne rend pas compte complètement de ce monologue. La lamentation d'Hermione, son explosion de colère, ses regrets, devraient aboutir à une issue, une décision...La succession de réactions affectives, de résolutions éphémères qui se détruisent les unes les autres gomme l'aspect délibératif implicite de ce monologue qui n'a pas la composition rigoureuse des stances du Cid de Corneille. Nous pénétrons dans l'intimité du personnage à un moment où son état affectif et mental l'empêche d'exercer sa raison, donc de délibérer.

Amour et cruauté

4. Le doute d'Hermione : Vers 1 : « qu'ai-je fait ? » Vers 2 « quel chagrin me dévore ? » Elle vient de commanditer la mort de Pyrrhus mais s'épouvante de son action.

Vers 4 : elle résume son état sentimental, amour et haine. Vers 12 : « Mon cœur mon lâche cœur s'intéresse pour lui »

Vers 13 et 14 les deux hémistiches de l'alexandrin concentrent une formule forte : « Et prête à me venger je lui fais déjà grâce. »

Vers 25 : « Il me laisse, l'Ingrat, cet embarras funeste » avant de se fortifier pour répéter au vers 27 : « Qu'il meure »

Revirement final, Hermione s'étonne que l'amour aboutisse à la mort (v. 30) « Sa Mort sera l'effet de l'amour d'Hermione ? »

5. Si on suit la progression du monologue, Hermione le voit comme un être sûr de lui, serein jusqu'à la provocation, ne laissant rien paraître de ses regrets, rempli de son amour pour Andromaque et sans compassion pour celle qu'il abandonne (v. 6, v. 9), C'est un portrait qui veut justifier sa mort.

Dans les vers 17 à 28, Hermione imagine la manière dont il la voit, elle. Pyrrhus apparaît sans aucune magnanimité ni générosité, se moquant d'elle (« il se rit de ma rage »). Hermione corrige elle-même ce portrait, en un moment de lucidité : elle reconnaît l'indifférence de Pyrrhus à son égard. C'est cela qui motive son cri de vengeance « Qu'il meure », mais provoque aussi le revirement final où elle évoque le Pyrrhus du passé, celui qui l'a séduite, le héros de la guerre de Troie, celui qu'elle a rejoint en Épire en attendant leur union.

Le monologue laisse apparaître l'Hermione amoureuse à la fin. C'est l'Hermione répudiée qui parle (v. 5, « le Cruel ! De quel œil il m'a congédié ? »), l'Hermione pitoyable qui a guetté sur le visage de Pyrrhus le moindre signe d'attendrissement pour elle. Elle se présente comme un être faible qui l'a protégé, a tremblé pour lui (v. 19, 20, 21)... En même temps ses paroles sont toujours violentes. Les mots « ennui », « menace », « courroux », « rage », « orage », à la fin des vers de la première partie du monologue, lui donnent sa tonalité : douleur et fureur.

6. Les quatre premiers vers peuvent indiquer qu'Hermione est mue par des pulsions instinctives, « errante, et sans dessein », traversée par des pulsions successives et contradictoires de haine et d'amour. Quand commence le monologue, l'ordre de tuer Pyrrhus est déjà parti. Hermione se fait criminelle par l'intermédiaire d'Oreste, qui est son bras armé. Le dernier vers du monologue souhaite suspendre le temps, retarder l'exécution de la sentence (« Devant qu'il expire), et non revenir sur l'idée du meurtre. Oreste lui a déjà obéi.

Recherche documentaire

7. Les pièces grecques dans lesquelles apparaissent les personnages d'*Andromaque* de Racine :

l'*Iliade* d'Homère ; l'*Énéide* de Virgile (Chants II et III) ; la trilogie d'Eschyle : *Agamemnon, Les Choéphores, Les Euménides* ; *Électre* de Sophocle ; *Les Troyennes, Hécube, Andromaque* d'Euripide.

Vers la dissertation

8. Hermione, modèle du héros tragique racinien, victime et criminelle (voir synthèse page 152).

I. Un emprunt à l'épopée homérique et aux tragiques grecs

II. L'amour contrarié : de la fureur tragique à la folie

III. La soumission à la fatalité : mettre à mort/se donner la mort

L'aveu de Phèdre

➜ p. 130-131

■ Racine, *Phèdre*

Il n'est pas possible de parler des héros raciniens sans évoquer Phèdre dans l'aveu de son amour à Hippolyte.

Une scène de fureur

1. L'utilisation du récit mythologique : Phèdre parle de Thésée puis elle opère un glissement qui transforme Hippolyte en Thésée. Elle prend la place d'Ariane.

Hippolyte est effrayé, puis il se rassure. Elle éclate alors (v. 31) et l'aveu est presque brutal puisqu'elle évoque sa fureur (v. 33).

Elle dit, en même temps que son amour pour Hippolyte, sa haine d'elle-même (v. 38). Elle évoque l'acharnement des Dieux et son impossible combat contre la fatalité (v. 39 à 42). Elle raconte sa lutte, vaine, contre cet amour (v. 43 à 58) ; enfin, elle appelle la mort et, sur elle, la punition d'Hippolyte (v. 59 à la fin).

2. L'objectif de cette question est de ne jamais oublier que l'objet d'étude « théâtre » doit envisager la représentation, même en classe de seconde. La question permet aux élèves de lire la scène plus théâtralement.

Face à la logorrhée de Phèdre, Hippolyte se tait mais, sur scène, il a une présence. Comment peut-on le faire exister? La photographie donne une idée. Il est possible que la scène commencée en face à face se termine dos à dos. Autre proposition : Hippolyte, tourne le dos à Phèdre, prend un visage réprobateur et horrifié. Il cache son visage entre ses mains... On peut aussi lui donner un jeu hiératique : il peut se reprendre et écouter avec distance comme s'il considérait que Phèdre plonge dans la folie. Cependant, il faut marquer son étonnement et même son indignation au vers 23 (« Dieux ! Qu'est-ce que j'entends ? ») Il peut se tenir le plus loin possible de Phèdre ou au contraire très près, la secouer par le bras ou éviter soigneusement de la toucher. Un indice : Hippolyte veut fuir la scène (v. 29). On peut travailler à partir de cette constatation et inventer par exemple un Hippolyte qui tente de se dégager d'une Phèdre qui l'entrave.

Une scène onirique (v. 1 à 22)

3. Les verbes sont à l'imparfait et au conditionnel passé première forme (v. 7, 12, 14, 16-18) : c'est un irréel du passé par lequel Phèdre réinvente l'histoire de Thésée en imaginant Hippolyte à sa place.

4. De l'histoire de Thésée, Racine a utilisé l'épisode du Minotaure : Thésée, rassembleur des princes grecs, est conduit dans le Labyrinthe par Ariane. Après avoir souligné la ressemblance entre Hippolyte et Thésée (v. 1), Phèdre introduit son récit imaginaire, où elle voit Hippolyte dans le rôle de Thésée, par trois questions rhétoriques (v. 5-6), qui sont une manière de refuser la réalité du fils de Thésée (il était absent, ne faisait pas partie de l'élite de la Grèce, était trop jeune, tout cela précisément parce qu'il fait partie de la génération d'après – raison pour laquelle l'amour de Phèdre est interdit, car incestueux). C'est par ce refus de la réalité que Phèdre opère une double substitution, celle de Thésée par Hippolyte et celle d'Ariane par Phèdre elle-même. De plus Phèdre invente le dernier épisode qui la fait passer devant Thésée/Hippolyte pour le protéger. Phèdre ne se serait pas contentée du fil d'Ariane !

5. Hippolyte est un jeune héros qui a des traits identiques à ceux de son père mais Phèdre se peint surtout elle-même amoureuse et protectrice.

De l'aveu à la honte (v. 23 à 64)

6. L'aveu par Phèdre de son amour s'opère à travers un passage brutal de l'imparfait et du conditionnel au présent (indicatif et impératif) et au passé composé de l'indicatif. L'aveu se fait dans la « fureur », ton qui s'explique à la fois par la douleur ressentie par l'héroïne, la libération, sous forme explosive, d'un secret trop longtemps retenu. Hippolyte devient « cruel » (v. 31), contraste violent avec la pudeur du jeune homme et son envie évidente de fuir la scène à la réplique précédente (v. 29-30). Tout se passe comme si Phèdre lui reprochait d'avoir dû, pour qu'il comprenne de quoi il s'agit, lui faire cet aveu sans fard, sans la médiation d'un récit irréel. Le début de la tirade tient du cri et de l'attaque – d'où le tutoiement (v. 30-36). En même temps qu'elle avoue l'inavouable, Phèdre proclame sa lucidité : cette passion est du côté de la folie et du mal. Le mot « poison », à la fin du vers 36, qui complète l'expression « fol amour » (v. 35), indique avec force le dédoublement de Phèdre dans sa douleur : douleur d'aimer Hippolyte, douleur d'avoir bravé l'interdit en passant aux aveux, colère contre Hippolyte dont l'existence même rend fatal cet amour et Phèdre est d'autant plus folle qu'elle n'arrive pas à s'en défaire.

7. Les dieux et l'histoire de la famille (« le feu fatal à tout mon sang ») ont une place essentielle dans le discours de Phèdre : le mot « sang » est métonymique de « famille ». Elle oppose la « gloire cruelle » et la « faible mortelle » ; elle se sent du côté de la faiblesse et attribue sa culpabilité aux dieux (v. 39 à 42).

8. Cette volonté de mourir de la main de l'être aimé est encore une demande d'amour : qu'il la touche (on peut ici indiquer la signification symbolique de l'épée, comme substitut du phallus), mais sous la seule forme acceptable, celle du châtiment (v. 59 à 64).

Vers le commentaire

9. Le plan est donné dans l'énoncé du sujet. Pour nourrir le commentaire, utiliser les réponses aux questions, ci-dessus.

Jean Racine, *Britannicus*

Manœuvres et intrigues à Rome

➜ p. 134-135

■ Acte I, scène 4

Analyse du texte

Une exposition développée

1. Cette scène prolonge l'exposition en ce sens que Britannicus est présenté sur l'échiquier des manœuvres possibles à la Cour de Néron. L'offre d'alliance qu'Agrippine fait à Britannicus à la scène précédente permet à ce dernier de rappeler qui est Agrippine (v. 3 à 6) pour l'histoire et pour la fiction : Britannicus est suffisamment surpris pour que ce rappel de l'évidence soit tout à fait vraisemblable. On voit bien comment Narcisse l'encourage à agir en sortant de la plainte (cela permet d'imaginer Britannicus avant le début de la pièce !).

2. Les informations transmises au spectateur concernent :

– Agrippine : elle aurait hâté la mort de son second mari Claudius, père de Britannicus. Elle s'est engagée à donner Junie à Britannicus.

– La situation de Britannicus : il se présente dans la deuxième tirade comme un être abandonné, seul, trahis par ses amis et surtout épié par ceux qui veulent être les plus proches et qui sont en fait à la solde de Néron. Rien de ce que fait et pense ce jeune prince n'est caché à l'Empereur et, ironie tragique, Britannicus en est très conscient. Il se présente aussi comme ayant définitivement renoncé au trône de son père.

– Narcisse, zélé serviteur du père de Britannicus, auquel ce dernier fait une absolue confiance (v. 39) ; un affranchi dont Britannicus ne doute pas, parce qu'il l'a sauvé de certains périls (v. 40, 41, 42). Ces informations sont très importantes pour le lecteur et le spectateur.

– Pallas, un conseiller et un affranchi du père de Britannicus.

Narcisse est chargé par Britannicus d'une mission discrète voire secrète : examiner si l'enlèvement de Junie par Néron a des conséquences sur les amis de Britannicus, observer ce que devient Junie et si Britannicus peut la rencontrer. Britannicus annonce aussi qu'il accepte de s'allier à Agrippine, chose nouvelle pour Narcisse.

Un univers d'intrigues

3. Narcisse est celui qui encourage Britannicus à sortir de l'ombre, à cesser de gémir et de faire la victime.

4. Britannicus personnage tragique dès le début de la pièce ? Sa deuxième tirade est à cet égard très significative. Britannicus devait hériter du trône. Le remariage de son père l'en éloigne définitivement. Il est agi. Il n'est pas un acteur de l'Histoire, il la subit. Le mot « servitude » qu'il prononce au vers 15 est très fort. Il ne revendique rien que d'être prisonnier d'un sort qu'il n'a pas souhaité. Il campe un individu soumis à des forces politiques qui le dépassent. On ne lui a pas demandé son avis. Tout a été décidé en dehors de lui. Plus que cela, il est seul. Son sort est scellé depuis un an (v. 23). De sa famille, il reste le souvenir de son père qu'il nomme. Orphelin, il ne bénéficie pas de l'aide ou du soutien des amis de son père. On a l'impression que par héritage, il est tragique, lucide sur son destin mais incapable de s'en détourner puisque la fatalité est inscrite dans l'Histoire et fait son œuvre. Britannicus est entouré de traîtres et rien de ce qui le concerne n'est caché à Néron (v. 25 : « amis vendus » et v. 29 : « Quoi qu'il en soit, Narcisse, on me vend tous les jours » – « on » pouvant être l'équivalent de « tout le monde »).

5. « Est » (v. 36) : présent de vérité générale, sorte de maxime de vie. « Je fais vœu de ne croire que toi » (v. 38) : serment. Ces déclarations au présent de l'indicatif permettent de comprendre que Narcisse peut très facilement tromper Britannicus. Le passé simple ancre le zèle de Narcisse dans le passé. Le passé composé rappelle l'action de Narcisse auprès de lui et ses effets encore présents. Les injonctions à l'impératif expriment les missions de Narcisse (v. 43-50).

6. La cour de Néron est un univers d'intrigues. Le spectateur ou le lecteur peut s'interroger : que va faire Agrippine ? Quel peut être le résultat d'une alliance Agrippine-Britannicus ? Agrippine s'est-elle engagée à donner Junie à Britannicus sans arrière-pensée ? Pourquoi Néron a-t-il fait enlever Junie ?

Narcisse plaide pour que Britannicus s'affirme : il le secoue, l'accuse de maladresse ou d'inintelligence dans les choix de ses confidents. L'ironie tragique culmine puisque le traître, c'est lui.

Recherche documentaire

7. On peut utiliser, pour faire ce travail sur Néron, les renseignements prodigués par Georges Forestier dans son édition de *Britannicus* (Gallimard, coll. « Folio Classiques »).

Activité orale

8. La scène d'exposition dans le théâtre du XVIIe siècle présente les caractéristiques suivantes.

I. Différentes modalités possibles

– scène entre deux personnages secondaires

– scène entre le protagoniste et son confident

– monologue

– tous les personnages sauf deux (scène 1 *Tartuffe*)

II. Fonction informative

– présentation indirecte ou directe des personnages, de leur situation sociale, des relations qu'ils entretiennent entre eux (famille, domesticité), des rapports de forces, de l'état des lieux au début de la « journée »

– questions à se poser : l'exposition finit-elle avec la scène 1 ? Où peut-on situer l'élément déclencheur de l'action ?

Le despote amoureux → p. 136-137

Acte II, scène 2

Des portraits croisés

1. La première tirade présente Néron amoureux. La seconde partie de l'extrait permet de découvrir un Néron plus inquiétant : soupçonneux, jaloux, que l'amour pour Junie transforme, mais pas pour le mieux : il va mettre fin à « trois ans de vertus ». À la seconde lecture de la première tirade, éclairée par la suite, on perçoit un Néron plus retors : la souffrance de la jeune fille lui est source de plaisir. Le tableau qu'il décrit est une mise en scène de son amour ; c'est une princesse enlevée dans son sommeil, encadrée par des soldats, qui fascine Néron. Junie est sa captive : « J'aimais jusqu'à ses pleurs que je faisais couler ».

2. Britannicus, d'après Narcisse, est un être faible, manipulateur (v. 28), dissimulateur (v. 34) mais abandonné de tous, qui cherche refuge et tendresse chez Junie dont il est très épris (v. 29). Narcisse oppose la grandeur de Néron et la « servitude » (au sens du XVIIe siècle) de Britannicus : un personnage sans envergure, velléitaire dans son envie du pouvoir, et peureux (voir le terrible vers 37). Au total, ce serait un piètre personnage que ne peut craindre Néron.

3. Néron tombe amoureux de Junie alors qu'elle est arrêtée sur son ordre et qu'elle traverse l'espace de la nuit encadrée de soldats portant des flambeaux. Elle est en pleurs. C'est par un tableau tout en contraste : yeux brillants, flambeaux, armes, beauté, silence d'une part, d'autre part tristesse, larmes, cris, ombres, « farouches aspects de ses fiers ravisseurs » que le spectateur entend pour la première fois parler de Junie. C'est ainsi que Néron tombe amoureux d'un personnage innocent devenu sa prisonnière. Narcisse présente, lui, l'amante de Britannicus prête à trahir celui-ci, sensible à la gloire de Néron – à l'or, à la richesse et au pouvoir. Narcisse, expéditif, encourage Néron dans sa violence et sa brutalité : « Commandez qu'on vous aime, et vous serez aimé. »

Ces deux portraits révèlent en réalité leurs auteurs : Néron, pervers, quasi sadique ; Narcisse, qui voit le monde à son image, cupide et prêt à trahir.

La mise en scène de la perversité

4. Narcisse répond aux questions de Néron. Mais il est extrêmement zélé, il va toujours plus loin que ce qui lui est demandé. Il invente ce qu'il ne sait pas. Il y a peu de scrupules chez ce personnage

Le vers 26 est difficile à interpréter : la raison n'est pas du côté de l'amour que Junie porte à Britannicus. Narcisse insinue des éléments d'information pour se rétracter peu après : vers 30, Britannicus aurait un certain ascendant sur Junie ce que comprend bien Néron (v. 31) au vers 32, Narcisse déclare : « je ne sais ».

L'autre réplique est un portrait peu flatteur de Britannicus, être faible, gémissant, incompris, solitaire, abandonné de tous, qui ne sait se situer, qui ne sait agir (v. 37). Néron ne lui en demandait pas tant. Enfin le portrait d'une Junie changeante et sans scrupules encourage Néron à la séduire sans ménagements. Narcisse encourage Néron à changer, ce qui pour Néron n'est pas immédiatement facile (v. 57-58). Il a été jusqu'à l'enlèvement de Junie vertueux et attentif à Burrhus et à Sénèque, ses maîtres.

Narcisse encourage Néron dans ses penchants pervers. Il apparaît, dès cette scène, comme l'âme damnée de Néron.

5. La perversité de Néron consiste à éprouver du plaisir devant la souffrance : c'est très net dans la première réplique. « J'aimais jusqu'à ses pleurs que je faisais couler ». Il aime exercer un pouvoir sur l'objet de son désir. (voir réponse 1).

6. Narcisse et Néron apparaissent, dans cette scène, comme deux personnages qui rivalisent de cruauté. Le premier parce qu'il flatte Néron dans sa puissance aux dépens de Britannicus qu'il ridiculise dans son amour et ses velléités de résistance au pouvoir de l'empereur. Le second parce qu'en exposant ses sentiments, il étale aussi sa perversité. On assiste à la naissance du monstre, encouragé par Narcisse. À côté de ces âmes noires, on a l'apparition de la beauté en la personne de Junie qui, avant d'être celle qu'aime Néron, est sa prisonnière.

Le récit de Néron est prémonitoire : il regarde passer Junie. Il annonce les scènes où Néron caché dans la coulisse épiera les deux amants. Dans son appartement, c'est toujours l'image de Junie prisonnière qu'il aime et qu'il se plaît à évoquer pour Narcisse.

Le monde de Racine est dans ce côtoiement tragique entre créatures perverses et personnages empreints d'une pureté condamnée à l'avance.

Vers le commentaire

7. Propositions d'axes :

I. Le décor

II. L'apparition de Junie

III. Néron amoureux et pervers

Un tragique rendez-vous d'amour → p. 138-139

■ Acte II, scène 6

Analyse du texte

Le malentendu tragique

1. Le lyrisme amoureux de Britannicus s'exprime sous la forme d'interrogations et d'exclamations. Dès le 3e vers, il introduit sa souffrance. À peine a-t-il Junie devant lui qu'il se soucie de ne pas pouvoir la voir comme par le passé. (opposition des deux hémistiches du vers 3). Il rappelle la nuit du rapt : oppose encore une fois les pleurs de Junie, sa candeur et son innocence à la barbarie (« ces cruels », v. 8). Il se met en scène à partir du vers 9 à la 3e personne. Humour ? Il n'est pas mort. Il la presse de questions : comme s'il souhaitait savoir si elle avait pensé à lui, réintroduisant ainsi sa peine (v. 14, comme si elle était responsable de son rapt). L'invocation est tendre et admirative : « ma Princesse ». En même temps, il en dit trop : le spectateur ou le lecteur sent qu'il meuble le silence qui s'est installé en Junie... D'où au vers 15 : « Vous ne me dites rien ? » Le second hémistiche fait basculer le discours amoureux qui devient presque du dépit. Il parle de sa disgrâce (v. 16).

Britannicus dit surtout sa peine : peine de l'absence, peine devant le silence de Junie dont il n'arrive pas à comprendre qu'il est forcé, protestation contre son accueil qu'il interprète comme glacial. Les injonctions finales sont une tentative désespérée de profiter de l'instant.

2. Britannicus essaie de faire parler Junie d'où l'abondance des interrogations auxquelles Junie ne répond rien, d'où la souffrance qui transparaît dans les derniers vers de la première tirade. Il ne comprend pas l'attitude de Junie. Par ailleurs, dans cette première tirade, il révèle qu'il voyait Junie tous les jours. Il déclare que ses ravisseurs sont cruels et insolents. Or il s'agit de la garde de Néron... qui écoute. Il évoque l'ennemi trompé (v. 17) s'enfermant dans l'ironie tragique. Au vers 30, enfin il avoue : « La Mère de Néron se déclare pour nous./ Rome de sa conduite elle-même offensée... »

Junie, consciente que ces affirmations le trahissent, l'arrête en démentant ses propos (v. 32).

Une dramaturgie de la cruauté

3. Junie choisit d'obéir aux ordres de Néron par le silence aux vraies interrogations de Britannicus. En revanche, elle parle de l'Empereur et de sa puissance avec intelligence sans que cela soit offensant. Elle essaie d'être proche de la vérité et de faire comprendre à Britannicus qu'ils sont surveillés (v. 21 22). Elle défend Britannicus contre son propre discours (v. 35).

4. On peut s'inspirer de la photographie de la mise en scène de Brigitte Jaques-Wajeman. On peut imaginer une Junie qui essaie de parler avec les yeux et quelques gestes timides qu'elle rend plus éloquents à partir du vers 32.

5. Ce vers peut être dit d'une manière très rapide, à voix très basse, comme pour essayer de ne pas se faire entendre de Néron : une prière. Il peut y avoir un jeu totalement opposé pour faire croire à Néron qu'elle est injonctive face à Britannicus. Les deux façons de dire parfaitement opposées sont tout à fait possibles selon qu'on privilégie une Junie terrorisée ou une Junie qui tente de sauver l'essentiel.

6. Néron est omniprésent :

– dans les répliques de Britannicus « Notre ennemi » vers 17, 26, 30, 31, 42 (encore l'ennemi), 46 « Néron vous plairait-il ? »

– dans les répliques de Junie évidemment, puisqu'elle parle pour lui et qu'elle dit son pouvoir et sa grandeur, elle loue même sa « vertu » (v. 35).

Tout l'échange entre Britannicus et Junie tourne autour de Néron. Pour Britannicus, il est l'ennemi contre lequel vont bientôt se liguer sa mère et Rome, il est aussi à la fin de la scène l'amant putatif de Junie tandis que pour la princesse, il est le maître incontesté et incontestable de Rome. Plus Britannicus se fait l'accusateur de Junie, plus cette dernière essaie de défendre Néron.

Écriture d'invention

7. La note d'intention n'est pas une succession de didascalies pour la représentation immédiate, c'est un texte explicatif qui défend un point de vue sur le personnage que le comédien doit faire exister. L'élève doit intégrer à son « argumentation » des citations qui justifieront telle ou telle prise de position.

Prolongement

Le travail demandé à l'élève vise à le faire réfléchir sur :

– la mise en place du « témoin caché » : qui agit ? Dans quelle perspective ? La révélation : pour qui ?

– les conséquences sur la théâtralité : par exemple le savoir du spectateur, le jeu sur les registres, sur le rythme de la pièce et le rapport au dénouement.

Le hors scène

→ p. 140-141

Acte V, scène 5 et scène dernière

Analyse des textes

L'échec de Burrhus (Ier TEXTE)

1. Burrhus semble (v. 4) ne pas comprendre toutes les raisons qui ont amené à l'assassinat de Britannicus. Avec Sénèque, il avait inspiré à Néron trois ans de vertu. Néron avait été irréprochable. L'enlèvement de Junie au début de la pièce était un avertissement que Burrhus a mal interprêté.

Burrhus a soutenu Néron dans sa volonté d'émancipation de la tutelle de sa mère parce qu'il croyait à sa vertu (acte I scène 2). Il est effrayé de s'être trompé : à la scène 1 de l'acte IV, il avait conseillé la modération à Agrippine qui allait être confrontée à Néron. À la scène 3 du même acte, Burrhus était heureux des retrouvailles entre Néron et Britannicus et, à l'aveu de sa feinte par Néron, avait supplié ce dernier de rester un prince vertueux. Tout arrivait trop tard puisque le poison était déjà prêt pour Britannicus. Burrhus a donc complètement échoué dans l'éducation du prince : il se rend compte, comme déjà à la scène 2 de l'acte III, que Néron est très inquiétant. Le meurtre de Britannicus achève de le transformer en monstre. Remarquons que Burrhus parle d'« une odieuse cour », preuve que Néron a transformé très vite son règne par son double jeu et ses manœuvres.

Burrhus ne se contente pas de pleurer Britannicus, il pleure aussi un Néron qui a disparu et un État qui n'est plus celui dont il a rêvé.

2. Le récit est très factuel jusqu'au vers 13 : abondance de verbes d'action au présent et juxtapositions d'indépendantes, parataxe pour détacher chaque action. Le récit est théâtralisé avec les paroles rapportées au discours direct. Il faut que la destinataire vive précisément la scène, en particulier, ait une idée exacte de la chronologie des événements et du moment où tout bascule vers l'acte tragique. À partir du vers 14, Burrhus s'intéresse aux réactions physiques de Britannicus : la violence avec laquelle ses fonctions vitales sont atteintes est exprimée par la comparaison, l'interpellation de l'interlocutrice – pour qu'elle se transforme en spectatrice à son tour – deux vers pour indiquer la brutalité de la mort.

« Jugez », est une invitation à participer à la réaction du public présent : frayeur et (fureur) d'une partie de la Cour. Cependant, avec une économie de moyens remarquable, Racine fait de Burrhus un observateur de la Cour et un moraliste. La Cour va « copier » les réactions de l'Empereur qui ne laisse paraître aucune émotion et qui, en contradiction absolue avec les faits, met sur le compte d'une maladie infantile le « malaise » de Britannicus. Burrhus peint aussi la joie de Narcisse.

3. Les personnages principaux dans le récit de Burrhus ont la parole, les personnages secondaires sont décrits dans leur comportement. Burrhus quitte précipitamment la scène du crime puisqu'il a compris l'ascendant de Néron sur la Cour. C'est en cela que le tableau décrit la naissance d'un monstre d'état.

L'échec de Néron (2e TEXTE)

4. Junie en devenant vestale échappe à jamais à Néron. Le récit d'Albine adopte le point de vue du peuple romain : elle met en valeur le sacrilège de Narcisse. Elle condamne Narcisse (« profane main », « son audace punie », « son infidèle sang »). Elle campe un Néron sidéré, hagard, qui est au bord de la folie au point de pouvoir attenter à ses jours. Il semblerait que toute sa force et son pouvoir sont réduits à néant devant la volonté des Dieux que concrétise l'entrée de Junie dans le Temple.

5. L'amour est une passion tragique, fatale et condamnée. Elle est fatale à Britannicus et Junie et c'est ce que le pouvoir absolu de Néron ne peut pas obtenir.

Le hors-scène

6. Ces récits sont composés de manière très efficace. Pas de connecteurs de temps mais une structure en tableaux comme une succession de scènes. Pour le récit de Burrhus : Néron scelle la réconciliation avec son frère ; Britannicus boit la coupe que lui tend Narcisse et meurt ; la réaction des courtisans ; la réaction de Néron qui fait mine de croire à un malaise remontant à l'enfance ; la réaction de Burrhus.

Pour le récit d'Albine : Junie vers le temple ; le comportement sacrilège de Narcisse ; la mort de Narcisse ; la réaction de Néron ; la tentation du suicide.

7. Faits pour Agrippine, ces récits sont aussi évidemment destinés au spectateur. Ces scènes sont impossibles à montrer non seulement parce qu'elles se passent hors de ce lieu unique, cette fameuse galerie où tout le monde peut se rencontrer mais surtout parce que la violence et la mort sont présentes. En même temps, il est indispensable que le spectateur soit instruit de ce qui se passe puisque le sort de tous les personnages doit être réglé au dénouement.

8. La sélection des éléments d'information, la composition en tableaux successifs sans description du décor, l'emploi du présent, la primauté donnée à l'action, aux gestes et comportement des personnages correspondraient au cinéma à une succession de plans rapprochés et de gros plans. Le récit est fait par un témoin privilégié.

9. Dans la dramaturgie classique, le sort de tous les personnages doit être réglé. Ces deux récits scellent les destins de Britannicus, Junie, Néron et accessoirement Narcisse. Ils ont une fonction informative, émotive et didactique. Ils sont donc absolument nécessaires au dénouement qui intervient d'ailleurs deux répliques – Agrippine et Burrhus décident d'aller au secours de Néron

– après le récit d'Albine. La mort de Britannicus, comme l'entrée de Junie chez les Vestales, se situent dans un espace dramatique qui n'est pas représentable parce que hors du lieu unique – l'espace scénique – de la tragédie qu'Agrippine n'a pas quitté. Ces récits découlent en effet de la nécessité matérielle de la représentation...Il est donc normal qu'ils s'adressent dans la fiction à Agrippine mais ils sont évidemment à destination du spectateur.

Prolongement

Organisation possible :

Le récit dans la tragédie : fonction informative qui participe de la double énonciation au théâtre et élargit l'espace scénique à l'espace dramatique

I. Les scènes fondatrices qui hantent le héros

II. La relation d'événements hors scènes indispensables aux personnages en scène, notamment dans la perspective du dénouement

Les prophéties d'Agrippine → p. 142-143

■ Acte V, scène 7

Analyse du texte

Un Néron désinvolte

1. Néron réfute les accusations de sa mère de manière très légère, en répondant par le persiflage, l'ironie et l'absurde (v. 5, 6 et 7).

2. Il parle avec désinvolture, se moquant ouvertement d'elle et de sa douleur. Visiblement, il n'en éprouve, lui, aucune : vers 8 et 9, Britannicus n'est pas nommé, il n'est que le fils de Claude, et Agrippine est victime d'un égarement momentané.

3. Narcisse, révèle tranquillement les raisons de l'élimination de Britannicus devant un Néron prêt à chercher l'esquive. Narcisse est à la dévotion de Néron. Il est fier de dire que Britannicus était un danger pour l'Empire par ses ambitions politiques (v. 18 et 19, Narcisse l'accuse post mortem d'avoir voulu le pouvoir) et qu'il a été sacrifié à la raison d'état. L'alternative soit, soit (v. 20 et 21) montre qu'il veut bien endosser le crime si l'on ne croit pas à la fatalité. Aucun regret, au contraire, Narcisse est certain d'avoir sauvé Rome, Néron et sa mère.

Agrippine ou la violence de la lucidité

4. Les temps et modes : présent de l'impératif ; présent de l'indicatif et futur simple de l'indicatif équivalent de l'impératif. L'effet produit est très fort, car l'indicatif est le mode de la certitude. Agrippine voit l'avenir et annonce les forfaits de Néron devenu un monstre assoiffé de sang qui ira jusqu'à attenter à la vie de sa propre mère.

5. Cette tirade pourrait en effet être le dernier mot de la pièce : la mort de Britannicus clôt une première étape de la folie sanguinaire de Néron. Mais on ne sait ce que devient Junie. Donc le récit d'Albine est nécessaire. Il faut que le public sache aussi ce que devient le Néron amoureux.

6. Les imprécations d'Agrippine vont crescendo. Elles suivent un mouvement ascendant ponctué par les futures étapes meurtrières de la vie de Néron : après Britannicus, sa mère, puis d'autres barbaries, son propre meurtre. Agrippine brosse la carrière du « plus cruel tyran ». Ces prédictions atteignent une sorte de paroxysme. Agrippine se projette en future victime de son fils mais tout aussitôt elle se voit en figure éternelle du remords qui poursuivra le meurtrier.

7. La fonction du pronom personnel « *m'* » est le complément d'objet direct du verbe « offriront ». Agrippine veut dire que même morte, elle hantera toujours Néron, puisque la ville de Rome, le ciel, la lumière témoigneront d'elle.

Une vengeance programmée

8. Agrippine évoque une spirale dont Néron ne sortira pas, le premier crime réalisé. Il a des ministres en Narcisse qui l'encourageront à la besogne. Agrippine prévoit que Néron rejettera son héritage politique. « Forfaits », vers 30, passe à « crimes », vers 40, puis « Barbaries », vers 67.

Mais Agrippine décrit aussi un Néron poursuivi par des furies, vers 38 à 39, qui ira de crimes en crimes jusqu'à mettre fin à ses jours. Le mot « sang » parcourt toute la tirade. La fin, à partir du vers 40, se fait apothéose tant la rhétorique de l'excès domine notamment avec le mot « Tyrans », en chiasme, qui hyperbolise, s'il en était besoin, un Néron monstrueux.

9. La punition ultime de Néron qui veut se débarrasser de sa mère, c'est que celle-ci prévoit que même morte, elle le poursuivra (v. 33-35)

10. Cette tirade marque le sommet de la violence d'Agrippine. Elle a complètement échoué dans sa stratégie. Elle prononce à l'égard de son fils une condamnation à mort pour des crimes qu'il n'a pas encore commis. Elle fait de Néron une sorte de malade qui ne se nourrit que de sang. Les vers 40 à 45 expriment la vengeance absolue d'Agrippine : le suicide de Néron lassé de ses propres crimes.

Vers le commentaire

11. Les deux derniers axes du questionnement peuvent fournir les axes du commentaire. L'objectif est de faire transformer les réponses aux questions en un développement articulé, avec intégration des citations pertinentes.

Étude d'ensemble → p. 144-145

Britannicus, une tragédie politique et familiale

1. Burrhus cherche à préserver l'empire, la vertu, les intérêts de Rome et le trône de Néron. Il a confiance dans l'éducation qu'il a donnée à Néron. Au début de la pièce (acte I, scène 2), Burrhus prend fait et cause pour Néron, contre Agrippine. Il est conforté par trois ans de règne « vertueux ». Il comprend que Néron veuille se détacher de sa mère qui est devenue encombrante (cf la longue tirade de Burrhus à partir du vers 169 : éloge de Néron). C'est Burrhus qui exécute la décision de Néron d'exiler Pallas. Jusqu'à l'acte III scène 1, Burrhus ne doute pas. À partir du moment où il essaie de détourner Néron de Junie et qu'il n'y arrive pas parce que Néron lui confirme qu'il est amoureux, il comprend que Néron vient de se révéler (cf le court monologue de Burrhus scène 2) et qu'il aura des difficultés à le ramener à Octavie et à la vertu, d'autant qu'Agrippine continue à réagir en politique s'alliant à Britannicus qui veut, lui, retrouver le trône dont on l'a écarté. À partir de la scène 3 de l'acte III, il tente de calmer Agrippine, comme il le fera encore à la scène 1 de l'acte IV. À la scène 2 de ce même acte, il est abusé par la scène de réconciliation entre la mère et le fils. Coup de théâtre à la scène 3, Burrhus implore Néron de ne pas ternir son image. Mais à partir de là, et alors que Néron est prêt à céder à son gouverneur, c'est Narcisse qui vient annoncer que le poison est préparé pour Britannicus et qu'on accusera l'empereur de faiblesse s'il ne fait pas exécuter celui qui prétendument complote contre son trône. Burrhus est complètement vaincu à partir de là. Il assiste impuissant à la mort de Britannicus qu'il annoncera à Junie et à Agrippine à la scène 4 de l'acte V.

2. Burrhus a de l'influence sur Néron qui semble le tenir en très haute estime puisqu'à la scène 3 de l'acte IV, Néron suspend sa décision de faire assassiner Britannicus. Mais Néron ne résiste pas à l'argument de Narcisse (scène 4) selon lequel on trouvera que l'Empereur est coupable de faiblesse. En s'adressant uniquement au Néron politique, en minorant le Néron amoureux et la relation très complexe de l'empereur à sa mère, en laissant la place à Narcisse, Burrhus a échoué et c'est l'échec d'une certaine conception du pouvoir et de l'état.

3. Les relations entre Agrippine et son fils sont très complexes. Certains y voient des relations quasi incestueuses. Cependant, c'est en politique qu'elle réagit à « l'émancipation » de son fils. Pour un plus ample développement, voir la réponse à la question 10.

4. Burrhus comprend parfaitement que pour que Néron entre en pleine possession du pouvoir il faut que sa mère « change ». Cette phrase prouve que Burrhus assimile Agrippine à une mère possessive et qu'il pense qu'il faut qu'elle prenne conscience de ce qu'est devenu le pouvoir de Néron. Il lui donnerait une leçon politique. Il insinue qu'elle est dépassée par le savoir politique, la science politique et qu'elle réagit ridiculement en mère et justement pas assez en politique. Burrhus trouve des raisons politiques à l'enlèvement de Junie. Il montre à Agrippine que c'est une sorte de mesure conservatoire pour éviter les manœuvres de Britannicus. Il est infiniment respectueux d'Agrippine et en même temps, dans ses propos, s'insinue de la condescendance pour ne pas dire une réelle irritation.

5. Pour répondre à cette question, il faut lire et relire les deux préfaces de Racine, celle de 1670 et celle de 1675-1697 qui répond aux critiques faites sur la pièce.

Il faut aussi revoir la trajectoire de Néron dans la pièce. Il n'écoute plus Burrhus à partir du moment où il tombe amoureux de Junie. Les affres de la jalousie envers Britannicus font le reste. Il superpose sa jalousie amoureuse et ses pseudo-craintes pour la sécurité de son trône, mais il est très sensible aux arguments politiques de Burrhus (acte IV scène 3). Il est soucieux alors des intérêts de l'état mais il tombe dans les griffes de Narcisse et cède à ses pulsions… Monstrueux, il l'est, en effet, devant le corps de Britannicus, devant sa mère à la fin de la pièce. L'échec de sa passion pour Junie, alors que cette dernière devient vestale, signe l'entrée de l'empereur dans la folie vengeresse qu'Agrippine a bien décelée.

Britannicus ou l'amour impossible

6. L'amour partagé entre Junie et Britannicus comporte un risque politique : c'est pourquoi Burrhus trouve normal que l'empereur fasse arrêter Junie. Il explique à Agrippine (v. 239 à 244)

« Vous savez que les droits qu'elle porte avec elle
Peuvent de son époux faire un prince rebelle,
Que le sang de César ne se doit allier
Qu'à ceux à qui César le veut bien confier ;
Et vous-même avouerez qu'il ne serait pas juste,
Qu'on disposât sans lui de la nièce d'Auguste. »

Néron fait enlever Junie et n'a aucune chance de se faire aimer d'elle-même en utilisant la force et le chantage.

7. La jalousie de Néron à l'égard de Britannicus est le moteur de l'action. À partir du moment, à la fin de la scène 7 de l'acte III, où Néron surprend Britannicus aux genoux de Junie, la machine infernale est déclenchée : Britannicus est perdu parce qu'il est tombé dans le piège que lui tendait Néron. Même si l'on veut considérer que Néron a conçu un plan pour consolider son pouvoir face à Britannicus et que son amour pour Junie entre dans cette stratégie, il n'en reste pas moins que son face à face avec son rival à la scène 8 de l'acte III est de l'ordre de la rivalité amoureuse. Relisons la réplique de Britannicus (v. 1066 à 1068) – évoquant Junie – qui provoque son arrestation :

« Je ne sais pas du moins épier ses discours.
Je la laisse expliquer sur tout ce qui me touche,
Et ne me cache point pour lui fermer la bouche. »

Britannicus rappelle à Néron la bassesse de ses actes et le chantage qu'il fait à Junie. C'est une provocation. C'est cette supériorité de Britannicus que l'empereur ne supportera pas et qui fondera sa vengeance. D'où le coup de théâtre: la décision immédiate d'arrêter Britannicus et d'enfermer Junie dans son appartement. Toutes les conditions sont réunies pour que le dénouement soit précipité: il pourrait d'ailleurs intervenir rapidement... Or, ce n'est pas ainsi que les choses vont se passer: il y a un quatrième acte au cours duquel Agrippine semble reprendre de l'ascendant sur son fils (scène 2) et qui va retarder le coup mortel que racontera Burrhus à la scène 4 de l'acte V.

8. Le dénouement de la pièce se déroule hors scène dans une violence inouïe. Britannicus est mort empoisonné, Narcisse est assassiné par la foule et Néron sombre dans la folie. La folie de Néron peut s'interpréter comme le signe d'une réelle passion pour Junie. Albine décrit la douleur qui envahit Néron au point qu'elle craint pour sa vie et qu'Agrippine et Burrhus retrouvent momentanément leurs rôles de soutien de l'empereur. Qu'est-ce que cela nous montre sur le théâtre de Racine?

Dans *Racine et/ou la cérémonie* (PUF, 1982) Jacques Schérer écrit: «Un personnage dispose, dans le cadre de la tragédie, d'un pouvoir incontesté. Mais il est amoureux d'une personne qui ne l'aime pas, de sorte que tout son pouvoir ne lui sert en réalité à rien. Il ne peut forcer cette personne à l'aimer, il ne peut utiliser son pouvoir ni contre elle ni pour elle. Générateur d'angoisse par la difficulté d'en trouver les solutions, ce schème illustre l'irréductibilité de l'amour et transporte une partie des problèmes dramatiques de l'opprimé à l'oppresseur.»

Alain Couprie dans *Lire la tragédie* (éd. Dunod): «Empereur, Néron a tout pouvoir sur chacun: il décide du rapt de Junie, de l'exil de Pallas, de la mort de Britannicus et de la disgrâce, bientôt mortelle, de sa mère Agrippine. Mais sa puissance, son autorité politique se heurtent à la liberté, à l'autonomie des cœurs. Junie lui résiste; et en résistant à Néron, elle lui échappe. Par ailleurs, Néron craint sa mère qui tour à tour le commande et lui obéit. Son autorité fonctionne à vide jusqu'au sursaut meurtrier.»

Au dénouement de *Britannicus*, le despotisme politique s'alliant à l'amour tyrannique laisse un champ de ruines. Rome en est ébranlée et Néron n'est qu'au début de ses forfaits.

9. Les principes d'Aristote sont respectés par Racine: le tragique de la pièce est inséparable des effets de crainte et de pitié qu'il provoque chez le spectateur. Le couple Junie-Britannicus condamné au malheur est souvent pathétique et par le processus d'identification, le spectateur participe à leur souffrance. Par ce même processus, la perversion de Néron engendre la crainte... d'être une victime potentielle de la folie furieuse de l'empereur. Le déroulement même des faits tragiques dans la pièce suscite pitié et crainte afin que la catharsis s'accomplisse. N'oublions pas que, pour les classiques, le spectacle tragique doit avoir un effet thérapeutique en permettant «aux spectateurs de vivre par délégation les passions qui accablent les personnages et d'ainsi les épuiser. Le théâtre rendrait meilleurs les hommes en devenant un exutoire» (Alain Couprie, *Lire la tragédie*).

Agrippine, une figure de mère et de criminelle

10. Agrippine craint que son fils n'échappe à sa tutelle parce qu'elle perd ainsi le pouvoir... or, comme Néron le lui dira à la scène 2 de l'acte IV, elle a la passion du pouvoir.

À la scène 1 de l'acte I vers 88 à 114, Agrippine confie à Albine comment elle a été dépossédée du pouvoir. Et c'est bien le pouvoir qu'elle regrette. Évoquant le sénat romain, elle précise (v. 96): «J'étais de ce grand corps l'âme toute puissante». Elle rappelle que Néron lui-même, lors de la cérémonie de l'hommage des ambassadeurs au nouvel empereur, l'a écartée du trône où elle allait s'asseoir (v. 101 à 110). L'affront reçu est pour elle une scène fondatrice de la chute sans remède de son pouvoir (v. 111 à 114):

«Depuis ce coup fatal, le pouvoir d'Agrippine
Vers sa chute, à grands pas, chaque jour s'achemine.
L'ombre seule m'en reste, et l'on n'implore plus
Que le nom de Sénèque, et l'appui de Burrhus.»

À la fin de la scène 2 de l'acte I, elle rappelle à Burrhus – qui l'empêche d'entrer chez son fils et le soutient dans son désir d'émancipation – combien Rome lui est attachée (v. 251 à 260):

«Rome de ma faveur est trop préoccupée,
Il veut par cet affront qu'elle soit détrompée,
Et que tout l'univers apprenne avec terreur
A ne confondre plus mon fils et l'empereur.
Il le peut. Toutefois j'ose encore lui dire
Qu'il doit avant ce coup affermir son empire,
Et qu'en me réduisant à la nécessité
D'éprouver contre lui ma faible autorité,
Il expose la sienne, et que dans la balance
Mon nom peut-être aura plus de poids qu'il ne pense.»

Ce passage est très important: il dit clairement que Néron tenant son pouvoir d'Agrippine n'a une vraie autorité que par elle et qu'il fait une erreur à vouloir l'écarter. Notons aussi que le ton est proche du chantage. À l'évidence elle ne veut pas faire de différence entre son fils et l'empereur et tient à continuer à partager le pouvoir.

Burrhus lui demande de cesser de douter de Néron, et de redevenir simplement sa mère: vers 271: «D'une mère facile affectez l'indulgence».

Dès le début de la scène 2, Agrippine est très claire : elle accuse Sénèque et Burrhus de vouloir la séparer de Néron (v. 147-148) :

« Entre Sénèque et vous disputez-vous la gloire

À qui m'effacera plus tôt de sa mémoire ? »

Elle revendique par ses liens familiaux une place privilégiée auprès de l'empereur (v. 155-156) :

« Et moi qui sur le trône ai suivi mes ancêtres,

Moi fille, femme, sœur, et mère de vos maîtres. »

Agrippine est en effet la fille de Germanicus, la sœur de Caligula, la femme de Claude et la mère de Néron...

Elle est excédée devant les prétentions des gouverneurs de son fils et rappelle son autorité et sa légitimité (v. 156-157) :

« Que prétendez-vous donc ? Pensez-vous que ma voix

Ait fait un empereur pour m'en imposer trois ? »

Très subtilement, elle dit vouloir l'émancipation de l'empereur...mais une émancipation qui consisterait à écarter Sénèque et Burrhus. Elle les accuse de gouverner à sa place, elle revendique pour lui le modèle de ses aïeux (v. 160 à 164) :

« Jusqu'à quand voulez-vous que l'empereur vous craigne ?

Ne saurait-il rien voir, qu'il n'emprunte vos yeux ?

Pour se conduire enfin n'a-t-il pas ses aïeux ?

Qu'il choisisse s'il veut, d'Auguste, ou de Tibère.

Qu'il imite s'il peut, Germanicus mon père. »

Très intelligemment, elle indique sa place parmi eux (v. 165/166) :

« Parmi tant de héros je n'ose me placer.

Mais il est des vertus que je lui puis tracer. »

Burrhus va justifier sa position dans une longue tirade où sans lui manquer de respect, il rappelle son rôle important auprès de Néron et du peuple romain. C'est dans cette tirade qu'il prononce le fameux vers 180 : « Ce n'est plus votre fils. C'est le maître du monde. » Vérité d'autant plus assénée qu'elle est composée de deux hémistiches à la fois symétriques et opposés. Il insiste sur une « reconnaissance » qui ne doit pas être une « dépendance » (v. 195/196). Enfin, il fait l'éloge du travail déjà accompli par le jeune souverain et assure que

« [...] nos conseils [*les siens et ceux de Sénèque*] ne tendent qu'à sa gloire » et à la liberté de Rome (v. 199 à 214).

Cela ne convainc pas Agrippine qui interroge alors Burrhus sur le sens de l'enlèvement de Junie (v. 225 et suivants). Burrhus est très réconfortant sur le sort de la princesse mais justifie son placement au palais par le problème que pose son futur mariage dont seul l'empereur doit décider (v. 235 à 244).

Agrippine ne dissocie pas son rôle de mère et l'exercice du pouvoir : être mère de Néron implique pour elle de revendiquer, d'assumer un rôle politique. Ce que Burrhus récuse, lui demandant de redevenir simplement une mère et présentant les trois années de règne de Néron dans la vertu comme le résultat des efforts conjugués de ses gouverneurs. À lire la tirade de Néron sur ses relations avec sa mère à l'acte II scène 2, vers 496 à 510 (notamment le vers 506 : « Mon génie étonné tremble devant le sien »), on comprend que Burrhus veuille éloigner Agrippine.

11. Junie et Agrippine ne se rencontrent qu'à la scène 3 de l'acte V. Agrippine évoque Junie dès le début de la pièce mais à la scène 4 de l'acte III, alors qu'à la scène 3 elle a rappelé à Burrhus tout ce qu'elle a fait (exils, assassinats, poison) pour assurer le trône à Néron, elle laisse éclater une véritable douleur d'amante. Elle ne supporte pas d'être écartée du pouvoir et elle vit l'amour de Néron pour Junie comme une trahison... Cela confirmerait l'hypothèse de l'hystérie incestueuse que certains metteurs en scène voient en Agrippine.

Vers 879 à 882 :

« Quoi ? Tu ne vois donc pas jusqu'où l'on me ravale,

Albine ? C'est à moi qu'on donne une rivale.

Bientôt si je ne romps ce funeste lien,

Ma place est occupée, et je ne suis plus rien »

De nouveau apparaît sa nostalgie des fastes du pouvoir aux côtés de Néron, Octavie ne lui ayant jamais fait d'ombre. Elle imagine, sans la nommer, Junie, épouse de Néron (v. 887 à 892) :

« Une autre de César a surpris la tendresse,

Elle aura le pouvoir d'épouse et de maîtresse,

Le fruit de tant de soins, la pompe des Césars,

Tout deviendra le prix d'un seul de ses regards.

Que dis-je ? L'on m'évite et déjà délaissée...

Ah je ne puis, Albine, en souffrir la pensée. »

Enfin quand elles se rencontrent à la scène 3 de l'acte V, Agrippine veut rassurer Junie à qui elle reproche de douter du succès de son « ouvrage ». Dans sa longue tirade (v. 1583 à 1608), elle lui fait part du comportement tendre et affectueux de Néron à son égard. Elle parle des caresses de Néron, de ses embrassements.

« Ses bras dans nos adieux ne pouvaient me quitter. » (v. 1590) Elle ne dit rien de ce qui a été décidé. Elle est remplie du bonheur que Néron lui soit revenu...

Il semble que Junie ne soit qu'un pion dans sa stratégie de rapprochement avec Britannicus.

12. Déjà par calcul, Agrippine s'était rapprochée de Britannicus, mais c'était dans la perspective de calmer ce prince « pour détourner ses yeux de sa misère » (acte I scène 2, v. 247-248) « J'ai flatté son amour d'un hymen qu'il espère. » Sa proposition d'alliance avec Britannicus à la scène 3 de l'acte I (v. 299 à 304) étonne Britannicus lui-même (v. 305-306) :

« La croirai-je, Narcisse ? Et dois-je sur sa foi

La prendre pour arbitre entre son fils et moi ? »

C'est en grande partie par vengeance et chantage qu'Agrippine soutient Britannicus. À la scène 3 de l'acte III (v. 832 à 844), elle laisse éclater sa colère après l'exil de

Pallas. Elle ne supporte pas qu'on lui « ferme la bouche » et imagine comment, haranguant les soldats au profit de Britannicus, elle pourrait retrouver le pouvoir :

« Pallas n'emporte pas tout l'appui d'Agrippine,
Le fils de Claudius commence à ressentir
Des crimes, dont je n'ai que le seul repentir.
J'irai, n'en doutez point, le montrer à l'armée,
Plaindre aux yeux des soldats son enfance opprimée,
Leur faire à mon exemple expier leur erreur.
On verra d'un côté le fils d'un empereur,
Redemandant la foi jurée à sa famille,
Et de Germanicus on entendra la fille ; »

13. Agrippine est une héroïne tragique parce qu'impératrice déchue et mère jalouse, elle est victime d'un mécanisme politique qu'elle a largement contribué à promouvoir et qu'elle ne peut plus maîtriser. Son hybris la guide dans la reconquête du pouvoir et de Néron mais elle échoue et cet échec est d'autant plus tragique qu'elle a compris qu'en assassinant Britannicus, son fils n'était qu'à l'aube de sa carrière de monstre sanguinaire. Elle sait qu'elle-même est condamnée à mort. C'est le sens de ses imprécations à la scène 6 de l'acte V, et de ses paroles prophétiques à Burrhus à la scène 7 (v. 1699-1701) :

« C'en est fait. Le cruel n'a plus rien qui l'arrête :
Le coup qu'on m'a prédit va tomber sur ma tête.
Il vous accablera vous-même à votre tour. »

14. Le personnage d'Agrippine tel que Racine l'a construit est assez fidèle à ce qu'écrit Tacite dans ses *Annales*. La confrontation Agrippine-Néron de l'acte IV, scène 2, a eu lieu dans la réalité mais après la mort de Britannicus. Agrippine a dû s'expliquer sur le complot contre Néron. En s'appuyant sur Tacite, Racine a inventé le contenu du face à face entre Agrippine et Néron.

Agrippine, personnage racinien, doit à celui de l'histoire tous les éléments qui concernent sa prise du pouvoir. Racine a inventé le personnage de Junie, mais, conformément aux tragédies « historiques » du XVIIe siècle, il a été globalement fidèle aux sources historiques auxquelles il a puisé (voir Tacite, *Annales*, Livre XIII, chap. 14 à 18, Gallimard, coll. « Folio »).

Néron et Britannicus

15 et 16. Acte II scène 6 : Néron caché assiste à la scène de retrouvailles entre Britannicus et Junie.

Acte III scène 8 : Néron entre en scène surprenant Britannicus aux pieds de Junie. Il le fait arrêter (v. 1080) par jalousie amoureuse. Voir la réponse à la question 7.

Il y a donc une seule vraie scène de confrontation Néron/Britannicus. En revanche, Britannicus voit souvent Narcisse qui, âme damnée de Néron, le trahit et le manipule.

La scène de leur réconciliation suivie immédiatement de la mort de Britannicus a lieu en hors scène en marge de la scène 3 de l'acte V, elle est l'objet du récit de Burrhus (acte V scène 5).

N'oublions pas que les personnages principaux sont Agrippine et Néron et que Racine est attaché à ce qu'il appelle « une action simple, chargée de peu de matière, telle que doit être une action qui se passe en un seul jour ». L'histoire de *Britannicus* ne doit pas être celle d'un prince malheureux écarté du pouvoir et qui voudrait le reconquérir mais celle d'une mère et d'un fils se disputant la légitimité du pouvoir en manœuvrant l'un contre l'autre.

17. À la scène 3 de l'acte IV, Burrhus a obtenu de Néron qu'il renonce à assassiner Britannicus et qu'au contraire il se réconcilie avec lui. À la scène 4, Narcisse trouble la décision de Néron en lui faisant remarquer que sa mère a repris sur lui « son souverain empire » (v. 1415) et croire que Burrhus et Sénèque répètent à l'envie qu'il « n'est point né pour l'empire » (v. 1468). Tout se règle alors dans l'entracte acte IV-acte V. À la scène 1 de l'acte V, Britannicus, annonce qu'il va répondre à l'invitation de Néron. Il croit non seulement à sa réconciliation avec Néron mais aussi à l'heureuse issue de ses sentiments pour Junie à qui il précise qu'il a pardonné (v. 1490-1494). Persuadé d'épouser Junie, Britannicus renonce à toute velléité de reprise du pouvoir : il n'y a sans doute jamais cru ! À l'acte V scène 6, Néron ne justifie pas la mort de Britannicus. Il esquive la question d'Agrippine. On sait par Burrhus qu'il n'éprouve aucun remords. C'est Narcisse qui développe l'argumentaire : Britannicus allait devenir comploteur et attenter à la vie même de Néron (v. 1660 à 1670). Néron, quant à lui, a la monstruosité tranquille : c'est Narcisse qui agit, qui exécute ses œuvres, toujours.

18. La photographie page 145 illustre évidemment la scène 8 de l'acte III. Le metteur en scène Régis Santon traduit de manière très concrète le rapport de force qui s'établit entre Néron et son frère au cours de cette scène. On voit un Néron sardonique essayer de transpercer d'une canne l'abdomen de Britannicus couché sur le sol. La position des deux personnages est symboliquement celle d'un agresseur (Néron) et d'un agressé (Britannicus). On sait que, dans la dramaturgie classique, toute violence était bannie de la scène par le principe de la bienséance. Mais les metteurs en scène d'aujourd'hui s'affranchissent aisément de ce principe. Nous avons ici un metteur en scène qui s'adresse au public d'aujourd'hui et qui a cherché pour le jeu des acteurs un équivalent de la haine absolue, de la violence de l'affrontement qui transparaît dans le dialogue entre les deux personnages. Néron ne laisse aucune chance à Britannicus : il le cloue au sol, première victime de son futur tableau de chasse.

Les personnages secondaires

Dans *Britannicus*, éd. Georges Forestier, Folio classiques, on trouvera la scène entre Burrhus et Narcisse qui devait ouvrir l'acte III et que Racine a supprimée sur les conseils de Boileau, pages 191 à 194.

19. et 20. La fonction commune à Albine, Burrhus et Narcisse est d'être d'abord des confidents. Albine est dans la véritable tradition du confident: chaque fois qu'elle est présente aux côtés d'Agrippine, elle la réconforte ou pose les questions pragmatiques qui sont celles des spectateurs (acte I scène 1, acte III scène 4) et qui permettent au personnage de donner les informations nécessaires à l'action, ou de se révéler dans ses intentions. Elle fait aussi partie du personnel qui fait le récit du hors scène (acte V, scène dernière). Comme Céphise, confidente ou suivante d'Andromaque (voir p. 153), elle ne respire pas à la hauteur des personnages tragiques, elle appartient à l'humanité moyenne, celle des spectateurs. C'est un personnage sans épaisseur psychologique, une convention dramaturgique qui permet d'éviter les monologues du protagoniste.

Burrhus et Narcisse se révèlent très vite des personnages à part entière, essentiels à l'action. Leurs présences en scène et leurs interventions en témoignent. Albine est souvent muette, pas Burrhus et Narcisse.

Tous deux ont, dès la liste des personnages, le titre de «gouverneur» tandis qu'Albine est simplement nommée «confidente».

Burrhus n'intervient pas qu'auprès de Néron. Il fait souvent une sorte de va-et-vient entre Néron et sa mère qu'il essaie de comprendre mais surtout de calmer. Il est quelquefois dominant par la parole comme à la scène 2 de l'acte I face à Agrippine. C'est lui qui assure la continuité vertueuse du règne de Néron (voir les réponses aux questions 1, 2, 4, 10). Il en est, avec Sénèque que Racine n'a pas voulu utiliser comme personnage de théâtre, l'inspirateur politique. Il pèche par excès de confiance en lui et en son élève dont il pressent sans doute trop tard le «génie» monstrueux (acte III scène 2, v. 800 à 805). Il faut faire répertorier aux élèves ses apparitions sur scène et les motifs qui les justifient. On pourra conclure que c'est un personnage secondaire, certes, mais paradoxalement nécessaire et important.

Narcisse, quant à lui, est l'exécuteur des basses œuvres de Néron mais c'est aussi son inspirateur. Il occupe souvent la scène – mais un peu moins que Burrhus – avec Néron ou avec Britannicus. À l'évidence, il a plus d'ascendant sur Néron que le vertueux Burrhus. C'est lui qui arrive à le faire changer d'avis sur le sort de Britannicus au terme de la longue scène 4 de l'acte IV qui l'oppose à un Néron quelque peu gêné par les promesses faites à Burrhus. C'est lui qui agit. L'action ne pourrait progresser sans ses trahisons successives. À l'opposé de Burrhus, il se vautre dans le mal, le mensonge et la manipulation...pour la gloire de l'empereur – il le répète à plusieurs reprises (acte IV scène 4, v. 1461 à 1479). C'est lui qui défend Néron et justifie l'assassinat de Britannicus devant Agrippine (acte V, scène 6, v. 1660 à 1670).

21. Racine ne peut se contenter de quatre personnages, Néron, Agrippine, Britannicus et Junie. Pour évoquer la Cour de Néron, le complot, les manipulations, il a besoin d'étoffer des rôles qui sans cela seraient restés des rôles de convention (les confidents). La singularité de ces fonctions donne plus de profondeur à la scène historique et politique d'une part, et un éclairage supplémentaire sur Néron – il a une mère omnipotente et omniprésente, un gouverneur intelligent qui œuvre aussi pour la gloire de Rome et une âme damnée –. Même si Burrhus et Narcisse ne sont pas des personnages tragiques, ils donnent à la tragédie politique toute son ampleur et font de Néron un monstre psychopathe qui ébranle l'état romain.

La structure de la pièce

22. Le lieu unique de l'action est obligatoire dans la dramaturgie classique. Ici, le fait que tout se déroule dans une antichambre (c'est le sens du mot «chambre» dans la didascalie initiale) au seuil de l'appartement de Néron, resserre la tragédie. Néron est en effet partout, comme le dit Junie à Britannicus à l'acte II scène 6 (v. 712 à 714):

«Vous êtes en des lieux tout pleins de sa puissance.
Ces murs mêmes, Seigneur, peuvent avoir des yeux,
Et jamais l'empereur n'est absent de ces lieux.»

Plus qu'un lieu de passage commode pour les conventions du langage dramatique, l'antichambre de Néron fonctionne donc comme un huis-clos qui renforce le tragique.

23. L'acmé de la tragédie se situe à la scène 8 de l'acte III. Les spectateurs attendent un face à face Néron-Britannicus. Il est amené de manière inattendue puisque Néron surgit, prévenu évidemment par Narcisse qui dès la scène 6 peut envisager de faire tomber Britannicus dans une souricière. La violence des mots et de la situation est à son comble. À partir de ce nœud, Britannicus et Junie officiellement prisonniers, le dramaturge devra distiller les éléments de la catastrophe puis du dénouement. On attend le sort réservé à Agrippine et à Burrhus. On s'inquiète de ce que Narcisse va pouvoir inspirer à son maître.

24. À partir de cette scène 8 de l'acte III, l'action devrait se précipiter. On a compris que le sort de Britannicus est scellé et qu'il est condamné à mort. On ne sait pas comment cela va advenir. Or il reste encore deux actes. Les scènes 1, 2 et 3 de l'acte IV semblent ralentir la catastrophe: Agrippine d'une part puis Burrhus marquent des points sur le projet d'élimination de Britannicus. Néron est encore influençable. Les deux personnages ont le temps de faire l'historique de la prise de pouvoir (pour Agrippine), et l'éloge du prince vertueux (pour Burrhus). Sur le plan dramaturgique, cela va très fortement contraster avec le retournement de situation qui s'opère très vite – Narcisse aidant – à la fin de la scène 4 et donc de l'acte IV. La machine infernale est déclenchée et plus personne ne l'arrêtera : l'acte V sera l'acte de la mort de Britannicus.

Activité orale

Pour ce travail, on relira les réponses à toutes les questions qui se réfèrent à Burrhus dans l'étude d'ensemble. On pourra proposer une organisation d'ensemble simple.

I. La vision politique d'un gouverneur vertueux

II. Son rôle dans l'action entre Néron et Agrippine

La mise en scène de *Phèdre* de Racine par Patrice Chéreau

➜ p. 148-149

1 L'espace scénique et le public

Lecture de l'image

Le dispositif bifrontal diminue de manière saisissante la distance entre le spectateur et l'acteur et rend la représentation très proche et très physique. Il permet aussi au public de se sentir partie prenante de la scénographie, comme s'il était dans l'aire de jeu.

2 Un jeu très physique

Lecture de l'image

La posture de Dominique Blanc face à celle de Thésée est assez paroxystique. Elle exprime la honte, l'imploration, la culpabilité. Elle rend très concrètes la souffrance fatale de Phèdre et sa progressive destruction. Sans doute le public d'aujourd'hui y verra-t-il aussi un personnage tragique qui perd progressivement et volontairement sa dignité.

3 Les « trous » du texte

Lecture de l'image

Phèdre mentionne son fils. L'idée originale de Chéreau est de montrer ce fils sur l'espace scénique. C'est un rôle muet, évidemment, destiné à montrer au public d'aujourd'hui que la pièce est aussi une tragédie de la succession politique. Le geste de Phèdre qui enserre à deux mains, sur sa poitrine, la main de son jeune fils, dit toute l'importance de ce motif : c'est un geste de protection mais aussi d'ostentation.

4 Le hors-scène en question

Lecture de l'image

Les metteurs en scène d'aujourd'hui mettent souvent à mal les règles de la bienséance classique. Ils n'ont plus de raison de les respecter. La violence de l'apparition d'Hippolyte mort redouble le récit de Théramène et renforce le pathétique. Le récit de Théramène relève de l'hypotypose. Montrer le cadavre ensanglanté d'Hippolyte, c'est d'une certaine manière lui offrir un équivalent plastique qui ne peut que saisir le public d'aujourd'hui. Par ailleurs sur le plan scénique, cela permet au metteur en scène de donner une dimension spectaculaire au dénouement.

La situation d'énonciation

→ p. 150-151

1 Le seul indicateur qui n'est pas repéré par rapport à la situation d'énonciation est « sur le toit du palais ». En effet, ici le repère n'est pas la situation d'énonciation mais « le palais », qui a été introduit auparavant dans le texte.

2 LE COMTE. – Enfin **vous** (= Don Diègue) l'emportez, et la faveur du roi
Vous (= Don Diègue) élève en un rang qui n'était dû qu'à **moi** (= le Comte),
Il **vous** (= Don Diègue) fait gouverneur du prince de Castille.
DON DIÈGUE. – Cette marque d'honneur qu'il met dans **ma** (= « de Don Diègue ») famille
Montre à tous qu'il est juste, et fait connaître assez
Qu'il sait récompenser les services passés.
LE COMTE. – Pour grands que soient les rois, ils sont ce que **nous** (Don Diègue, le Comte et le reste des hommes) sommes :
Ils peuvent se tromper comme les autres hommes ;
Et ce choix sert de preuve à tous les courtisans
Qu'ils savent mal payer les services présents.
DON DIÈGUE. – Ne parlons plus d'un choix dont **votre** (= « du Comte ») esprit s'irrite ;
La faveur l'a pu faire autant que le mérite,
Mais on doit ce respect au pouvoir absolu,
De n'examiner rien quand un roi l'a voulu.
À l'honneur qu'il **m'**(= Don Diègue) a fait ajoutez en un autre ;
Joignons d'un sacré nœud **ma** (= « de Don Diègue ») maison à la vôtre :
Vous (=Le Comte) n'avez qu'une fille, et **moi** (=Don Diègue) **je** (= Don Diègue) n'ai qu'un fils ;
Leur hymen **nous** (= Don Diègue et le Comte) peut rendre à jamais plus qu'amis :
Faites-**nous** (= Don Diègue et son fils) cette grâce, et l'acceptez pour gendre.

3 LE COMTE. – Enfin vous **l'**(singulier, neutre ; ne désigne rien : inséparable du verbe) « emportez », et la faveur du roi
Vous élève en un rang qui n'était dû qu'à moi,
Il (singulier, masculin, désigne « le roi ») vous fait gouverneur du prince de Castille.
DON DIÈGUE. – Cette marque d'honneur qu'**il** (singulier, masculin, désigne « le roi ») met dans ma famille
Montre à tous qu'**il** (singulier, masculin, désigne « le roi ») est juste, et fait connaître assez
Qu'**il** (singulier, masculin, désigne « le roi ») sait récompenser les services passés.
LE COMTE. – Pour grands que soient les rois, **ils** (pluriel, masculin, désigne « les rois ») sont ce que nous sommes :
Ils (singulier, masculin, désigne « les rois ») peuvent se tromper comme les autres hommes ;
Et ce choix sert de preuve à tous les courtisans
Qu'**ils** (singulier, masculin, désigne « les rois ») savent mal payer les services présents.
DON DIÈGUE. – Ne parlons plus d'un choix dont votre esprit s'irrite ;
La faveur **l'**(singulier, masculin, désigne « un choix ») a pu faire autant que le mérite,
Mais on doit ce respect au pouvoir absolu,
De n'examiner rien quand un roi **l'**(singulier, masculin, désigne un référent indéterminé : « quelque chose ») a voulu.
À l'honneur qu'**il** (singulier, masculin, désigne « le roi ») m'a fait ajoutez en un autre ;
Joignons d'un sacré nœud ma maison à la vôtre :
Vous n'avez qu'une fille, et moi je n'ai qu'un fils ;
Leur hymen nous peut rendre à jamais plus qu'amis :
Faites-nous cette grâce, et **l'**(singulier, masculin, désigne « un fils ») acceptez pour gendre.

4 ce jour-là, alors, pendant deux mois, auparavant, depuis ce temps-là, ensuite.

5 **a.** ANDROMAQUE. – Je passais **jusqu'aux lieux où l'on garde mon fils.**
Puisqu'**une fois le jour** vous souffrez que je voie
Le seul bien qui me reste et d'Hector et de Troie,
J'allais, Seigneur, pleurer un moment avec lui :
Je ne l'ai point encore embrassé **d'aujourd'hui.**
PYRRHUS. – Ah, Madame ! les Grecs, si j'en crois leurs alarmes,
Vous donneront **bientôt** d'autres sujets de larmes.

Sont repérés par rapport à la situation d'énonciation : « d'aujourd'hui », « bientôt ».

b. THÉRAMÈNE. – À peine nous sortions **des portes de Trézène,**
Il était **sur son char** ; ses gardes affligés
Imitaient son silence, **autour de lui** rangés ;
Il suivait tout pensif le chemin de Mycènes ;
Sa main **sur les chevaux** laissait flotter les rênes ;
Ses superbes coursiers qu'on voyait **autrefois**
Pleins d'une ardeur si noble obéir à sa voix,
L'œil morne **maintenant**, et la tête baissée,
Semblaient se conformer à sa triste pensée.

Un effroyable cri, sorti **du fond des flots**,
Des airs **en ce moment** a troublé le repos ;
Et **du sein de la terre** une voix formidable
Répond en gémissant à ce cri redoutable.
Jusqu'au fond de nos cœurs notre sang s'est glacé.

Sont repérés par rapport à la situation d'énonciation : « autrefois », « au fond de nos cœurs » (à cause de « nos »). L'adverbe « maintenant » pose un problème car habituellement il est repéré par rapport à la situation d'énonciation, mais ce n'est pas le cas dans ce passage car il ne réfère pas au moment où Théramène raconte l'histoire mais au moment où se déroule l'histoire ; c'est l'équivalent de « alors », « à ce moment-là ».

Activités d'écriture

Question sur le corpus

Le monologue d'Hermione et les stances de Polyeucte.

Dans le monologue, le personnage est en général déchiré : il ne s'adresse pas au spectateur mais à lui-même. On lui attribue traditionnellement une fonction lyrique et délibérative. Ainsi il prend souvent la forme d'un dialogue avec soi-même. Cette forme dialogique est particulièrement visible dans le texte de Corneille.

Polyeucte a ainsi des interlocuteurs fictifs personnifiés quand ils sont des idées, des sentiments ou des valeurs mondaines. Ainsi, dans la première et la deuxième strophe, Polyeucte s'adresse aux plaisirs mondains auxquels il devient insensible pour faire l'éloge de la puissance de Dieu (v. 15 à 20). L'empereur romain Dèce est l'interlocuteur de la troisième strophe et du début de la quatrième. Au vers 36, l'interlocuteur est le « Monde » que Polyeucte va encore une fois opposer à son « cœur tout chrétien » (v. 37). Les deux dernières strophes s'adressent aux « Saintes douceurs du Ciel » (v. 41) puis au « feu divin » (v. 51). Elles disent l'état de grâce dans lequel est Polyeucte qui choisit délibérément le sacrifice pour l'amour de Dieu : il ne craint plus les larmes et la douleur de Pauline. Les stances finissent dans l'énergie.

Dans le monologue d'Hermione, le désarroi du personnage ne se marque pas par des adresses à des interlocuteurs différents. Cependant Hermione se dédouble et se parle. Elle est partagée entre l'amour et la haine (v. 4), entre son « je » et « son cœur », entre « je » et « elle » ; elle se nomme à la 3e personne : Hermione (v. 30). Sa violence et son désarroi s'expriment en une accumulation d'interrogatives. La fonction délibérative du monologue passe au second plan tant Hermione cherche à justifier une décision qu'elle n'assume pas véritablement. Le revirement final qui exprime la nostalgie du passé et introduit la suspension de la décision fait de ce monologue un moment de tension tragique puisque le spectateur sait qu'Oreste a lui reçu d'Hermione l'ordre d'exécuter Pyrrhus.

Voir, pour compléter le développement, la réponse aux questions 1, 2 et 3 sous le titre « Un monologue » (p. 129).

Le monologue de Polyeucte et celui d'Hermione n'ont donc pas tout à fait la même fonction même si aucun des deux ne change le cours de l'action dans la tragédie. Polyeucte se conforte dans une décision déjà prise. Hermione se complaît dans la violence et la vengeance : elle expose sa souffrance, ses incertitudes et c'est finalement la précipitation d'Oreste à la servir qui hâtera le dénouement.

Écriture d'invention

Il faut répertorier les informations que fournit la tirade et dont les élèves vont devoir se servir pour écrire le récit de Junie qui s'exprimera à la première personne :

– La scène se passe la nuit.

– Le cortège emmenant Junie est traversé d'ombre et de lumière, de bruit et de silence, d'innocence et de rudesse.

– Junie a peur : elle vient d'être enlevée dans son sommeil. Elle ne comprend pas ce qu'elle est en train de vivre. Elle pleure et craint Néron.

En dehors de ces éléments incontournables, on évaluera la capacité à inventer un décor, une chronologie des événements, les sentiments et émotions de Junie.

Jean Racine, *Andromaque*

→ p. 153

1. Les personnages. a. Dans cette scène, Céphise représente l'humanité moyenne qui s'exprime avec le bon sens. Ce n'est pas un personnage tragique. Elle pense qu'Andromaque doit tourner la page, sauver Astyanax et trouve que Pyrrhus est un bon parti ! Elle n'a pas accès au langage et à la situation tragique. D'où la réponse d'Andromaque construite pour évoquer le sac de Troie et surtout la scène fondatrice du tragique du personnage qu'elle ne parvient pas à oublier.

b. Vers 16 à 25, Andromaque dresse de Pyrrhus un portrait de héros cruel et acharné. C'est plutôt un barbare, un vainqueur sanglant dont les yeux reflètent la lueur des incendies si ce n'est sa propre joie triomphante. Andromaque ne peut que repousser ce « héros » qui a fait basculer le destin de toute sa famille

c. Le souvenir du sac de Troie est obsessionnel chez Andromaque. Elle en retient des images très fortes de sang, de carnage, de cadavres, d'incendies, de cris. Elle revit véritablement cette « nuit cruelle ». L'emploi des anaphores (« Dois-je », « Songe », « Voilà ») l'inscription de la destinataire, Céphise, au centre du récit avec la multiplication des injonctions ne peut qu'aboutir à la dénégation finale : « Non, je ne serai point complice de ses crimes ; » (v. 26)

Andromaque renforce ici sa décision de ne pas céder à Pyrrhus.

2. La source antique. Le tableau du sac de Troie est construit sur des effets de contraste. On a souvent dit que les tableaux du Caravage en seraient l'équivalent plastique. Au sang et à l'incendie s'oppose la nuit. Les couleurs dominantes sont le rouge du sang et le feu de la lumière provoquée par les incendies. Andromaque s'adresse évidemment à Céphise mais aussi aux spectateurs. Elle ancre son refus d'épouser Pyrrhus. Elle donne de lui une autre image. Il est pour elle indissociable de cette nuit d'effroi, de douleur et de mort. Elle est exaltée à l'évocation de ce tableau d'où sa volonté d'associer étroitement son interlocutrice – et les spectateurs - par les anaphores, les répétitions obsessionnelles, les formes de l'indignation (v. 16 à 21), les injonctions incantatoires (« Songe », « figure-toi », « peins-toi ») qui comptent parmi les procédés dominants. Ce récit tient de la peinture de guerre et de l'épopée : il en a aussi la beauté cruelle parce qu'Andromaque revit la même scène jusqu'à l'hallucination.

3. La tonalité. Les horreurs évoquées par Andromaque, le massacre, relèvent du pathétique. Le tragique de sa situation réside dans l'impossibilité dans laquelle elle se trouve d'échapper à cet univers. Elle est prisonnière du passé.

Commentaire

Exemple de plan correspondant au questionnement :

I. Une scène de guerre

II. Le rôle des personnages : Céphise (un destinataire), Pyrrhus (un acteur du passé), Andromaque (une héroïne tragique qui se conforte dans son refus)

4. La comédie classique

Introduction au chapitre

Le chapitre veut donner des clés pour lire la comédie à la fois de façon synchronique et de façon diachronique. En effet, la comédie, en tant que genre, est constituée d'une constellation de formes très diverses dont il faut chercher les dénominateurs communs, et a une histoire dans laquelle chaque auteur, chaque pièce trouve sa place entre héritage du passé et renouvellement du genre. Par ailleurs, la comédie est avant tout théâtre, genre dont l'écriture est intimement liée aux conditions de représentation : lieux théâtraux, acteurs, publics. Enfin, la comédie qui s'attache à peindre la société et les hommes de son temps, est souvent apparue comme un genre mineur, volontiers taxé de populaire, et a dû conquérir une reconnaissance équivalente à celle de la tragédie dont les valeurs d'héroïsme et de noblesse sont considérées comme intemporelles et universelles.

Le choix de textes ancre essentiellement l'étude du genre dans le XVIIe siècle classique afin de répondre aux instructions officielles. Ainsi le premier groupement, qui remonte au XVe et plonge jusqu'au XXe siècle, s'attache à montrer comment l'univers de la comédie peut être appréhendé sous l'angle de l'inversion générale des valeurs, mettant en avant le corps, le travestissement, la folie, et offrant aux spectateurs la jouissance particulière de voir le faible triompher du fort selon « la fantaisie de triomphe » dont parle Charles Mauron dans *Psychocritique du genre comique*. Le deuxième groupement explore comment les figures comiques qui traversent les siècles sont utilisées par chaque auteur pour dresser un portrait satirique de son époque. Le choix de *L'École des femmes* comme œuvre intégrale éclaire un moment important de l'histoire de la comédie. Considérée comme la première grande comédie classique, *L'École des femmes* engendre une querelle littéraire dont sont issues deux œuvres importantes de Molière : *La Critique de L'École des femmes* et *L'Impromptu de Versailles*. Cette fameuse querelle nous donne de précieux renseignements sur la vie théâtrale de l'époque classique étroitement associée aux problématiques politiques, sociales et artistiques. Le pouvoir royal représenté par le Roi-Soleil, qui soutint si fortement Molière et fit du plaisir une esthétique, un mode de vie et de gouvernement, aurait pu nous souffler comme titre de ce chapitre : Au plaisir de la comédie.

Indications bibliographiques, sites Internet, DVD

– Dominique BERTRAND, *Le Théâtre*, Bréal, coll. « Grand amphi », 2000.

– Anne-Marie BONNABEL et Marie-Lucile MILHAUD, *À la découverte du théâtre*, Ellipses, 2000.

– Gabriel CONESA, *Le Dialogue moliéresque*, Sedes-CDU, 1995.

– Michel CORVIN, *Lire la comédie*, Dunod, coll. « Lettres supérieures », 1994.

– Patrick DANDREY, *Molière ou l'esthétique du ridicule*, Klincksieck, 2002.

– Jacqueline DE JOMARON (dir.), *Le Théâtre en France*, Librairie générale française, coll. « La Pochothèque », 1993.

– Pierre LARTHOMAS, *Le Langage dramatique*, PUF, coll. « Quadrige », 2005.

– Charles MAURON, *Psychocritique du genre comique*, Corti, 1964.

– Patrice PAVIS, *Le Dictionnaire du théâtre*, Armand Colin, coll. « Lettres », 2002.

– Pierre VOLTZ, *La Comédie*, Armand Colin, coll. « U », 1964.

– www.toutmoliere.net

– www.site-moliere.com

– Jacques Lassalle, mise en scène de *L'École des femmes* au théâtre de l'Athénée, d'après la mise en scène de Louis Jouvet, 2001.

– Didier Bezace, mise en scène de *L'École des femmes* au festival d'Avignon, 2001.

– Jean-Luc Boutté, mise en scène de *L'Impromptu de Versailles* à la Comédie-Française, 1993.

– Ariane Mnouchkine, *Molière*, avec Philippe Caubère dans le rôle-titre, 1978 (film inspiré du *Roman de Monsieur de Molière* de Mikhaïl Boulgakov, 1933).

La comédie ou l'envers du monde

Rapports de force entre mari et femme → p. 158-159

■ Auteur anonyme du XVe siècle, *La Farce du cuvier*

Cette farce moyenâgeuse présente un rapport de force dans le couple qui surprend quelque peu car l'homme est ici la victime d'une femme dominatrice et violente. Elle pose la question de la place de la femme dans la société médiévale, loin d'être aussi soumise que ses descendantes des siècles ultérieurs. Il est important de commencer l'étude de la comédie classique par l'étude de la farce qui la précède et la nourrit, même si la farce va être considérée par la suite comme un genre populaire et grossier.

Analyse du texte

Le genre de la farce

1. Contraint par sa femme de participer à la lessive, Jacquinot prend place en face d'elle, de l'autre côté de la cuve où trempe la lessive. Il tire si fort le drap, que sa femme tient à l'autre bout, que celle-ci bascule dans le cuvier et ne peut plus en sortir. Jacquinot refuse de l'aider prétextant que cette tâche n'est pas inscrite dans toutes celles que sa femme lui a notifiées dans un rôlet. L'action est comique, farcesque, car la méchante femme tombe dans l'eau souillée et se débat avec force cris. Elle est ridiculisée sans que sa vie soit pour autant mise en danger. Au cinéma, on parlerait de gag.

2. Le vocabulaire est scatologique. L'effet recherché est celui du comique grossier ou encore bas comique pour un public populaire qui s'amuse de ce qui choquerait un public plus raffiné ou policé.

3. La farce apparaît ici comme une pièce comique courte qui provoque le rire à partir de situations simples de la vie quotidienne, mettant en jeu les corps. La psychologie des personnages est sommaire, le rire est provoqué par un langage grossier, volontiers scatologique.

Un renversement comique

4. L'épouse est présentée comme une harpie qui menace son mari d'une gifle. Visiblement ici c'est l'homme qui a le dessous dans le ménage ; on prend parti pour lui et on se réjouit de le voir triompher.

5. Le monde inversé de la comédie offre une « revanche de toutes les contraintes que la réalité nous a fait subir, depuis notre première éducation jusqu'à nos soucis les plus actuels. » dit Charles Mauron. Si on s'identifie au faible, on prend plaisir à le voir triompher de la force brutale. Or on s'identifie toujours au faible parce qu'on a toujours, à un moment ou à un autre de sa vie, subi une contrainte ou une humiliation. Le fait qu'ici, l'homme, qui est d'habitude le plus fort, soit en position de dominé contribue à l'inversion comique.

6. La méchanceté est punie et si on n'a pas été soi-même bienveillant envers les autres, ils ne le seront pas envers nous.

Vers le commentaire

7. Tout texte de théâtre doit être appréhendé et commenté dans sa spécificité. La théâtralité de cette courte scène s'appuie sur l'action, la gestuelle des corps et la dramatisation de la situation que le jeu des comédiens peut porter jusqu'à l'excès. On verra que cette théâtralité est inscrite dans le texte et que les didascalies sont finalement inutiles car le jeu du théâtre est dans le texte même. La joute verbale des lignes 17 à 24 s'accompagne de menaces mises à exécution : Jacquinot qui se plaint de la saleté des draps, les reçoit en plein sur lui (lignes 24 à 26). La satisfaction de sa femme est de courte durée : entre la ligne 31 et la ligne 32, elle passe de l'injure à la prière ; ce contraste est drôle à la lecture mais le sera évidemment davantage à la représentation car il tient du gag. On peut imaginer comment l'acteur qui joue Jacquinot peut préparer son coup et tirer particulièrement violemment le drap en accompagnant son geste d'une mimique. Une fois dans la cuve, l'épouse peut hurler ses supplications et s'égosiller, donnant à croire qu'elle va mourir.

Lecture de l'image

Pieter Brueghel, *Fête de village avec théâtre*, 1562

8. Ce tableau donne une idée précise du théâtre dit « théâtre de tréteaux » tel qu'il se pratique en Europe durant tout le Moyen Âge et jusqu'au XVIIe siècle. Lors de fêtes ou de foires on installe sur des tréteaux une scène improvisée sur l'arrière de laquelle on construit une petite baraque de bois servant de coulisses et qui s'ouvre par un rideau sur la scène. Il est intéressant de remarquer comment les badauds spectateurs entourent la scène instituant un rapport de proximité avec les acteurs loin de la frontalité qui caractérise le théâtre à l'italienne.

Prolongement

Il s'agit de la scène 4 de l'acte I du *Médecin malgré lui* et de la scène 2 de l'acte IV du *Bourgeois gentilhomme*.

Rapports de force entre père et fils

→ p. 160-161

■ Molière, *L'Avare*, acte IV, scène 3

Le rapport de forces concerne cette fois père et fils, vieillesse contre jeunesse. L'enjeu de leur conflit est une femme. Molière reprend ici un thème rebattu de la comédie latine dont l'exemple le plus fameux dans *Asinaria* de Plaute met en scène un père qui accepte de donner l'argent nécessaire au rachat d'une courtisane dont son fils est amoureux, à condition de passer avec elle la première nuit. Si la situation est dans *L'Avare* un peu moins scabreuse et crue, elle reste néanmoins très cruelle.

Analyse du texte

Un piège

1. L'affrontement entre Harpagon et Cléante prend la forme d'un interrogatoire serré (7 questions le plus souvent très brèves) qui enserre Cléante dans un piège: Harpagon lui laisse croire qu'il a renoncé à Mariane et qu'il aurait été prêt à la lui donner pour épouse si Cléante n'avait pas un peu plus tôt décrié la jeune femme dont il ne veut pas comme belle-mère. Harpagon développe son plan dans deux répliques longues dont la dernière se termine par un retour au projet initial: «je l'épouserai moi-même». Cléante piégé, qui n'avait répondu que d'une manière embarrassée, se décide à révéler ses sentiments dans une réplique déclarative («La vérité est...») dont la longueur traduit son besoin de se libérer d'un secret. L'interrogatoire reprend alors sur les relations que Cléante entretient avec Mariane. Harpagon maître de la situation confirme sa décision dans une phrase injonctive («il faut songer»). Cléante comprenant le piège dans lequel il est tombé se récrie dans une phrase exclamative et poursuit dans une phrase déclarative «(je vous déclare, moi») qui s'oppose à la réplique précédente d'Harpagon.

2. Nous assistons à deux revirements de situation. Le premier intervient lorsqu'Harpagon veut donner Mariane à Cléante; Cléante le croit et livre le secret de ses amours. Survient alors le deuxième revirement: c'était un piège, Harpagon épousera Marianne et Cléante la femme que son père lui a choisie. Cléante affirme qu'il ne se laissera pas faire. Le rythme très haletant est soutenu par les questions et réponses brèves.

Fils contre père

3. L'attitude d'Harpagon qui se joue des sentiments de son fils et lui ment pour provoquer ses confidences est scandaleuse. On est révolté contre Harpagon avant même que Cléante, qui attire toute notre sympathie et notre compassion, se révolte lui-même. On est sensible à la souffrance de Cléante qui menace son père de se suicider plutôt que de lui obéir. De surcroît nos préférences vont spontanément vers le fils jeune qui veut épouser la femme qu'il aime et qui l'aime plutôt que vers le vieil avare qui veut faire un mariage contre nature.

4. On peut relever les verbes au conditionnel passé suivants: : «je te l'aurais donnée» (l. 7); «je te l'aurais fait épouser» (l. 24-25). L'irréel du passé exprime que quelque chose qui aurait pu être réalisable dans le passé est maintenant devenu irréalisable: il s'agit du mariage des jeunes gens tel qu'Harpagon le présente dans le mensonge qu'il fait à son fils.

L'indicatif futur: «je suivrai» (l. 25); je l'épouserai» (l. 26); «je ne quitterai point» (l. 59); «j'aurai...» (l. 62) exprime la ferme intention des deux personnages.

5. Cléante bien sûr épousera Mariane puisqu'une comédie finit toujours bien, mais à ce moment de la pièce, le spectateur/lecteur partage toutes les inquiétudes du jeune amoureux.

Écriture d'invention

6. Le personnage devra se servir au moins à trois reprises du système de l'irréel du passé (plus-que-parfait de l'indicatif après «si» et conditionnel passé dans la principale). Tout type de situations sera accepté.

Rapports de force entre maître et valet

→ p. 162-163

■ Molière *Les Fourberies de Scapin*, acte III, scène 2

■ Marivaux *L'Ile des esclaves*, scène 1

Thématique propre à la comédie, la relation maître-valet est ici illustrée par deux textes de deux siècles différents. On appréciera comment la fameuse bastonnade des *Fourberies de Scapin*, dans la pure tradition de la farce, est avant tout un rôle fait sur mesure pour la virtuosité du comédien qui interprète Scapin et comment la supériorité donnée à Arlequin dans la situation imaginée par Marivaux permet à celui-ci d'ironiser tout en finesse sur la relation qu'il entretient avec son maître. On pourra se référer à l'ouvrage de Jean-Pierre Vincent et Bernard Chartreux: *Mise en scène des* Fourberies de Scapin *de Molière*, Éditions théâtrales, 1990.

Analyse des textes

Deux situations proches

1. Dans les deux cas, le maître est en situation de faiblesse. Géronte, induit en erreur par Scapin, croit à tort qu'il est poursuivi par des tueurs. Iphicrate échoué sur une île sait bien qu'il court un danger réel. L'un dans son sac, l'autre naufragé sur une île, tous deux sont enfermés physiquement et se trouvent dans une situation sans issue. Dans les deux textes les valets jouissent de l'embarras et de la peur de leur maître, se vengeant ainsi sur eux de leur dure condition de serviteurs. La vengeance de Scapin est physiquement terrible pour Géronte mais la torture morale d'Iphicrate est tout aussi cruelle. Son seul espoir est de tenter de se sauver au plus vite mais Arlequin refuse de l'accompagner dans sa fuite et, seul, Iphicrate n'est capable de rien.

2. Scapin et Arlequin sont deux noms de serviteurs de *commedia dell'arte*. À l'origine, Scapin est un serviteur beaucoup plus malin qu'Arlequin, benêt, préoccupé uniquement de manger et de boire. Ici les deux valets ont une attitude de domination sur leur maître très équivalente, plus empreinte d'ironie chez Arlequin et de brutalité chez Scapin.

3. Le gourdin est emblématique de la relation maître-valet car les maîtres battent les valets ou les en menacent dans de nombreuses comédies; ici il est plus qu'un accessoire; c'est un objet auquel les deux textes donnent une fonction dramaturgique: aux mains de Scapin, il le venge; oublié dans la chaloupe, il réduit Iphicrate à l'impuissance.

Le langage des valets

4. Les deux valets usent d'interjections: celles de Scapin quand il joue le rôle du spadassin ou son propre rôle sont censées reproduire la vivacité de l'échange et la douleur des coups de bâton; celles d'Arlequin apparaissent mystérieuses: il ne livre pas sa pensée, l'implicite de ses interjections et de ses sifflotements est inquiétant pour Iphicrate. Scapin joue le rôle du Gascon et son propre rôle afin de mieux berner Géronte enfermé dans son sac. Contrefaire sa voix et parler avec l'accent gascon permet à Scapin de rendre cette invraisemblable histoire crédible et d'augmenter la peur du vieillard. Le spectateur se réjouit de la performance d'acteur du comédien qui joue Scapin et retire beaucoup de plaisir de sa situation surplombante qui lui permet de voir la supercherie et le vieillard berné. Cette scène s'apparente à une scène de Guignol où le plaisir et l'excitation des enfants spectateurs naissent de voir le gendarme menacer Guignol qui ne le voit pas.

Vers la dissertation

5. On pourra proposer le plan suivant:

I. La charge comique de l'extrait

a. La bastonnade, comique traditionnel de la farce, joint à la fantaisie de triomphe

b. La position surplombante du spectateur qui voit le piège que Géronte ne voit pas

c. La comédie dans la comédie: le numéro d'acteur de Scapin

II. Un jeu cruel

a. Force et nombre des coups de bâton déduits de l'analyse de la tirade

b. La scène vue du point de vue du vieillard

III. Entre jeu comique et jeu cruel, c'est le metteur en scène et l'acteur qui trancheront

a. La représentation traditionnelle et la mise en scène de J.-P. Vincent telle qu'on peut l'imaginer à partir de ses propos

b. Le texte de théâtre est un texte en attente d'interprétation au sens herméneutique comme au sens de mise en jeu

Exemple de sous-partie rédigée (II b)

Il suffirait d'introduire un certain décalage, de modifier l'angle par lequel les spectateurs voient la scène pour en faire une scène parfaitement cruelle. En effet si on voit en Géronte non pas la marionnette ridicule et sans âme du vieillard de *commedia dell'arte*, mais un vieil homme digne, respectable et sans défense, notre regard sur son supplice sera différent, et ce sera encore davantage vrai si Scapin n'attire pas nos sympathies et est bien un mauvais garçon, un repris de justice, comme Molière le laisse entendre au début de la pièce.

Imaginons que nous assistions «vraiment» à ce guet-apens, c'est-à-dire, par exemple, que Géronte, au lieu d'être dans un sac, ait les yeux bandés et que nous le voyions ou croyons le voir – les acteurs en effet se frappent mais ne se font pas mal – anéanti sous les coups du mauvais garçon, il n'est pas sûr du tout que nous ririons car notre empathie irait alors vers la pauvre victime. Pensons à certaines scènes de violence dans le théâtre contemporain comme chez Lars Noren par exemple ou au cinéma. On voit bien que c'est la manière dont le texte est écrit qui induit l'effet que son auteur veut obtenir. Le metteur en scène de théâtre, lui, interroge la scène et la situation dans tous ses possibles afin de lui donner toute son efficacité.

Une cérémonie burlesque

→ p. 164-165

■ Molière, *Le Malade imaginaire*, acte III, scène 14

Dans l'inversion généralisée des valeurs propre à l'univers de la comédie, le travestissement, la mascarade héritent en droite ligne du carnaval où toutes les usurpations d'identité et de fonctions étaient permises afin de donner libre cours aux critiques et aux moqueries de tous ordres. C'est à ce type de divertissement, proche d'une sotie moyenâgeuse que nous assistons à la fin du *Malade Imaginaire*.

Analyse du texte

Un divertissement carnavalesque

1. Molière nous livre ici une vision désastreuse de la faculté de médecine où « la robe et le bonnet de médecin », autrement dit le diplôme, seraient donnés avant tout apprentissage de connaissances (l. 12-16). Même s'il s'agit d'une fausse cérémonie, d'une mascarade dont Béralde est parfaitement conscient, ses paroles sont porteuses d'une critique génératrice de doute sur les capacités des médecins qui n'ont pas besoin d'étudier (l. 8-9), pour qui l'habit fait le moine et qui ne débitent que sottises (l. 15-16).

2. Béralde cherche à trouver un moyen pour que le mariage de sa nièce ait lieu. La proposition d'Argan, que Cléante se fasse médecin lui donne une idée qui permet d'envisager de surcroît un remède à l'obsession hypocondriaque de son frère. Enfin Béralde semble ravi de pouvoir, en période de carnaval, jouer ce divertissement et se jouer de la médecine et de son frère en même temps.

3. Béralde peut proposer à son entourage de jouer une comédie satirique puisque c'est la période du carnaval qui autorise les déguisements, mascarades et satires de toutes les institutions respectables. Au XVIIe siècle, le carnaval est encore héritier des Saturnales romaines, période où se pratiquait l'inversion des rôles entre maîtres et esclaves. À un second niveau, c'est aussi Molière qui se dédouane par le carnaval et le travestissement théâtral de ses attaques contre les médecins.

4. Le latin du *Præses* est un idiome inventé par Molière, qui ressemble à du latin par la finale des mots mais qui est parfaitement compréhensible. Ainsi Molière, excellent latiniste formé au collège humaniste de Clermont, se moque-t-il de la pseudo-science des médecins. Peut-être aussi critique-t-il ceux qui emploient du jargon pour se distinguer du commun des mortels sans que cela apporte quoi que ce soit à leur art. On sait que Bernier, ami de collège de Molière, est devenu un grand médecin d'esprit moderne qui rejette la pseudo-science des docteurs de son époque et entend réformer la médecine. Les attaques de Molière contre les médecins révèlent sa proximité de pensée avec son ancien condisciple.

La comédie-ballet

5. On remarque la didascalie « Troisième intermède » (l. 49) : la comédie parlée laisse la place au chant et à la danse et c'est la troisième fois que cela se produit dans la pièce. La comédie-ballet serait donc une comédie entrecoupée de chants et de danses. À regarder de plus près les didascalies, on voit bien que cet intermède a un lien très étroit avec l'action puisqu'il rend compte de la cérémonie au cours de laquelle Argan va être fait médecin.

6. L'équivalent de la comédie-ballet serait sans doute aujourd'hui la comédie musicale, qui raconte une histoire en mêlant chants, danses et parfois paroles récitées.

Vers la dissertation

7. Molière est avant tout un homme de théâtre, acteur, directeur d'acteurs et organisateur de grandes fêtes spectaculaires. Le théâtre dans son passage à la scène est toujours premier dans les choix dramaturgiques de Molière. Quant à la satire des mœurs de son époque, elle s'imbrique si étroitement au théâtre qu'il est difficile de l'en démêler. Ainsi dans cet extrait du *Malade imaginaire*, c'est à travers la mascarade comique et carnavalesque sur laquelle repose la comédie-ballet que sont émises de vives critiques contre les médecins. Ainsi la robe et le bonnet, autrement dit le diplôme, seraient donnés avant tout apprentissage de connaissances (l. 12-16). On doute des capacités de médecins qui n'ont pas besoin d'étudier (l. 8-9), pour qui l'habit fait le moine et qui ne débitent que sottises (l. 15-16). Quant au latin, ce n'est qu'un jargon destiné à tromper le commun des mortels sur la soi-disant science des médecins. Certes, ce n'est ici qu'une mascarade mais si proche d'une véritable cérémonie d'intronisation à la faculté de médecine – si on ne croit les documents d'époque – que les contemporains de Molière ne se méprenaient pas sur ses intentions critiques. Le grossissement comique permet de ridiculiser la médecine. On peut néanmoins s'interroger sur la validité de telles critiques tant elles sont caricaturées dans la mascarade où dominent le rire et l'allégresse de la musique et du spectacle. À être ainsi démesurément amplifiée, la satire des médecins ne perd-elle pas aussi de sa force ?

Prolongement

Le Premier intermède est situé à la fin de l'acte I. On y voit Polichinelle, personnage de *commedia dell'arte*, évoqué par Toinette comme son amant, donner une sérénade, avec force violons et ballets. Le second intermède est placé à la fin de l'acte II. Cette fois ce sont des musiciens et danseurs déguisés en Égyptiens et Égyptiennes, convoqués par Béralde pour distraire Argan. Ainsi chaque acte se clôt par un ballet dont le lien avec l'action de la pièce est très ténu. Seul le dernier intermède rejoint véritablement le sujet de la pièce tant dans le traitement de la folie obsessionnelle d'Argan que dans la critique de la médecine. Néanmoins la fonction principale des trois intermèdes reste le divertissement des spectateurs.

Un monde de fous → p. 166-167

William Shakespeare, *La Nuit des Rois*, acte IV, scène 2

Le fou du roi (ou d'un puissant) est un personnage historique. Comme dans un carnaval permanent, il peut se permettre d'inverser les positions sociales, de se moquer de son maître à condition qu'il l'amuse et le surprenne. Chez Shakespeare, il est un personnage récurrent à l'invention verbale éblouissante, qui questionne notre soi-disant raison. À sa façon le Fou présente aux spectateurs l'envers du monde dit « normal ». Ici par malice, usant de son talent à contrefaire les voix, il persuade le sain d'esprit qu'il est fou et brouille plus que jamais les frontières entre raison et folie.

Analyse du texte

La folie en question

1. Malvolio enfermé ne voit rien de ce qui se passe à l'extérieur et va être abusé par le Clown qui contrefait la voix du curé. On peut relever onze occurrences du mot « fou » et quatre occurrences des expressions : « perdre ses esprits » ou « avoir tous ses esprits ». « Fou » renvoie dans le texte à la déraison, à la folie ; c'est aussi ainsi que Malvolio s'adresse à son interlocuteur qui occupe la fonction de fou ou de bouffon ou encore de clown d'Olivia. Cette ambivalence du terme permet le jeu de mots des lignes 40-41 qui renvoie à néant les pauvres arguments de Malvolio et brouille encore les frontières entre raison et folie.

2. Il s'agit ici de rendre fou le pauvre Malvolio en lui faisant croire que ses sens et son esprit le trompent. Il ne serait pas enfermé dans une chambre noire comme il le croit mais dans une pièce claire. Pour mieux l'abuser, le Clown se fait passer pour le curé qui tente d'exorciser la soi-disant folie du malheureux Malvolio.

Le théâtre dans le théâtre

3. Jusqu'à la ligne 23 le Clown joue Messire Topaze. À nouveau dans la dernière réplique de l'extrait, il reprend la voix du curé pour prononcer des paroles attribuées à Topaze qu'il entrecoupe de propos énoncés avec sa propre voix, réalisant une virtuose prestation d'acteur.

4. Le Clown joue le rôle de Topaze comme l'acteur joue le rôle du Clown. On a ainsi un théâtre au second degré où un personnage joue un acteur. Au-delà de l'enjeu de la scène qui est de punir Malvolio en le persuadant qu'il est fou, Shakespeare nous parle de la puissance d'illusion du théâtre où on croit réel un personnage qui n'est qu'un rôle incarné par un acteur. La thématique de l'illusion, de la folie est une thématique qui appartient à l'esthétique baroque dans laquelle l'œuvre de Shakespeare s'inscrit. Il écrit ainsi dans *La Tempête* que nous sommes « faits de l'étoffe de nos songes ». À la même époque, en Espagne, Calderon écrit : *La vie est un songe*. Pour les auteurs baroques, le théâtre est emblématique de l'incertitude, voire du mirage dans lesquels se déroule la vie.

Un jeu drôle ou cruel ?

5. La scène amuse de par son rythme et parce que la supercherie du Clown fonctionne à merveille. Néanmoins elle ne provoque pas à la lecture une franche hilarité. Malvolio fait tout de même un peu de peine. En serait-il de même à la représentation où le jeu du Clown peut largement porter tout le comique de la scène ?

6. Pour le lecteur-spectateur d'aujourd'hui, Malvolio est un des personnages de la pièce que ses façons désagréables et moralisantes rendent plutôt antipathique. À l'époque de Shakespeare, Malvolio représente une catégorie de la population de la fin du règne d'Élisabeth : les puritains, dont la victoire quelques années plus tard portera au pouvoir Cromwell. Le premier souci de Cromwell sera de fermer les théâtres considérés comme amoraux. On imagine que la vengeance du Clown et de ses amis signifie la vengeance des gens de théâtre contre leurs ennemis personnels. Les spectateurs de l'époque en étaient conscients et prenaient sans doute le parti du théâtre et du Clown.

Écriture d'invention

7. L'élève doit poser clairement la question de l'espace sur laquelle repose toute la dramaturgie de la scène et envisager les différentes solutions possibles. Si le spectateur voit à la fois l'un et l'autre protagoniste qui ne se voient pas entre eux, l'intérêt est alors qu'il jouit du jeu des deux comédiens ; la difficulté reste de proposer une scénographie qui permette que soient figurés à la fois un dedans et un dehors. Pourrait-elle être réaliste ? Doit-elle jouer sur la convention du théâtre ? Si le spectateur est dans la pièce noire avec Malvolio et entend la voix du Clown, comprendra-t-il alors tout le jeu du Clown ? Enfin si le spectateur peut seulement entendre la voix de Malvolio venant des dessous du théâtre, est-ce que ce sera aussi drôle et en même temps aussi pathétique, car il faut que la scène joue sur les deux tonalités pour être rendue dans toute son intensité ?

Le corps dans tous ses états

→ p. 168-169

■ Aristophane *L'Assemblée des femmes*

■ Roger Vitrac, *Victor ou les Enfants au pouvoir*, acte II, scène 5

La comédie est bien le lieu où les personnages ont un corps qui exprime sur scène ses besoins et commente ses fonctions, contrairement à la tragédie qui s'intéresse à l'âme et au cœur, siège des passions. Ici deux textes, que séparent vingt-cinq siècles, participent de la même veine comique, celle qui touche aux manifestations physiques considérées comme les plus grossières, à savoir les fonctions intestinales. Là encore la comédie joue de l'inversion des valeurs en révélant un aspect de l'homme qu'on s'efforce de dissimuler ou d'occulter.

Analyse des textes

Le rire et le scatologique

1. On est surpris de trouver dans des textes écrits et particulièrement un texte antique, des notations aussi crues, grossières, carrément scatologiques. Le scatologique parce qu'il est tabou provoque cependant immanquablement le rire.

2. Blépyros proclame ses problèmes intestinaux *urbi et orbi*; totalement décomplexé, il s'y attarde avec complaisance. Ida est horriblement gênée par son handicap qu'elle ne peut cacher.

3. Au début, l'assemblée est stupéfaite par l'incongruité des manifestations intestinales de la pauvre Ida. Les convenances sociales sont tellement bousculées que les protagonistes sont avant tout gênés et que seule la petite Esther éclate de rire. Cette stupeur dure longtemps mais cède néanmoins aux rires alors même qu'Ida vient de leur tenir un discours pathétique.

Le burlesque [2e texte]

4. Ida s'exprime dans une langue choisie ponctuée d'exclamations qui traduisent son extrême embarras. Ses mots expriment la violence de sa souffrance (« honte », « atroce », « besoin immonde »). Sa souffrance est pathétique et relève même du tragique quand elle explique qu'elle n'y peut rien, qu'elle n'a aucune prise sur ce qui constitue pour elle un véritable destin (l. 16-24) Les répliques d'Ida pourraient être des répliques de tragédies mais elles s'appliquent à un objet qui appartient au comique grossier. C'est le propre du burlesque.

5. Le contraste entre la belle et riche Ida et son infirmité est bien évidemment un facteur comique supplémentaire. Le contraste était sans doute encore plus frappant à l'époque de Vitrac où des pétomanes se produisaient dans des spectacles extrêmement populaires.

6. Dans Ida, Artaud voit la condition humaine. L'homme, être de chair, a un corps qui le rattache à la matière et l'asservit à ses besoins tandis que ses aspirations spirituelles l'élèvent au-dessus de la condition matérielle. C'est la grande dualité de l'homme à la fois bête et ange. Ida est bien autre chose qu'un personnage comique ; elle exprime au contraire le tragique de l'humanité.

Vers le commentaire

7. Avec le personnage de la belle Ida Mortemart ravalée au statut de pétomane de l'Eldorado, amuseur de public populaire, Vitrac introduit dans le théâtre de son temps une faille qui recèle la force provocatrice de sa pièce : le paradoxe même de la nature humaine déchirée entre l'esprit et la matière et la veine burlesque revendiquée à la même époque par des metteurs en scène novateurs comme Meyerhold en Russie.

Ida s'exprime dans une langue choisie ponctuée d'exclamations qui traduisent son extrême embarras. Ses mots expriment la violence de sa souffrance (« honte », « atroce », « besoin immonde »). Sa souffrance est pathétique et relève même du tragique quand elle explique qu'elle n'y peut rien, qu'elle n'a aucune prise sur ce qui constitue pour elle un véritable destin (l. 16-24). Les répliques d'Ida pourraient être des répliques de tragédies mais elles s'appliquent à un objet qui appartient au comique grossier. D'ailleurs Ida fait rire la société « bien élevée » qui l'entoure. Le rire un moment suspendu explose bientôt, renvoyant la belle femme à son statut de comique de service.

Ainsi c'est la distinction des genres au théâtre qui est mise à mal, bien au-delà de la distinction entre comédie et tragédie déjà condamnée par le drame romantique. En effet Vitrac n'hésite pas à associer ici discours soutenu de type tragique et comique populaire grossier. Comme Lautréamont voyait la beauté dans « la rencontre fortuite d'un parapluie et d'une machine à coudre sur une table de dissection », l'association paradoxale de la noblesse d'Ida et de ses irrépressibles pets renvoie au surréalisme dans son aspect insolite et provocateur vis-à-vis des conventions en usage au théâtre. C'est un des aspects qui fait de *Victor ou les Enfants au pouvoir* une des très rares pièces surréalistes de notre répertoire.

Figures comiques au service de la satire

La figure du pauvre et la critique de l'ordre social → p. 170-171

■ Aristophane, *Ploutos*
■ Serge Valletti, *L'Argent*

Serge Valletti adapte Aristophane en l'actualisant. Ce travail permet de mesurer concrètement la persistance du thème de la pauvreté dans la comédie qui met en scène des gens pauvres issus du peuple. La figure du pauvre est souvent incarnée par des serviteurs. Ici le projet d'Aristophane est clairement une réflexion sur les possibilités ou l'impossibilité de changer la répartition des richesses au sein d'une société vécue comme injuste.

Analyse des textes

Traduction et adaptation

1. La traduction que propose M. J. Alfonsi du texte d'Aristophane est une traduction académique, littéraire, c'est-à-dire précise, en langage soutenu, parfaitement correcte sur le plan syntaxique. Valletti ne traduit pas littéralement ni littérairement Aristophane. Il réduit une phrase de quatre lignes dans la traduction d'Alfonsi (l. 1-4) à une seule expression : « mes pauvres ». Il choisit un registre de langue familier, il rapproche de nous un univers dont vingt-cinq siècles nous séparent. On ne peut parler de traduction mais bien d'adaptation.

2. S. Valletti actualise le texte en évoquant la boîte de nuit, le champagne, et en traduisant par exemple « serviteurs » par « ouvriers ». Convoquant ainsi dans son texte le monde contemporain, il nous donne à lire un texte écrit aujourd'hui comme un écho d'un texte ancien.

3. La traduction littérale et littéraire opte pour un langage soutenu quand S. Valletti choisit un langage familier : Chrémyle est devenu Bustubar et Pauvreté est devenue La Mouise, mot d'argot pour désigner la pauvreté. D'autres mots familiers émaillent le texte : « dèche », « tu parles », « abruti ». Valletti choisit de donner délibérément à son texte une couleur populaire par le langage de ses personnages dont témoigne également une syntaxe relâchée : phrases négatives où la double négation est omise, phrases inachevées (« Tandis qu'avec ton cher invité l'Argent... »), construction peu rigoureuse des phrases (« et même je l'ouvre, moi, la boîte de nuit si je suis riche »). Valletti choisit donc de donner au texte grec sa couleur de comique d'origine, de comique populaire.

La satire

4. Commençant par dénoncer l'injustice que représentent la richesse des uns et la pauvreté des autres, Aristophane amène à réfléchir sur l'utopie, partagée par Chrémyle et Bustubar, d'un monde où l'argent équitablement réparti supprimerait tout profit. Mais Pauvreté et La Mouise savent bien que du coup serait supprimée toute motivation pour le travail et que la vie sur terre deviendrait impossible. Le texte aborde aussi la question politique, accusant les hommes politiques de s'enrichir aux dépens des « deniers publics ». Vingt-cinq siècles après, ces problématiques restent d'actualité.

5. Les textes s'en prennent à un monde où règnent l'argent, les criantes injustices et les corruptions qu'il engendre. Mais les auteurs se moquent aussi des raisonnements trop simplistes de celui qui ne réfléchit pas aux conséquences des réformes qu'il souhaite.

Écriture d'invention

6. Ce type de sujet propose une écriture « à la manière de ». On attend un niveau de langue parlée, riche en évocations imagées. Il s'agit aussi de trouver des arguments qui aillent dans le sens des répliques antérieures en prenant en compte, comme y invitent les conseils de méthode, la situation sociale de Bustubar et ses capacités limitées de raisonnement.

La figure du fanfaron et la satire des faux-braves → p. 172-173

■ Plaute, *Le Soldat fanfaron*
■ Pierre Corneille, *L'Illusion comique*, acte II, scène 2

La mise en parallèle du texte de Plaute et de celui de Corneille mettra en évidence des éléments fondamentaux dans l'étude de la comédie et du classicisme. La pérennité du personnage à travers l'histoire, telle que les textes mais aussi l'image reproduite nous permettent de l'appréhender, fonde la notion de type comique. Les classiques érigent l'imitation en règle d'art mais usent d'une grande liberté d'invention par rapport à leurs modèles. Enfin il est intéressant de faire connaître aux élèves une comédie de Corneille, plus connu pour ses tragédies, qui est une des rares pièces baroques du théâtre français.

Analyse des textes

Le soldat fanfaron et son valet

1. La vanité du solat fanfaron n'a d'égale que sa couardise car un peu plus loin, dans les deux textes, il ira se cacher au premier bruit d'une bagarre. L'excès même de ses fanfaronnades prouve leur irréalité et leur inconsistance. Il aime être flatté et est certainement tout à fait stupide, voire fou, pour penser qu'il peut faire croire à ses exploits.

2. Le comique du personnage naît dans les deux cas de l'excès de ses propos. On touche à l'absurde qui est d'essence comique. La bêtise et la folie du personnage ajoutent encore au comique. La présence des valets Artotrogus et Clindor, qui flattent le vice du fanfaron pour mieux en tirer profit, permet de relancer le discours du fanfaron, voire de renchérir, en connivence avec les spectateurs, comme l'aparté et l'adresse au public d'Artotrogus le révèlent clairement (1er texte, l. 22-30). De surcroît, le soldat représente la figure du pouvoir, de la force armée, à toutes les époques. Se moquer de lui est une insolence réjouissante pour un public populaire qui souffre toujours des conséquences des guerres.

3. Artotrogus flatte le fanfaron et met son imagination à contribution pour nourrir ses fantasmes de telle sorte que, trouvant un témoin à ses mensonges, conforté dans ses illusions, le soldat fanfaron finit par croire à ses inventions délirantes. Le flatteur vit en général aux dépens de celui qui l'écoute ; c'est le type comique du pique-assiette et Artotrogus l'exprime clairement dans un aparté adressé au public : « les olives confites qu'on mange chez lui sont extraordinaires » (l. 29-30).

Les fanfaronnades

4. Les deux textes visent à exagérer les qualités militaires du soldat fanfaron ou plus exactement à lui prêter des qualités extraordinaires, qu'il n'a absolument pas, et à lui attribuer des exploits hors norme qu'il n'a pas accomplis. Les deux textes sont bâtis :

– sur des hyperboles : expressions hyperboliques (« je dépeuple l'État » 2e texte, l. 18), adjectifs mélioratifs (1er texte, l. 8), comparaisons (1er texte, l. 2, 9 et 18), métaphores (1er texte, l. 16 ; 2e texte, l. 19) ;

– sur des procédés d'emphase et d'amplification : évocations de personnages prestigieux (2e texte, l. 7), énumérations croissantes (2e texte, l. 13-22).

De tels procédés de style sont caractéristiques de l'épopée, genre qui raconte exploits et hauts faits de héros. Ici l'exagération systématique dresse un portrait caricatural à fonction purement ironique.

5. On remarque chez Plaute un plaisir pris à l'invention de mots entièrement fabriqués par le fanfaron qui les invente et les fait sonner de façon menaçante (1er texte, l. 11-14). Corneille ne reprend que partiellement ce procédé avec les noms exotiques de souverains lointains (2e texte, l. 7). En revanche, il outre les propos de Matamore par divers autres procédés : ses vers, plus concis, sont animés d'un rythme qui reproduit le souffle du fanfaron qui claironne ses exploits à la terre entière. Ainsi la tirade, à partir de la ligne 11, est une véritable période oratoire qui énumère, tous les deux vers, un nouvel exploit pour finir en apothéose sur le dernier vers exclamatif. Le discours n'est qu'une suite de métaphores et enfin la référence à de grands personnages lointains enfle le discours de toute une dimension imaginaire et mythique.

Lecture de l'image

6. Le metteur en scène Giorgio Strehler a pris soin de faire jouer la scène de manière à accentuer l'impression que Matamore s'élève au-dessus du genre humain, s'octroyant la puissance d'un dieu : Matamore, un pied sur le dos de Clindor à terre, prend une posture conquérante, voisine de celle que nous offre le croquis d'Augustin Challamel.

7. On peut parler dans les deux cas de costumes hyperboliques, excessifs qui traduisent la démesure du personnage : chapeau surmonté d'un plumet, moustaches relevées, sorte de cape prolongeant l'envergure du personnage, armes, brillant des tissus, autant d'éléments du croquis du capitan de *commedia dell'arte* qu'on retrouve dans le costume du comédien Gérard Desarthes et qui mettent en évidence les mêmes caractéristiques du personnage que les textes.

Écriture d'invention

8. Transposer le soldat fanfaron aujourd'hui est une façon de prendre conscience de la pérennité du type comique. Au-delà du sujet même de la vantardise, on appréciera les efforts pour réutiliser les différents procédés de style mis en lumière dans l'analyse des textes.

La figure du parasite et la critique des dévots → p. 174-175

■ Molière, *Le Tartuffe*, acte IV, scène 5

Installé chez Orgon, profitant des bienfaits de son hospitalité, Tartuffe entreprend de séduire Elmire, la propre femme d'Orgon. Molière renoue ici avec le type comique du parasite ou pique-assiette, bon à rien qui profite des autres, généralement en les flattant, même si la portée de la pièce – critique des dévots hypocrites – dépasse largement la peinture d'un vice.

Analyse du texte

Une situation comique

1. Le comique de la scène est ici un comique de situation. En effet, Tartuffe qui fait profession de vertu et de piété, déclare sa flamme à la femme de l'homme qui l'héberge et l'a choisi comme directeur de conscience, et cela, alors que le mari est caché sous la table. Le spectateur le sait et voit Tartuffe tomber dans le piège tendu par Elmire qui espère ainsi le confondre. La position surplombante du spectateur participe à son plaisir, d'autant plus que le piège se referme sur le méchant. Parallèlement au plaisir moral de voir l'hypocrite en passe d'être découvert, une autre sorte de plaisir est ici convoquée : le plaisir d'imaginer ce que doit éprouver Orgon tombant ainsi de très haut. Le spectateur se réjouit de « la tête que doit faire Orgon » pourrait-on dire familièrement.

2. En ne faisant pas sortir Orgon de dessous la table, Molière fait durer le plaisir du spectateur et le supplice d'Elmire, pendant que le désir de Tartuffe se fait de plus en plus pressant. Sur le plan psychologique, l'absence de réaction d'Orgon peut s'expliquer par l'ascendant irrationnel que Tartuffe a sur lui. Le voir confondu le laisse abasourdi. Sur le plan dramaturgique, l'absence de réaction permet de développer longuement la scène comique et de s'attarder sur la vilénie de l'hypocrite. Elmire tousse pour signifier à Orgon que la scène a assez duré et qu'elle est en danger. Le jus de réglisse proposé par Tartuffe produit un effet comique car il met l'accent sur l'aveuglement de Tartuffe qui ne se doute pas une minute du piège. Il introduit aux répliques suivantes un échange amusant, chacun des deux protagonistes ne mettant pas du tout la même chose sous les mots qu'ils répètent « Cela, certes, est fâcheux ». De plus Tartuffe qui se fait passer pour un ascète a quelques gourmandises dans sa poche.

3. Dans les vers 37 à 40, le pronom « on » désigne évidemment Orgon qui ne sort pas de dessous la table, ce qui prouve à quel point il a du mal à accepter d'admettre la vraie nature de Tartuffe qu'il adule. Elmire ne pouvant s'adresser directement à lui passe par le détour de l'impersonnel « on ».

Le procès des dévots

4. Elmire qui a laissé entendre à Tartuffe qu'elle a quelque inclination pour lui cherche à gagner du temps, le temps nécessaire à Orgon pour se rendre enfin compte de la vilénie de l'homme qu'il adule. Elle a recours à l'argument religieux, « le Ciel » car c'est bien au péché d'adultère que Tartuffe la pousse, ce qui est un comble pour un homme qui prêche la vertu et la religion.

5. Tartuffe développe la théorie jésuite de l'intention (une action répréhensible peut être pardonnée si l'on prouve que l'intention en était pure). Ce qui discrédite ici totalement cette théorie, c'est la façon dont Tartuffe en parle : pour lui elle est un moyen de commettre une faute sans provoquer la colère divine.

6. Tartuffe révèle dans cette scène qu'il est un parfait scélérat, qui incite la femme de son hôte à l'adultère. Il montre que sa vraie nature est aux antipodes de celle qu'il affiche, celle d'un homme détaché des biens de ce monde, qui se consacre à Dieu, se flagelle et porte un cilice. Il dévoile son hypocrisie aux lignes 26-30 : sous couvert d'une théorie du secret qui garantirait la pureté des actes, il prétend pouvoir s'arranger avec le Ciel. Aux lignes 47-50, il affirme clairement qu'il prend son hôte pour un parfait imbécile qu'il abuse et manipule.

7. La didascalie « C'est un scélérat qui parle » n'est pas une indication scénique ou de jeu donnée par Molière, mais une façon de prévenir son lecteur que Tartuffe n'est pas le portrait d'un dévot, mais le portrait d'un scélérat qui se fait passer pour un dévot. Molière s'abrite derrière cette didascalie pour déjouer la censure et se disculper du reproche, fort grave à l'époque, d'attaquer la religion, en attaquant les dévots. Cependant cette didascalie n'est pas audible à la représentation et il est peu probable qu'elle empêche le doute de s'insinuer sur la sincérité de tout dévot étant donné les acerbes critiques qui sont formulées. La longue histoire de la pièce et de ses interdictions prouve bien que les contemporains de Molière ne se sont pas trompés sur ses intentions en dépit de ses dénégations.

Vers le commentaire

8. On pourra proposer le plan suivant :

I. Une scène déterminante pour l'action de la pièce

a. Confondre Tartuffe amènerait un retournement de l'action et empêcherait le mariage qu'Orgon veut imposer à sa fille.

b. Confondre Tartuffe dessillerait les yeux d'Orgon et le délivrerait de son hôte malfaisant.

II. Une situation théâtrale génératrice de comique

a. Comique de situation : Orgon sous la table.

b. Le spectateur en position surplombante en sait plus que Tartuffe et le voit tomber dans le piège.

c. Le spectateur imagine les réactions d'Orgon sous la table et, comme Elvire, s'étonne de le voir tant retarder le moment de sortir.

III. Le procès des « dévots » (au sens où l'entend Molière, c'est-à-dire ceux qui font profession de religion pour mieux dissimuler leurs actes répréhensibles)

a. Le dévot concupiscent

b. Le dévot hypocrite

c. La critique de la morale de l'intention

Exemple d'introduction rédigée

L'extrait proposé, pris à la scène 5 de l'acte IV, se situe à un moment crucial dans l'intrigue de la pièce. En effet, Orgon est déterminé à donner en mariage à Tartuffe sa propre fille. Elmire, la femme d'Orgon, joue ici sa dernière carte pour dessiller les yeux d'Orgon, lui montrer Tartuffe sous son vrai jour et par là empêcher ce mariage contre nature. Le stratagème qu'elle invente est particulièrement radical puisqu'elle feint d'accepter les hommages de Tartuffe après avoir caché son mari, sous la table. La révélation de la vraie nature de Tartuffe n'amène pas Orgon à sortir de dessous la table, ce qui en dit long sur le caractère irrationnel et obsessionnel de sa « passion » pour Tartuffe et augure mal de la suite de l'histoire. Par ailleurs, le stratagème d'Elmire crée une situation théâtrale comique, proche de la scène traditionnelle de l'amant caché dans le placard, dont Molière inverse la structure. Dans son désir d'Elmire, Tartuffe n'hésite pas à déployer pour la convaincre une rhétorique où les contemporains de Molière ne manquaient pas de voir l'imitation du discours des dévots de la compagnie du Saint Sacrement. Comment le génie de Molière imbrique-t-il la progression de l'intrigue, intimement liée à la psychologie du personnage d'Orgon, la théâtralité comique de la scène et la critique des dévots ? C'est ce que nous chercherons à mettre en évidence en traitant chacun de ces trois axes présents dans la scène.

La figure du naïf et la mise en cause des croyances → p. 176-177

■ Molière, *Dom Juan*, acte III, scène 1

Pause dans l'action, la scène de la forêt réunit le maître et le valet dans l'intimité partagée de leur fuite sous des vêtements d'emprunt censés les préserver des attaques de leurs poursuivants. Sganarelle oubliant alors sa place de valet, intrigué et désolé par la conduite de Dom Juan, ose l'interroger sur ses croyances. Molière livre ici une scène relativement énigmatique : les arguments de Sganarelle sont-ils réellement ridicules ? Dom Juan fait-il profession d'athéisme ou est-il seulement agacé ou amusé par son valet ? C'est le jeu du théâtre qui aura le dernier mot.

Analyse du texte

Un duo maître-valet

1. Du début de l'extrait jusqu'à la ligne 20, Sganarelle questionne Dom Juan qui lui répond par monosyllabes voire interjections, dont il n'est pas évident d'élucider le sens. Sganarelle interprète ces réponses évasives pour finir par poser la question essentielle : « qu'est ce donc que vous croyez ? » (l. 15-16). Après la fameuse réponse de Dom Juan qui en dit fort long car les spectateurs de l'époque reconnaissaient là les paroles prononcées sur son lit de mort par un célèbre libertin, Sganarelle se lance dans une démonstration censée convertir Dom Juan qui retourne à son silence, silence qui met Sganarelle mal à l'aise : « vous vous taisez exprès » (l. 38-39). Le trouble de Sganarelle, l'espèce d'enivrement qui le prend à force de parler et de réfléchir, le conduisent finalement à tomber à terre, vaincu, pendant que Dom Juan se moque de lui.

2. Daniel Mesguich qui interprétait Dom Juan confiait que dans cette scène, à chaque représentation, face à l'acteur comique Christian Hecq qui inventait toujours de nouvelles pitreries, il ne pouvait s'empêcher de rire. Et en effet, on peut très bien imaginer un Dom Juan bienveillant et souriant qui s'amuse des efforts oratoires de Sganarelle et le laisse un peu discourir en spectateur, pour son plaisir. Mais on peut aussi imaginer Dom Juan agacé par les questions de son valet, lui répondant du bout des lèvres et se détournant de lui, disant, exaspéré les répliques des lignes 12 et 50-51.

3. La tonalité de la scène est comique en dépit du sérieux de la question abordée. Comique, parce qu'il n'y a pas débat sérieux mais seulement le raisonnement d'un valet qui mêle joyeusement religion et superstition. Comique surtout parce que nous sommes au théâtre, que le jeu de Sganarelle, dont Molière s'est réservé le rôle, est ici proche des lazzi de *commedia dell'arte*, c'est-à-dire du gag, du jeu de scène où le corps est impliqué. Tout finit par une chute au sol, ce qui fait toujours rire.

Le raisonnement d'un naïf

4. Quand Sganarelle questionne Dom Juan sur le Ciel, l'Enfer, le diable, le Moine-Bourru, il s'étonne que Dom Juan ne semble croire à rien de tout cela, ce qui signifie, implicitement, que lui y croit. Ce qui est drôle mais qui porte aussi atteinte à la religion, c'est que Sganarelle mêle le Ciel, c'est-à-dire Dieu, à une croyance païenne, celle du Moine-Bourru qui serait un fantôme. La religion de Sganarelle est basée sur des superstitions qui n'appartiennent pas au dogme de l'Église et les discréditent.

5. Avec ses mots et tout le raisonnement dont il est capable, Sganarelle veut prouver à son maître l'existence de Dieu. Il s'interroge en fait sur la métaphysique et les questions qu'il pose sur l'origine du monde et de l'homme sont de vraies questions toujours débattues entre science évolutionniste et foi en une création voulue par Dieu. De fait, Sganarelle rend hommage à la nature plus qu'à Dieu. Ses connaissances limitées, son raisonnement faible peuvent laisser penser que l'absence de réponse rationnelle qu'il peut donner est l'origine de sa foi. Enfin, le pauvre valet s'écroule, lazzi ou gag comique qui fonctionne comme une preuve que son raisonnement ne tient pas debout.

6. Ceux qui ont attaqué Molière pour impiété (cf. le libelle du sieur de Rochefort) dénoncent moins le personnage de Dom Juan qui se moque effectivement, dans la pièce, « de Dieu et du Diable », que le personnage de Sganarelle qui prend la défense de la religion. C'est que confier la défense de la religion à un valet de comédie, inculte et benêt, c'est déjà piper les dés, c'est offenser la religion. On le voit bien dans cette scène où le débat d'idées est ridiculisé et se termine en pitrerie. De surcroît, Molière s'était réservé le rôle de Sganarelle, le plus comique, selon ses habitudes, et l'auteur du libelle ne peut pas s'empêcher de voir derrière la naïveté du personnage l'athéisme dont on accusait Molière après *Le Tartuffe*.

Lecture de l'image

7. Daniel Mesguich justifie lui-même le déguisement de Christian Hecq en infirmière par la nécessaire actualisation de l'habit de médecin que revêt Sganarelle. Comment se déguiser en médecin aujourd'hui ? Néanmoins, Mesguich aurait pu choisir d'habiller Sganarelle en infirmier. Le travestissement permet au fabuleux comique qu'est Christian Hecq d'exécuter un numéro d'acteur grotesque qui se termine par une chute clownesque sur talons hauts. Le parti pris du metteur en scène est de rendre toute la puissance comique de ce passage, quitte à gommer le sérieux de la question métaphysique qu'on pourrait déceler à la lecture.

Vers le commentaire

8. La première tirade de Sganarelle commence par une exclamation suivie d'une interrogation rhétorique à caractère ironique. Après avoir lucidement précisé sa situation d'ignorant, il affirme sa capacité à juger des choses et entame son argumentation en faveur de l'existence de Dieu par une série de questions, indirecte pour la première puis directes. Le procédé d'accumulation contribue à enfler une tirade dont le rythme repose sur l'enchaînement de phrases de plus en plus longues dans un double mouvement d'exaltation de Sganarelle sous l'effet de sa propre verve et d'épuisement de ses ressources imaginatives et langagières. En effet les points de suspension à partir de la ligne 35 indiquent que Sganarelle se trouve bientôt à court d'exemples et d'arguments. Ainsi à la ligne 37, la phrase n'est pas finie et Sganarelle sollicite directement l'aide de Dom Juan pour le relancer en l'interrompant. Lorsqu'il rebondit sur le mot « raisonnement », que lui lance Dom Juan, Sganarelle se lance dans un touchant éloge des facultés humaines et revient à ce dont il peut parler, à ce qui appartient à son expérience sensible : son corps. Le voilà reparti dans une énumération qui s'apparente à un tournoiement de mots illustrés aussitôt par des gestes. Mais l'illustration finit par la chute démentant le raisonnement lui-même. Jamais peut-être aussi nettement qu'ici, Molière n'aura montré qu'il écrit pour la scène, que l'écriture porte en elle la gestuelle de l'acteur, que la théâtralité préside à l'écriture et que cette théâtralité même est porteuse de sens.

Molière, *L'École des femmes*

La révélation d'un jeune amoureux → p. 180-181

■ Acte I, scène 4

C'est la première rencontre d'Arnolphe et d'Horace. Le fonctionnement comique de la scène se répétera à peu près de manière identique à chacune des rencontres des deux personnages, occasions pour Horace de révélations qui structurent la pièce et sont de plus en plus douloureuses à entendre par le barbon.

Analyse du texte

Le barbon jaloux et le jeune amoureux

1. On apprend qu'en dépit des précautions prises par Arnolphe, Agnès et Horace se sont rencontrés et qu'elle l'a même introduit chez elle.

2. La scène fait passer Arnolphe de l'état de « riant » (v. 7) à son aveu final : « Que j'ai souffert ». Au fur et à mesure que la scène avance et que les révélations l'accablent, Arnolphe perd la parole, s'exprime par interjections, est incapable de répondre à Horace qui insiste (v. 23, 24, 25), et exhale son amertume dans deux apartés. Quant à Horace, il est comme tous les amoureux, très content de pouvoir raconter son aventure, intarissable sur les qualités d'Agnès, désireux de faire partager son bonheur à la terre entière. Il revient à deux reprises pour recommander le silence à Arnolphe, mais aussi parce qu'il voudrait continuer l'entretien même s'il s'est aperçu qu'il lasse Arnolphe (v. 29). Cet aveuglement l'empêche de s'interroger sur les raisons de l'embarras d'Arnolphe qu'il voit pourtant bien.

Un récit réjouissant

3. Un des ressorts comiques forts consiste à mettre le spectateur ou le lecteur en position surplombante, c'est-à-dire que le spectateur en sait plus que le personnage qui ne comprend pas la situation et que son aveuglement précipite dans le piège. Ici la situation est triplement comique : on rit de la déconvenue d'Arnolphe, qui laisse présager qu'il va perdre la partie car Arnolphe est apparu aux scènes précédentes comme un personnage antipathique, barbon amoureux contre nature et cruel, capable de voler sa vie à une jeune femme. On rit d'un Horace trop amoureux pour voir qu'il tombe dans le piège grossier de révéler son secret à son rival. On rit enfin encore plus au théâtre qu'à la lecture des efforts d'Arnolphe pour cacher sa douleur interprétés par un acteur.

4. La première réplique d'Horace entame le récit de sa rencontre amoureuse. Néanmoins ce récit prend place à l'intérieur d'un discours car le texte théâtral, écrit pour être dit oralement, relève du discours. Le discours suppose un locuteur et un auditeur dans une situation déterminée : « Je vous avouerai donc ». Horace use du passé composé, temps du passé récent (v. 2-4) puis du présent pour faire le point actuel de sa situation (v. 6). Dans la réplique suivante, il emploie également le présent pour évoquer Agnès et chercher à la décrire. Le discours d'Horace s'ancre dans une situation concrète comme en témoigne l'emploi de déictiques, éléments qui font référence à la situation dans laquelle l'énoncé est produit : Horace désigne le lieu où ils se trouvent (« ici » v. 2), et la maison (« ce logis » v. 7), en les désignant de la main. Il émaille son discours de remarques et de commentaires que lui inspire l'attitude ambiguë d'Arnolphe (v. 23-29). Molière cherche à rendre au plus près le naturel d'une conversation.

5. Il est important pour lancer l'action de la pièce qu'on apprenne ce qui s'est passé entre les jeunes gens. La suprême habileté de l'auteur est de donner ces informations au lecteur-spectateur par la bouche d'Horace qui en informe l'infortuné Arnolphe mis au supplice. C'est en effet beaucoup plus drôle que si nous assistions à la scène de la rencontre. C'est aussi sur le plan dramaturgique plus intéressant au niveau de la concentration de l'action.

Écriture d'invention

6. Il faut avoir à l'esprit qu'un acteur vit son rôle même quand il est muet et que Molière écrivait toujours pour lui-même des rôles susceptibles de mettre en valeur ses talents d'acteur. Ainsi rédiger les didascalies, que Molière n'a pas écrites mais qui pourraient figurer à certains endroits du texte pour donner à l'acteur qui joue Arnolphe des consignes de jeu, relève de l'écriture d'invention mais est également une excellente préparation au commentaire d'un texte de théâtre qui ne peut se contenter de commenter les paroles écrites. L'exercice permettra d'évaluer si les élèves ont perçu l'évolution de l'état d'Arnolphe et son horrible désappointement, source de comique.

Des valets en scène → p. 182-183

■ Acte II, scènes 2 et 3

Les scènes entre valets ponctuent généralement de leur comique les pièces de Molière. Il arrive que les couples de serviteurs imitent en les parodiant leur maître ou leur maîtresse. Ici Alain et Georgette se livrent à une analyse du comportement d'Arnolphe.

Analyse du texte

Le langage des valets

1. Molière donne à ses personnages un langage qui caractérise leur état social. Dans *Dom Juan*, il fera parler les paysans dans une sorte de patois censé renvoyer aux parlers régionaux de son époque. Il n'est pas facile aujourd'hui de distinguer ce qui dans le langage d'Alain et Georgette sonnait comme un registre familier et populaire à l'oreille du spectateur du XVIIe siècle. On remarque cependant un langage imagé qui puise ses métaphores dans l'expérience des valets de comédie dont la préoccupation tourne autour de la nourriture : « ne me mangez pas » (v. 3) ou « amitié goulue » (v. 45) et bien sûr « la femme est le potage de l'homme » (v. 38).

2. Pour la vivacité et le naturel du dialogue de comédie, Molière n'hésite pas à désarticuler l'alexandrin en distribuant un seul vers entre plusieurs répliques. Ainsi un seul vers est réparti en trois répliques (v. 14) ou deux répliques (v. 15 et 37). Les points de suspension à l'intérieur des répliques contribuent à l'effet de naturel.

Les ressorts du comique

3. Molière suspend la parole d'Arnolphe parce qu'il écrit en pensant toujours à la transposition scénique de ses pièces. Il est clair ici qu'Arnolphe s'interrompt pour menacer sans doute physiquement les valets qui eux aussi doivent être en action comme en témoignent les expressions : « Tu veux prendre la fuite ! » « Si tu bouges... ! ».

4. Les comparaisons et les métaphores semblent produites par la naïveté d'Alain qui cherche à faire comprendre la jalousie d'Arnolphe à Georgette en puisant dans ce qui lui est familier, à savoir les préoccupations liées à la nourriture. Le spectateur, lui, entend les allusions sexuelles que la malice de Molière met dans la bouche du valet en donnant l'impression que le valet lui-même n'est pas conscient des énormités qu'il énonce (v. 38-40). C'est un comique qui naît de l'équivoque des propos et appartient au comique de farce volontiers sexuel, voire scatologique.

Les fonctions des scènes 2 et 3

5. Ces scènes de valets, n'ont pas de lien direct avec l'action. Elles ne la font pas avancer. Cependant la scène 2 permet de montrer l'excès de colère d'Arnolphe juste après les révélations d'Horace. La scène 3 s'attache au sujet même de la pièce.

6. Ces scènes n'ont pas de fonction dramaturgique. Elles sont essentiellement source de comique et de jeu comique. En effet la scène 2 offre une scène typique de comédie : colère du maître et peur des valets ; menaces physiques du premier et contorsions du second pour y échapper. La scène 3 nous permet de mesurer la virtuosité d'un auteur capable de présenter une situation sous des angles divers selon qu'il s'agit du maître qui, même s'il nous fait rire, vit la situation tragiquement et s'exprimera plus loin dans la pièce dans des vers dignes d'une tragédie, ou des valets qui appartiennent au monde populaire de la farce. La fonction essentielle de ces scènes reste de faire une pause dans l'action et de faire rire le spectateur autrement qu'il n'a ri jusqu'ici.

Activité orale

7. Cette activité orale rendra concret le fait que le texte est écrit par Molière en fonction du jeu de l'acteur présent à son esprit quand il écrit, puisque chaque interruption de la parole correspond à une action.

Prolongement

La comparaison des langages des paysans à la scène 1 de l'acte II de *Dom Juan* et des valets de *L'École des femmes* montre que Molière est attentif à donner à chacun un langage inscrit dans sa situation sociale, témoignant de sa recherche de naturel.

Une scène scandaleuse → p. 184-185

■ Acte II, scène 5

Cette scène a été jugée inconvenante par les contemporains de Molière : elle contrevenait selon eux à la règle de la bienséance, au point d'être appelée « La scène du "le" » dont il est question dans *La Critique de l'École des femmes*. On appréciera comment Molière joue d'un comique aux allusions graveleuses tout en nous donnant à mesurer l'étendue de l'innocence d'Agnès.

Activité orale

1. Cette mise en voix préalable de la scène a pour objectif de faire prendre conscience de la valeur de l'aparté au théâtre, du rythme particulièrement rapide de la scène et sans doute, si on choisit de ménager quelques silences, du martyre, à effet comique, que vit Arnolphe.

Analyse du texte

Les personnages en présence

2. L'innocence d'Agnès, voire son ignorance des choses de la vie apparaît nettement dans sa vision des relations hommes-femmes dont elle ignore qu'elles peuvent aller au-delà des baisers sur les mains et les bras (v. 25). Elle est prête à « tout accorder » (v. 29) à un inconnu sans aucune conscience des risques qu'elle encourt. Paradoxalement cette innocence transparaît aussi dans sa façon très simple, naïve et impudique d'exprimer les sensations que lui procure l'amour naissant sans penser que ce puisse être incongru et répréhensible de la part d'une jeune fille (v. 5-7).

3. C'est exactement le cas puisque Arnolphe a tout prévu et tout fait pour qu'Agnès soit élevée dans l'ignorance totale de l'amour et des rapports entre les sexes ; et ce pour éviter toute infidélité de sa part. Or c'est précisément l'innocence d'Agnès qui la jette dans les bras du premier venu sans aucune conscience de ce qui peut se passer, au risque de se « déshonorer », comme on disait alors des jeunes filles complaisantes et légères.

4. Les cinq vers sont éclatés, le premier sur huit répliques, le second sur quatre, le troisième sur deux, la quatrième sur trois et le cinquième sur trois. Les répliques sont donc très courtes et traduisent l'état agité des personnages : Arnolphe parce qu'il redoute le pire de la bouche d'Agnès et contient sa colère, Agnès parce qu'elle est effrayée de voir Arnolphe dans cet état et qu'elle n'ose plus répondre à ses questions de crainte de le fâcher encore.

L'expression du désir amoureux

5. La première réplique d'Agnès ne comporte qu'une seule phrase qui s'étend sur six vers. Deux propositions principales cordonnées (v. 2-3), la première suivie d'une proposition conjonctive complément ou complétive (v. 2) la seconde suivie d'un groupe nominal complément (v. 3) qui va être repris, précisés par un autre : « des choses » (v. 4) développé par deux propositions relatives dont la seconde se prolonge sur trois lignes (v. 5- 7) avec un enjambement au dernier vers.

6. La métrique et la structure syntaxique définies à la question précédente épousent la façon dont Agnès cherche à exprimer ce qu'elle ressent au plus près de ses sensations, et comme elle veut dire l'indicible du désir amoureux, elle finit par une expression vague « certain je ne sais quoi » (v. 7). La longueur de la phrase traduit aussi le plaisir qu'elle éprouve à parler de cet instant d'émoi et on imagine la comédienne l'exprimant dans un souffle langoureux. La sensualité de la réplique réside aussi dans les mots qu'emploie Agnès : « douceur » « chatouille » « remue » mais aussi dans le « là-dedans » qui peut indiquer le cœur d'Agnès ou son corps. Les sonorités enfin contribuent au murmure amoureux, notamment l'allitération en « m » (v. 2, 3, 6, 7).

Un dialogue de sourds

7. Rire et sourire sont convoqués ici. Le rire lié aux allusions sexuelles sur lesquelles l'interrogatoire d'Arnolphe est bâti, rire lié au personnage d'Arnolphe fou d'inquiétude et mort d'une rage à laquelle il ne peut laisser libre cours. Le sourire face à la naïveté d'une Agnès qui ne sait pas ce que le spectateur sait bien, lui qui a déjà été amoureux.

8. N'oublions jamais au théâtre combien ces répliques écrites pour la scène seront portées au maximum de leur expressivité et de leur comique quand elles seront incarnées par de vrais corps d'acteurs et accompagnées de leurs jeux de scène. Rappelons que Molière qui écrivait pour lui les rôles les plus porteurs de comique, s'était réservé le rôle d'Arnolphe et qu'il s'était formé au jeu physique de la *commedia dell'arte*. Sa fureur retenue peut en effet se traduire par des jeux de scène expressifs. Quant à Agnès, son innocence absolue et son impudeur naturelle, ainsi que sa frayeur, car elle ne comprend pas ce qui provoque la colère d'Arnolphe, peuvent être appuyées par le jeu de la comédienne.

Vers la dissertation

9. La scène 5 de l'acte II de *L'École des femmes* nous permet d'illustrer à quel point Molière écrit pour la scène avec la certitude que « les comédies ne sont faites que pour être jouées ». La scène repose sur un quiproquo puisqu'Agnès redoute la colère d'Arnolphe si elle avoue s'être laissé prendre le ruban, cadeau d'Arnolphe ; Arnolphe, lui, redoute qu'Horace ait pris à Agnès des baisers, ou plus grave encore. Ce quiproquo se prolonge sur une quinzaine de vers pour le plus grand effet comique. C'est le jeu des comédiens qui permet au quiproquo de se développer ainsi. En effet, l'inquiétude d'Arnolphe le met au supplice et, même s'il essaie de se contenir pour ne pas effaroucher Agnès, ses mimiques, son expression le trahissent si bien qu'Agnès est morte de peur et n'ose pas avouer. Quant à elle, son innocence ne lui permettant pas de distinguer le bien du mal, elle a bien conscience qu'elle aurait dû garder le cadeau d'Arnolphe et n'imagine pas, par ailleurs, que l'expression horrifiée d'Arnolphe puisse être provoquée par un acte plus répréhensible : « Comment ? est ce qu'on fait d'autre chose ? » (v. 25). Les alexandrins sont littéralement éclatés dans un dialogue réduit à des monosyllabes qui traduisent le combat que se livrent les protagonistes, l'un pour savoir la vérité tout en redoutant de l'apprendre, l'autre pour ne pas la livrer. Ces répliques écrites pour la scène seront portées au maximum de leur expressivité et de leur comique quand elles seront incarnées par de vrais corps d'acteurs et accompagnées de leurs jeux de scène.

Amour et jalousie → p. 186-187

■ Acte IV, scène 1 et acte V, scène 4

Le 1er texte montre la progression de l'amour chez Arnolphe dans la tradition du monologue tragique. Le 2e texte met en scène l'homme amoureux et possessif et la jeune fille qui s'éveille à la sensualité. Deux conceptions de l'amour s'affrontent.

Analyse des textes

Un monologue [Ier TEXTE]

1. Tout se passe comme si Arnolphe redescendu de la chambre d'Agnès était dans un émoi tel qu'il se mettait à parler haut spontanément, justifiant cet étrange comportement par l'aveu : « J'ai peine, je l'avoue, à demeurer en place » (v. 1) et la nécessité qu'il éprouve à « mettre de l'ordre » dans la situation qu'il vit et les sentiments qui l'agitent (v. 3). À partir du vers 28, dans sa détermination à triompher, il s'adresse directement à Horace pourtant absent.

2. Arnolphe pour décrire son trouble parle d'échauffement de bile, de « bouillants transports ». Ces images sont concrètes et très physiques. Molière s'appuie sur les manifestations corporelles de l'amour.

3. Appartiennent aux tonalités pathétique, et même quasi tragique, les vers qui exposent la souffrance d'Arnolphe, la vision de la mort qui l'habite, dans un registre de langue soutenu digne des vers d'une tragédie, notamment les vers 5, 7, 11 à 16, 18, 19 à 23. Un mot comme « crève » (v. 17) précédant le langage soutenu du vers suivant (v. 18), des termes familiers comme « godelureau » ou comme « mitonner » (v. 24) qui évoque une recette de cuisine, des expressions familières telles « jusque sur la moustache » (v. 26) créent des ruptures stylistiques dont l'effet est surprenant et drôle. Ces changements de tonalité et le brio avec lequel Molière en joue prouvent une fois encore le génie de Molière qui peut tout écrire et choisit cependant la comédie.

Une scène d'affrontement [2e TEXTE]

4. On remarque que plusieurs répliques commencent par « Oui. Mais » ou « Mais... », signe d'une contradiction immédiatement apportée aux propos énoncés. Les répliques rebondissent sur un mot de la réplique précédente (v. 4, 12-15, 18-19), comme si mot à mot et pied à pied, chacun défendait sa position. Les répliques de cet extrait sont tissées de façon très serrée et témoignent dans leur brièveté et leur enchaînement de l'enjeu essentiel que constitue cette scène pour Arnolphe comme pour Agnès. Arnolphe est depuis la scène 1 de l'acte IV très amoureux d'Agnès et il en a pris totalement conscience. Il sent bien qu'elle lui échappe et il joue ici une de ses dernières cartes pour ne pas la perdre. Agnès, elle, a pris conscience qu'Arnolphe est un monstre qui lui a volé sa jeunesse et l'épouser serait pour elle une union repoussante alors qu'elle aime Horace. Elle ose lui tenir tête et défend elle aussi sa vie et son bonheur.

5. Agnès n'est plus la jeune fille que la colère d'Arnolphe effrayait et elle sait maintenant parfaitement ce qu'elle veut : épouser Horace. L'amour la rend capable de tenir tête au barbon. Elle est restée néanmoins la jeune fille de la scène 5 de l'acte II continuant à témoigner tranquillement de la primauté du plaisir et du désir (v. 6-11 et 20).

Deux conceptions de l'amour

6. Arnolphe parle d'amour en termes de contrainte : « deviez-vous » (v. 15), « il fallait chasser » (v. 18). Agnès exprime bien ce qu'Arnolphe fait du mariage : « Chez vous le mariage est fâcheux et pénible » (v. 8). L'amour-propre d'Arnolphe, la crainte d'être trompé le font passer à côté des joies de l'amour. Agnès exprime au contraire une morale naturelle basée sur le désir et le plaisir, une morale épicurienne dont on sait que Molière était un adepte.

7. Arnolphe contrecarre Agnès à quatre reprises (v. 4, 13, 15 et 18), mais il n'use pas d'arguments véritables qui auraient pour objet de convaincre ou de persuader Agnès. Il lui oppose sa propre volonté (v. 4), lui reproche son audace (v. 13) et son amour (v. 15) et enfin lui adresse une injonction sans justification (v. 18).

Écriture d'invention

8. L'intérêt de cet exercice réside à la fois dans le maniement du style indirect et la capacité à rendre, avec d'autres mots que celui de l'auteur, la progression du sentiment amoureux dont Arnolphe rend compte ici et dont le devoir de l'élève rendra compte comme s'il en témoignait après l'avoir entendu.

Un double dénouement

→ p. 188-189

■ Acte V, scène 9

Ce dénouement, comme souvent chez Molière, sacrifie au dénouement traditionnel de comédie exigeant une promesse de mariage, une fin heureuse, et un repas. Il se centre en même temps sur le personnage principal, terriblement puni ici de sa coupable obsession d'être cocu.

Analyse du texte

Un dénouement de comédie

1. Le père d'Horace, accompagné du père d'Agnès et de Chrysalde, l'ami d'Arnolphe qui s'est révélé être l'oncle d'Agnès, vient réaliser le mariage des deux jeunes gens. On assiste à un coup de théâtre ou retournement de situation qui permet aux personnages sympathiques de la pièce de passer du malheur au bonheur, comme toujours dans un dénouement de comédie.

2. Du vers 3 au vers 24, le récit, de la naissance d'Agnès et des aventures de son père jusqu'à l'heureux dénouement du mariage inattendu entre Horace et Agnès, est raconté à deux voix. Ces voix se partagent très exactement le récit de deux vers en deux vers.

3. L'événement est peu vraisemblable. L'arrivée des pères, la coïncidence qui fait de Chrysalde, premier témoin de l'obsession d'Arnolphe, l'oncle d'Agnès, constituent un véritable coup de théâtre : c'est le *deus ex machina*, qui permet de résoudre l'intrigue en une scène. La manière très rapide dont ce dénouement est conduit, la stylisation de la parole d'Oronte et Chrysalde, qui se livrent à une sorte de duo comme dans un chant alterné, prouvent la volonté de Molière de ne pas traiter ce dénouement de façon vraisemblable, réaliste et naturelle. Il ne fait que se soumettre ici au code en vigueur pour un dénouement de comédie.

La fuite d'Arnolphe

4. Arnolphe a tout perdu. Bien avant que la comédie ne commence, quand Agnès avait quatre ans, il a ourdi son plan, l'a « mitonné » pendant des années, a cru tout prévoir, jusqu'à l'achat d'une maison où Agnès serait à l'abri des regards. Depuis le début de la pièce, il se bat contre les menées d'Horace et l'amour qu'Agnès lui porte. Pire, il est devenu lui-même profondément amoureux. Enfin il subit cette humiliation en public, en présence de celui même devant qui il s'était enorgueilli d'être plus malin que les autres.

5. Le dernier mot d'Arnolphe est une interjection qui peut être de surprise ou de douleur. En tout cas, il ne peut plus parler ; il a, au sens propre, le souffle coupé. Sa fuite s'accompagne de la disparition de sa voix.

La visée morale de la comédie

6. Aux vers 31-32, Chrysalde exprime la morale de l'histoire dont il veut qu'Arnolphe s'instruise. Son effet est évidemment comique puisque Chrysalde exprime ainsi que toutes les théories d'Arnolphe sur le mariage, tous ses efforts ont été vains et qu'il aurait mieux valu ne rien faire du tout. À la première scène, Chrysalde s'opposait à Arnolphe en lui prêchant une attitude d'ouverture et en le mettant en danger contre les risques de la jalousie. Il est la voix du raisonneur, figure récurrente chez Molière, voix de la raison qui triomphe de l'obsession destructrice.

7. Au-delà du personnage d'Arnolphe, *L'École des femmes* s'adresse aux spectateurs. Outre sa vocation comique, la pièce invite à une morale naturelle : l'amour sied aux jeunes gens ; le plaisir et le désir jouent un rôle sain et important dans les actions humaines. Contraindre ne sert à rien. Aller contre la nature et cultiver des obsessions stériles ne mène qu'au malheur.

Vers le commentaire

8. On pourra proposer le plan suivant :

I. Un double dénouement

a. Un dénouement de comédie : tout est bien qui finit bien

b. La confusion d'Arnolphe

II. La morale de l'histoire

a. La leçon de morale à l'usage d'Arnolphe

b. Du danger de l'obsession

III. Par-delà la morale, le théâtre

a. Le comique

b. Les choix d'interprétation propres aux grands textes de théâtre

Exemple de sous-partie rédigée (III b)

À la fin de la pièce, le lecteur ne peut que ressentir la « fantaisie de triomphe », ressort comique propre à la comédie. S'identifiant aux jeunes gens malheureux, il est ravi de la tournure prise par les événements et du *happy end*. Toutefois le texte n'est pas totalement univoque. On a vu combien la focalisation sur le personnage d'Arnolphe ouvrait de lectures possibles sur le portrait d'un obsessionnel dont l'obsession fait le malheur, mais aussi sur la psychologie complexe d'un homme véritablement tombé amoureux au cours de la journée que couvre l'histoire de la pièce. Lors de la représentation, le metteur en scène, par le choix des acteurs et le traitement scénique du dénouement, infléchira l'impression ressentie et le sens de l'œuvre. Si l'acteur qui joue Arnolphe est totalement ridicule – dans son aspect, sa posture, son âge – la joie du spectateur n'en sera que plus grande. Si en revanche, son physique n'est pas repoussant, s'il joue avec sincérité l'amant malheureux, il peut provoquer de la pitié et ouvrir une brèche dans la tradition purement comique de l'œuvre de Molière. À Avignon, dans la mise en scène de Didier Bezace, Pierre Arditi campait un Arnolphe, d'âge mûr certes, mais plein de charme. Pour la dernière scène, il restait seul sur le plateau du Palais des Papes et s'enfonçait par une trappe, pathétique, sous la scène, tandis que tous les autres protagonistes avaient rejoint l'espace du public et donnaient les dernières répliques d'Horace et Chrysalde dans un brouhaha de voitures et klaxons, signifiant que la vraie fin de la pièce résidait dans la fuite d'Arnolphe et non dans le dénouement traditionnel de la comédie.

Étude d'ensemble

→ p. 190-191

Le temps et le lieu

1. L'action ne dure pas plus de vingt-quatre heures, du matin où Arnolphe annonce à Chrysalde son mariage jusqu'au matin suivant où les pères concluent le mariage des jeunes gens.

2. L'unité de temps est en effet observée puisque la règle, d'après Aristote, stipule qu'il est préférable de ne pas dépasser la durée d'une révolution du soleil.

3. Le lieu représenté sur scène est le lieu traditionnel de la comédie : une place qui se trouve être ici entre les deux maisons d'Arnolphe. Le décor de Christian Bérard prend quelques libertés avec l'unité de lieu de la pièce puisqu'il invente un dispositif qui s'ouvre et figure ainsi deux lieux : la place devant la maison d'Agnès mais aussi le jardin de la maison. Dès le XVIIe siècle, les détracteurs de la pièce trouvaient invraisemblable qu'Arnolphe sermonne Agnès sur la place publique. C'est ce souci de vraisemblance qui amène Louis Jouvet, servi par la scénographie de Christian Bérard, à jouer les scènes entre Arnolphe et Agnès dans le jardin de la maison.

4. Il faut parler de lieux pluriels dans *L'École des femmes* en remarquant tout d'abord que la présence du hors scène est inscrite dans le texte même, que ce hors scène est constitué de la ville au-delà de place dans laquelle Arnolphe cherche Horace, entre l'acte I et l'acte II, et de l'intérieur des deux maisons d'Arnolphe. Il faut donc distinguer les scènes que le spectateur voit, dont l'action se passe sur la place, des scènes évoquées dans les récits des personnages. C'est précisément par le biais des récits que Molière parvient à respecter la règle classique de l'unité de lieu.

5. À la scène 3 de l'acte I, Arnolphe fait descendre Agnès de la maison qu'il possède sous le nom de Monsieur de La Souche ; elle rentre ensuite sagement avec les serviteurs. À la scène 2 de l'acte II, il monte chez Agnès, ressort avec elle pour se promener et la fait remonter dans sa chambre. À la scène 2 de l'acte III, il donne sa leçon à Agnès dehors « au frais », puis la fait rentrer. Entre l'acte IV et l'acte V, Agnès est descendue retrouver Horace dans la rue. À la scène 4 de l'acte V, Arnolphe, à qui Horace vient de remettre Agnès, la fait rentrer dans sa propre chambre, dans la maison qu'il habite sous le nom d'Arnolphe. À la dernière scène, elle en ressort pour partir au couvent et s'apprête à y rentrer de nouveau aux bras d'Horace et de son père. On constate qu'Agnès ne sort de chez elle que lorsque Arnolphe le lui ordonne, sauf quand elle vient, la nuit, elle-même, dans la rue ; mais Arnolphe l'enferme aussitôt à nouveau.

6. L'espace et le jeu permanent entre l'intérieur et l'extérieur que cet espace induit, racontent une imposture, figurée par la double maison et la conquête de la liberté qui est l'histoire d'Agnès.

L'action

7. Plusieurs réponses sont acceptables et leur diversité montrera les différents niveaux de lecture que l'on peut faire de la pièce de Molière. L'action principale est le projet de mariage d'Arnolphe ou celui des jeunes gens, ou la prise de conscience qu'aucune précaution contre-nature ne peut empêcher ce à quoi la nature précisément pousse, à savoir l'union d'êtres jeunes.

8. On peut retracer brièvement les actions de la pièce ; on fera précéder de la mention « hors scène » celles qui sont censées se produire hors de la vue des spectateurs.

– **Acte I** : Arnolphe annonce son mariage à son ami Chrysalde et l'invite à souper le soir même dans sa deuxième maison, où il loge Agnès. Il le prie de l'appeler de son nouveau nom : M. de la Souche. Arnolphe rencontre Horace, apprend ses amours, le laisse partir puis va à sa recherche.

Hors scène, entre l'acte I et l'acte II, Arnolphe cherche Horace.

– **Acte II** : Arnolphe revient sans avoir retrouvé Horace. Il décide d'interroger Agnès et ses serviteurs pour mieux maîtriser la situation.

Hors scène, entre l'acte II et l'acte III, une pierre est jetée sur Horace selon les ordres d'Arnolphe.

– **Acte III** : Arnolphe félicite ses serviteurs et instruit Agnès des maximes du mariage. Puis il apprend par Horace qu'Agnès a attaché une lettre à la pierre. Horace lui lit la lettre d'Agnès.

Hors scène, entre l'acte III et l'acte IV, Arnolphe monte dans la chambre d'Agnès. Horace qui y est déjà se cache dans l'armoire. Arnolphe tombe terriblement amoureux au cours de cet entretien auquel le spectateur n'assiste évidemment pas.

– **Acte IV** : Arnolphe renvoie le notaire qu'il avait mandé pour mieux réfléchir à la situation, bouleversé par la nouveauté du sentiment amoureux : « Je l'aime et cet amour est mon grand embarras » (scène 3, v. 1054). Il décide de redoubler la surveillance de la maison, renvoie Chrysalde qui revenait pour le souper, et, instruit de la volonté d'Horace de retrouver Agnès cette nuit même dans sa chambre, prépare un guet-apens.

Hors scène, entre l'acte IV et l'acte V, Horace est laissé pour mort. Dans la confusion, Agnès descend le rejoindre, il la cache dans l'ombre.

– **Acte V** : Horace demande à Arnolphe d'héberger Agnès et la lui remet. Agnès reconnaît Arnolphe, il l'enferme en lui promettant « le cul d'un couvent ». Les pères respectifs arrivent sur la place. Arnolphe fait quérir Agnès pour la mortifier et la conduire sur-le-champ au couvent : scène de reconnaissance. Dénouement.

On constate que les actions qui font avancer la pièce se passent entre les actes : pierre jetée avec la lettre attachée, irruption d'Arnolphe dans la chambre d'Agnès dont il ressort fou d'amour, fausse mort d'Horace, enlèvement d'Agnès. Ces événements nécessiteraient s'ils devaient se dérouler sur scène des changements de lieux que Molière refuse au nom de la règle classique de l'unité de lieu : le spectateur apprendra ces événements déterminants par les récits des protagonistes.

Les personnages

9. Il faut en effet étudier le personnage d'Agnès dans son évolution, évolution remarquable et rapide de la jeune gourde de l'acte I à la jeune femme chez qui l'amour éveille à la fois les sens et la douloureuse conscience de ses insuffisances, telle qu'elle apparaît dans sa lettre. Elle devient à l'acte V une femme qui revendique son amour et trouve des mots pour le défendre. L'émancipation d'Agnès à laquelle on assiste peut s'expliquer par sa naissance, qui l'a dotée d'intelligence, par son absence d'éducation, qui a maintenu jusque-là son esprit en friche, par la nature elle-même qui s'impose sous l'impulsion de sens réveillés, voire révélés par l'émoi amoureux. Néanmoins cette évolution est difficilement possible en si peu de temps. Les critiques en reprochent à Molière l'invraisemblance. C'est oublier qu'on est au théâtre. En effet le théâtre est un concentré de vie, d'émotions ; ce n'est pas la vie dans son déroulement linéaire, facteur de lente maturation psychologique. Et puis à travers Agnès, c'est toute une philosophie de l'existence que Molière porte sur le théâtre. « Le moyen d'empêcher ce qui fait du plaisir » interroge Agnès. Molière qu'on a dit élève de Gassendi est en tout cas un adepte de l'épicurisme dont le jeune Louis XIV se sent proche.

10. Obsédé par la crainte d'être cocu, Arnolphe, au début de la pièce expose le plan diabolique, depuis longtemps mûri, qui l'amène à épouser une jeune femme à qui toute éducation a été refusée. Au cours de cette journée où Agnès reconquiert sa liberté, Arnolphe tombe amoureux d'Agnès.

11. Trois visages d'Arnolphe se superposent : le barbon jaloux, figure du ridicule ; le monomaniaque, présent dès le début de la pièce, obsédé par le cocuage, monomaniaque qui veut, contre tout et tous, affirmer que son système est le bon ; enfin l'homme qui au cours de la pièce, tombe éperdument amoureux et souffre profondément. Ainsi le type comique du barbon ridicule repris par Molière va bien au-delà du stéréotype et possède déjà, dans ses différentes facettes, une psychologie complexe, loin du personnage de farce ou de *commedia dell'arte*. La vision d'un Arnolphe monomaniaque, qui se découvre amoureux sur le tard mais qui veut avant tout avoir raison et est incapable de reconnaître son erreur de jugement, place le personnage dans la longue liste des monomaniaques moliéresques. Nous sentons bien là, en dépit de la diversité de sa dramaturgie, une des constantes du théâtre de Molière : stigmatiser par le rire l'erreur d'un personnage aveuglé par son obsession. À propos du couple Arnolphe/Agnès on peut évoquer la vie de Molière et remarquer l'étrange coïncidence de son destin avec celui de son personnage : marié l'année même de l'écriture de *L'École des femmes* avec une très jeune Armande Béjart qui aurait pu (pourrait ?) être sa fille. Cependant la piste biographique n'amènera pas bien plus loin dans la connaissance de l'œuvre et de son contexte et reste tributaire de nos modes de pensée modernes qui s'éloignent beaucoup de la perception que le XVIIe siècle pouvait se faire des choses. Ainsi Roger Duchêne dans son énorme biographie de Molière voit plutôt dans le mariage de Molière et d'Armande un mariage arrangé par la famille Béjart et Molière afin d'assurer un héritier au bien non négligeable acquis par l'entreprise théâtrale familiale, augmenté de l'héritage de Jean-Baptiste Poquelin. Il est vrai par ailleurs qu'Armande a trompé Molière dès les débuts de leur mariage et qu'il peut être légitime, si Molière était amoureux d'Armande, de voir dans *L'École des femmes* la douloureuse *catharsis* de son auteur.

12. *Amoroso* de *commedia dell'arte*, jeune premier séduisant et naïf, Horace est à sa manière aveuglé par l'amour. Personnage de pure fonctionnalité, il porte l'intrigue qui repose sur son incapacité à voir le malaise d'Arnolphe et à décrypter sa double identité. Chrysalde incarne la figure du raisonneur récurrente dans les comédies de Molière ; c'est le personnage qui met en lumière la folie d'Arnolphe. Les deux pères sont bien les pères traditionnels de comédie, nécessaires au dénouement. Quant aux valets, ils sont porteurs de la dimension farcesque de la pièce. Chacun de ses personnages remplit une fonction dramaturgique précise ; souvent proche du stéréotype, il est traité plus sommairement que ne le sont Agnès et Arnolphe qui évoluent au cours de la pièce.

Les récits

13. N'oublions pas que le récit fait par un personnage est toujours adressé à un double destinataire : son interlocuteur et le spectateur dans la salle ou le lecteur de la pièce. C'est pourquoi le récit joue un rôle informatif nécessaire. Dans la première scène de *L'École des Femmes* (scène d'exposition), le débat sur le mariage se conjugue avec le récit d'Arnolphe qui renseigne le spectateur sur l'éducation qu'il a fait donner à Agnès. Ainsi de façon très naturelle, au cours de la conversation entre Arnolphe et Chrysalde, le spectateur apprend le plan machiavélique d'un homme obsédé par la crainte du cocuage – soit le sujet de la pièce et le fonctionnement psychologique d'Arnolphe –, met en place les lieux de la fable – les deux maisons – et le double nom qui favoriseront la méprise. On apprend aussi par le récit d'Arnolphe ce que l'absence d'éducation a fait d'Agnès : une ingénue stupide que le spectateur a hâte de voir comme Chrysalde invité à souper pour juger par lui-même de la réussite de l'entreprise du barbon.

14. Au début de la scène 4 acte I, Arnolphe, qui a reconnu en Horace le fils d'un de ses amis, l'interroge sur sa vie et ses amours et lui donne de bon cœur de l'argent pour poursuivre son aventure amoureuse. Il apprend alors que la jeune fille en question est sa pupille. Cette scène donne des informations indispensables au spectateur en même temps qu'elle installe la double situation comique d'un

Horace en train de tomber dans un piège puisqu'il fait ses confidences à son rival qui, ainsi informé, mettra tout en œuvre pour faire échouer ses projets et d'un Arnolphe mis au supplice par des révélations et dans l'impossibilité d'exprimer son désarroi devant Horace. Ce schéma dramatique se retrouve à l'identique à la scène 4 de l'acte III où Arnolphe et les spectateurs apprennent par Horace qu'Agnès a attaché une lettre à la pierre que les serviteurs ont lancée à Horace selon ses ordres. À la scène 6 de l'acte IV, Arnolphe et le spectateur apprennent par Horace qu'il était caché dans l'armoire de la chambre d'Agnès. Enfin le dernier récit d'Horace révèle à Arnolphe et aux spectateurs qu'Agnès s'est enfuie et a rejoint Horace. On remarque que cette répétition du même schéma dramatique est en elle-même source de comique mais que Molière varie subtilement les scènes afin d'éviter la monotonie : chaque récit d'Horace révèle l'échec des pièges tendus par Arnolphe et la progression de l'amour des jeunes gens. Arnolphe en devient de plus en plus muet.

15. Dans la scène 5 de l'acte II, Agnès prend un extrême plaisir à revivre, en la racontant à Arnolphe, sa rencontre avec Horace. Molière analyste du cœur humain sait bien que l'on aime à raconter ce qui nous est arrivé d'agréable. Cette scène n'apporte pas d'information nécessaire à la poursuite de l'action. En revanche, elle répète et renouvelle – c'est Agnès cette fois qui raconte – la scène comique d'un Arnolphe mis au supplice et obligé de le cacher. Enfin cette scène nous en dit long sur l'absence de pudeur de la jeune fille (en raison de son manque d'éducation) et sur sa nature, portée à l'émoi amoureux.

16. Toute la scène 6 de l'acte IV est constituée du récit par Horace de la scène de jalousie d'Arnolphe, monté dans la chambre d'Agnès. Molière livre ici un « morceau de bravoure » assez comparable, dans son étendue et sa forme versifiée en langage soutenu, aux grands récits tragiques dont le parangon reste le récit de Théramène dans *Phèdre*. De la même façon, les deux récitants, avant de revenir vers ceux qui les écoutent à la fin du récit, décrivent la scène à laquelle ils ont assisté comme si elle était encore sous leurs yeux, à ce détail près tout de même : Horace enfermé dans l'armoire n'a pas vu la scène mais l'a entendue et interprétée. Ainsi c'est une forme quasiment burlesque de parodie du récit tragique que nous offre Molière. La colère d'Arnolphe n'a pas la dimension épique de la colère d'Achille dans *L'Iliade* même si elle terrorise Horace ; c'est la colère d'un ridicule ; ses manifestations, vases cassés, petit chien battu, sont grotesques.

Écriture et prolongements

Écriture d'invention

1. Molière lui-même répond à cette critique à la scène 6 de *La Critique de l'École des femmes* : « Premièrement, il n'est pas vrai de dire que toute la pièce n'est qu'en récits. [...] les récits eux-mêmes y sont des actions par là suivant la constitution du sujet ; d'autant qu'ils sont tous faits innocemment, ces récits, à la personne intéressée, qui par-là entre à tous coups dans une confusion à réjouir le spectateur et prend, à chaque nouvelle, toutes les mesures qu'il peut pour se parer du malheur qu'il craint ». On attend des élèves qu'ils montrent, à partir des scènes évoquées dans les questions 13, 14, 15 et 16, que chaque récit apporte au public des informations sur des scènes qui ont lieu hors scènes et ne pourraient être montrées eu égard à l'unité de lieu et qui font avancer l'action ; que chaque récit a trait au sujet de la pièce : la monomanie d'Arnolphe et sa jalousie ; que les récits relancent l'action car Arnolphe cherche un nouveau stratagème pour arriver à ses fins ; enfin, qu'ils ont un effet comique certain qui se donne à voir dans les réactions expressives, souvent muettes, de l'acteur qui joue Arnolphe. Il ne faut pas oublier que Molière a écrit pour lui le rôle d'Arnolphe.

Vers la dissertation

On pourra proposer le plan suivant :

I. L'écriture de la pièce

a. Les vers (mélange de tonalités sérieuses voire tragiques et de langage familier)

b. La structure en cinq actes (comparaison intéressante avec *L'École des maris*)

c. Les personnages : leur répartition en deux groupes et la psychologie relativement élaborée d'Arnolphe et d'Agnès

II. La visée morale

a. Le ridicule de l'obsessionnel

b. Le triomphe de la nature

c. Une éthique du plaisir

III. Théâtralité et comique président néanmoins à l'entreprise

a. Le rôle des valets

b. La structure en récits largement commandée par le comique du jeu sans oublier la parodie du récit tragique

c. La « fantaisie de triomphe », essence même de la comédie

Exemple d'introduction rédigée

Dans *La Critique de l'École des femmes*, à la scène 6, Molière écrit « Vous croyez donc que tout l'esprit et toute la beauté sont dans les poèmes sérieux, et que les pièces comiques sont des niaiseries qui ne méritent aucune louange ? [...] et quand pour la difficulté vous mettriez un plus du côté de la comédie, peut-être que vous ne vous abuseriez pas. Car enfin, je trouve qu'il est bien plus aisé de se guinder sur de grands sentiments, de braver en vers la Fortune, accuser les Destins, et dire des injures aux Dieux que d'entrer comme il faut dans le ridicule des hommes, et de rendre agréablement sur le théâtre des défauts de tout le monde [...] c'est une étrange entreprise que de faire rire les honnêtes gens». Molière nous livre ici son art poétique qui se veut miroir des mœurs et peinture de caractères ridicules. Il revendique la noblesse de la comédie, genre considéré comme mineur, en n'hésitant pas à la comparer à la grande tragédie. À la faveur de la querelle qui s'en suivit, Molière inscrit la première de ses pièces en cinq actes et en vers entre la démonstration de son génie comique et celle de ses talents littéraires. Il s'agira donc de montrer en quoi *L'École des femmes* répond à l'ambition de Molière de créer une grande comédie classique susceptible de rivaliser avec la tragédie. Nous convoquerons à ce propos l'écriture de la pièce et sa visée morale pour nous demander si cette volonté de hausser la comédie au rang de la tragédie ne passe pas, *in fine*, loin derrière le désir de faire rire dans un texte écrit par un auteur-acteur préoccupé surtout de la théâtralité de ce qu'il écrit.

Recherche documentaire

On pourra consulter les sites suivants :

- sur les personnages de la *commedia dell'arte* :

http://tecfa.unige.ch/tecfa/teaching/UVLibre/9900/bin57/commedia.htm

- sur la *commedia dell'arte* d'Arlequin à Molière :

http://www. toutmoliere.net/commedia-dell-arte.html

Histoire littéraire

Petite histoire de la comédie

→ p. 192-193

Recherche documentaire

L'histoire du théâtre en bandes dessinées d'André Degaine est une bonne référence. On peut également se reporter à l'ouvrage de Marie-Claude Hubert *Histoire de la scène occidentale de l'Antiquité à nos jours*, Armand Colin, « Cursus », 1992.

Pour l'histoire des lieux théâtraux, on peut consulter le site suivant :

http:// www.infx.info/quidnovi/spip.php?article430

La « querelle de *L'École des femmes* »

→ p. 194-195

Recherche documentaire

On pourra se reporter à l'ouvrage et au site suivants :

– Georges Mongrédien, *La Vie quotidienne des comédiens au temps de Molière*, Hachette, 1966 ;

– http:// www.toutmoliere.net/troupes.html.

L'art des jardins et des fêtes royales : Versailles au XVIIe siècle

→ p. 196-197

1 Un espace aménagé à la gloire d'un grand roi

Lecture de l'image

1. Le tableau met en évidence la mise en perspective de plusieurs plans : la pelouse où se trouvent les personnages ; la configuration géométrique des allées et des pelouses qui constituent le jardin ; le bosquet d'arbres ; les champs ; les collines ; l'horizon ; sans oublier sur la droite l'imposante façade du château. L'espace est organisé à partir du point de vue des personnages et s'étage en plusieurs plans, d'une nature façonnée par la main de l'homme à une nature sauvage.

2. La taille des êtres humains représentés sur le tableau nous permet de mesurer les vastes dimensions de la partie du jardin qui est représentée. On voit comment le paysagiste inscrit sa création dans un cadre naturel préexistant qu'il utilise pour donner l'illusion d'un jardin immense se prolongeant jusqu'à l'horizon.

2 Une grandiose mise en scène

Lecture de l'image

1. Le Nôtre, qui a étudié la peinture, aménage le paysage en utilisant la perspective, comme les peintres depuis la Renaissance, ou comme les décorateurs de théâtre venus d'Italie. La composition symétrique du tableau qui reproduit la symétrie de l'espace, participe de l'esthétique classique. On peut même rapprocher le rôle de l'axe central dans l'architecture classique de la structure de l'alexandrin avec sa césure à l'hémistiche.

2. L'organisation symétrique de l'espace produit un effet d'ordre et de stabilité. En revanche, la profusion des sculptures dans les allées, les bassins et les fontaines, les jeux d'eau, que la lumière changeante métamorphose en créant des effets d'illusion optique, relèvent de l'esthétique baroque. À propos du bassin d'Apollon, La Fontaine écrit dans *Les Amours de Psyché et de Cupidon* en 1669 :

« On voit presque en vapeur se résoudre cette eau ;
Telle la chaux exhale une blanche fumée.
D'atomes de cristal une nue est formée. »

Une telle réalisation n'aurait pu voir le jour sans les progrès récents des sciences sur lesquels s'appuient les géomètres, les énormes travaux de détournement et d'adduction d'eau, l'hydraulique et les fontainiers qui font jaillir l'eau vers le ciel.

3 Un décor pour les fêtes du Roi-Soleil

Lecture de l'image

Le roi Louis XIV danse. Il danse dans deux comédies ballets de Molière, *Le Mariage forcé,* le 29 janvier 1664 et *Le Sicilien ou l'Amour peintre*, trois ans plus tard. Il danse aussi dans de grandes compositions héroïques et mythologiques. Son déguisement en Apollon, dieu de la lumière, met en avant le soleil (coiffe, incrustation sur la poitrine, couleur) et renvoie à la mythologie du Roi-Soleil qu'il entend créer. L'art des jardins versaillais, perfectionnement de la nature et décor idéal des spectacles et fêtes royales, l'art de la danse perfectionnement de la nature de l'homme dans le mouvement, se rejoignent dans la représentation parfaite du pouvoir du nouveau monarque.

4 Des spectacles restés célèbres

Lecture de l'image

La gravure montre le décor d'arbres de la scène qui est ouverte sur le paysage des jardins et du plan d'eau. Les lustres au-dessus de la scène sont-ils un ajout de l'artiste voulant indiquer qu'il s'agit bien d'un théâtre ou figuraient-ils vraiment dans la représentation originale ? Ce tableau témoigne de l'inscription des fêtes en l'honneur du roi dans les lieux mêmes élevés à sa gloire.

Recherche documentaire

On pourra consulter les ouvrages et le film suivants :

- Jacques Audiberti, *Molière*, L'Arche, 1997.
- Charles Mazouer, *Molière et ses comédies-ballets*, Honoré Champion, 2006.
- Pierre-André Lablaude, *Les Jardins de Versailles*, Scala, 2010
- Gérard Corbiau, *Le roi danse*, 2000.

La modalisation

→ p. 198-199

1 **1.** Par malheur : appréciative. **2.** Il est fort possible que : logique. **3.** Par bonheur : appréciative. **4.** C'est bien triste que : appréciative. **5.** Il est probable que : logique. **6.** Peut-être : logique. **7.** évidemment : logique. **8.** Il faudra bien que : logique. **9.** vraisemblablement : logique. **10.** Ce n'est pas impossible que : logique. **11.** Ouf ! : appréciative.

2 **a.** Une femme d'esprit **peut** (possibilité) trahir son devoir ; Mais il **faut** (obligation) pour le moins qu'elle ose le vouloir ; Et la stupide au sien **peut** (possibilité) manquer d'ordinaire,
Sans en avoir l'envie et sans penser le faire.
Molière, *L'École des femmes*, acte I, scène 1, 1662.

b. VALÈRE. – Cela est vrai. Mais elle **pourrait** (éventualité) vous dire que c'est un peu précipiter les choses, et qu'il **faudrait** (obligation) au moins quelque temps pour voir si son inclination pourra s'accommoder avec...
HARPAGON. – C'est une occasion qu'il **faut** (obligation) prendre vite aux cheveux. Je trouve ici un avantage qu'ailleurs je ne trouverais pas, et il s'engage à la prendre sans dot.
VALÈRE. – **Assurément** (logique), cela ne reçoit point de contradiction. **Il est vrai que** (logique) votre fille vous **peut** (possibilité) représenter que le mariage est une plus grande affaire qu'on ne **peut** (capacité) croire ; qu'il y va d'être heureux ou malheureux toute sa vie ; et qu'un engagement qui **doit** (obligation) durer jusqu'à la mort ne se **doit** (obligation) jamais faire qu'avec de grandes précautions.
Molière, *L'Avare*, acte I, scène 5, 1668.

3 Silvia modalise son propos dans les deux passages suivants, où elle présente une requête à son père :
– « si j'osais, je vous proposerais, sur une idée qui me vient, de m'accorder une grâce qui me tranquilliserait tout à fait » ;
– « je crains que ce ne soit abuser de vos bontés ».
On peut identifier deux procédés :
– l'usage de périphrases verbales qui valorisent l'action du donateur et placent le demandeur en position d'humilité : « accorder une grâce », « abuser de vos bontés » ;
– le recours à un tour hypothétique (« si j'osais ») et au conditionnel (« proposerais ») pour atténuer la requête.

4 Pour ménager son destinataire, le locuteur exagère la distance qui le sépare du prince : en utilisant des titres de politesse (« Monseigneur », « votre altesse sérénissime »), en rehaussant la figure du destinataire (« les grandes qualités que vous joignez au sang auguste dont vous tenez le jour »). Corrélativement, il met en avant les traits qui le rabaissent (« le très humble, très obéissant, et très obligé serviteur », « une gloire que je n'ai peut-être pas méritée »).
Il emploie des expressions qui indiquent que la dédicace même peut être offensante pour le prince (« je prends la liberté de vous offrir ma comédie »).Il dénie le fait qu'il demande la protection du prince pour son œuvre (ce qui est pourtant le but réel de la dédicace) et feint de n'avoir pour intention que de montrer son respect (« pour avoir lieu de vous dire que...).

Activités d'écriture

Question sur le corpus

Les textes peuvent être classés ainsi :

– dans la scène 1 de l'acte I de *L'École des Femmes*, Chrysalde tente de raisonner Arnolphe à propos de la conduite à tenir avec les jeunes épouses. Son discours se veut plein de mesure et de l'ordre de vérités générales incontestables ;

– dans *L'Avare*, I, 5, Valère veut convaincre Harpagon et ne pas le fâcher de peur de perdre tout espoir de le raisonner. L'enjeu est ici plus immédiat et plus crucial puisqu'il s'agit de son mariage avec Élise. La modalisation est plus forte ;

– dans *Le Jeu de l'amour et du hasard*, I, 2, Silvia veut obtenir de son père une faveur qui lui paraît incongrue à formuler puisqu'il s'agit de prendre l'identité de sa servante pour mieux observer son futur fiancé. Redoutant un refus à sa bien étrange fantaisie, elle use de modalisations répétées qui repoussent la formulation de sa demande ;

– enfin, dans la scène 3 de l'acte IV de *L'Avare*, Cléante affronte la situation la plus épineuse et s'entoure des précautions rhétoriques de la modalisation.

Vers le commentaire

Face au piège dans lequel Harpagon veut entraîner son fils lors de son interrogatoire serré, Cléante ne se livre pas et utilise la modalisation d'une tournure impersonnelle aux lignes 13 et 14. Il répond d'abord, d'une manière embarrassée puis par le recours à une vérité générale qui lui évite de s'exprimer à titre personnel (lignes 20 à 21). Les expressions « Pardonnez moi » et le mot « père », répété à plusieurs reprises, servent à affirmer son allégeance. Plus tard, quand il explose, l'interjection « Hé bien » et le rappel de « mon père » ont pour fonction d'atténuer la force de son propos. Véritablement coincé entre sa condition de fils soumis et la situation insupportable que son père lui impose, Cléante use de la modalisation dans l'espoir de sauver encore son amour pour Mariane. À la fin de la scène, quand il voit que tout est perdu, il s'exprime au contraire avec toute la force de sa révolte.

Molière, *Amphitryon*

→ p. 201

1. Le texte de théâtre un texte à jouer

a. Sosie seul en scène joue trois rôles : il joue Alcmène qu'il a matérialisée par sa lanterne ; il joue son propre rôle tel qu'il se le représente quand il se trouvera devant Alcmène ; enfin il est lui-même, commentant, comme pourrait le faire un spectateur, la scène qu'il est en train d'inventer et de jouer. Dans cette scène de théâtre dans le théâtre, le personnage de Sosie déploie tout son savoir-faire comme un acteur au cours d'une répétition générale. Le comédien qui interprète Sosie se déplace comme le lui commande le rôle qu'il joue. Le texte contient la gestuelle de l'acteur, puisqu'il nous dit que Sosie délimite son espace de jeu et matérialise Alcmène par la lanterne. On peut penser aussi que pris au jeu, il fait des mimiques aussi bien pour jouer une Alcmène minaudière et émerveillée que pour jouer un Sosie solennel, fier de son importance de messager envoyé par Amphitryon.

b. Ce monologue devient à partir du vers 6 un dialogue fictif entre Alcmène et Sosie accomplissant sa mission. On peut relever à titre d'exemple quelques-unes des paroles que Sosie se prépare à prononcer devant Alcmène : « Madame, Amphitryon, mon maître et votre époux / [...] l'esprit toujours plein de vos charmes, / M'a voulu choisir entre tous / Pour vous donner avis du succès de ses armes, / Et du désir qu'il a de se voir près de vous. » « Madame, ce m'est trop d'honneur, / Et mon destin doit faire envie. » « Madame, en homme de courage, / Dans les occasions où la gloire l'engage. » et parmi les paroles qu'il prête à Alcmène : *« Ha ! vraiment, mon pauvre Sosie, / À te revoir j'ai de la joie au cœur. » « Comment se porte Amphitryon ? »*

2. Langue et style

a. On trouve des octosyllabes (par exemple, v. 1 et 2) interrompus par des alexandrins (par exemple, v. 3) avec un décasyllabe au vers 12, dans une succession de mètres très libres, liberté que Molière revendique pour cette comédie qui tient du merveilleux, de la pièce à machines et du comique grivois de l'adultère.

b. Les phrases entre parenthèses sont exclamatives (v. 7, 15, 18, 23) et l'interrogative (v. 27) n'est pas une véritable question à laquelle on attend une réponse ; sa valeur est exclamative.

c. Les phrases mises entre parenthèses sont les paroles que Sosie s'adresse à lui-même : et qui pourraient être prononcées par un spectateur de la scène complimentant l'acteur et l'auteur.

Le genre de la comédie

a. Sosie s'inscrit bien dans la lignée des valets de comédie peureux (il n'a pas assisté au combat qu'il doit raconter), prenant quelque plaisir à singer leurs maîtres, bavards et satisfaits d'eux-mêmes et de leur langage.

b. Le comique naît du jeu de Sosie et de ses talents à interpréter les rôles, ainsi que de la parodie du langage de sa maîtresse, gentiment moquée dans la lanterne qui lui sert de substitut, et de la parodie du récit de bataille, genre sérieux, inspiré de l'épopée et très prisé à l'époque de Molière.

Commentaire

Les consignes contenues dans le sujet peuvent aider à construire le plan du commentaire et les réponses aux questions d'évaluation peuvent nourrir le contenu du commentaire.

On pourra proposer le plan suivant :

I. Un monologue qui n'en est pas un

a. Un monologue

b. Un dialogue : répartition de la parole de Sosie entre les rôles qu'il interprète

II. Un monologue librement parodique

a. Parodie du récit guerrier et de la noble dame

b. Liberté des vers

III. Une leçon de théâtre

a. Une répétition dans les règles

b. Une scène méta-théâtrale

Exemple de sous-partie rédigée (III, b)

Cette scène peut être qualifiée de méta-théâtrale car Molière nous y livre l'essence même du théâtre à travers ce qui le constitue : les personnages d'abord, il en faut au moins deux, un espace ensuite, la chambre. Or le théâtre est pure convention. Ainsi par la seule volonté de l'acteur que le spectateur admet, « cette lanterne est Alcmène » et l'espace (« voici la chambre ») n'existe que par la parole de Sosie qui l'institue hors de toute réalité. Du point de vue de la fiction, la chambre ici désignée est un coin de la route sur laquelle avance Sosie ; du point de vue de l'acteur, c'est un morceau de la scène sur laquelle il joue. En somme la route n'est pas plus réelle que la chambre. Molière dans une mise en abyme du théâtre renvoie dos à dos toute prétention à l'illusion d'un lieu existant dans le réel. Nous ne sommes que dans la représentation, la représentation ne tient que par la force de la convention à laquelle tout le monde croit, acteurs et public. S'il y a illusion, elle est fabriquée par l'imaginaire du spectateur soutenu par les paroles du poète. Remarquons enfin la présence d'un public lui aussi fictif. En effet les paroles que Sosie s'adresse à lui-même pourraient être prononcées par un spectateur de la scène complimentant l'acteur et l'auteur.

5. La poésie romantique, de Chénier à Baudelaire

Introduction au chapitre

Ce chapitre est consacré à la poésie romantique. Centré sur le romantisme français, il l'envisage néanmoins dans son cadre européen, c'est-à-dire relativement à ses préalables européens (et particulièrement allemands et anglais). S'agissant de la France, il saisit le romantisme dans sa phase originale, avec Chénier, et en raconte brièvement l'histoire jusqu'à Baudelaire. On dégage deux traits majeurs du romantisme : d'abord le fait qu'il recèle un intérêt fondamental pour l'émotion, le sentiment, la croyance, et l'imagination (vs. l'esprit « géométrique ») ; et deuxièmement le fait qu'il est narratif, qu'il raconte et qu'il romance (la vie, mais aussi l'Histoire). De là deux groupements bien distincts, le premier consacré à la poésie amoureuse, dont on montre la variété (thématique et de registre), le second aux « héros romantiques européens » (européens, parce que les héros romantiques sont communs aux différentes traditions romantiques nationales, ou circulent d'un pays à l'autre). Le chapitre tente d'éviter les lieux communs sur le romantisme : qu'il pense peu ou mal, qu'il est conservateur ou même réactionnaire, qu'il est sottement sentimental, etc. On tente d'en faire ressortir des aspects fondamentaux qui sont souvent minorés sinon ignorés : l'humour, l'ironie, la force, la sensualité, l'engagement (ce qui s'appellera quelques années plus tard le réalisme a ici l'une de ses sources). Mais on veut aussi souligner la subtilité des constructions, la finesse du style et la richesse des références, la modernité langagière (et notamment lexicale). La lecture d'une œuvre (*Les Contemplations*) permet de mettre en exergue l'œuvre centrale de Victor Hugo. En se concentrant sur les derniers livres, on aborde les sujets graves (le thème funèbre, la misère, la solitude, l'inquiétante immensité de la nature, Dieu).

Indications bibliographiques

– Victor Hugo, *Les Contemplations*, dans *Œuvres complètes*, sous la dir. de Jean Massin, Club Français du Livre, 1967-1969.

– Hugues Marchal, *La Poésie*, GF-Flammarion, « GF corpus », 2007.

– Colloque du Musée d'Orsay, *L'Œil de Victor Hugo*, éditions des Cendres, 2004.

– « Modernité du vers », dans *Romantisme*, n° 140, Armand Colin, 2008.

– « La génération Musset », dans *Romantisme*, n° 147, Armand Colin, 2010.

La poésie amoureuse à l'époque romantique

Hymnes à l'amour → p. 206-207

■ Alfred de Vigny, « Les Amants de Montmorency »

■ Alfonse de Lamartine, « Le lac »

Ces deux textes ont pour point commun d'évoquer des couples. Sans être, sans doute, tout à fait une nouveauté introduite par la poésie romantique, la représentation du couple, des amants, sous la forme de récits plus ou moins longs, est très caractéristique de cette poésie *romanesque* qu'est la poésie *romantique*. La poésie romantique chante *des histoires d'amour*, et non l'amour en général, ni la peine d'amour, ni la dame. L'autre point commun à ces deux textes est leur caractère hymnique marqué, qui associe la représentation des amants et celle de la nature.

Analyse des poèmes

Un hymne à l'amour [Ier POÈME]

1. Dans la première partie du poème (avant la coupe), « La nature », isolée à la fin du vers 9 (contre-rejet), est omniprésente (et dans ses éléments les plus fondamentaux : soleil, air, terres et champs, bois et arbres). Dans la seconde partie, en revanche, la nature tout entière chante l'amour (elle a pris le relai des amants, qui chantent au début de l'extrait). Le mot « hymne » apparaît l. 25.

2. Ils vivent dans un autre temps, c'est-à-dire dans l'ignorance du temps (l. 1, l. 14-15). Ils vivent dans un autre monde, c'est-à-dire dans l'ignorance du monde. Si, comme on l'a noté à la question précédente, les amants évoluent au sein de la nature, elle est aussi accessoire. Car les amants ont cessé de la voir (l. 10-12, 13-14), ne voyant plus qu'eux-mêmes. La nature les isole et entretient leur relation en miroir (l. 9).

3. Le poème présente une prosodie accidentée. On peut noter en particulier les rejets (l. 4, l. 15) et le contre-rejet (l. 9). La coupe principale est fréquemment déplacée (l. 13), tandis que d'autres vers conservent la rondeur et la symétrie classique de l'alexandrin, dans la première (l. 5-6) et surtout dans la seconde partie de l'extrait, qui est moins découpée, moins accidentée, et plus majestueuse. La ponctuation est dense et souvent forte (points virgules, points de suspension) ; elle marque une alternance de pauses et de relances rythmiques. Mais d'autres segments du poème sont plus fluides, dès la première partie (l. 1-3), ou fonctionnent par relances successives (la seconde partie). Si la circulation sinueuse de phrases longues sur plusieurs vers caractérise le style de ce poème, on peut noter l'alternance du chant ample et fluide et de séquences plus densément scandées.

4. Le verbe « mourir » est rejeté à l'attaque du vers 4. La perte des repères spatio-temporels est déjà une manière de mourir au monde. L'orientation générale du poème vers le ciel peut aussi être tenue pour un indice de ce que l'absolu de l'amour conduit à la mort.

Une orchestration poétique [2e POÈME]

5. Le poète s'adresse au lac et à toute la nature. On peut relever au vers 1 une liste de destinataires, confondus et rassemblés dans le pronom indéfini « tout » au dernier vers. Mais c'est le lac qui est le destinataire principal, celui qui est explicité aux strophes 2 et 3.

6. Le poète demande à la nature de se souvenir (l. 4), de conserver le souvenir (strophe 2 et 3) et de chanter le souvenir (strophe 4) des amants.

7. La nature est principalement sollicitée comme bruiteuse, musicienne, chanteuse, diseuse : orages, *riants* coteaux, zéphyr, échos (le célèbre vers de la l. 10), gémissement du vent, soupir du roseau. La nature forme un ensemble cohérent, un *tout*, qui est appelé à chanter la même partition. Devant cet orchestre de bois, de vents et de percussions (plutôt que de violons), le poète fait évidemment figure de chef d'orchestre.

8. Il convient de noter l'unité syntaxique et l'élan général de chacune des strophes vers l'hexamètre exclamatif, fortement accentué, et suspendu, qui les termine. Ces particularités soulignent la tonalité lyrique de ce poème, qui est un hymne à l'amour.

Activité orale

9. Cette question est l'occasion de reprendre la lecture du poème en prenant pour point de départ la seconde partie du titre : « de Montmorency ». L'activité peut commencer par une petite enquête sur ce lieu de villégiature (tel qu'il se présentait au XIXe siècle).

Élégie et nostalgie → p. 208-209

■ Marceline Desbordes-Valmore, « La promenade d'automne »

■ Victor Hugo, « Tristesse d'Olympio »

Encore deux textes qui ont pour cadre la nature ; mais cette fois-ci (et l'on retrouve ici un dispositif plus classiquement élégiaque), il s'agit d'une amante et d'un amant seuls.

Analyse des poèmes

L'impossible solitude [Ier POÈME]

1. Cette femme cherche à s'éloigner de l'homme qu'elle aime et qui la fait souffrir. Mais en vain, la nature et le dieu Amour ont raison d'elle.

2. La seconde personne du singulier, avant et après le vers 8, désigne l'homme aimé de cette femme. « Mon âme », « ma vie », bien que féminins, désignent traditionnellement l'objet aimé, quel qu'en soit le sexe.

3. Les expressions qui évoquent l'amour : « languissant » (v. 2), « langueur secrète » (v. 12), « L'Amour m'enveloppa de ton ombre chérie » (v. 15) ; la privation : « adieu gémissant » (v. 3), « sans but et sans espoir » (v. 13) ; la douleur : « attristait de sa mélancolie » (v. 4), « ne chantaient plus l'espoir » (v. 5). On est en automne, saison associée ici, et couramment, à la mélancolie et à la privation (l. 5, l. 8). En ce sens, elle s'accorde à la peine de la poétesse.

4. La langue de ce poème ne présente rien d'abrupt ni d'étrange ni de rare, tant au niveau du lexique que de la syntaxe ; on note un parti pris manifeste de simplicité, très caractéristique du romantisme. Simplicité = authenticité et expressivité, selon la conception que de nombreux romantiques (pas tous néanmoins) se font du style. La modestie de la poétesse correspond bien à la timidité de son personnage. On note simplement le recours à l'antéposition des compléments (l. 12, l. 13) ou au redoublement de la coordination (l. 2).

La résistance du souvenir [2e POÈME]

5. Il s'agit principalement de l'interjection qui ouvre le premier vers. Elle exprime l'amertume, dont est teintée la série des impératifs aux vers 2 et 3. La conclusion de cette strophe peut être interprétée comme un pénible constat ou comme un amer défi.

6. Les quatre dernières strophes sont le développement d'une seule phrase ou à la rigueur de deux phrases situées dans la continuité l'une de l'autre (la seconde occupant le dernier vers). Les deux premières strophes posent les compléments temporels (qui s'additionnent et se complètent), la seconde introduite le sujet et le verbe principal (à partir d'une comparaison qui fait diversion sur deux vers) ; la dernière strophe relance la phrase après le point virgule et conduit à la révélation finale. Les élèves diront librement si, à leur avis, cette révélation est heureuse, parce qu'elle indique que l'homme n'oublie pas, ou malheureuse parce qu'elle signifie que l'homme est rivé à son passé.

7. Ce poème agence plusieurs paysages : la description du lieu champêtre où se trouve le poète-personnage (strophe 1) ; l'esquisse des « histrions en voyage » disparaissant « derrière le coteau » (strophe 2), qui a statut métaphorique et qui est le premier paysage « mental » de l'extrait ; enfin la vie et la pensée humaine (ce qu'on appellerait couramment « le vécu ») sont appréhendées, à plusieurs reprises, sous des formes paysagères, dont il faudrait commenter précisément la variété et la complémentarité (l. 10, l. 15, l. 17-24 la métaphore de l'escalier, articulée à celle du champ de bataille, l. 25-28 un complexe nocturne).

Vers le commentaire

8. Cette question appelle simplement le développement de la précédente.

Badinage et jeux amoureux

→ p. 210-211

■ Alfred de Musset, « À Juana »
■ Victor Hugo, « Vieille chanson du jeune temps »

Ces deux textes mettent en scène sur un ton badin des amours de jeunesse. Cet aspect du romantisme est peu souvent exposé dans le cadre scolaire, alors qu'il est fondamental. Le romantisme est joueur, et souvent drôle, et non seulement mélancolique. Il est souvent matérialiste et léger, et non seulement religieux et épris d'absolu.

Analyse des poèmes

Humour et légèreté

1. Les personnages sont jeunes. Elle est espagnole, lui peut-être. Il est libre, et manifestement entreprenant ; elle est mariée, son mari est vieux (l. 29), situation traditionnelle de comédie. Ils ont eu une aventure l'été précédent (l. 6) et se retrouvent impromptu. Cette situation est réjouissante pour la raison qu'elle réactive le schéma comique triangulaire mais aussi, potentiellement, une forme de marivaudage.

2. Ici, le poète évoque un épisode de sa lointaine jeunesse, avant qu'il fût un homme. La jeune femme avec qui il se souvient s'être promené était plus âgée et plus « avancée » que lui. Le comique de la situation vient de ce qu'il ne saisit pas les sollicitations de la jeune femme, et conserve une attitude sérieuse (il lui parle botanique au lieu de lui faire la cour). Cette promenade, dans un décor et à un moment favorables à l'amour (les bois, l'été), n'a pas porté ses fruits, le jeune homme n'ayant pas encore d'intérêt pour les femmes. En ce sens, il se distingue nettement du personnage de Musset.

3. Le poète-personnage parle à Juana comme s'ils avaient déjà beaucoup vécu l'un et l'autre (strophes 1 et 2). Leurs amours ont été très courtes, et il appelle

Juana « ma vieille maîtresse » (l. 10). Il affecte un langage philosophique, qui tient en réalité du mot d'esprit (l. 7-9). Ce décalage est amusant. Par ailleurs le poète fait à Juana des déclarations hyperboliques et teintées d'un humour bouffon (strophe 4). Tout cela est, si l'on peut dire, anti-lamartinien.

4. La chanson est vieille parce que le poète est (ou se dit) vieux. Le poème est teinté d'une certaine nostalgie (nostalgie de la jeunesse, nostalgie de ce moment précis et de Rose). Il est aussi teinté de regret (l. 36).

5. Le poème de Musset est libertin parce qu'il évoque avec légèreté les affres du désir (strophe 4), la « folie » de la jeune femme, et qu'il se moque visiblement de l'institution du mariage. Le mot « marquise » évoque le roman du XVIIIe siècle.

Rythme et vitesse

6. Il convient ici d'évoquer le style très familier de Musset. Les modalités de l'adresse à Juana (la série des petits noms qu'il lui donne), les interjections, les exclamations, forment en réalité l'architecture du poème, qui procède par addition. Le phrasé d'Hugo est très paratactique, faisant même éventuellement l'économie des verbes (cf. strophe 4) ; le poème est une suite de courtes indépendantes (qui s'étendent rarement sur plus de deux vers). Elles forment en général des paires qui donnent au poème un rythme binaire très simple et allègre.

7. Le poème d'Hugo est narratif, mais le récit fait l'économie des connecteurs ; il procède par juxtaposition de saynètes, strophe à strophe.

Vers la dissertation

8. On peut introduire quelques éléments d'histoire littéraire. D'abord, la chanson est un genre poétique médiéval, un genre de poème. Bien que le parti pris d'écrire une chanson soit moderne, Hugo retrouve une tradition poétique. Le genre de la ballade, très pratiqué par les romantiques allemands et anglais, possède un statut très voisin.

La forme versifiée et la rime apparentent clairement la chanson à la poésie. Mais la chanson se chante, ce qui n'est pas nécessairement le cas de la poésie. La chanson se distingue par le fait qu'elle sollicite une performance à haute voix. Mais tout poème intéresse la voix, chantée, psalmodiée ou parlée : toujours rythmée et sonore. La chanson n'est en ce sens qu'un genre particulier de poème.

La chanson est souvent narrative et, dès le Moyen Âge, ancrée dans la réalité. Il est improbable de chanter des abstractions. C'est pourquoi c'est un genre naturellement dévolu à l'amour. On peut orienter les élèves vers le répertoire de la chanson française, afin qu'ils examinent ce qu'il peut avoir de poétique.

Éloges de la femme aimée

→ p. 212-213

■ Charles Baudelaire, « Ciel brouillé »
■ Gérard de Nerval, « Myrtho »

Ces deux textes recèlent une difficulté comparable, qui est de cerner la figure de femme dont ils parlent et à laquelle ils s'adressent. Même si ces deux textes se situent, pour des raisons génériques, dans une tradition de poésie épidictique dédiée à la femme, ils se différencient de cette même tradition par le renoncement aux lieux communs Renaissance, classiques, et postclassiques de la beauté féminine, et par le caractère énigmatique de leur dédicataire.

Analyse des poèmes

La femme-paysage [Ier POÈME]

1. Il s'agit de l'œil, lui-même, précédé du regard. Dès la strophe 2, le thème des yeux est abandonné, mais celui du ciel et du climat demeurent : changement de comparé, et, comme invite à le voir la question 2, variation sur le comparant.

2. Le mot ciel est relayé par le mot « jours » à la strophe 2, puis par l'association des mots « horizon » et « soleils » à la strophe 3 (le mot ciel étant repris au vers 12), puis par le mot « climats » au vers 13 (associé notamment au mot « neige »). Le principe de l'association entre la femme et le ciel est lui-même soumis à variation. Dans la strophe 1, l'œil est le réflecteur du ciel (v. 4) : le poète présente ou fait mine de présenter un fait physique. Dans la strophe 2 la femme évoque le souvenir des « jours blancs, tièdes et voilés » (v. 5) ; de même dans la strophe 3, elle « ressemble » aux soleils couchants. Il s'agit de deux comparaisons. Dans la strophe 4, elle est métaphoriquement associée aux jours de neige et à « l'implacable hiver ».

3. Il s'agit de relever d'une part les adjectifs, adverbes ou expressions qui signifient le vague, le vaporeux (v. 1, 10), le brouillé (v. 12), le voilé (v. 5), et donc l'indistinct, ou l'instabilité (notamment au vers 3), et d'autre part, notamment au vers 2, l'énoncé d'une incertitude. L'accumulation d'adjectifs (au vers 5 par exemple), et l'usage du conditionnel présent (au vers 1), participent également à l'élaboration d'une figure instable. Enfin, la troisième strophe (soleils couchants, rayons) évoque des couleurs chaudes qui contrastent et sont peu compatibles avec la pâleur (v. 4), le blanc (v. 5), la neige (v. 14).

4. Cette question est l'occasion d'affiner la précédente et d'approcher les sous-entendus sexuels du poème. Le mot « séduisants », qui évoque l'idée d'attirer sur un mauvais chemin (*se-ducere*), confirme l'idée de « danger » contenue dans « dangereux ». Ces termes, qui visent ici à la fois un « climat » et une « femme », lorsqu'ils désignent la femme, visent implicitement son érotisme et sa sexualité. Cependant, on imagine difficilement que de « séduisants climats » puissent être froids (surtout après l'évocation des rayons qui « enflamment » le ciel au vers précédent), comme le suggère pourtant le vers 14. Il y a là une certaine ambivalence. Le poète lui-même est ambivalent, à partir du moment où il désigne la femme qu'il aime et qu'il désire par des termes qui invitent à s'en méfier sinon à la fuir.

5. Le mot « neige » peut évoquer (très classiquement) la peau très blanche de la femme, mais la signification dominante dans cette strophe, qui se développe ensuite, c'est le froid (l'hiver, la glace, le fer), curieusement associé avec les « plaisirs ». On a ici quitté le terrain des « yeux » : l'« horizon » et les « soleils couchants » de la strophe 3 ont amené une thématique plus nettement érotique. L'adjectif « aigu », tout comme le « fer », et aussi éventuellement « la glace », évoquent quelque chose de pointu et de pénétrant. Ce sont les plaisirs que le poète s'attend à tirer de son amante qui pourraient ainsi le pénétrer.

L'éloge de la femme [2e POÈME]

6. Une enchanteresse est une magicienne. Myrto donne une coupe à boire (v. 5) et réveille le Vésuve (premier tercet) ; elle est dotée de pouvoirs surhumains eux-mêmes liés à l'activité tellurique de la baie de Naples et aux mystères de la religion grecque ; et en même temps Myrto est belle et souriante (il en émane une certaine tendresse).

7. On peut relever les éléments d'une réponse aux vers 3 et 4, 6, 10. Une beauté orientale, et cependant blonde (v. 4), charnelle (les raisins) et lumineuse, physique (« agile ») autant que spirituelle (v. 3 et 6).

8. Myrto est divine (v. 1) – divinité grecque et orientale (la Grèce étant orientale, et non occidentale) – ; le poète est représenté comme un adorateur et comme un homme de foi (v. 7). Le mot « fils » le désigne également comme un héritier : il revendique l'héritage de la Grèce et accessoirement de Rome (Naples est une cité de grande Grèce, devenue romaine sous la République). C'est-à-dire un héritage artistique (v. 12), poétique (v. 7 et 13) et plus largement culturel (polythéisme, univers païen, vin, mystères). Il s'agit donc moins ici d'un éloge de la femme que de l'éloge d'un monde et d'une culture à travers la figure d'une femme idéale. Cependant le poète est aussi une figure de grand amoureux, comme le suggèrent le tutoiement, les notations physiques, l'allusion tendre au regard et au sourire (et celle de la coupe, qui peut évoquer le vin, mais aussi un filtre d'amour – le mot « ivresse » au vers 5 ayant une compréhension très large).

Vers le commentaire

9. Il est important de noter que le poème s'inscrit dans un paysage (v. 2, tercets) : reliefs, bâtiments sacrés, végétaux (fleurs, fruits), lumière. Ce paysage est un résumé de la culture du nord et de l'est de la méditerranée : orient, Grèce, Italie. Ce monde de lumière, de mystère, d'art et de poésie est opposé au nord destructeur (v. 12) et pâle (v. 14). L'amour du poète pour Myrto, leur union, donne lieu à un rêve d'hybridation (v. 14, la plante du nord et la plante du sud se marient).

Confidences à l'aimée → p. 214-215

■ Charles Baudelaire, « Le balcon »
■ Eugène Delacroix, « Femme caressant un perroquet »

« Le balcon » est l'un des rares poèmes de Baudelaire qui représentent la stabilité d'une relation amoureuse. Le terme de « confidences » convient en raison de la tonalité sentimentale et intimiste du poème. Avec « Le balcon », il apparaît très clairement que la grande innovation du romantisme, en matière de poésie amoureuse, a été d'introduire la dimension du couple (on peut mettre en rapport ce poème de Baudelaire, en particulier avec « Les amants de Montmorency » de Vigny, et, dans un tout autre registre, avec « À Juana » de Musset). L'étude de ce poème (et du tableau de Delacroix en vis-à-vis) est aussi l'occasion de montrer ce qui distingue « érotisme » et « pornographie ».

Analyse du poème

L'intimité

1. La tendresse de Baudelaire est suffisamment rare pour qu'il faille la souligner. On peut s'appuyer notamment sur les vers 3 et 4, le célèbre vers 19, la strophe 5.

2. Bien que les amants ne soient pas séparés (strophe 5), ce poème est pour l'essentiel écrit au passé et à la strophe 6 le poète se demande si le bonheur du couple renaîtra. Le thème du souvenir est ici central (strophes 1 et 5). En ce sens, le poème est nostalgique. La répétition du premier vers en fin de strophe imprime au poème une tournure cyclique, qui est le mouvement même du souvenir. On peut noter qu'aux strophes 1, 3 et 5, ce vers est une exclamation qui présente un caractère de célébration, un caractère hymnique ; tandis que les strophes 2 et 4 commencent et finissent par un vers descriptif, presque contemplatif. L'exclamation de la strophe 6 est plus l'expression d'un regret plein de nostalgie. Le poème joue donc sur deux registres qui alternent – autre forme du cycle – un registre « haut » et un registre « bas ».

3. L'image du foyer (v. 4, 6 et 10, 11 et 15), redouble la chaleur du couple. Le foyer, c'est-à-dire la chaleur, une lumière chaude, et le confort. Les « chaudes soirées » peuvent être aussi des soirs d'été. En tout cas, tout se passe entre le lit, la cheminée et le balcon, qui donne lui-même sur un paysage aérien. Le poème agence l'intimité de la chambre et des corps enlacés, « blottis » l'un contre l'autre et l'immensité du ciel, des soleils et même (par comparaison) de la mer (strophe 6). L'hémistiche « Que l'espace est profond » (v. 12) renvoie sans doute tout aussi bien à ces deux dimensions.

4. On s'appuiera en particulier sur les vers 3, 4, 8, 19, 22 (pour le registre tendre), sur le vers 8 pour le registre sensuel, sur les vers 14 et 18 pour le registre inquiétant. Toutes les dimensions de l'érotisme baudelairien sont réunies ici.

Lecture de l'image

5. Il s'agit de couleurs chaudes et pleines (en particulier le rouge, le jaune et le bleu sur la gauche). Le bleu-noir à droite, le rose du grand drap, et enfin le corps ombré, ont également une remarquable consistance.

6. La lumière n'est pas « logiquement « distribuée. La source principale est située derrière le corps ; elle vient de la droite. Mais une autre source vient opportunément éclairer la poitrine et les pieds... Le corps est pour l'essentiel plongé dans l'ombre : la rare lumière qui s'y dépose semble l'effleurer. L'ombre signifie, pour cette femme, intimité, sécurité, secret. Son abandon n'en est que plus grand. Cette tension (qui n'est pas une invention de Delacroix) entre l'ombre et la lumière, le secret et l'exposition, définit l'érotisme du tableau.

7. La femme joue avec un oiseau, qui est l'élément mâle du tableau. Son jeu est (métaphoriquement) érotique. Tout l'univers de cette femme est luxueux, tactile (le coussin), chaleureux et coloré. En soi, il est érotique. Il évoque l'orient (le coussin, les soieries, le pompon), mais aussi les tropiques (le perroquet). Ce poème est une variation sur le motif de l'odalisque.

Vers le commentaire

8. Même si suffisamment d'éléments nous sont fournis par « Le balcon », on peut renvoyer les élèves aux nombreux écrits de Baudelaire sur Delacroix. On peut aussi invoquer le célèbre refrain de « L'Invitation au voyage » : « luxe, calme et volupté ». Il convient bien au commentaire de *Femme caressant un perroquet*. Les univers des deux artistes sont évidemment très comparables, notamment en ce qui concerne l'érotisme luxueux, visuel-tactile, orientalisant. Erotisme « d'intérieur » aussi (et non érotisme rustique, des bois et des sources, à la Courbet, ni érotisme néoclassique à la Ingres, à la Chassériau). Si rien, dans ce tableau-ci, n'évoque la discrète violence qu'on peut repérer dans « Le balcon », et encore moins l'amertume, d'autres œuvres de Delacroix (*La mort de Sardanapale* par exemple) sont « baudelairiens » avant l'heure.

Héros romantiques européens

Homère, Virgile et Dante

➜ p. 216-217

■ André Chénier, « L'aveugle »

■ Eugène Delacroix, *Dante et Virgile aux Enfers*

L'intérêt de ce poème est d'abord historique : la figure de Chénier, peu connue, est importante et intéressante (sa biographie, de sa naissance à sa mort, peut faire l'objet d'un intéressant exposé). Toute la maîtrise et toute l'audace formelle du jeune poète apparaissent dans cet extrait de « L'aveugle ». Ce poème est aussi l'occasion d'introduire le premier grand type de héros romantique ici sélectionné : le génie. Il est, enfin, d'évoquer la figure d'Homère (comme le tableau de Delacroix en vis-à-vis permet d'évoquer Virgile et Dante – ce dernier, en particulier, peut aussi fournir la matière à un riche exposé).

Analyse du poème

Un hommage au génie

1. Le premier public d'Homère, ce sont des végétaux (v. 1-2), puis des hommes (qui ne sont pas des figures de lettrés) aux vers 3 et 4, puis des divinités des bois et des cours d'eau (v. 7). Tous sont fascinés et stupéfaits par la parole du poète, qu'ils attendent comme une promesse (ils courent pour l'entendre). La poésie apparaît ici comme un art puissant, sacré et nécessaire aux hommes (et même aux êtres en général).

2. « Couraient » est un exemple très parlant, très mimétique, de « rejet ». La phrase commencée au vers 4 « court » au vers 5. Le rejet crée de la vitesse et de l'allégresse, sur la base d'un petit et très légitime accident de parcours.

3. Chénier procède par longues phrases serpentines, qui débordent d'un vers sur l'autre. Il affectionne les relances après point virgule, les listes (dont la structure est particulièrement marquée ici par l'anaphore du « Et » – en soi très classique au demeurant – aux vers 16-19. Chénier conçoit de longs (voire très longs) poèmes lyriques fonctionnant ainsi sur le mode de l'accumulation et de la variation. Le vers 9 (les deux substantifs, les deux adjectifs) convient parfaitement à sa poétique. Chénier inspire visiblement Vigny (p. 206-207) et Hugo (*Les Contemplations*, ci après, dont un poème s'intitule d'ailleurs « À André Chénier »).

4. La nature animée, habitée et dynamique, l'énergie qui s'y diffuse, et qui s'exprime aussi dans le génie du poète, sont des thèmes qui ont été repris par les romantiques et en particulier par Hugo. Mais il y a aussi les éléments du récit épique que fait Homère : histoires héroïques et passionnées, grandioses et colorées, que le romantisme s'appropria.

5. Chénier propose une vision de la Grèce qui tranche sur celle qu'en avaient donnée les classiques : moins axée sur l'idée d'un ordre, et même très ouverte au désordre ; moins rationaliste et plus sensuelle ; moins spirituelle et plus matérialiste ; moins philosophique, plus narrative et romanesque. Il n'oublie, cependant, ailleurs, les figures de sages et de penseurs. Le vieil Homère incarne aussi cela : le génie est forcément complet. Les romantiques (en Allemagne et au Royaume-Uni d'abord, en France ensuite) eurent une vision comparable de la Grèce et, par extension, de l'art et des artistes.

Lecture de l'image

6. Virgile et Dante sont les seuls personnages habillés. Ils sont debout au centre de l'image, Dante à gauche, Virgile à droite (à propos des « lauriers de Virgile », voir aussi Gérard de Nerval, « Myrto », p. 213). Les autres personnages sont des morts et de toute évidence des damnés qui se noient. En dépit de leur sensualité, leurs corps expriment la souffrance et l'effroi. Le geste de Dante exprime l'effroi (alors que l'un des damnés s'efforce de monter sur la barque), mais c'est aussi un geste ample et majestueux. Notons que, de même qu'il est à moitié nu, à moitié habillé, Charron a dans l'image un statut intermédiaire : il appartient au monde des Enfers, ce qui l'apparente aux damnés, mais il est vivant et conduit les poètes.

7. La question vise essentiellement le contraste entre les couleurs chaudes (rouge, brun, jaune orangé, lié à la thématique de l'incendie) et le fond noir et gris vert du « ciel » et de l'eau. Ce contraste violent est en soi profondément dramatique. Le choix du bleu marine pour le « vêtement » de Charron est une idée remarquable (aucun autre objet dans le tableau n'est bleu ; ce voile en demi-lune, très dynamique comme le corps du nocher, se singularise absolument dans l'image.

Activité orale

8. Il s'agit à la fois de grands créateurs et d'hommes d'action investissant la totalité de l'univers. Tous trois sont dotés de savoirs que les autres hommes n'ont pas. Les personnages de Delacroix ont même passé une frontière ontologique décisive. Ils sont aussi, pour cette raison, des figures du courage.

Soldats de l'Empire

→ p. 218-219

■ Victor Hugo, « L'expiation »
■ Giacomo Leopardi, « Sur le monument de Dante »

C'est surtout dans les romans et dans les mémoires romantiques (au-delà même de la première moitié du siècle) qu'il est question des soldats de l'Empire. Mais leur figure (qui renvoie à plus de quinze années de conflits entre la France et le reste de l'Europe) est d'une telle importance dans les représentations européennes, bien au-delà du parti bonapartiste et des associations d'anciens grognards, qu'il a paru nécessaire de leur consacrer une page pour raconter correctement le XIXe siècle. Ces deux textes s'opposent : ils racontent deux tragédies nationales distinctes, deux points de vue différents sur le même événement. Le poème de Leopardi est un poème patriotique écrit à l'occasion de la création du monument en l'honneur du Dante dans l'église Santa Croce à Florence. On peut mettre en rapport ce poème et le tableau de Delacroix à la page précédente.

Analyse des poèmes

Une poésie stupéfiante [Ier POÈME]

1. L'intérêt de cette anaphore est explicité par le poème lui-même au vers 18. Il ne cessait de neiger. Le dire et le redire, c'est faire sentir la souffrance de ceux qui subissent les conditions de la retraite de Russie. Chaque occurrence de l'expression est l'occasion d'introduire un nouvel aspect de cette souffrance (la difficulté de la marche, la difficulté de voir, le corps pris par la glace...).

2. Cette expression est paradoxale et on pourrait considérer que c'est un oxymore. Elle signifie que l'opération de conquête se retourne absurdement contre ceux qui l'ont entreprise. Elle signifie aussi que la terre de Russie est victorieuse de ceux qui l'ont d'abord conquise.

3. La question vise surtout les vers 6 et 8. Deux vers parallèles et qui forment une paire : d'abord le décor, ensuite les acteurs. On peut interpréter ce choix syntaxique comme étant l'expression de la lassitude et du fatalisme des soldats et du narrateur.

Deux poèmes patriotiques [2e POÈME]

4. Les deux premières périphrases désignent l'Italie ; la troisième désigne le peuple français.

5. On a ici l'embarras du choix, en particulier dans le poème d'Hugo. Images atroces (v. 10-11, 11-14) ou pathétiques (v. 20) ou mystérieusement funèbres (v. 22-23). Chez Leopardi, on peut noter en particulier le détail des fauves (v. 4) et le tableau pathétique des vers 6 et 7.

6. Hugo recourt le plus souvent au pronom personnel indéfini « on » (v. 1, 7, 20, 28) ; mais aussi à « chacun » (v. 28). Il recourt également à des désignations figurées : d'abord, par métonymie, « l'aigle » (v. 2, l'expression désigne sans doute spécifiquement Napoléon, mais pourrait aussi désigner le régime et l'armée) ; « un rêve errant... » (v. 22, expression métaphorique), « une procession » (v. 23, expression quasi métaphorique). Il use enfin d'expressions littérales : « cette immense armée » (v. 27) ; « des cœurs vivants, des gens de guerre » (v. 21, expressions précédées d'une négation ; la première est métonymique mais possède un caractère de réalité), et plus spécifiquement « les blessés » (v. 10), « des clairons » (v. 12), « les grenadiers » (v. 16).

Dans le dernier vers de l'extrait, à la fois très souple et très logique, « chacun », pronom singulatif (qui saisit les soldats un par un), est balancé par « on », pronom indéfini. « Chacun » fonctionne justement avec une expression qui désigne une expérience intérieure, « on » participe de l'expression d'un constat général. Les personnes concernées par les deux procès sont les mêmes, puisqu'il s'agit de tous les soldats. Mais le vers dit très bien, grâce à ce travail sur les pronoms, que cette expérience collective de la mort demeure une expérience personnelle de chacun.

7. Chez Leopardi, la mort des soldats italiens n'a pas le caractère sensationnel et héroïque qu'elle a chez Hugo. De plus, à la différence de ceux d'Hugo, ses personnages ont la parole, et cette parole, qui précède de peu la mort, est une lamentation (où perce une récrimination).

Activité orale

8. Cette activité, qui implique un travail sur la notion de pathétique, peut se nourrir en particulier des réponses aux questions 1, 5, 6, 7. Il est nettement préférable de comparer les deux poèmes dans chaque partie, plutôt que de consacrer une partie à chaque poème. On n'omettra pas d'établir l'identité des personnages, la manière dont ils sont désignés et les enjeux politiques et nationaux des deux poèmes ; on prendra également en compte la représentation du décor. L'étude du pathétique dans ces deux poèmes implique qu'on envisage les personnages dans le contexte de l'événement historique précis qu'ils sont en train de vivre.

Mélancoliques

→ p. 220-221

■ Alfonse de Lamartine, « L'isolement »
■ John Keats, « Ode à un rossignol »

Ces deux textes permettent d'aborder le thème de la mélancolie, si prégnant dans la poésie romantique. Leur association dans cette double page permet d'opposer le courant du romantisme religieux, que représente ici

Lamartine, et un romantisme habité par la nostalgie de l'antiquité et de la méditerranée, comme celui de Keats. Ces deux poèmes permettent également d'aborder une autre image du poète que la figure du « génie » abordée dans la première double page de ce groupement, dans des poèmes à la première personne du singulier écrits dans le registre élégiaque.

Analyse des poèmes

Mélancolie chrétienne [Ier POÈME]

1. Le constat fait par le poète est très explicite au vers 4. Le dernier vers de chacune des quatre strophes constitue, dans un style formulaire, la continuation du vers 4 (v. 8, 12, 16). Aucune possibilité de bonheur en ce monde, vanité de cette vie, mort du désir. Les strophes 5 et 6 expriment le vœu que la mort, en revanche, ne sera pas chose vaine. Lamartine oppose ce monde-ci (baigné d'un faux soleil) et l'au-delà, règne du « vrai soleil » (v. 18), c'est-à-dire de Dieu, et lieu d'un bonheur défini en des termes qui conservent cependant une définition toute terrestre et humaine (« espoir », « amour »).

2. Ce poème donne une idée de paysage ; quant à savoir si elle est précise, les avis peuvent diverger. En tout cas, il est fait de « collines » (v. 1) et de « vallons » (v. 5), de « palais » et de « chaumières » (v. 5), et d'une nature qui se décline sous ses formes essentielles (« Fleuves, rochers, forêts », vers 7) – formes inanimées uniquement, il importe de le noter, même si par métonymie il est question des hommes – et bien sûr d'un ciel et d'un soleil.

3. Le premier quatrain fait comprendre que le poète se situe en hauteur, sur une éminence. Il a pris de la hauteur, et cette position dans l'espace correspond manifestement à la hauteur de ses « méditations », de ses « vues ». Elle signifie, par métonymie, son élévation intellectuelle. Cette hauteur n'est pas thématisée comme étant le propre du poète (pas de discours sur le « génie » ici) ; c'est, inversement, la poésie qui s'élève en se mettant au service de l'expression de hautes pensées.

4. Le vers 8 peut s'entendre de deux manières. L'être qui manque peut être « un être cher » (auquel cas « L'isolement » ferait écho au « Lac » (voir p. 207), ou ce peut être Dieu. De toute façon, on a là un discours sur la vanité de ce monde, du « terrestre séjour », et sur la seule consistance de l'au-delà. Le poème manie un certain nombre de lieux communs de la rhétorique chrétienne : « le vrai soleil », « la source », « l'espoir et l'amour ». Le mot « âme » prend ici son sens plein et fort (dans un vers d'allure platonicienne).

Deux courants du romantisme [Ier et 2e POÈMES]

5. Le poème de Keats n'a pas le même horizon de pensée que celui de Lamartine (cf. notre introduction ci-dessus). Le poème de Lamartine met en scène un homme désenchanté devant un paysage ; Keats aspire à goûter les fruits d'une nature sensuelle et à voir un beau paysage, qui soit aussi un lieu de culture, habité du souvenir de la civilisation antique. Keats aspire comme Lamartine à un retour à la source, mais la source est ici très concrètement une source d'eau fraîche, dans un pays bien réel, la Provence.

6. La seconde strophe explicite ce qui, dans la première, était encore implicite. Le poète anglais est aussi animé d'un désir de fuite. Il est lui aussi saisi par une angoisse, mais c'est la grande ville moderne, aliénante et destructrice de la vie, la grande ville déprimante (v. 13-20 et en particulier 13-17), qui suscite cette angoisse. L'Angleterre est déjà un pays industriel au moment où ce poème est écrit : on a là l'une des premières expressions de ce désir de fuite qui sera, dans la seconde moitié du siècle, un lieu commun de la poésie française (voir, au chapitre suivant, le groupement « La poésie à l'âge industriel »). Le poète de Keats est en sens d'une grande modernité, et le décalage entre le développement économique de l'Angleterre et de la France peut se lire dans le décalage entre ces deux poèmes.

7. Keats aspire à ressembler au rossignol (oiseau qui, à l'inverse, est traditionnellement associé au chant et à l'amour ; cf. le poème d'Hugo p. 211). Et même davantage : il aspire à se « dissoudre » (v. 11) dans ce lointain lumineux et enivrant que la strophe précédente a décrit. Entendons : non pas à mourir, mais à ne plus être ce qu'il est, à « oublier », ce qui signifie aussi, en un sens, à s'oublier. Le poème de Keats est animé d'un désir physique et d'une joie de vivre qui semblent avoir abandonné le poète de « L'isolement ».

Vers la dissertation

8. Ce sujet de dissertation réclame, pour être traité, une certaine culture poétique. Il s'agit de montrer que la poésie lyrique, bien qu'elle s'exprime en général à la première personne du singulier, possède également les caractéristiques d'une poésie codifiée. On envisagera notamment les cas de la chanson courtoise ou de la poésie amoureuse de la Renaissance. On pourra se demander si le romantisme (et ce qui s'ensuivit) a fait exception, si la poésie romantique est plus authentique, spontanée, personnelle que les formes poétiques antérieures. Les textes de ce chapitre peuvent être utilisés à cet effet. C'est l'objectif principal de cet exercice.

On pourra montrer aussi (mais il est douteux que les élèves puissent le faire seuls), à partir d'exemples précis tirés de différents moments de l'histoire du lyrisme, que la poésie lyrique supporte rarement une lecture « autobiographique », au sens rigoureux du terme, même quand elle se présente comme un récit véridique (ce qui est en général le cas), ou comme une autobiographie. On pourra convoquer l'exemple des *Contemplations*, abordé dans ce chapitre, l'exemple du *Roman inachevé* (et plus généralement de la figure d'Elsa dans l'œuvre d'Aragon), l'exemple des amours de Marie ou d'Hélène chez Ronsard.

Rebelles et dandys → p. 222-223

■ Alfred de Musset, « Rolla »
■ Alexandre Pouchkine, *Eugène Onéguine*

Le poème de Musset permet d'illustrer la notion de « mal du siècle », par quoi on définit communément le romantisme. Le texte de Pouchkine permet d'illustrer celle de « dandy », qui en est un corollaire. L'intérêt de ces textes est aussi de mettre en exergue l'une des tendances fondamentales de la poésie romantique, sa forte identité narrative. La notion de « héros » prend ici le sens « narratologique » de personnage principal d'un récit, avec ou sans héroïsme.

Analyse des textes

Mauvais garçons

1. Paris est présenté dans le texte de Musset comme une vieille capitale de la débauche. Dans le poème de Pouchkine (qui se passe naturellement en Russie), c'est l'endroit à la mode, c'est aussi la capitale du commerce du luxe et des divertissements (v. 37).

2. Rolla est à l'image de la ville une figure de débauché, et c'est en même temps un enfant. C'est aussi à la fois une figure de dandy (réfractaire au travail, faisant le grand seigneur) et d'homme faible, gouverné par des passions basses, dont il est « l'hôtellerie » (v. 13). Onéguine incarne le dédain et l'insatisfaction du dandy, dans un registre beaucoup plus élevé et convaincant que Rolla, cependant il subit au vers 42 en particulier l'ironie du narrateur : « un philosophe aux dents de lait ». Ajoutons que ces deux personnages sont à la fois de grands mondains et de grands solitaires (Onéguine incarnant cela aussi avec plus de force que Rolla).

3. Onéguine et Rolla sont tous deux des héritiers. Ils n'étudient pas, n'ont pas de métier, et vraisemblablement pas d'avenir. Musset souligne le fait que Rolla est un provincial (v. 15-16) et que sa fortune est maigre (une triste fin s'annonce) ; Onéguine semble beaucoup plus riche (un roman brillant est possible). L'un fréquente les tavernes et les bordels, l'autre l'opéra, et la suractivité du héros de Pouchkine tranche sur l'aboulie de Rolla. Ces caractéristiques psychologiques sont articulées à des caractéristiques sociales (on peut considérer qu'*Eugène Onéguine* est le premier roman réaliste russe).

4. La question demande qu'on s'intéresse en particulier à la construction du récit de Pouchkine. Vitesse du récit, entée sur la vitesse du personnage, qui se déplace de lieu en lieu, qui ne tient pas en place, de même qu'il change de toilette sans raison. Onéguine est d'abord à l'opéra : il y arrive en retard et en repart avant la fin du spectacle. On notera l'ellipse temporelle révélée par les vers 26-27 (le narrateur ayant pris du retard sur le personnage). Le personnage de Rolla est beaucoup moins dynamique et beaucoup plus sédentaire. Il est, lui, comparé à une « hôtellerie » : il est stable dans son instabilité, apathique et cependant malade, malsain. Il incarne à la perfection (et comme peu de héros romantiques en vérité) « le mal du siècle », l'absence de tout héroïsme physique ou moral.

Mauvaise époque

5. Jacques Rolla est présenté comme le produit du lieu et de l'époque où il vit. On commentera en particulier les vers 30-34. Onéguine est visiblement plus libre.

6. On s'attachera aux petits détails du texte de Pouchkine : figurants (salle et scène), objets (v. 3), visages, corps, mouvements (v. 8-9-10, 15), gestes (v. 26), vêtements, mais aussi bruits, paroles (v. 12), grognements (v. 20, 26), etc. ; passage de la haute société, à laquelle la première strophe est consacrée, au remarquable tableau de la société des serviteurs, des cochers et des chevaux, qui attendent debout dans le froid hivernal ou « dorment près du perron » (v. 18), pendant que les maîtres sont au spectacle (toute la structure sociale est révélée en quelques vers contrastés). On pourra aussi souligner l'humour et/ou l'ironie de Pouchkine, qui habite l'ensemble du passage. Il est l'indice du positionnement critique du narrateur à l'égard de la société et des mœurs.

Vers le commentaire

7. Ce sujet demande qu'on fasse au sujet de Musset le travail fait au sujet de Pouchkine à la question 6 (dont on peut naturellement reprendre les conclusions). On peut aussi s'appuyer sur les questions 2 et 3. S'agissant de Musset, il s'agit notamment de montrer le caractère ironique de la comparaison avec Hercule (et peut-être de la référence à Homère au vers 23), mais aussi le dédain exprimé par le narrateur à l'endroit de la famille du héros (v. 14 et suivants) et du héros lui-même (le vers 25 en particulier pouvant être lu comme une antiphrase).

Parias et exilés → p. 224-225

■ Victor Hugo, « Mazeppa »
■ Lord Byron, *Don Juan*

Cette page, contrairement à la précédente, illustre l'héroïsme romantique, au caractère *épique*, qui est très largement d'origine anglaise (Byron) et écossaise (Scott). Le poème d'Hugo et le tableau de Delacroix sont inspirés du poème de Byron du même nom, dont il convient de souligner le rôle d'inventeur et de précurseur. Par ailleurs, Mazeppa et Don Juan sont deux figures de parias et d'exilés. Le thème est cher au romantisme, à une époque où quantité d'Italiens et de Polonais, en particulier, sont contraints à l'exil pour des motifs politiques.

Analyse des poèmes

Un poème d'aventures [Ier POÈME]

1. On trouve à peu près à chaque vers des notations allant en ce sens. La consigne de les relever toutes vise à transmettre le souci de l'exhaustivité et de la méticulosité.

2. Il s'agit de repérer la focalisation du récit aux vers 4-6, 11, et dans la troisième strophe.

3. On peut mettre en rapport le vers 13 (qui a un caractère d'« art poétique ») avec le découpage abrupt des vers (v. 1 et 17), le découpage des phrases en expansions successives (seconde strophe), ou compléments successifs (v. 14-18) qui se déploient sur des séries de vers, la pratique très fréquente du rejet (v. 7-8, 9-10, 17-18 par exemple) et du contre-rejet (v. 1-2 et 4-5 par exemple).

Deux héros : deux héroïsmes ? [Ier et 2e POÈMES]

4. Le « il » (qui reprend « Juan ») et le « je » sont finement entrelacés dans le poème de Byron. Ils forment un couple de personnages. Le « on » (v. 5) les rassemble. La strophe 2 commente la première en renchérissant sur son contenu, à partir de l'expérience personnelle du narrateur. À ce titre, Juan est le double du narrateur, et le narrateur le double de Juan. On n'observe rien de tel dans le poème d'Hugo, qui est plus authentiquement épique.

5. Le relevé de ces occurrences n'est pas difficile. Citons le vers 7 par exemple. Notons l'emploi de verbes qui renchérissent métaphoriquement sur la souffrance de Mazeppa (« se plonger » vers 3, « s'enfoncer » au vers 10). On peut noter que cette violence trouve son répondant dans certains aspects du paysage (les « donjons détruits » au vers 15). Le poème de Byron est davantage centré sur les sentiments du personnage. À ce stade du récit (qui deviendra beaucoup plus dramatique au moment du naufrage et après), Don Juan est simplement pris de vomissements (mais nous n'avons pu reproduire ce passage).

6. Mazeppa est sur un cheval, mais pas en position de chevalier. Toutefois, ce qui lui arrive peut être comparé à ces épreuves auxquelles sont soumis les chevaliers de Chrétien de Troyes. Il est soumis à une torture, dont l'aspect physique n'est qu'un aspect : on l'exile au milieu de nulle part, on le condamne à la solitude absolue. Cette torture prend le caractère d'une aventure dans l'immensité du monde. Ce monde a d'ailleurs un caractère médiéval (les donjons) et c'est un monde épique, pétri d'énergie animale et de violence. Dans ces conditions extraordinaires, Mazeppa fait preuve de courage physique et de constance, comme un preux.

Vers la dissertation

7. Ce sujet de dissertation a pour objet d'amener les élèves à mobiliser les textes de ce chapitre. La poésie de Chénier à Baudelaire est très largement une poésie narrative. Mais en vérité on peut étendre le champ d'étude, l'opposition entre « poésie » et « récit » étant totalement artificielle et dépourvue de sens.

Ce sujet est l'occasion de détailler, en les exposant simplement, les différentes formes de la poésie narrative. On trouve dans ce chapitre de longs poèmes narratifs (« Les amants de Montmorency », « Rolla », « Mazeppa », « Le marquis d'Aroca », et même « L'aveugle »), des romans en vers (*Eugène Onéguine, Don Juan*), des poèmes « historiques » – de même qu'on parle de romans historiques – (« L'expiation », « Le peuple »), des poèmes à la première personne du singulier contenant les éléments d'un récit de vie (« Le lac », « À Juana », « Vieille chanson du jeune temps », et même « Le balcon »), des poèmes non narratifs mais comportant des allusions à l'histoire (« Myrtho », « Ode à un rossignol »).

On peut, dans une seconde partie, montrer à partir des mêmes exemples que la perspective « narrative » et la perspective « sentimentale » (et a fortiori « pathétique » et « dramatique »), loin de s'opposer, se combinent. Les poèmes élégiaques sont évidemment les exemples les plus simples à exploiter, mais ce ne sont pas les seuls.

Recherche documentaire

8. Il s'agit bien ici de la vie de l'auteur, dont on soulignera l'engagement politique (au côté des carbonari italiens par exemple), la révolte et les revendications morales (on essaiera de ne pas s'en tenir au récit des frasques). On peut raconter la vie aventureuse, les exils successifs, jusqu'à la mort à Missolonghi au côté des indépendantistes grecs. Il convient également de souligner l'importance du phénomène Byron à travers l'Europe, dans les trente premières années du XIXe siècle. Figure de génie extrêmement précoce, adoré, admiré et controversé, Byron est sans doute la première « star » de la littérature mondiale.

Le peuple

→ p. 226-227

■ Aloysius Bertrand, « Le marquis d'Aroca »
■ Gérard de Nerval, « Le peuple »

L'émergence du romantisme accompagne celle des revendications démocratiques dans la première moitié du XIXe siècle. Parmi les héros romantiques, on ne trouve pas que des héros de légende. Ce poème politique peu connu de Nerval en est un bon exemple. Mais le romantisme est aussi connu pour avoir puisé dans l'imaginaire burlesque et grotesque du roman rabelaisien, de la comédie classique, du roman picaresque, etc. Le peuple dont il s'agit n'a alors plus rien d'un peuple révolutionnaire sur la voie de l'émancipation, au contraire. Dans le cas du « Marquis d'Aroca », le thème populaire croise le thème exotique, si prégnant à l'époque romantique (Espagne, Italie, Allemagne, Écosse, Maghreb, Moyen-Orient, etc.). Sur l'exotisme justement, on pourra compléter par la page « Histoire des arts » p. 244-245. L'intérêt du poème de Bertrand est aussi d'introduire la notion de poème en prose.

Analyse des poèmes

Une poésie comique [1er POÈME]

1. On peut hésiter et c'est l'un des intérêts de ce petit récit. Si on prend « héros » au sens de « personnage principal », les héros de cette histoire semblent être les deux larrons. C'est leur point de vue qui est privilégié par le récit. Mais le personnage annoncé par le titre du poème est le marquis d'Aroca, qui surgit à la fin du poème (et dont il a été question depuis la ligne 6).

2. Le seul personnage héroïque du récit est le marquis d'Aroca. C'est l'aristocrate. C'est un chef (à la tête de ses alguazils). Il est leste, vif; il est armé. Les lignes 16 et 17 font immanquablement penser à Zorro. Mais d'un autre côté c'est un homme qui a été volé par deux fois par ces larrons, ce qui n'est pas très glorieux.

3. L'apparition impromptue du marquis, sa manière d'interrompre la conversation et de s'y insérer comme par magie, est comique (comme en général tous les phénomènes d'accélération). Le peu de valeur des deux objets volés (en particulier de la mule) donne à cette histoire un caractère dérisoire, qui est comique. Le décalage entre le caractère chevaleresque du marquis et le caractère dérisoire de la situation est comique. L'arrestation des deux larrons, qui venaient de se pavaner, est comique. C'est un retournement de situation à la fois surprenant et très conventionnel (on pourrait considérer que ce texte est une parodie de roman d'aventure). Son caractère parodique est comique.

4. Comme souvent chez Bertrand, le récit est précédé d'un préambule. Ce préambule annonce ironiquement un moment paisible. Le retournement de situation n'en est que plus marqué et plus comique.

5. Dans ce texte, Bertrand recourt à un certain nombre de termes espagnols qui font « couleur locale ». Il exploite des clichés du roman espagnol et les motifs typiques de la route, de la sieste, des gitans, etc. C'est une Espagne de roman, et non une Espagne réaliste.

Une poésie politique [2e POÈME]

6. Il s'agit des Trois Glorieuses. L'insurrection s'apparente à un face à face entre le peuple et la cour, les valeurs se trouvant inversées : c'est le peuple qui est noble et « sublime », tandis que la monarchie est « vile ».

7. La question demande simplement qu'on explicite le sens de ces deux vers. On peut remarquer qu'ils fonctionnent sur le mode de la métonymie. « Une gloire » pour « un ou des sujet(s) glorieux », les « habits brodés » pour la noblesse.

8. Il ne s'agit pas de l'opinion du poète, mais de l'idéologie dominante dans les arts du temps de la monarchie, selon le poète. Elle est naturellement ironisée ici.

9. Il s'agit d'un poème de 14 vers où l'on distingue deux quatrains et un sizain commençant par deux rimes plates. Même si les rimes des quatrains ne sont pas des rimes embrassées, mais des rimes alternées (tandis qu'on trouve des rimes embrassées aux quatre derniers vers), ce poème est un sonnet. Cet usage du sonnet ne correspond pas à son usage le plus fréquent (en général et depuis Pétraque, le sonnet est une forme typique de la poésie amoureuse et plus généralement sentimentale) ; toutefois Malherbe, par exemple, a fait des sonnets politiques.

Écriture d'invention

10. Il s'agit d'écrire un poème en prose et d'en soigner la composition narrative et le rythme (en travaillant comme Bertrand sur les coupes, ellipses, accélérations). L'articulation très fine, bien qu'abrupte, de la narration et du dialogue dans le texte de Bertrand, est un aspect qui peut être également pris en compte. Enfin, la structure fondamentale du retournement de situation et de le soin apporté à la chute. Ce poème est une sorte de micro-nouvelle en une seule scène contrastée.

Victor Hugo, *Les Contemplations*

L'expression du deuil et de la détresse ➜ p. 230-231

■ « *Veni, vidi, vixi* »

■ « Paroles sur la dune »

Cette thématique est évidemment tout à fait centrale dans *Les Contemplations*, la source du livre étant la mort de Léopoldine. Nous avons choisi de ne pas puiser dans le livre IV (*Pauca meae*), plus connu, pour montrer comment le thème du deuil irradie l'ensemble du recueil. On renvoie néanmoins au livre IV dans les « Prolongements » en bas de la page 231.

Analyse des poèmes

Le deuil du poète [Ier et 2e POÈMES]

1. Le poète est seul ; il se promène ; il songe ; il souffre. Figure pathétique, donc. Le premier poème le montre insensible au printemps et à toutes ses manifestations gaies ; le second le montre tantôt tourné vers le ciel, qu'il interroge (ou plus précisément vers la lune), tantôt courbé vers la terre, anticipant la tombe.

2. Le ton des deux poèmes est profondément mélancolique. Le poète y est saisi de la pensée de sa fille disparue et envisage sa propre mort. Les deux situations (la solitude dans la nature) sont comparables. Mais, tandis que dans *Veni, vidi vixi*, le poète est prostré, dresse le bilan de sa vie, fait ses comptes, et déclare explicitement qu'il est parvenu au terme de son existence, dans le second les sollicitations de la nature sensible autour de lui ne le laissent pas indifférent. Dans le premier poème, il est censément en France ; le paysage est peuplé d'enfants et de fleurs cultivées ; dans le second il est à Jersey, dans un espace plus sauvage, moins mondain, moins amène aussi, d'une beauté grandiose et âpre. Le second poème se distingue donc par une certaine exaltation et par le sentiment du sublime.

3. La question vise la répétition de « puisque » dans le premier poème et l'anaphore de « Maintenant que » dans le second. Le premier extrait est formé d'une seule phrase, qui se distribue sur trois strophes, selon un schéma circulaire très élégant (le dernier hémistiche est la reprise du premier). Le début de *Paroles sur la dune* se caractérise aussi par l'usage de phrases longues se développant sur trois strophes (strophes 1 à 3 et 4 à 6) ; la septième strophe rompant ce rythme (mais ne contenant elle-même malgré tout qu'une seule phrase). Dans les deux cas l'unité logico-prosodique est donc très grande. Sur le plan des mètres et du schéma des rimes, on observe des différences naturellement, mais l'essentiel est tout de même l'usage du vers le plus ample, l'alexandrin. Il s'agit d'ailleurs d'un alexandrin assez classique et majestueux, fonctionnant sur sa base rythmique de six pieds, avec la coupe principale au centre, et sa ponctuation en bout de course : rien à voir avec la poétique de « Mazeppa » (p. 224), ni avec celle de « Vieille chanson du jeune temps » (p. 211).

4. On se contentera ici de remarquer que les termes exprimant la douleur sont généralement à prendre au sens littéral. De la retenue, peu d'innovation dans les images (les comparaisons et les métaphores qui signifient le temps qui passe, le « tourbillon » de la vie, le déclin, étant assez conventionnelles et par conséquent discrètes). C'est la représentation du décor qui concentre l'essentiel des innovations sémantiques, en particulier dans *Paroles sur la dune*.

Une tonalité mélancolique [2e POÈME]

5. Images suggérant la profondeur : on peut relever notamment les vers 3-4, 5, « flots profonds » au vers 11, les vers 25-26. Images suggérant la fuite ou l'éloignement : on peut relever « décroît » (v. 1), les vers 6-7, le vers 15. Toutes ces images font écho au thème de la perte (du fait de perdre / du fait d'avoir perdu) et plus précisément, pour certaines des premières, au thème de la tombe, et pour certaines des suivantes, au thème religieux du ciel.

6. Le relevé des verbes de perception ne présente pas de difficulté. Les vers 19-20 présentent quelques particularités sémantiques :

– l'usage intransitif du verbe de perception « J'écoute », figure très courante chez Victor Hugo, (mais les compléments d'objets ont été énoncés aux vers 17 et 18) ;

– l'opposition entre « ce qui parle » (qui renvoie aux hommes) et « ce qui murmure » (qui renvoie aux éléments naturels) ;

– le verbe « confronter », autour duquel tout s'organise, désigne le fonctionnement « dialectique » de la méditation, mise en rapport engendrant des similitudes et des différenciations.

7. Il s'agit d'une métaphore (les « yeux sinistres » pour les reliefs ombrés de la lune). Les vers 15 et 16 sont également métaphoriques.

Vers le commentaire

8. Le thème du ciel apparaît au vers 5, il est repris de manière plus insistante à la strophe 4. Dans la seconde phrase, le verbe de perception « j'écoute » (v. 19), qui fait suite aux verbes « Je regarde » (v. 13) et « J'entends »

(v. 17), instaure le thème de l'attention sensorielle et de la contemplation perceptive/intellectuelle. Au terme de cette seconde phrase si homogène du poème, amenée par la conjonction de coordination « et », mais au terme d'un dernier développement, apparaît la lune (v. 24), qui elle-même, à son tour, est désignée comme regardant et « rêvant ». Car elle est désignée par métonymie (par ses yeux). Le face-à-face (de deux visages, de deux paires d'yeux, de deux pensées) est donc ici mis en place. La dernière strophe confirme ce dispositif, de manière très explicite, aux vers 27 et 28. L'apparition du pronom « nous » et de la forme pronominale sont ici d'une grande force (fantasmatique).

Témoignage sur la misère

➜ p. 232-233

■ « Chose vue un jour de printemps »
■ « Melancholia »

La thématique sociale est très présente dans l'œuvre de Victor Hugo à partir de la fin des années 1840. Même si elle peut paraître marginale dans *Les Contemplations*, sa présence est essentielle. Elle participe pleinement du grand projet pathétique des *Contemplations* : d'une méditation générale (d'inspiration chrétienne) sur la souffrance dont le monde est plein, et d'une poétique de la pitié.

Analyse des poèmes

Une poésie réaliste

1. Cette première question invite à faire une mise au point sur le sujet des poèmes. Il s'agit de montrer que ces deux poèmes représentent des êtres qui souffrent, à partir des informations concrètes et très explicites qu'ils nous délivrent.

2. On rappellera d'abord que « on » est un pronom personnel indéfini. *Première occurrence*, 1er poème, vers 8. « On [voyait] » implique le narrateur (le « je » du vers 1), plus un reste où le lecteur est invité à se reconnaître. *Deuxième et troisième occurrences*, 2e poème, vers **15 et 20**. En raison de l'impératif deuxième personne du pluriel au vers 1, « Écoutez », le lecteur est ici plus explicitement impliqué par le « on [voit] » et le « on [ne sait quoi] » que dans l'exemple précédent ; le narrateur l'est aussi naturellement. Mais « on voit » et « on ne sait quoi » sont deux expressions figées parfaitement banale, si bien que le « on » conserve ici son caractère d'indéfinition. *Quatrième et cinquième occurrences*, 2e poème, vers **23**. Ici, dans « on [ne s'arrête] » et « on [ne joue] », « on » est le sujet d'actions accomplies par les enfants. « On » fonctionne de la même manière que « tout » au vers précédent. L'usage de l'indéfini signale l'appréhension globale et imprécise de personnes précises dans un contexte précis, et non l'évocation de personnes non définies.

3. On peut relever notamment, dans le premier poème, le vers 7, et dans le second, les vers 13, 23, 24. Dans tous les cas, le caractère d'enfant des enfants est perdu : ils sont tels des vieillards, ils ne rient ni ne jouent plus, ils ont perdu le teint de l'enfance.

4. On peut rappeler l'étymologie de « mélancolie » : melan (noire)/cholia (bile). La bile noire, selon les médecins grecs de l'Antiquité, secrétée en quantité anormale, c'est une tristesse noire, un état sinistre, inspiré, en l'occurrence, par un spectacle sinistre. Pour la seconde sous-question, voir la présentation des textes ci-dessus.

La voix des laissés-pour-compte

5. Le poème commence par l'injonction « Écoutez ». Les destinataires de l'injonction réapparaissent au vers 10 : « Ô penseurs ». Cependant, « Mélancholia » commence par une scène qui présente une femme au milieu d'un groupe de badauds, d'une « foule », c'est-à-dire plutôt d'un public populaire. Les « penseurs » sont sollicités pour réfléchir non seulement à la misère mais aux mœurs et aux représentations dans les classes populaires.

6. C'est la femme qui parle. Tout ce passage est au discours indirect libre.

7. Au sens strict, les enfants ne parlent pas. Mais le poète leur prête des paroles (1er poème, vers 10-11 ; 2e poème, vers 26-27). Cette parole silencieuse (en deçà du langage, mais aussi « parlante » que lui) est particulièrement pathétique. Elle réclame, de la part de son destinataire, une totale empathie.

Vers le commentaire

8. Il s'agit des vers 16-22. L'usine est assimilée à une prison, à un bagne, à un enfer. Les machines, d'abord désignées par leur nom (ce sont « des meules », d'où au vers 22 la conclusion « Tout est d'airain, tout est de fer » – on songe à la fabrique de clous au début du *Rouge et le Noir*), sont ensuite assimilées à des monstres. Ces monstres font penser aux ogres des contes : par leur taille (en comparaison de laquelle les enfants accroupis paraissent tout petits), leur laideur (v. 20), leurs dents menaçantes (v. 19).

Vision du cosmos

➜ p. 234-235

On aborde ici l'un des thèmes fondamentaux des *Contemplations* : l'énigme de l'infini et de la nuit cosmique. Les deux extraits présentés ici sont nettement séparés dans ce très long poème ; ils sont distincts par le contenu et très différents formellement. On peut donc les étudier indépendamment l'un de l'autre.

Analyse du poème

Un paysage astral [Première section]

1. On repèrera les verbes de mouvement, au vers 4-6, 7, 10, etc. Ainsi que les verbes indiquant des processus de transformation en cours (v. 1, 8). On peut souligner l'intérêt de l'imparfait à cet égard.

2. On contemple la tombée de la nuit depuis la Terre, puisque les deux personnages sont sur la terre. Et cependant le point de vue adopté est, sinon incompatible avec cette donnée physique, du moins en tension avec elle, puisque les vers 4-6 évoquent le mouvement de rotation de la terre, comme vu depuis le cosmos. C'est ce qui justifie l'inversion de l'expression courante « la tombée de la nuit » aux vers 6 et 7 : la nuit ne tombe pas, elle monte. L'idée d'un mouvement descendant est cependant activée au vers 10, puis aux vers 14-18, dans un remarquable chassé-croisé de flux et d'ombres.

3. Le poème procède par comparaisons et métaphores, qui se complètent, se nuancent, s'intensifient l'une l'autre. On peut relever notamment le vers 4 (dont le vers 5 est l'extension), et le vers 7 (qui apparente la nuit à une femme et possède donc un caractère allégorique). L'image de « l'urne d'en haut » n'a pas de comparé défini et fonctionne sur un mode différent des précédentes, sorte de « métaphore libre », d'invention sémantique radicale, très hugolienne.

4. L'intérêt de la présence de la petite fille (vraisemblablement Léopoldine) est multiple. C'est d'abord une affaire d'échelle (tout le poème, comme l'indique son titre, consiste à rapporter l'immense au tout petit). Mais la raison est aussi qu'on veut produire un certain régime d'affects : un être tendre, attachant, rêveur, fait face à l'immense énigme céleste : moment à la fois enivrant et terrible pour le petit être. Peut-être, la tombée de la nuit (mêlée de cendres) ayant un caractère funèbre, s'agit-il aussi de signifier par la bande la condition mortelle de l'enfant.

Une vision imagée de l'espace [Deuxième section]

5. La question vise les injonctions à regarder (v. 25) et à se figurer (v. 26), mais aussi les déictiques : adjectifs démonstratifs (v. 33-34, 36), adverbes « ici » (v. 39), « ailleurs » (v. 42), le vers 29 a également une dimension déictique (« la terre a fui » par rapport à nous, parce que nous nous sommes éloignés d'elle) et la persistance du pronom personnel de la première personne du pluriel (v. 25, 40 et suivants).

6. L'idée de « groupes d'astres » évoque le système solaire (auquel la partie du texte qui a été coupée fait plus clairement allusion). Dans la seconde strophe, la veine proprement astronomique est abandonnée au profit d'une fantasmagorie (cf. en particulier les vers 33-35), qui évoque la science-fiction, avec ses aspects poétiques et terrifiants.

7. La troisième strophe aborde un thème privilégié de la science-fiction, la figure de l'extra-terrestre. Dans le cadre de cette rencontre, chacun est un monstre pour l'autre ; d'où l'expression sidérante, qui condense la situation : « de monstre à monstre ».

Écriture d'invention

8. Ce voyage poétique ne doit pas nécessairement être écrit en vers. C'est le soin apporté à la composition et au rythme du récit, la qualité du phrasé (en termes de lexique, de syntaxe, de sonorités et de rythme) et l'intérêt des images, qui lui donneront son caractère poétique. Le voyage débouchera ou non sur une rencontre (le vide infini ayant en lui-même un caractère poétique). On peut s'appuyer aussi sur le roman de Jules Verne *De la terre à la lune*. On peut montrer aux élèves un extrait du film de Stanley Kubrick, *2001, l'Odyssée de l'espace* (en particulier la dernière demi-heure), par exemple. Mais aussi *Le voyage dans la lune* de Méliès. Et pourquoi pas *On a marché sur la lune* d'Hergé.

Réflexions sur la mort → p. 236-237

■ « Pleurs dans la nuit »

Les pages 233-234 introduisaient à l'esthétique de la pitié. Celle-ci présente l'esthétique de la terreur, très prégnante dans les deux derniers livres des *Contemplations*. « Pleurs dans la nuit » est, dans cette veine, l'exemple le plus grandiose du recueil.

Analyse des poèmes

Une peinture effroyable

1. Le vers 20 et la dernière strophe sont ici particulièrement visés. Le caractère effrayant de cette représentation tient au fait que le corps mort, en proie à la destruction (dévoration, amputation, perforation) se voit attribuer les sensations d'un corps vivant. La mise en terre et la mort s'apparentent ainsi à une torture.

2. Il y a d'abord le paysage du cimetière : terre, fosses, squelettes, dents (v. 8-9). Si, d'une manière générale, l'espace est inquiétant, c'est qu'il « s'emplit » (v. 14) de choses inconnues (qu'on soupçonne détenir une force, sinon une volonté, cf. les vers 22-26), au moment où les hommes s'en vont. L'herbe (v. 15) paraît habitée. Enfin, et c'est sans doute le plus important et le plus facile à noter, les éléments de la nature se métamorphosent : le fleuve (v. 16), le paysage (v. 17), les arbres (v. 18-19), pour certains dans le sens d'une animalisation ou d'une humanisation monstrueuse (v. 22-26). Tout ce paysage est en noir et blanc (l'ombre/ le suaire ; le fleuve blanc/le paysage obscur ; la nuit/les dents, les racines, le blanc de l'œil).

3. C'est le thème de la seconde strophe de la section XIII : la mort est déjà là, inscrite dans les choses et en particulier dans l'architecture des maisons des hommes ; la troisième strophe (en particulier les vers 16-18) suggère que la vie est le processus de la mort. L'ouverture de la première strophe ne signifie peut-être pas seulement que « tout le monde meurt », mais que vivre, c'est tomber / aller à la tombe (en vertu du jeu de mot qui habite les quatre derniers livres des *Contemplations*). On retiendra en particulier les images de la seconde strophe, qui tiennent à la fois de la métaphore et de l'oxymore (voir les vers 11-12).

4. Le poème s'adresse au mort ; mais le poète nous met aussi (et surtout) à la place du mort. On peut faire lire l'épisode du cimetière de Picpus dans *Les Misérables*, qui propose une expérience similaire. NB : l'adverbe « là-bas » appartient à la partie du texte qui a été coupée.

La solennité de la mort

5. Tutoyer le mort, c'est signifier une certaine proximité, voire une certaine intimité avec lui. Le tutoiement fait partie de la rhétorique de la terreur qui caractérise ce poème. Le vouvoiement, section XIII, peut se comprendre de deux manières : comme une marque de politesse adressée à chacun des lecteurs, ou comme une adresse à la pluralité des lecteurs (qui n'exclut pas la première lecture). Le rapport entre les deux sections est explicité par le poème : les lecteurs sont des morts en puissance.

6. Le vers est un alexandrin dont la coupe principale est violemment et abruptement déplacée au troisième pied. L'accent principal du vers est ainsi la première syllabe du verbe « tomber ». Il est le mot le plus important du vers, et même de la section, dont il résume le contenu.

7. Pour cette question, on peut se reporter à l'analyse de « Mazeppa », p. 224-225. Les deux poèmes présentent, sur le plan prosodique, des similitudes. Mais ici la violence faite à la prosodie classique est encore plus palpable. Le propos est à la fois fluide et haché. Fluide en raison de son implacable logique d'ensemble (logique destinale, justement), en raison des nombreux rejets (XIII, vers 4-5-6, 7-8-9 par exemple), de l'expansion soudaine, en général en fin de strophe, de la syntaxe (cf. XI, vers 11-13 ; 18-19 ; 20-21 ; XIII, vers 17-18), qui crée des phénomènes d'accélération ; en raison enfin de la coordination stricte des segments pris dans des structures de liste, par « et » (cf. notamment dans la section XIII la strophe 1 à caractère fortement anaphorique) ; mais il est haché parce qu'il procède par segments généralement courts, inférieurs au mètre (de nombreux vers étant coupés en deux voire trois sections, cf. XI, vers 10, 14, 20 ; XIII, vers 1, 5), et séparés par des ponctuations fortes.

Vers la dissertation

8. Ce sujet est justifié en particulier par cette explication de texte, mais on peut utiliser bien d'autres textes du manuel, et en particulier des textes du XIXe siècle, romantiques, réalistes ou naturalistes, pour montrer que la littérature peut avoir un caractère spectaculaire. L'idée que la littérature peut rivaliser avec le cinéma est sans doute justifiée aujourd'hui parce que l'art dominant aujourd'hui est le cinéma (et ses produits dérivés : télévision et jeux vidéo), mais elle est bien sûr anachronique : c'est le cinéma qui s'est construit en rivalisant avec la littérature et en lui empruntant ses recettes (scénarios et personnages, scénographies, montages).

La foi de Victor Hugo → p. 238-239

« À Villequier »

« Ibo »

Cette paire de poèmes (entre autres possibles) permet d'aborder la dimension religieuse du recueil et plus précisément la figure de Dieu. C'est un aspect central de l'œuvre d'Hugo, et, plus généralement, une préoccupation centrale du romantisme. En matière de religion, les romantiques ne sont pas des orthodoxes. Victor Hugo, tout en étant un homme de foi, d'obédience évidemment chrétienne, tient, en particulier dans « Ibo », un langage particulièrement libre et hétérodoxe.

Analyse des poèmes

La religion du poète [1er POÈME]

1. On peut considérer que le poète s'adresse aussi à lui-même (en raison du caractère introspectif du texte) ; l'autre destinataire étant naturellement le lecteur.

2. En dépit de leur ressemblance formelle, les deux poèmes se distinguent par le fait que celui-ci est un poème apaisé, où Hugo a retrouvé le lien avec le monde (émotions esthétiques, curiosité perceptive), parce que le deuil est fait et que la force est revenue (v. 6), et son lien avec Dieu (v. 21).

3. Les expressions « miracles », « Seigneur », « père », « confessant que », « Dieu vivant » sont explicitement chrétiennes ; la liste des attributs de Dieu, vers 26, est caractéristique du christianisme (manque cependant le mot « amour ») ; le poème est en forme de prière (mais d'une prière qui n'appartiendrait pas à la liturgie).

Le poète face au mystère divin [2e POÈME]

4. « Devant l'immensité » signifie devant Dieu et le spectacle immense de la Création. « Je reprends ma raison » peut répondre à un énoncé sous-entendu : J'avais perdu la raison, j'étais fou de douleur. Reprendre ma raison signifie quelque chose comme : je retrouve ma foi, et je reconnais à nouveau le sens et le bien-fondé de votre règle. « *Ibo* » en revanche est l'expression d'une audace déréglée, d'une confiance infinie en soi-même (v. 4, 5, 6, 9, etc.).

5. Contrairement au premier poème, « *Ibo* » ne mobilise aucun élément de la terminologie chrétienne, et l'on n'y retrouve aucun des cadres élémentaires de la théologie chrétienne, et en particulier pas l'alliance de Dieu avec l'homme, le caractère transcendantal et impénétrable de Dieu, l'humilité de l'homme, la vanité du savoir, le caractère sublime de la foi et de la soumission.

6. « *Ibo* » représente un poète athlétique (v. 17-18), dont les compétences couvrent un espace et un temps cosmiques (v. 19-20). C'est une figure héroïque, sublime et superlative (l'hyperbole est la figure centrale de ce poème), héroïsme physique (cinquième strophe), moral (troisième strophe), figure de connaisseur de l'inconnaissable et de voyageur de l'au-delà. Figure de pionnier présentée dans un langage prophétique.

7. Cet extrait compte deux phrases, à la syntaxe simple. La seconde, qui s'étend sur quatre strophes, seize vers, est construite sur l'anaphore de « Je suis », chacune des deux occurrences donnant lieu à une série d'attributs (deux dans le premier cas, sept pour le second), qui est une suite de variations sur le même thème héroïque ; sa chute est une courte indépendante introduite par « et », qui relance l'ensemble du poème. La métrique est régulière, et irrégulière, puisque chaque strophe est constituée de deux paires de vers de mètres différents (un octosyllabes et un vers de quatre pieds), la rime (jamais pauvre, souvent riche) étant aux vers de mètre identique, et dans une configuration stable : rime masculine aux vers brefs, rime féminine aux vers longs. Huit pieds, quatre pieds : les deux mètres sont brefs et favorisent une lecture rapide ; leur alternance suscite des accélérations et des ralentissements. Cette alternance métrique et sonore, et le système syntaxique très souple (et cependant très solide), qui s'articule au principe de variation syntagmatique du poème, lui confèrent un remarquable dynamisme.

Activité orale

8. C'est certainement « À Villequier », en raison même de sa lenteur et de son caractère très adulte, très sage, dont il est le plus difficile de rendre la tonalité et les affects.

Étude d'ensemble

→ p. 240-241

Les réponses à ces questions nécessitent la fabrication d'un cours sur l'ensemble du recueil, et non sur les seuls poèmes reproduits dans ce manuel. Ce n'est donc pas le lieu d'y répondre. Ces questions peuvent en revanche orienter la fabrication d'un cours. Les activités intitulées « Zoom » attirent l'attention sur des poèmes importants qui n'ont pas été reproduits ici. Les questions intitulées « Débat » posent des questions hugoliennes classiques.

On peut consulter les éditions du Club Français du Livre, ou celle de la collection « Bouquins », ainsi que les ouvrages suivants :

– Jacques Seebacher, *Hugo ou le calcul des profondeurs*, PUF, coll. « Écrivains », 1993.

– *Dessins de Victor Hugo*, catalogue de la collection de la Maison Victor Hugo, Éd. Paris-Musée, 1985.

– *L'Œil de Victor Hugo*, Actes de colloques, Musée d'Orsay/Cendres, 2004.

Écriture et prolongements

Vers la dissertation

Il est difficile de ne pas donner raison à Baudelaire. Le sujet est donc surtout l'occasion d'illustrer son propos à partir de textes dument présentés, cités, et rapidement commentés. Il convient de tirer le plus de matière possible des notions d'excès et d'immensité d'une part, de monstruosité et de prodige d'autre part (sans jamais séparer les partis pris formels du poète de la singularité de ses propositions conceptuelles) On peut s'appuyer aussi bien sur « Ibo » ou « Magnitudo parvi » que sur « Pleurs dans la nuit », sur « Melancholia » que sur « Pasteurs et troupeaux », sur « À quoi songeaient les deux cavaliers dans la forêt » que sur « À celle qui est restée en France ». Mais on peut aussi convoquer des poèmes des premiers livres, et en particulier « Réponse à un acte d'accusation », poème pamphlétaire et en ce sens programmatique, qui est en même temps une sorte d'autobiographie intellectuelle et de bilan du romantisme, où Hugo revendique l'excès que Baudelaire lui attribue. On peut aussi songer à évoquer les œuvres graphiques du poète. On peut consulter à cet égard, outre le catalogue de l'exposition du bicentenaire, celui d'une exposition plus récente à la maison Victor Hugo.

Recherche documentaire

→ **TICE** On trouvera un article sur le sujet dans le collectif « L'œil de Victor Hugo ».

→ **TICE** Les textes issus des séances de « tables tournantes » sont reproduits notamment dans l'édition des œuvres complètes de Victor Hugo au Club Français du Livre.

Le romantisme

→ p. 242-243

Recherche documentaire

On peut mener la recherche en fonction des noms d'auteurs, comme il est suggéré ; on peut aussi procéder thématiquement, pour montrer par exemple comment le thème de Romeo et Juliette a intéressé aussi bien Delacroix que Berlioz (et plus tard Prokofiev), comment le thème de Mazeppa a intéressé Byron, Hugo, Delacroix et Liszt, etc.

Italies romantiques

→ p. 244-245

1 Le voyage en Italie

Lecture de l'image

1. L'aquarelle, comme son nom l'indique, est une technique picturale où la couleur est diluée dans une eau abondante. On y privilégie souvent les effets de glissé, de flou, les fusions de motifs, l'esquisse. Cette technique semble adaptée à la ville bâtie sur l'eau, reflétant l'eau et reflétée dans l'eau.

2. Il y a principalement deux couleurs : un bleu à l'horizon (ce qui constitue un topos du paysage classique et en particulier du paysage italien) et pour l'esquisse de quelques nuages, un rose plus ou moins trempé de rouge pour l'ambiance générale du tableau, sur le ciel et sur la mer. Les parties densément colorées sont rares : elles forment des motifs plus ou moins distincts qui flottent sur une surface très aqueuse, celle-ci restituant l'effet d'une lumière diffuse dans une atmosphère humide, au lever du soleil. Mais l'horizon bleu, où l'on repère la silhouette de bâtiments, structure l'image.

3. Le poème de Musset illustre assez bien en effet l'aquarelle de Turner (sérénité, sommeil, brume, solitude).

2 La musique italienne

Lecture de l'image

1. Il s'agit en particulier de repérer les loges, leur positionnement, la verticalité de l'espace intérieur, le rectangle fermé (comme un écran ou une lunette) de l'espace scénique.

2. La toile de fond représente un paysage champêtre, agréable, à taille humaine, travaillé par l'homme, et sentimental. On peut noter qu'il est lui aussi doté d'un horizon bleu (la question du paysage est abordée au chapitre suivant, groupements 1 et 2).

3. Un Avant-scène Opéra est consacré au *Moïse*. On peut aussi se reporter à l'ouvrage consacré à Rossini dans la collection « Découvertes », aux éditions Gallimard.

3 Ruines et paysages

On peut noter, dans le paysage de Corot, l'enchevêtrement des époques, caractéristique du paysage romain. On peut comparer cette toile à celle de Turner par exemple.

4 Des héros romantiques

Lecture de l'image

1. Le Tasse est en noir et blanc, au premier plan, assis. Il est pensif (et il a le front du penseur). Son geste est élégant. Il est le seul à posséder chacune de ces caractéristiques.

2. La toile est construite pour faire penser que non. Elle illustre la souffrance du poète en l'isolant, et en ne le dotant d'aucune disgrâce. Il est non seulement différent mais contraire aux figurants qui, au fond de cet espace, percevant ces différences, se moquent de lui. Le tableau de Delacroix illustre le thème romantique de l'homme supérieur en proie à la méchanceté, à l'injustice et à la bêtise des médiocres.

Recherche documentaire

Les figures de Monti, Foscolo et Pellico sont particulièrement intéressantes, parce qu'on peut à travers elles présenter cette période de l'histoire de l'Italie. Mais les écrivains les plus importants sont Manzoni et Leopardi. Un texte de Leopardi est reproduit ici, p. 219.

Notions de versification

→ p. 246-247

1 Chaque strophe est un quatrain: le premier et le troisième vers sont des octosyllabes, le second et le quatrième ont quatre syllabes.

2 Peuvent constituer une rime*: plein, vin / loup, vous / bu, repu / étendard, guitare.*

3 Le poème est constitué de quatre quatrains; dans chaque strophe, les trois premiers vers sont des octosyllabes et le dernier a deux syllabes. Chaque strophe utilise des rimes différentes, qui sont croisées (abab).

4 Ce poème est un sonnet composé de deux quatrains suivis de deux tercets. Les rimes, au nombre de sept, se présentent sous la forme suivante: abba, cddc, eef,gfg, c'està dire que les quatrains ont des rimes différents, *embrassées*; puis viennent deux rimes *plates* (ee) et des rimes *croisées* (*eef,gfg*).
Une rime suffisante: magiques/mystiques (2 sons identiques: [i] + [k]).
Une rime riche: saison/maison ([ɛ] + [z] + [õ]).

Activités d'écriture

Écriture d'invention

– L'inspiration du poème ne sera pas nécessairement romantique. La forme ne sera pas nécessairement le sonnet (cependant on fournit sept rimes, trois féminines et quatre masculines). Par vers réguliers, on n'entend pas que les vers soient tous du même mètre, mais qu'ils se distribuent suivant un schéma régulier (on peut choisir, comme dans les poèmes d'Hugo des pages 234-239, l'alternance de deux mètres). On peut, pour cet exercice d'esprit oulipien, s'inspirer de l'œuvre de Jacques Roubaud, qui propose une série de sonnets par exemple dans *La forme d'une ville change plus vite, hélas, que le cœur des humains* (titre inspiré du poème de Baudelaire, « Le Cygne », reproduit ici en page 249).

– Le poème concerné est « La Ballade à la lune », tiré des *Premières Poésies* de Musset (1838), mais il est préférable que les élèves n'y aient pas accès et utilisent leur propre imaginaire en s'appuyant seulement sur la contrainte de rimes en abab et de quatrains formés par deux hexamètres (vers de six syllabes), un trimètre (vers de trois syllabes), et un dernier hexamètre.

Charles Baudelaire, «Le cygne»

→ p. 249

1. Thème et motif

a. Les personnages sont d'abord le poète lui-même, le cygne et Andromaque, la négresse, les maigres orphelins, puis une série de pluriels indistincts : matelots oubliés, captifs, vaincus, en somme tous ceux qui souffrent d'une perte essentielle et définitive, comme l'explicite le poème aux vers 17-18.

b. C'est un paysage en mutation (en raison des travaux d'Hausmann), ce qui signifie destruction, ruine et disparition (on peut se reporter à la photographie de Charles Marville reproduite dans la page « Contexte » du chapitre consacré au Roman réaliste et naturaliste). C'est un paysage habité par des souvenirs, d'où la comparaison implicite du poète lui-même avec Andromaque et avec la négresse « amaigrie et phtisique » (Antillaise, selon toute vraisemblance) dont la présence est aussi un élément désolant du paysage parisien.

c. Il s'agit d'une vision désespérée, qui montre les meilleurs des hommes condamnés à la souffrance morale et physique. On est proche de l'esprit du tableau de Delacroix reproduit page 245.

2. Mouvement et genre

a. Le poète se représente déambulant dans la ville. C'est une figure de songeur profond, dont la tristesse est liée à sa propre nostalgie, mais aussi au fait qu'il est la mémoire vivante des hommes et la conscience empathique et universelle de leurs souffrances. Il est comparable pour toutes ces raisons en particulier à Hugo, auquel ce poème est dédié.

b. Baudelaire dédie ce poème à Hugo parce qu'il l'admire (cf. le sujet de dissertation p. 241) ; c'est un hommage qu'il lui rend, hommage d'autant plus évident que « Le Cygne » est très « hugolien » dans l'esprit. Mais cette dédicace est aussi un geste de soutien (sinon de solidarité politique) au poète exilé, auquel il est fait clairement allusion aux vers 21-24.

3. Langue et style

Baudelaire adopte ici une forme longue, qui lui laisse toute latitude. Le poème suit une construction sérielle, marqué par l'anaphore de « Je pense », dont les compléments d'objet sont agencés par la conjonction de coordination « et » ou par des signes de ponctuation forte. Cette structure simple et souple est celle de nombreux poèmes hugoliens. La coupe principale n'est pas toujours à l'hémistiche – loin s'en faut (cf. vers 1, 2, 3, 8, 9, 10, etc.). Les rejets sont nombreux, au sein des strophes (v. 1-2, 2-3) ou d'une strophe sur l'autre (v. 8-9). Ces audaces rythmiques sont caractéristiques du romantisme (ce ne sont d'ailleurs plus des audaces au moment où Baudelaire écrit ce poème). D'autres vers, d'autres rythmes au contraire sont d'un grand classicisme (v. 6, 11, 12, 13, 21...). Mais cette persistance des formes classiques est parfaitement ordinaire jusqu'à Baudelaire compris, y compris chez Hugo (voir « *Veni, vidi, vixi* », p. 230, ou « À Villequier » p. 238). Même tension entre tradition classique et modernité au niveau des références : la référence à Andromaque évoque nécessairement le souvenir de Racine, tandis que l'ensemble des autres personnages en éloigne. D'une manière générale en revanche, les images ne sont pas classiques dans l'esprit, mais typiquement baudelairiennes (v. 4, 13, 15, 16, 20, 21).

4. Littérature et arts

Il est ici question d'architecture, et l'on voit que la référence, en la matière, est toujours antique et classique (il n'y a pas d'architecture romantique). Mais on note surtout les intertextes : les noms d'Andromaque, Hector et Pyrrhus évoquent l'épopée homérique et la tragédie ; le vers 19 évoque la légende de la fondation de Rome (Tite-Live, et toute la tradition picturale et sculpturale qu'il a suscitée). Le vers 22 peut évoquer la musique romantique. Le personnage de la négresse pourrait être un personnage de roman romantique. La forêt (v. 21), les naufrages, les pays exotiques, sont des thèmes typiques de la peinture romantique. Ce poème du « Souvenir » pourrait être lu comme un bilan du romantisme, et presque comme un adieu.

Commentaire

On peut suivre le plan suivant (entre autres) :

I. un poème ancré dans l'histoire réelle, au point de pouvoir faire l'objet d'une lecture politique (Haussmann et la destruction du vieux Paris (populaire), l'hommage au poète exilé Hugo), mais aussi dans la rêverie et dans la littérature classique et romantique ;

II. un poème pathétique ;

III. un poème mélancolique.

6. La poésie, de Baudelaire au surréalisme

Introduction au chapitre

Le chapitre explore les transformations de la poésie moderne et l'évolution des formes poétiques du second XIXe siècle au début du XXe siècle, de la modernité baudelairienne à la révolution surréaliste. Il met l'accent sur le rapport entre la langue poétique et la vision du monde. Dans cette perspective, l'œuvre complète abordée est centrale : l'expérience poétique des *Illuminations* de Rimbaud met notamment en avant un nouveau rapport poétique au langage, fait de singularité, d'exploration et d'expérimentation. La poésie rimbaldienne inaugure un univers à part, inouï. Le premier groupement permettra aux élèves de réfléchir à la manière dont la poésie prend en compte les transformations d'une société : les textes mettent en contraste différentes attitudes face à la modernisation industrielle, entre intégration, rejet, tentatives de trouver une langue neuve. Le second groupement sensibilise les élèves au symbolisme et au surnaturalisme, à travers le thème du paysage : par leur sensibilité singulière, les poètes endossent le rôle de révélateurs ou d'initiateurs, pour amener le lecteur à percevoir dans la nature des émotions et des symboles insoupçonnés. Le thème du paysage pourra être étudié en parallèle avec la page « Histoire des arts », par exemple autour de la notion d'expressionisme.

Indications bibliographiques, sites Internet

– Dominique COMBE, *Poésies, Une saison en enfer, Illuminations d'Arthur Rimbaud,* Gallimard, 2004.

– Jean-Pierre BERTRAND, Pascal DURAND, *Les poètes de la modernité,* Seuil, 2006.

– André GUYAUX, *Poétique du fragment. Essai sur les* Illuminations *de Rimbaud,* La Baconnière, 1985.

– Marcel RAYMOND, *De Baudelaire au surréalisme,* José Corti, 1940.

– Sur Internet : http://melusine.univ-paris3.fr/sommaireD.html : Bibliothèque numérique surréaliste. Le sommaire permet d'accéder à des revues dadaïstes et surréalistes numérisées et à une riche iconographie.

– http://www.centrepompidou.fr/education/ressources/ENS-surrealisme-pistes/ENS-surrealisme-pistes.htm : Site pédagogique de l'exposition *La Révolution* surréaliste au Centre Pompidou, en 2002.

La poésie à l'âge industriel

L'obsession de la fuite → p. 254-255

Charles Baudelaire, « *Moesta et errabunda* »

Le poème développe l'Idéal baudelairien, et l'aspiration à la fuite qui marque l'opposition entre Spleen et Idéal, dans la partie du même nom. *Agathe* signifie en grec « la toute bonne » : est-ce elle que caractérise le titre, ou faut-il le comprendre comme un neutre pluriel : « choses tristes et vagabondes » ? Elle est en tout cas étrangement déréalisée par rapport aux autres femmes des *Fleurs du Mal :* ni tentatrice ni sensuelle, elle est simplement un « cœur », partageant les mêmes aspirations que le poète. La relation esquissée prend dès lors les couleurs pures de l'enfance, mais aussi d'un passé irrémédiablement révolu.

Stéphane Mallarmé, « Brise marine »

L'aspiration à la fuite prend ici la forme de l'appel du large, autour du thème de la mer et de la navigation. Le Spleen baudelairien a les traits de l'« Ennui », et il n'est plus la fange « immonde » de la cité baudelairienne, mais le simple quotidien : les livres, la lampe, la famille. La liberté associée aux voyages maritimes semble seule contenir encore la promesse d'une ivresse de vivre : Mallarmé, sur un mode plus velléitaire, veut aussi plonger « au fond de l'inconnu pour trouver du nouveau ! ».

Analyse des poèmes

Le désir d'ailleurs

1. Le poème de Baudelaire donne le sentiment d'un dégoût du monde environnant : Paris est « l'immonde cité ». C'est l'image d'une eau triste et fangeuse qui se dessine, à travers le « noir océan », la « boue faite de nos pleurs ». Mallarmé, lui, regarde avec un ennui qui n'est pas simple lassitude mais tourment, les éléments de son quotidien : livres, vieux jardins, lampe, papier, épouse et enfant. La sensualité même, « la chair », est « triste ».

2. À l'opposé de la boue parisienne, Baudelaire rêve d'un océan de pureté et de beauté, qui réponde à son idéal esthétique : « bleu, clair, profond, ainsi que la virginité ». La clarté revient ligne 16, avec la même association : « clair azur ». Ces espaces purs sont associés à la fraîcheur de l'enfance, à une végétation printanière (« vert paradis », bouquets, bosquets) et à l'innocence de la sensualité des « amours enfantines ». Chez Mallarmé, le paradis demeure indéfini : il est simplement l'inconnu, l'appel du large, par opposition à la routine quotidienne : « Là-bas », « l'écume inconnue », « une exotique nature ». C'est avant tout le dépaysement qui le définit. L'exotisme est au cœur du poème.

3. Le poète s'adresse à Agathe, figure féminine peu définie : mais il semble que les sentiments qu'il lui prête soient également les siens. La troisième strophe montre l'entremêlement des voix, puisque les deux premiers vers semblent d'abord avoir pour énonciateur le poète, avant de pouvoir être attribués à Agathe (v.14-15). Le poème parle d'une aspiration partagée, ou souhaitée comme telle : Agathe semble pouvoir être l'âme sœur. Le désir d'ailleurs est ainsi renforcé par l'exaltation du sentiment amoureux.

4. L'interrogation et l'exclamation sont présentes dans le poème de Baudelaire, alors qu'on retrouve simplement l'exclamation chez Mallarmé : les modalités interrogative et exclamative expriment l'espoir et la tension exaspérée vers l'Idéal. L'exclamation est parfois liée à l'injonction, à l'ordre, qui prend ici la valeur d'une supplique : « Emporte-moi wagon ! enlève-moi frégate ! » « Lève l'ancre pour une exotique nature ! ».

Un rêve impossible

5. L'adverbe « loin » est répété tout au long du poème : il s'agit de partir « loin » du monde immédiat (l'éloignement est souhaité, espéré), mais aussi de constater l'éloignement du paradis espéré « comme vous êtes loin, paradis parfumé » : le poète déplore alors la distance qui le sépare de l'Idéal. En ce cas, le paradis est à la fois éloigné dans l'espace, dans « un autre océan », et dans le temps, appartenant à l'enfance révolue. L'adverbe prend ces deux sens au vers 27 : « Est-il déjà plus loin que l'Inde et que la Chine ? ». Le comparatif en montre la dimension spatiale, l'adverbe « déjà » en restitue la dimension temporelle : l'éloignement est double, et semble être celui que crée le mouvement du voyage : le pays que l'on quitte s'éloigne au fur et à mesure que la durée du voyage grandit.

6. La répétition du premier vers traduit à la fois l'obsession de la fuite et le caractère irréalisable du rêve.

7. Les vers 14 et 15, laissés en suspens, ouvrent sur l'angoisse du naufrage : le navire au mât brisé risque d'errer sans fin (la répétition de « sans mâts » renforce cette peur), sans jamais accoster au paradis rêvé, qui n'apparaît que de manière négative : « sans fertiles îlots ».

Écriture d'invention

8. Le but de l'exercice est de travailler sur la description d'un paysage et sur l'expression des sentiments (il s'agira ici de formuler le désir, la nostalgie d'un ailleurs). On pourra faire travailler ces deux éléments préalablement à la rédaction.

Recherche documentaire

9. Dans *Les Fleurs du Mal*, le thème de la mer revient dans les poèmes « L'Homme et la Mer », « Le Voyage », « La Musique » ou « l'Albatros ». Elle est souvent un des lieux de l'Idéal, de la pureté et de la volupté désirés par Baudelaire. Elle est parfois, semblable à l'homme pris par le dégoût mélancolique du Spleen, un « gouffre amer ». On peut repérer aussi son lien avec l'exotisme et la sensualité, pour les mers du Sud de « Parfum exotique » ou de « La Chevelure ». Dans *Le Spleen de Paris,* on pourra faire repérer le poème « Le Port », lieu où s'apaise l'Ennui du poète.

La nostalgie du passé → p. 256-257

■ Gérard de Nerval, « Delfica »

Plusieurs fois remanié, le poème met en scène des obsessions nervaliennes : dans un décor antique, il redit la douleur de l'amour perdu. Sous les traits de Dafné ressurgit la figure de Jenny Colon. La labilité de l'amour est ainsi déplorée à travers un thème contemporain de Nerval : la nostalgie des temps anciens. Le poète rêve un espace mythique peuplé de dieux et de figures mythologiques, mais aussi un espace à la fois naturel et ordonné, où l'architecture et la végétation s'harmonisent avec grâce, où l'homme et la nature communient encore, et qui prend les traits d'un paysage méditerranéen.

■ José-Maria de Heredia, « L'oubli »

L'unique recueil du poète d'origine cubaine constitue une œuvre emblématique du Parnasse. Composé sur trente ans, il peut être lu comme une *Légende des siècles* parnassienne, qui parcourt l'histoire de l'humanité et de ses mythes, de l'Antiquité grecque à l'Eldorado, en travaillant essentiellement la forme du sonnet. « L'oubli » en constitue le poème liminaire. Il doit nous faire entrer dans l'espace du mythe, et c'est ainsi le seul sonnet du recueil qui parle directement de l'homme contemporain, coupable d'avoir délaissé les légendes que les poèmes suivants s'apprêtent à faire renaître.

Analyse des poèmes

Un passé mythique [1er POÈME]

1. On relèvera le lexique architectural : « temple », « péristyle », « arc », « portique », et celui de la végétation : « sycomore », « lauriers blancs », « olivier », « myrte », « saules ». Le poème nous donne ainsi les éléments d'un paysage de la Méditerranée antique.

2. La question fournit l'occasion de travailler la structure du sonnet, et de montrer qu'il comporte souvent une rupture, une volte. Le premier tercet affirme le retour des jours anciens, de manière de plus en plus imminente : au futur simple (« ils reviendront ») succède un futur proche (« le temps va ramener ») puis un passé composé (« a tressailli ») : le « souffle » du temps passé semble être tout prêt à ressurgir. Mais le tercet s'achève sur des points de suspension, et la strophe suivante vient interrompre le mouvement engagé. Le personnage est immobile : « endormie », et la négation « rien n'a dérangé » vient infirmer le tercet précédent.

3. Il s'agit d'un sonnet de structure ABBA ABBA CCD EED. On remarque l'assonance en [ã] dans la première strophe, qui développe, par les sonorités, le thème de la romance. Le son est présent à la rime et repris par des termes essentiels : « chanson », « ancienne », « temple », « antique », ainsi reliés. Les nombreux échos sonores ([u], [o], [ɔ], groupes consonantiques [pR], [dR], [gR],...) créent une trame sonore très serrée qui semble construire une architecture poétique.

La disparition des anciens dieux [1er POÈME]

4. Les éléments architecturaux, « en ruine », dissimulés dans la végétation (« ensevelit »), rappellent la présence des anciens dieux : « le temple », les statues, « Déesses de marbre » et « Héros d'airain », « le chapiteau brisé ».

5. Contrairement à l'homme, la nature a gardé un lien avec les croyances anciennes. Elle semble protéger leur sommeil, mais aussi en conserver le souvenir, en le rappelant parfois par un langage bien à elle. Résonnent ainsi dans le sonnet l'« antique refrain » du bouvier, personnage resté proche de la nature et des traditions, les lamentations de la Mer qui « [pleure] les Sirènes », ou les signes muets de la végétation « vainement éloquente » : la feuille d'acanthe vient chaque année rappeler les ornements antiques du chapiteau brisé.

6. Mais ces plaintes de la nature, veuve des divinités antiques, ne touche pas l'homme moderne. « L'Homme indifférent » est bien évidemment le contemporain de Heredia, qui délaisse une pensée poétique et magique (une pensée laissant sa place au « rêve ») au profit de la rationalité scientifique que glorifient les succès de la Révolution industrielle. Le poème veut ainsi exprimer et déplorer un basculement des sensibilités (ou même une perte de la sensibilité, puisque l'homme ne « [frémit] » plus), qui serait une rupture avec l'imaginaire traditionnel, celui des « aïeux ». Il dit le désenchantement du monde moderne.

Écriture d'invention

7. L'élève est appelé à produire un texte argumentatif qui soit la discussion d'une thèse précise. Il faudra donc lui faire formuler le point de vue commun à Heredia et Nerval, avant qu'il puisse réfléchir à son propre point de vue.

La poésie au rythme du chemin de fer

→ p. 258-259

■ Blaise Cendrars, « Prose du Transsibérien et de la petite Jehanne de France »

Le texte entre fortement en contraste avec les sonnets qui précèdent, et introduit avec énergie la forme du vers libre. Poème narratif, poème du voyage réalisé (par opposition aux textes de Baudelaire et de Mallarmé) il permet d'étudier les rythmes neufs de la modernité autour du thème du chemin de fer. Le lien entre forme de la langue poétique, expression des perceptions et expression du sentiment apparaît très nettement ici. On pourra faire voir aux élèves, pour compléter l'étude de la perception et du rythme, le manuscrit illustré par la peinture simultanée de Sonia Delaunay.

■ Paul Verlaine, « Charleroi »

Le poème met en scène une vision fugitive de la ville de Charleroi, entr'aperçue depuis le wagon où voyage le poète. Il ne s'agit pas véritablement d'un paysage mais de la description d'une perception métamorphosée par la vitesse, qui abandonne le panorama pour la forme du fragment. Cependant les éléments du paysage aperçus ne sont pas neutres : ils appartiennent pour beaucoup aux transformations de la Révolution industrielle. Nouveau rythme, nouvelle perception, nouveaux paysages : le poème de Verlaine est tout entier tourné vers la modernité.

Analyse des poèmes

Une perception nouvelle

1. a perspective est transformée par la vitesse : les lignes de fuites passent à des rythmes différents, les objets grandissent puis diminuent rapidement, du point de vue du voyageur en mouvement. Tous les éléments verticaux semblent ainsi déformés, s'allongent, se penchent, se déchirent, comme si l'on étirait la trame du paysage, à la manière d'un « accordéon ». Les « gares lézardés obliquent » semblent pendues aux fils télégraphiques, dans un renversement de la structure du paysage. « Le monde s'étire s'allonge et se retire ». Cette déformation du monde est à relier au motif de la grimace, de la gesticulation.

2. Le spectateur est situé dans le train : il est le « passant » du vers 8. Le paysage passe trop vite pour qu'il puisse être certain de ce qu'il observe : cette incertitude se traduit par l'emploi des phrases interrogatives : « Quoi donc se sent ? », « On sent donc quoi ? », « Qu'est-ce que c'est ? », « Quoi bruissait comme des sistres ? »

3. Le poème cherche à intégrer les sonorités métalliques du train, le rythme saccadé des roues, en travaillant sur les gutturales : le son [k] est omniprésent dans le poème de Verlaine. « Kobolds », « croire » jusqu'à des juxtapositions difficilement prononçables : « donc quoi ». le [k] est très fréquemment en position forte, à l'attaque du vers : « quoi donc », « que », « quels », « qu'est », « quoi », « comme », « cris » : le retour de la gutturale tous les quatre temps et l'allitération en début de vers font percevoir la musique des roues du train à vapeur, dans une harmonie imitative innovante et complète, qui travaille sur toutes les potentialités auditives de la poésie : rythmes et sonorités. D'autres allitérations sont présentes, comme la constrictive sifflante sourde [s] à la strophe 2, qui évoque le défilement rapide du paysage.

4. Les deux poèmes disent aussi la violence de cette perception nouvelle, et ne sont pas dépourvus d'inquiétude : les Kobolds donnent une dimension mythique au paysage industriel mais sont en même temps des figures inquiétantes, gardiens souvent retors des trésors des mines. Les couleurs (l'herbe noire, les forges rouges) évoquent un monde infernal. La tonalité dysphorique est aussi mise en place par les sons entendus : le vent pleure, les métaux crient. C'est toute la violence des paysages industriels, ces « sites brutaux », qui est évoquée par touches brèves. La misère elle-même est présente : « bouges », « sueur humaine ». Chez Cendrars, la perte des repères liée à la vitesse crée une angoisse plus immédiate, celle d'un vertige des sens. Le monde malmené par « une main sadique » semble se déchirer et ouvrir un gouffre : « les déchirures du ciel », « les trous » laissent passer des visions angoissantes qui convient « les chiens du malheur » et « les démons ».

Écrire le rythme du train

5. Le vers libre de Cendrars se défait des exigences de la métrique. Le terme « Prose » renvoie à l'abandon de la norme traditionnelle du vers. La segmentation des vers obéit à des règles neuves : elle correspond parfois à la cohérence des groupes syntaxiques, comme les propositions subordonnées relatives des vers 5 à 12. La métrique peut aussi contredire la syntaxe : on note ainsi un enjambement du vers 20 au vers 21 : le terme « s'enfuient », à la ligne, matérialise la fuite en avant des locomotives, qui ne respectent plus la limite du vers. La segmentation peut aussi suivre un principe rythmique, qui met en relief certains éléments, comme c'est le cas à la fin de l'extrait : « Le broun roun roun des roues/ chocs/rebondissements ».

6. La syntaxe de Verlaine travaille sur des ellipses et des raccourcis qui prennent une grande liberté avec la norme syntaxique, notamment dans la structure des interrogations directes, avec par exemple l'absence d'inversion verbe-sujet et la postposition du pronom interrogatif tonique : « On sent donc quoi ? », ou l'ellipse du verbe « Où Charleroi ? ». Les phrases nominales, avec ellipse, renforcent cet effet. La syntaxe est comme précipitée par le rythme du train, et trouve ainsi une densité singulièrement expressive.

7. Le poème de Verlaine respecte la régularité de la métrique (vers de quatre syllabes), le principe de la rime, avec alternance des rimes masculines et féminines, et le principe de la strophe : le poème est composé de sept quatrains en rimes embrassées.

Activité orale

8. Il s'agit indirectement de préparer les épreuves orales de français, en permettant à l'élève de présenter de manière organisée une réflexion sur un aspect du texte. Le travail doit donc passer par une préparation écrite. La présentation commencera par une courte introduction et comportera une phrase de conclusion. L'élève pourra reprendre ses réponses aux questions 1 et 4, en les réorganisant, pour nourrir son analyse.

Recherche documentaire

9. Les arts visuels fournissent de riches références pour cette recherche : on orientera les élèves du côté de l'impressionnisme. De Claude Monet, on leur fera découvrir les vues de la gare Saint Lazare, les ponts de chemins de fer, pont de l'Europe, pont de chemin de fer à Bezons, pont d'Argenteuil, les trains dans la campagne. Ils pourront également trouver des œuvres de Van Gogh. En littérature, le milieu du chemin de fer est le cadre *la Bête humaine* d'Emile Zola. L'« Ode » de Valéry Larbaud constitue un complément intéressant aux deux textes abordés, dans les *Poésies de A.O Barnabooth*, contemporaines de la Prose de Cendrars. En musique, on pourra leur faire entendre *Pacific 231* (1923) du compositeur suisse Arthur Honegger.

Paysages industriels → p. 260-261

■ Émile Verhaeren, « Les usines »

La découverte de ce poète belge fournit une occasion d'aborder la question de la francophonie avec les élèves : pourquoi un poète anversois, c'est-à-dire de culture flamande, choisit-il, en 1895, de s'exprimer en langue française ? Verhaeren a l'ambition de décrire dans son œuvre poétique les métamorphoses et les contrastes du monde contemporain. Après un recueil sur les campagnes, *Les Campagnes hallucinées* en 1893, il entreprend de faire entrer dans sa poésie les paysages urbains nouveaux. Cet extrait des « Usines » donne à voir et à entendre l'intérieur de la fabrique. La dimension symphonique du passage est particulièrement intéressante, de même que la place accordée aux objets.

■ Guillaume Apollinaire, « Zone »

Le texte ouvre le recueil *Alcools*, et le premier vers sonne comme un manifeste de l'esprit moderne, cher à Apollinaire. C'est surtout l'entrée dans le poème d'objets et de thèmes de la modernité quotidienne qui étonne, ainsi que la liberté de ton, qui, tout en conservant certaines formes traditionnelles du lyrisme, s'approche parfois de la prose ou de la conversation, et donne au texte une fraîcheur toujours actuelle.

Analyse des poèmes

La poésie du monde moderne [Ier et 2e POÈMES]

1. Dans le poème de Verhaeren, la régularité du mètre est abandonnée, mais la rime est conservée de manière systématique, avec une organisation en rimes suivies, sauf pour certains vers (v.9, v. 19), où l'on passe à des rimes embrassées ou croisées, en raison de la reprise d'une rime précédente. Chez Apollinaire, on trouve également une liberté quant au mètre, même si le patron de l'alexandrin revient à plusieurs reprises, faisant entendre un rythme familier. Les rimes s'organisent aussi selon un schéma de rimes suivies, en privilégiant fréquemment une simple assonance Christianisme/ Pie X, ancien/matin, haut/journaux, industrielles/ avenue des Ternes. L'alternance des rimes masculines et féminines n'est pas respectée, ni chez Apolllinaire, ni chez Verhaeren.

2. On trouve chez Verhaeren quelques éléments d'un lexique technique : « métiers », « bandes de cuir transversales », « ouvriers », mais le vocabulaire, en dehors du titre, n'est pas spécifique au domaine industriel ou au monde contemporain. Les comparaisons et les métaphores (les moulins fous, les fibres, les murs de bruits) inscrivent les usines dans le champ d'une description poétique, qui semble très bien se passer d'un lexique nouveau. À l'inverse, le texte d'Apollinaire regorge de termes renvoyant au monde industriel, à la vie contemporaine et aux innovations techniques : la « Tour Eiffel » bien évidemment, les « automobiles », les « hangars de Port-Aviation », « les catalogues » et les « prospectus » de la réclame naissante, les « sténo-dactylographes », les « ouvriers » et les « directeurs » ou enfin la « rue industrielle » font leur entrée dans le poème. Apollinaire mobilise un vocabulaire nouveau en poésie.

3. L'énonciation fait alterner la deuxième et la première personne. La deuxième personne (vers 1 à 3) peut renvoyer au poète, qui dialogue alors avec lui-même, ou à des interlocuteurs variés : la Tour Eiffel, le Pape (« Vous »), le Christianisme. À partir du vers 9, on comprend qu'il s'agit de nouveau du poète, qui n'ose pas affirmer sa foi enfantine. Dans la dernière strophe, le poète dit « Je », et se fait observateur de la vie citadine moderne.

4. La bergère reprend l'univers de la pastorale, de l'Arcadie classique, et appartient à un hors-temps imaginaire. Il associe ainsi un thème poétique et littéraire traditionnel à une réalité contemporaine, mêlant le temps de la légende et la plus récente actualité, celle de l'architecture industrielle qui transforme le visage de

Paris depuis le XIXe siècle : le troupeau de la Tour, elle-même en acier, ce sont ces nouveaux ponts parisiens, qui lui ressemblent. Le texte d'Apollinaire recèle d'autres paradoxes qui brouillent de manière étonnante les frontières entre tradition et modernité : les automobiles ont l'air anciennes, la religion, elle, est neuve « comme les hangars de Port-Aviation ».

Une symphonie industrielle [Ier POÈME]

5. On relèvera le champ lexical suivant : « bruits », « vibrent », « tictaquement » , « parole humaine », « vacarme », « tonnant », « murs de bruit », « se taire », « silence ». Les allitérations renforcent aussi la dimension sonore de la description : on note la répétition du [k], du [f] et du [t] aux vers 14 à 20. Les sons humains n'occupent ici qu'une part congrue : la parole humaine est « abolie », les ouvriers sont « silencieux ».

6. Le poème montre la toute-puissance, l'envahissement par les machines, et la soumission des êtres humains, qui semblent écrasés et dévorés par ces nouveaux titans. Les éléments du corps humain n'appartiennent plus aux hommes mais aux machines : ainsi les « doigts méticuleux » ne sont pas ceux des ouvriers tisserands mais bien des machines, des métiers à tisser, qui prennent vie. Les « dents d'entêtement » ajoutent à la personnification : la voix humaine est couverte, avalée, « déchiquetée » par le bruit des machines.

Vers la dissertation

7. On proposera aux élèves de s'appuyer sur leur lecture des poèmes de cette double page et de la double page précédente, ainsi que sur le poème de Robert Desnos. Ils traiteront un aspect du sujet, après l'avoir problématisé.

I. La création de formes nouvelles

a. Le vers libre et l'abandon des formes traditionnelles

b. La libération de la syntaxe

II. Des thèmes nouveaux

a. L'intégration d'un lexique moderne

b. De nouveaux symboles

L'âge industriel à travers le regard surréaliste → p. 262-263

■ Robert Desnos, « Les ténèbres »

Le poème appartient au recueil « Les ténèbres », et date de 1927 : Desnos est encore une des figures majeures du mouvement surréaliste, avant sa rupture avec André Breton deux ans plus tard. Le recueil est publié avec *Corps et biens* en 1930, alors que la rupture est consommée. Il appartient donc à la période surréaliste de Desnos : on remarquera que l'imaginaire, les associations d'idées, l'énigme, l'onirisme et l'érotisme y occupent une large place. La forme même (affranchissement du vers pour le poème en prose) montre l'influence des techniques d'écriture surréaliste. Mais l'ensemble obéit à une structure rigoureuse : si les différentes roses juxtaposent des univers fort différents, à la manière des brusques transitions du rêve, la forme du poème en prose rend l'ensemble cohérent.

■ Paul Delvaux, *Nuit de Noël*

Le peintre belge Paul Delvaux se rapproche en 1934 du mouvement surréaliste : fortement marqué par l'œuvre de Giorgio de Chirico, il intègre dans ses toiles des figures de femmes hiératiques, des paysages désolés, des ombres écrasantes. La toile *Nuit de Noël* appartient à une série où domine le sentiment d'isolement et d'aliénation : l'une des toiles de la série, fort proche de cette *Nuit de Noël*, porte d'ailleurs le titre *Solitude*.

Analyse du poème

Roses symboliques

1. Outre les dérivés « seul », répété deux fois, « solitude », on relève l'image de la place « déserte ». Le marbre est, lui, associé à la froideur (« glacial », « froids ») et à la dureté (« rigide », « granit ») : c'est ainsi le sentiment d'un isolement splendide qui domine le passage. La rose de marbre et les déesses aux seins froids évoquent la « Beauté » hiératique et figée de Baudelaire : « Je suis belle, ô mortels, comme un rêve de pierre ».

2. Chacune des autres roses suggère à son tour un univers singulier. La rose de verre évoque un monde aquatique, de transparence et de fragilité. Les connotations de la rose de charbon sont liées à l'exploitation de ce minerai. La rose de papier buvard fait allusion au sang, à la confession (« s'agenouillait », « gardienne de tous les secrets »), peut-être aussi à des secrets honteux. La rose de nuages fait surgir les époques révolutionnaires, les « émeutes », la « Commune », les révolutions française et russe. Avec la rose de bois, ce sont les exécutions des condamnés à mort qui sont évoquées. La rose de fer suggère une lame d'épée ou de couteau, « battue durant des siècles par des forgerons d'éclair », « douce aux amoureuses désespérées ».

3. La référence à l'exploitation du charbon, les « corridors ténébreux de la mine », et la mention du « pétrole » n'ont pas pour but de décrire le paysage industriel : les éléments de l'âge industriel sont désormais employés pour leur charge connotative, pour les symboles qu'ils sont à même d'évoquer. D'objets nouveaux à décrire, ils deviennent matériau poétique.

4. Si les premières roses (marbre, verre, mais aussi buvard) semblent esquisser des paysages sans figures humaines, l'homme apparaît dans le texte avec la rose de charbon, avec la figure des mineurs. Desnos mentionne ensuite plusieurs périodes révolutionnaires, de sorte que la rose symbolise aussi le mouvement de l'Histoire (rose de nuages). D'autres roses rappellent la violence des sociétés humaines (armes, gibets). Or tous ces symboles se retrouvent réduits en « débris », foulés aux pieds par un « Tu » énigmatique. « Qui es-tu ? » : faut-il lire la destruction des roses comme une entreprise révolutionnaire d'annulation et de recomposition de l'imaginaire ? Le « Tu » serait alors le poète iconoclaste, au service de la révolution surréaliste. Mais le texte, sous le signe de l'énigme, peut ouvrir à d'autres interprétations. La dimension féminine de la rose et les déesses de marbre de la première strophe suggèrent aussi un panthéon féminin, amené à toujours « refleurir », contre lequel se révolterait un « Tu » puéril.

Lecture de l'image

5. Le chemin de fer structure l'image : la démarcation entre le quai abrité et la voie crée deux espaces bien distincts, et le point de fuite se situe dans le prolongement de la voie ferrée. Le jeu des ombres permet de renforcer les contrastes et de souligner la masse noire du train et de la voie : la lune, première source lumineuse, vient en effet porter l'ombre du train sur le quai, et laisse son flanc visible dans l'obscurité. Deux suspensions éclairent le quai, renforçant le contraste des luminosités.

6. Au premier plan à droite, on aperçoit une femme : une jeune fille sans doute, les cheveux détachés. Sa position, de dos, visage invisible, la coupe du regard du spectateur, en fait une inconnue isolée. Le rouge de sa robe s'oppose au bleu dominant le tableau et la singularise. Elle semble envahie par la solitude, d'autant plus qu'il s'agit d'un soir de Noël, suggère le titre.

7. Plusieurs éléments confèrent à la scène une dimension onirique : la nuit, la pleine lune, le caractère irréel du quai, la présence d'une seule figure humaine.

8. Delvaux choisit ici de peindre un espace quotidien, celui de la gare, mais en le déréalisant. À la dimension onirique s'ajoute le classicisme géométrique de l'architecture et du dessin : Les ombres du quai ou le bâtiment de la gare en arrière-plan à gauche renvoient plus à l'univers pictural de Chirico qu'à une observation réaliste. Le paysage industriel du rail vaut donc ici pour sa dimension symbolique : la masse écrasante du wagon et la verticalité agressive des poteaux électriques distillent une atmosphère angoissante. Les trois feux rouges du wagon en font un être inquiétant.

Représentations du paysage : entre réel et irréel

Paysages et symboles ➜ p. 264-265

■ Charles Baudelaire, « Correspondances »

Ce sonnet est emblématique du mouvement symboliste à venir : il fonde en effet une conception de l'artiste et du poète comme lecteur des signes épars du monde, et comme passeur vers une réalité plus profonde, qui trouve sa cohérence dans le verbe organisé du poème. C'est cette dimension spiritualiste qu'il s'agit de faire percevoir, en travaillant sur la riche expression des perceptions dans le poème. La dimension théorique du sonnet s'accompagne en effet d'une mise en œuvre de la conception exposée : le poème crée lui-même des correspondances étonnantes signant le pouvoir de la parole poétique. On peut donc lire les « Correspondances » comme un art poétique.

■ Novalis, « Les prés se sont recouverts de verdure »

Le poème de Novalis permet de relier le symbolisme à sa source romantique et à la conception de la nature qui y prévaut. Il est en effet un éloge de la beauté de la nature renaissante, et établit dans le même temps un lien entre la nature et la spiritualité. Le poète se fait témoin de cette beauté, et lecteur des signes de sa sacralité.

Analyse des poèmes

Un art poétique idéaliste [Ier POÈME]

1. Les deux quatrains exposent la théorie des correspondances : « Les parfums, les couleurs et les sons se répondent », quand les deux tercets viennent l'illustrer, reprenant à travers des exemples précis les trois termes mentionnés, parfums, couleurs, sons.

2. Les parfums sont associés, par le jeu des comparaisons, à des sensations tactiles (« chairs d'enfants »), auditives (« hautbois ») et visuelles (« prairies »).

3. Deux types de parfums s'opposent, qui renvoient au découpage duel du monde par Baudelaire : d'un côté, la pureté, l'innocence enfantine, associée à la douceur et à la couleur verte d'une végétation printanière ; de l'autre, la corruption et la volupté, à la fois esthétique et sensuelle, l'ivresse aussi des parfums capiteux de l'ambre, du musc, du benjoin et de l'encens.

Le poète témoin du mystère de la nature [2e POÈME]

4. Le poème décrit l'arrivée du printemps et la renaissance de la nature. Ce sont d'abord les premières herbes, les premières fleurs, qui en manifestent l'arrivée. Puis la forêt se fait plus dense, le vert se renforce. La troisième strophe marque enfin une véritable explosion des sensations.

5. L'incompréhension du poète devant ce spectacle est manifestée à chaque strophe « je ne savais pas ce qui m'arrivait/ Ni comme advenait ce que je voyais » : il est face à un mystère. Pour autant, nulle angoisse ne transparaît dans cette interrogation : le poète se livre avec confiance à la métamorphose du printemps.

6. La dernière strophe nous donne, sous une forme interrogative, une possibilité d'interprétation du mystère. Le jaillissement de la vie est attribué à la manifestation d'un esprit : le printemps est à lire comme la voix d'une divinité qui s'éveille.

Vers le commentaire

7. Le commentaire peut se développer autour de la notion d'art poétique, pour étudier à la fois quelle conception et quelle pratique de la poésie s'y dessine.

I. Un art poétique : une théorie du symbolisme

a. Construction du sonnet : de la théorie à l'illustration

b. Les correspondances :

– les symboles de la Nature : un espace à déchiffrer ;

– les synesthésies : les correspondances entre les perceptions.

II. Un art poétique : les pouvoirs de l'écriture poétique

a. La richesse des métaphores et des comparaisons

b. La richesse des sonorités. On pourra développer les exemples suivants :

– tercets : les assonances en [ɛ] et les voyelles nasales :

– les « longs échos » dans le second quatrain : assonances en [ɔ̃].

Paysages intérieurs ➜ p. 266-267

■ Charles Baudelaire, « L'invitation au voyage »

Le *Spleen de Paris* reprend souvent des thématiques proches ou semblables à celles des *Fleurs du Mal* : on reconnaît le titre du poème LIII de la section « Spleen et idéal » : le poème en prose développe dans une langue tout à fait nouvelle le thème du lieu idéal : on y reconnaît également les canaux d'une ville flamande teintée d'orientalisme : « là tout n'est qu'ordre et beauté/Luxe, calme et volupté. » Le poème en prose articule le portrait de la femme aimée et le paysage idéal.

Odilon Redon, *Nuages en fleurs*

Le peintre symboliste, après des séries de lithographies en noir, se tourne vers le pastel et l'huile, en conservant un univers marqué par le rêve. Les *Nuages fleuris* sont un pastel de 1903 (Art Institute of Chicago) qui reste fidèle à la veine onirique développée par Redon : le tremblé du dessin et la superposition des couleurs déréalisent un paysage maritime.

Analyse du poème

Un paysage-portrait

1. Les éléments concrets apparaissent dans les deux premiers et le dernier paragraphe : on peut identifier à différents indices une Hollande idéalisée, dans ce « pays noyé dans les brumes de notre Nord ». On note aussi « ces grands fleuves et ces canaux tranquilles », « ces énormes navires qu'ils charrient », qui évoquent la navigation fluviale sur les canaux des polders et les trois fleuves, l'Escaut, le Rhin et la Meuse. La culture de la tulipe est encore, indirectement, un indice du pays qui inspire ici Baudelaire. Mais le paysage demeure une création du poète, un tableau « qu'a peint [son] esprit ».

2. Le poème évoque une contrée où s'allient le luxe, la beauté et une douceur de vivre ordonnée et paisible : le pays est « beau, riche », « le luxe a plaisir à se mirer dans l'ordre ». L'opulence apparait également à travers l'évocation du gras : « la vie est grasse et douce à respirer », « la cuisine elle-même est poétique, grasse et excitante à la fois », et celle des produits manufacturés et des denrées précieuses que l'on y trouve en grande quantité : « ces trésors, ces meubles, ce luxe, cet ordre, ces parfums, ces fleurs miraculeuses »(on remarquera l'accumulation et les pluriels), « ces énormes navires qu'ils charrient, tout chargés de richesses ». La métaphore du pays de Cocagne, enfin, ce mythique pays d'abondance, notamment peint par le flamand Bruegel l'Ancien, vient renforcer le thème de l'opulence.

3. La métaphore de la fleur permet un glissement du paysage vers une figure féminine à partir de la ligne 17 : « ma *tulipe noire* » peut être lue comme une désignation du pays idéal ou de la femme aimée, « fleur incomparable, tulipe retrouvée, allégorique dahlia », qui pourrait « fleurir » dans le pays superbe. Le paysage est alors l'écrin de la femme, qu'il reflète (« mirer »), dont il constitue une « analogie » : le tableau devient en quelque sorte le cadre du portrait (« encadrée dans ton analogie »). Il en est la « *correspondance* ». La répétition de « c'est toi », « c'est encore toi », lignes 28-29 établit de manière explicite le parallèle ainsi construit. Les navires incarnent, dans cette allégorie, les pensées du poète glissant vers l'Infini (la mer), puis revenant vers la figure de la femme aimée (le port), dans ce paysage étonnamment serein.

4. Une grande paix se dégage du poème : l'idéal esthétique de Baudelaire semble pouvoir s'y réaliser. Pourtant, les lignes 22 à 27 témoignent qu'il s'agit d'une projection inatteignable : « des rêves ! toujours des rêves ! ». Le pays d'abondance est un des opiums du poète. Quel idéal définit-il ? Celui d'une Nature, haïssable pour Baudelaire, entièrement dominée et ordonnée par l'Art, par la puissance créatrice de l'homme, celui d'un paysage harmonieux où la réalité serait recomposée par le rêve. De la même manière que la femme aimée prend les traits d'une espèce florale chimérique, créée par l'homme (tulipe bleue ou dahlia noir), le lieu idéal est un « pays singulier, supérieur aux autres, comme l'Art l'est à la nature, où celle-ci est réformée par le rêve, où elle est corrigée, embellie, refondue. »

5. Le poème est rythmé par la répétition de parallélismes (c'est-à-dire de groupes syntaxiques de même niveau, de fonction identique, juxtaposés ou coordonnés), binaires ou ternaires, qui participent à la création d'un sentiment d'harmonie, d'un balancement serein de la phrase. On repère dans le premier paragraphe, marqué par le rythme binaire, une abondance de parallélismes, parfois enchâssés : « un pays.../un pays... », « l'Orient de... », « la Chine de... », « tant.../tant... », « chaude /capricieuse », « patiemment/opiniâtrement », « savantes/délicates ». Le rythme binaire intervient tout au long du texte. Le second paragraphe introduit le rythme ternaire : « le désordre, la turbulence et l'imprévu », « poétique, grasse et excitante », que l'on retrouve dans la suite du poème : « corrigée, embellie, refondue », « fleur incomparable, tulipe retrouvée, allégorique dahlia ». Les anaphores créent aussi une cohérence rythmique dans le texte, par exemple dans le second paragraphe, où tous les segments commencent par le relatif « où ». Les échos sonores sont également nombreux : assonances ([y] ligne 9, [ã] ligne 11), proximité des « fleurs », et des « fleuves », répétitions (« pays », « rêve », « fleur », « toi »... Enfin le poème développe des réseaux d'images, comme la métaphore filée de la fleur miraculeuse, construite par les termes suivants : « les alchimistes de l'horticulture », « ma tulipe noire et mon dahlia bleu », « Fleur incomparable... allégorique dahlia ».

Lecture de l'image

6. L'arrière-plan du tableau est un ciel marin composé d'aplats fondus et estompés, de couleurs contrastées : les formes estompées évoquent les frontières mouvantes des nuages, les contrastes de couleurs font ressembler ce ciel à une composition florale. Le titre *Nuages en fleurs* reflète ces deux éléments.

7. Le premier plan fait apparaître le dessin assez net (par rapport à l'arrière-plan, qui ne comporte pas de dessin) d'une barque à voile et de son passager : on identifie le personnage, les cordages, le gouvernail. Pourtant, le tremblé du dessin et l'absence de couleurs donne à ce premier plan une allure fantomatique, ou onirique.

8. La nature est ici associée à la rêverie.

Vers la dissertation

9. Le sujet demande de pouvoir s'appuyer sur la connaissance de différentes formes poétiques, versification traditionnelle, poème en prose, vers libre. On pourra observer d'autres formes dans le corpus (Lautréamont p. 271, Soupault et Breton p. 272 et 273, Verlaine p. 268 et Baudelaire p. 264).

I. La poésie fait de la langue un matériau sonore. La musicalité de la poésie s'appuie sur le vers et la rime.

a. La régularité métrique, le retour des sonorités par la rime permet de créer un rythme, identifiable par le lecteur.

b. Même lorsque la poésie abandonne la métrique traditionnelle et la rime, la pause en fin de vers implique un découpage rythmique, qui peut correspondre au souffle, à des effets de sens.

II. Mais la prose ne permet-elle pas d'obtenir des effets semblables ?

a. Le découpage de la phrase (groupes binaires, ternaires) peut lui aussi créer des effets de rythme, imposer des pauses, des respirations, une régularité ou des ruptures de rythme, et donner une musicalité à la langue.

b. Les assonances et les allitérations, les répétitions permettent de jouer également sur les sonorités.

c. La poésie n'est pas seulement son mais aussi image, association d'idées, faite de suggestions et de connotations, qui trouvent tout à fait leur place dans le poème en prose.

Vers l'expressionnisme → p. 268-269

■ Paul Verlaine, « Le son du cor s'afflige vers les bois… »

Le poème, issu du recueil *Sagesse*, annonce l'expressionnisme en poésie : il fait en effet du paysage une pure lecture des émotions du poète. La description se teinte d'une subjectivité envahissante, alors même que le *je* semble disparaître. Dépersonnalisation de l'énonciation et personnification des éléments du paysage coexistent, comme si le poète s'effaçait pour mieux se projeter dans son objet : *« Et l'air a l'air d'être un soupir d'automne »*.

■ Georg Trakl, « Un soir de printemps »

L'œuvre tourmentée du poète autrichien Georg Trakl est emblématique de l'expressionnisme. Personnalité tourmentée, marqué par la drogue et l'alcool, anticonformiste, Trakl disparaît à 27 ans en laissant derrière lui des poèmes d'une grande modernité, comme ce « Soir de printemps », où la figure du poète disparaît pour laisser place à des notations hétérogènes, des éléments composites qui forment pourtant un paysage cohérent et angoissant.

Analyse des poèmes

Douleur et douceur du crépuscule [Ier POÈME]

1. Le paysage est composé d'une « plaine », de « bois », d'une « colline », d'un soleil couchant (« soleil qui décline », « couchant sanguinolent »). « La neige tombe » sur ce panorama, complété par des éléments sonores : « le son du cor », le cri du « loup ».

2. La personnification est une figure omniprésente dans le sonnet : les termes « s'affliger », « douleur », « pleure », « câline », « se dorlote » ou « soupir » renvoient à des sentiments ou des attitudes humaines, qui sont ici toujours attribués à des éléments du paysage. Des éléments que l'on ne peut attribuer qu'à des êtres animés (animaux ou humains) sont également rapportés à l'inanimé : « orpheline », « agonie », « sanguinolent » montrent ainsi un paysage mourant.

3. La profonde détresse que le premier vers fait entendre n'est pas seulement douloureuse : le poète semble se complaire dans la tristesse qu'il insuffle à ce paysage, dans une sorte de mélancolie masochiste. L'agonie du soleil « ravit » et « navre » à la fois : douleur et plaisir sont simultanés. La mort devient une berceuse, « câline », le sommeil qui guette ce paysage moribond devient « doux ». Le dernier vers montre que l'on est passé de la douleur désespérée à un abandon complaisant, confortable, à l'anéantissement.

4. La mélodie du poème lui confère la tonalité d'une berceuse : les échos et les répétitions y sont fréquents. « On veut croire » revient dans les deux premières strophes, le « qui » y est également répété à quatre reprises. On remarque également la rime interne agonie/ravit, et les assonances en [i] qui sont amplifiées par les rimes. Les tercets sont marqués par le retour de la sonorité [ ], dans les mots faire, neige, plaine, faire, travers, et dans le segment « L'air a l'air d'être ». L'ensemble du poème est saturé par le son consonantique [R]. Enfin, le décasyllabe évite la solennité de l'alexandrin.

5. Bien que le paysage soit évidemment la projection d'un état d'âme, le poète évite soigneusement de faire apparaître le *je*. Les quatrains choisissent ainsi la tournure impersonnelle « on veut croire » pour introduire le sentiment du deuil et de la douceur. De même l'objet des verbes « ravit » et « navre » est passé sous silence : l'on sent bien qu'un témoin est là, qui éprouve ces émotions, mais le poème le laisse dans l'ombre.

Un soir en deuil [2e POÈME]

6. Les strophes juxtaposent des objets différents : chaque vers se centre sur une image singulière, sans qu'une continuité soit établie. Dans la première strophe, ce sont ainsi le buisson, le vent, la course du chien, le son de la cloche et l'arbre nu qui sont mis côte à côte. La cohérence du poème réside dans la création d'un paysage rural à partir de ce collage d'éléments, et dans le sentiment de douleur qui irrigue l'ensemble.

7. Le poème évoque un « sentiment mort » : la douleur ici présente est celle d'un deuil diffus, que vient renforcer le jeu des couleurs, notamment la « douleur noire » (vers 4), et le noir des nuages au dernier vers mais aussi le contraste des eaux « blanches », immobiles, associées à la solitude, ou la couleur passée des roseaux « jaunis ». D'autres éléments distillent ce sentiment de deuil, cette omniprésence de la mort dans un paysage qui n'a rien de printanier : les larves, l'arbre sans feuilles, le maïs qui saigne, les cabanes en ruines.

Vers le commentaire

8. Le commentaire pourra reprendre les éléments des questions 6 et 7, en le présentant sous la forme d'une partie, en deux paragraphes.

a. Un paysage cohérent

b. Le sentiment du deuil

Recherche documentaire

9. Pour un regard d'ensemble sur ce thème, on pourra consulter l'ouvrage d'Hugues Laroche, *Le crépuscule des lieux* (Aubes et couchants dans la poésie française du XIXe siècle), Presses de l'Université de Provence, 2007. La courte anthologie poétique que l'activité propose d'élaborer peut partir d'une définition du crépuscule, et des synonymes, « soleil couchant », « coucher de soleil ». On pourra convoquer Hugo (dans *Les contemplations,* le « Crépuscule », ou les « Soleils couchants » des *Feuilles d'Automne*, par exemple), Baudelaire (« Le coucher du soleil romantique », « Harmonie du soir », et les différents crépuscules des *Fleurs du Mal*), Verlaine (« Soleils couchants » dans les *Poèmes saturniens*), Mallarmé, Heredia ou encore Laforgue. Les élèves rattacheront chacun des auteurs à leur contexte (époque, mouvement littéraire) et caractériseront la tonalité et les sentiments associés à chacun de ces crépuscules.

Paysage et visions → p. 270-271

■ Maurice Maeterlinck, « Hôpital »

Le texte fournit l'occasion d'aborder la question de la francophonie : Maeterlinck est un poète flamand d'expression française. (Voir également « Les Usines » de Verhaeren, page 261 du manuel). Influencé par Novalis et par le romantisme allemand, le poète et dramaturge symboliste Maeterlinck se tourne vers une poésie de la suggestion, qui se défait de la métrique pour laisser libre cours à une expressivité faites d'images et de vision. Les *Serres chaudes* poursuivent la quête mallarméenne d'une dépersonnalisation de l'écriture. « Hôpital » se fait ainsi pure vision : la succession des images correspond à un délire qui fait surgir une imagerie médiévale dans la chambre du malade.

■ Lautréamont, *Les Chants de Maldoror*

Entre prose poétique et récit, les *Chants* sont une entreprise de provocation, qui visent délibérément à choquer par la représentation littéraire du mal et de l'atroce. Le rythme et les images de la prose poétique sont ici mis au service d'une scène nocturne angoissante : le paysage que nous contemplons par les yeux de Maldoror sert de point de départ à une vision fantasmatique et effrayante.

Analyse des poèmes

Les hallucinations d'un esprit malade [Ier POÈME]

1. Le titre « Hôpital » et certains éléments (« la salle », « la porte », « les fenêtres » qui donnent sur le canal et surtout « la sœur de charité » qui « allume les lampes » et « apporte le repas des malades ») nous indiquent que la vue a lieu dans la chambre ou le dortoir où se trouve le « *je* » malade. Dès lors, nombre d'images ne peuvent qu'être issues des hallucinations du poète-personnage : le « jet d'eau », la « troupe de petites filles » n'ont aucune existence réelle. Bien plus, les images qui surgissent sont en elles-mêmes des chimères, alliant les extrêmes : ainsi de la « végétation orientale dans une grotte de glace » au vers 8, ou « les beaux roseaux verts des berges » « en flamme » au vers 9. Ces deux images conjuguent les opposés, le chaud et le froid, l'eau et le feu, dans une vision certes féérique mais aussi impossible et singulièrement inconfortable, qui semble manifester les sensations altérées d'un corps malade.

2. Le poème progresse par retour et métamorphose progressive des mêmes thèmes, des mêmes images, à la manière du rêve. La troupe de petites filles qui entre (vers 3) se transforme en « filles du roi » menacées par l'orage, puis en princesses mourantes dans un champ de ciguë, dans une progression déceptive. Le délire, d'abord séduisant, semble ouvrir sur la douleur et l'agonie. De même, la fraîcheur extraordinaire des « belles plantes sur un glacier » est reprise au vers 8 puis au vers 19, où la « grotte de glace » s'est métamorphosée en « houillère » : la blancheur de la glace a disparu, remplacée par l'obscurité d'une mine de charbon, comme si l'image initiale passait, par touches successives, de l'euphorique au dysphorique. De même, l'île de prairies des agneaux devient un « pont de fer » à la fin du texte, et les agneaux retrouvent « tristement » la salle de l'hôpital. L'esprit qui s'évadait dans des hallucinations splendides est ramené, par le jeu des images, à l'angoisse du corps malade. Le poème s'achève sur les portes et les fenêtres fermées : l'angoisse est ici physique. Le corps du poète semble être la « ville assiégée » évoquée au vers 17.

3. L'exclamation est omniprésente, signe de l'exaltation et du débordement émotionnel du poète : elle marque le délire.

4. La présence de la maladie se manifeste même dans l'hallucination, à travers plusieurs images : le « bateau de blessés», la mort des princesses «dans un champ de ciguës», le thème de l'empoisonnement au vers 15. La dernière strophe marque le retour à la réalité de la maladie.

Une vision nocturne [2e POÈME]

5. Le texte prend une tonalité fantastique (le terme apparaît à la ligne 3), et cherche à susciter l'angoisse chez le lecteur. Le cadre nocturne («au clair de lune»), la solitude («les endroits isolés de la campagne»), les ombres et les formes mouvantes, ainsi que l'atmosphère sonore (le vent, les hiboux) contribuent à «faire dresser les cheveux» (l. 9) ou du moins à distiller un sentiment d'inquiétude.

6. Cette angoisse s'accroît face à la violence menaçante de la seconde partie: les chiens libérés de leurs chaînes manifestent une agressivité sans limite: «furieux», «en proie à la folie», «farouche», «l'œil en feu», ils dirigent leurs aboiements vers tout ce qui les entoure. La répétition de la préposition «contre», à partir de la ligne 20 montre cette violence tournée vers les quatre points cardinaux et tous les éléments de la nature, étoiles, lune, montagne, air, silence. La violence devient une révolte absolue.

7. L'agressivité du texte passe également par la juxtaposition surprenante d'images elles-mêmes inaccoutumées. L'aboiement des chiens est ainsi comparé au barrissement d'éléphants mourants, mais plus encore, c'est le passage de l'extrême douleur, du cri d'agonie du pestiféré (ligne 18-19) au chant sublime de la jeune fille (ligne 19), mis sur le même plan, qui surprend. Le passage confère ainsi de manière provocante une beauté sublime aux cris insoutenables de l'enfant affamé, du chat éventré, de la parturiente ou du mourant.

Vers la dissertation

8. Le travail est l'occasion d'interroger la définition que les élèves ont de la poésie, et leur sensibilité aux images poétiques. La réponse peut se développer en trois paragraphes autour des thèmes suivants:

a. L'importance de l'image poétique

b. La langue comme matière: sons et rythmes en poésie

c. Une poésie sans image?

Paysages surréalistes → p. 272-273

■ André Breton, «Tournesol»

Le paysage parisien devient dans ce poème de Breton le lieu du hasard et de l'irrationnel: il est plus plus un espace rêvé, obéissant aux seules lois de l'imagination, qu'un espace réel, malgré la mention de quartiers précis, de rues, de ponts. C'est ainsi un paysage en liberté, où peut avoir lieu la rencontre amoureuse.

■ Philippe Soupault, «Westwego»

Soupault, auteur avec Breton des *Champs magnétiques*, la première œuvre perçue comme surréaliste, développe pourtant dans ses poèmes un lyrisme plus traditionnel, faisait la part belle aux sentiments du poète, et à une mélancolie qui s'exprime dans des formes renouvelées. Ainsi, il chante ici son amour de Paris dans une forme qui préfère une simplicité naïve aux fulgurances surréalistes. La liberté de ton et de rythme doit beaucoup cependant à son travail sur l'écriture automatique.

Analyse des poèmes

Une rencontre dans un Paris surréaliste [Ier POÈME]

1. Le début du poème pose le cadre spatio-temporel du parcours: dans le quartier des Halles passe une femme, à la fin de l'été. Le terme «la tombée» évoque également le soir. Les imparfaits alternent avec les passés simples et composés, qui créent une chronologie, faisant du poème une narration. Le poème passe ensuite dans plusieurs lieux: Breton semble suivre cette femme dans les cafées et les rues de Paris. La voilà au Chien qui fume, restaurant du même quartier, puis sur le Pont au Change et Rue Gît-le-Cœur. Est-ce elle que l'on retrouve «un soir près de la statue d'Étienne Marcel»? Les cheveux de cendres évoquent de manière imprécise une figure féminine.

2. La figure centrale du poème est une «voyageuse», «une jeune femme», à peine aperçue, mais déjà idéalisée. Emblématique de la femme surréaliste, inspiratrice et initiatrice, elle est la «dame sans ombre», lumineuse et appartenant à une autre réalité. Comme les revenants, elle a «l'air de nager». Sa beauté est remarquable (ligne 18). Elle est, de manière plus énigmatique l'«ambassadrice du salpêtre/ ou de la courbe blanche sur fond noir que nous appelons pensée». Le salpêtre est une substance explosive qui entre dans la composition de la poudre à canon: voilà l'inconnue dotée de qualités explosives... N'est-elle pas dans cette métaphore la muse, l'initiatrice qui permet à la fois la déflagration de l'amour et le chemin de l'imagination?

3. Le vers 4 donne au poème la dimension d'un rêve.

4. Le paysage est métamorphosé par la rencontre amoureuse: la ville devient rurale, une ferme y surgit tout à coup, dont les fenêtres ouvrent sur une campagne nocturne, sur la «voie lactée». D'autres images propres à l'écriture surréaliste de Breton ponctuent le texte. Le vers 3, «le désespoir roulait au ciel ses grands arums si beaux», peint ainsi un ciel mélancolique. Le rêve du poète est un «flacon de sels /Que seule a respirés la marraine de Dieu», un flacon de parfums rares et puissants, dans une image qui rappelle de manière irrévérencieuse l'ivresse baudelairienne.

5. La fin du texte est mystérieuse en raison de l'absence de ponctuation: la voix complice du grillon semble enjoindre au poète de passer. Le poème se clôt sur une invitation à ne pas se retourner sur la rencontre mystérieuse et passagère.

Un Paris familier [2e POÈME]]

6. Soupault est un « voyageur sans bagages » : il semble, malgré les voyages qu'il revendique, n'avoir en réalité jamais quitté Paris. En fait, on pourrait dire que c'est Paris qui ne l'a jamais quitté : « ma mémoire ne me quittait pas d'une semelle ». Le souvenir de la capitale l'a partout accompagné. Aussi s'interroge-t-il, au vers 13 : « est-ce que j'ai jamais quitté Paris ? ».

7. Le poète s'adresse à Paris : « tes monuments ». Les vers montrent à la fois la proximité et la tendresse qui unissent le poète et la ville. Les monuments, les nuages sont lus comme des signes familiers. La ville semble saluer le poète, rassurer ses nuits. Amour tendre et gigantesque (« je t'aime comme on aime un éléphant »), l'affection que le poète a pour la ville participe à la personnification de celle-ci, qui devient un acteur du poème.

8. Après des vers à l'imparfait de l'indicatif, le poète s'exprime au présent de l'indicatif pour évoquer l'apparition de sensations (« il fait très chaud [...] j'ai très soif ») : le moment présent, avec son inconfort, vient remplacer le souvenir.

Écriture d'invention

9. On pourra commencer par rassembler les comparaisons et les métaphores qui apparaissent dans le texte de Breton et de Soupault. On peut, avant de laisser les élèves créer librement, proposer une liste de mots appartenant à des domaines éloignés, pour créer des comparaisons surprenantes « comme la rencontre fortuite sur une table de dissection d'une machine à coudre et d'un parapluie ! » (Lautréamont, *Chants de Maldoror,* Chant VI).

Arthur Rimbaud, *Illuminations*

Esquisses

➜ p. 276-277

Les trois courts extraits étudiés dans cette page permettent d'étudier l'écriture du fragment dans les *Illuminations* : nombreux sont les passages brefs, versifiés ou en prose, qui proposent une suite d'images fugitives. Mais malgré leur brièveté, et leur caractère souvent énigmatiques, ces fragments ont la particularité de faire naître tout un univers de sensations et de sentiments, à partir de rapides notations, et de développer une langue poétique. Le premier poème dessine de rapides évocations de l'enfance. Le second présente une image idéale de bonheur, de la grâce, aussitôt dissipée. Le dernier, extrait des « Phrases », est une suite de sensations éprouvées un matin pluvieux d'été.

Analyse des poèmes

Le rythme des poèmes

1. Les poèmes sont structurés par l'anaphore de « Il y a » et « C'est ».

2. Ces deux éléments sont des présentatifs : ils permettent de mettre en avant l'élément qu'ils introduisent, et ici de faire tableau. Ils ont ici une grande puissance d'évocation, et donnent à voir immédiatement les objets présentés. L'emploi du présent participe à cette qualité d'évocation des poèmes.

3. Les vers 2 et 3 sont construits de la même manière : l'élément introduit par le présentatif est complété par une double négation en « ni…ni », puis repris seul, les deux éléments niés étant éliminés. La syntaxe semble ainsi être simplifiée au maximum, se réduisant à l'expression de l'essentiel : « L'ami », « L'aimée », qui trouvent ainsi leur forme absolue. Le vers 4 reprend cette structure, mais de manière un peu différente : on comprend, par analogie avec les vers précédents, que « La vie » équivaut à « l'air » et au « monde ».

4. Cependant les derniers vers viennent rompre cette simplicité harmonieuse, absolue : le glissement du présent à l'imparfait montre que ce tableau appartient au passé, au domaine du rêve. Le présentatif est repris sous une forme interrogative, qui défait l'affirmation sereine des phrases précédentes, et les tirets marquent plus encore la rupture. Le dernier vers peut être lu comme le réveil du rêveur.

5. En dehors du verbe « vole » à la ligne 1, le poème juxtapose des syntagmes nominaux, qui peuvent être considérés comme indépendants. Cette suite de notations rapides, sans chronologie, fonctionne comme un collage d'images, un kaléidoscope.

Des images furtives

6. Les images évoquées par le poème des vers 1 à 3 renvoient à des domaines très différents, qui ont pour point commun le cadre du « bois » : l'oiseau, l'horloge (dont la présence au bois peut surprendre), la fondrière. Il est bien difficile pour le lecteur d'établir un lien entre ces évocations.

7. Cependant, le titre et quelques images évoquent le domaine de l'enfance : des souvenirs hétéroclites, sans lien entre eux, surgissent dans les vers du poème. La « petite voiture » abandonnée ou enrubannée évoque un jeu d'enfants. Les petits comédiens aperçus introduisent des silhouettes enfantines. Le « on » et le « vous » sont à rapporter au poète, qui met en scène des bribes de souvenirs d'enfance.

8. Cet univers enfantin a quelque chose d'angoissant : on y perçoit les terreurs inexpliquées de l'enfance, qui n'ont pas perdu leur caractère énigmatique. L'étrange, d'abord, y est manifeste : le haut et le bas sont inversés, la cathédrale descend et le lac monte. Les humains y sont absents, ou seulement aperçus de loin : le bois semble vide, « abandonné ». Bien plus, le poème finit sur un vers menaçant : « quelqu'un qui vous chasse ». Dans le cadre du bois, le verbe « chasser » ne signifie pas seulement « écarter », mais aussi « traquer », « poursuivre » : l'indéfini et le verbe instaurent ainsi une véritable angoisse. L'enfant devient, dans le dernier vers, un mendiant et une proie, inexplicablement.

9. « L'air et le monde » ont été trouvés par le poète : ils sont accessibles, présents, et la quête est donc achevée. Il n'est plus en attente de vivre, la vie est là, dans cette présence des choses, aussi immédiate que l'air qu'on respire. Mais ce n'était qu'une illusion.

10 L'extrait des « Phrases » juxtapose des sensations : « goût de cendres », « odeur de bois », « couleurs des fleurs rouies », contact de la « bruine » sur la peau : eau et terre se mêlent dans les sensations de ce matin de Juillet. C'est un poète attentif aux sensations que nous donne à voir le texte.

Écriture d'invention

11. On insistera, pour ce travail d'écriture, sur l'écriture brève, et la juxtaposition d'images hétérogènes.

Architectures

➜ p. 278-279

■ « Les ponts »

Sans doute inspiré des paysages londoniens que Rimbaud découvre entre 1872 et 1873, le poème peint la complexité d'une architecture imaginaire. Dans ce paysage baroque, harmonieux et bizarre en même temps, passent des costumes et des musiques, qui contribuent à faire émerger une brève vision que vient détruire la dernière ligne.

« Villes »

Le poème met également en scène une architecture fabuleuse, évoquant plusieurs espaces géographiques et plusieurs époques: Antiquité romaine, Orient, Nouveau monde et folklore européen se mêlent dans une vision utopique qui semble vouloir synthétiser toutes les influences à travers sa parade grandiose. Mais là encore, le rêve est anéanti par la fin du poème.

Analyse des poèmes

Des symphonies urbaines

1. Le début des deux poèmes vise à faire surgir brusquement la vision: les phrases nominales d'un côté, l'exclamation et le présentatif de l'autre permettent cette entrée rapide dans la description.

2. Les «villes» du second poème semblent des villes célestes, faites pour des personnages immenses: elles sont parcourues par des «géants», elles semblent être bâties sur les plus hauts sommets, comme le rappellent les superlatifs et les comparaisons: «Au-dessus du niveau des plus hautes crêtes», «éclatants comme la lumière des cimes». Le défilé qui anime les villes a lieu dans «les champs des hauteurs». La comparaison des fleurs aux armes: «grandes comme nos armes et nos coupes» accentue encore le sentiment d'un paysage grandiose. Ces cités ne sont pas à taille humaine, mais semblent être la résidence de dieux. Le terme «apothéose» exprime la gloire, la grandeur et l'éclat de ces villes.

3. Dans le second poème, le lexique de la fête apparaît dès la ligne 5: «des fêtes amoureuses», lesquelles deviennent «la fête de la nuit» à la ligne 35. La ville est envahie de «corporations» (l. 6), de «cortèges» (l. 23), de «compagnies» (l. 36). Les participants de cette fête sont tous des figures mythologiques ou légendaires. On y croise des chanteurs géants, des Rolands, ou des Mabs, héros ou personnages féériques de l'époque médiévale. On y rencontre aussi des êtres magiques ou des dieux de l'Antiquité: centauresses séraphiques, déesses Vénus et Diane, prêtresses de Bacchus se mêlent dans une procession qui se défait des influences chrétiennes pour faire renaître les fêtes païennes. Rimbaud semble réveiller dans ces villes extraordinaires l'énergie et la magie des âges mythiques. La civilisation chrétienne contemporaine est écartée: ce sont des «sauvages» (l. 35) qui dansent dans ces processions, qu'accompagnent aussi les animaux sauvages, cerfs, élans, compagnons des dieux. «Toutes les légendes évoluent» (l. 33), note le poète: voilà que dans l'architecture des villes rimbaldiennes, elles reprennent vie, avec violence et éclat.

4. Le texte multiplie les notations qui suggèrent une fête sonore: «carillons» (l. 6), «chanteurs» (l. 7), personnages «sonnant leur bravoure» (l. 9), «flottes orphéoniques» (l. 15), fleurs qui «mugissent» (l. 22), sanglots des Bacchantes et hurlements de la lune (l. 29-30) – cette fête n'est pas dépourvue de violence –, chants des beffrois et des compagnies, et «musique inconnue» (l. 33) des châteaux d'os. Le poème travaille lui-même sur la musicalité des mots, et multiplie les échos, extrêmement nombreux mais dont on peut noter quelques exemples: les [y], [R] et [l] s'entrecroisent dans «la lune brûle et hurle», les mots de sens plein sont très souvent soulignés par leur proximité sonore avec d'autres termes significatifs: «légendes» fait écho à «élans», «orages» à «sauvages», «carillons» à «crie», etc. Autour de la naissance de Vénus anadyomène est répété le son [ɛ]: «crêtes», «mer», «éternelle», «perles», «mer», «mortels».

Des visions précaires

5. Le thème de l'effondrement est présent dans tout le poème et vient menacer cette ville des cimes, qui est creusée de «gouffres (l. 8), de «gorges» (l. 6), d'«abîmes» (l. 9). L'apothéose et son «écroulement» semblent simultanés (l. 10): l'impressionnante procession des dieux et de héros a lieu au milieu des avalanches (l. 12), comme si ces constructions magnifiques étaient aussi précaires, instables, au bord du néant. Le ciel lui-même menace de plonger dans le chaos: «le paradis des orages s'effondre» (l. 34). La mort rôde dans cette ville idéale: les châteaux sont «en os», des «fantômes» passent. Les ponts du premier poème aussi sont des constructions aussi impressionnantes que fragiles: les éléments en sont «légers» (l. 3), «frêles» (l. 6), et soutenus par des rives elles-mêmes bien fragiles (l. 5), qui s'amoindrissent.

6. La seule ville nommée dans le second poème est Bagdad (l. 36), qui évoque l'Orient mythique, mais le pluriel initial, la multiplication des références culturelles et l'architecture elle-même donnent le sentiment que cette ville est un étrange assemblage d'influences diverses, réunies dans le rêve du poète.

7. La fin des deux textes vient détruire l'illusion, la brève *illumination* que crée le texte. Les ponts sont une «comédie», que la lumière vient anéantir. Les villes sont un rêve dont le poète déplore la perte, et qu'il ne sait comment retrouver. Qui lui rendra ce rêve, demande-t-il?

Vers la dissertation

8. L'objet de la question est de proposer une réflexion sur la description, et plus particulièrement dans les textes poétiques: comment donner à voir avec des mots? quelle différence entre ce que nous voyons dans une image et dans un texte? Les élèves sont ainsi amenés à réfléchir sur les notions de suggestion, d'imagination...

I. L'image offre une représentation immédiate de la chose, et son pouvoir est donc supérieur à celui des mots.

II. Les mots permettent de créer un univers par la suggestion, et laissent plus de liberté à notre imagination.

Ils nous invitent à peindre par nous-même, à partir de sensations et d'évocations où nos propres perceptions peuvent prendre place.

III. Les mots peuvent créer le mouvement, faire se juxtaposer plusieurs espaces et plusieurs temporalités : la description poétique est plus d'une certaine manière plus libre que celle du tableau.

Tableaux

→ p. 280-281

« Ornières »

« Mystique »

Ces deux textes illustrent tout particulièrement le caractère de « boîte à images » de cette œuvre. Ils se présentent tous deux comme des *ekphrasis*, ou descriptions d'œuvres d'art, bien que leur fonctionnement, dans le détail, s'en distingue.

Analyse des poèmes

Des images ?

1. Le titre « Ornières » reprend un seul mot du poème (1re phrase, l. 3). Dans le texte, il est précédé de l'adjectif « rapides » et ceci peut faire qu'on considère que l'expression « rapides ornières » a un caractère programmatique. Les ornières sont en effet les traces laissées par les roues des voitures et des chars, que le poète décrit ensuite et dont il nous dit qu'ils vont au galop. Mais, si cette remarque vaut pour l'économie de la description et en particulier pour l'enchaînement de la première à la seconde phrase, le titre « Ornières » a plutôt, à l'égard du poème dans son ensemble, un caractère de synecdoque. Le mot « Mystique » a trois usages : comme adjectif, comme substantif masculin et comme substantif féminin. De quel terme s'agit-il ici exactement ? L'hypothèse la moins pertinente est la seconde. On peut hésiter entre la première et la troisième. Dans les deux cas, le titre évoque, de façon pertinente, le caractère mystique de la représentation qui suit.

2. Ces deux textes sont descriptifs (et ce qu'ils décrivent a un caractère concret). On se fonde surtout sur l'abondance des déictiques, qui donnent l'idée d'un espace orienté et limité (« À droite », « de gauche » dans le premier texte ; « À gauche », « de droite » dans le second), et même d'un espace encadré (le mot « tableau », dans le second texte, pouvant être interprété au sens de « peinture », et ce d'autant plus que le poème semble pouvoir évoquer le retable des frères Van Eyck dont la partie centrale est reproduite p. 281).

3. Les déictiques suggèrent un mouvement du regard de la gauche vers la droite (dans le sens de la lecture) ; mouvement que confirme le mot « défilé » (l. 3).

4. « Contre notre face » : l'adjectif possessif pluriel est accueillant, le lecteur est tenté de s'y inclure. L'expression a un caractère déictique et pourrait signifier le rapport tactile entre le visage et la surface du tableau. Mais la phrase suggère plutôt que c'est à « la douceur fleurie des étoiles et du ciel et du reste » elle-même que nous avons affaire. Ce passage a donc un caractère de métalepse. « Là-dessous », autre déictique, le confirme, et paraît signifier que cette « douceur » du ciel, qui « descend en face du talus », est sortie du cadre, est passée sous le cadre, et est devenue, dans le champ de perception du spectateur, une réalité concrète et matérielle – c'est ici que l'*ekphrasis* clairement dysfonctionne, la description d'œuvre fait place à autre chose.

5. Les deux poèmes sont ambigus à cet égard. On vient de le voir au sujet de « Mystique », mais on peut faire le même raisonnement au sujet d'« Ornières » (dont le caractère « pictural » est beaucoup moins affirmé). Le spectacle décrit dans « Ornières » ne paraît pas réel, il semble coloré et « bariolé » (voir l. 5) comme une peinture ; il a quelque chose d'incohérent comme une fantaisie ou une fantasmagorie d'artiste (voir « Même des cercueils... », l. 8). Mais d'un autre côté, il s'agit bien d'un spectacle plutôt que d'un tableau, d'un mouvement de véhicules et d'animaux saisi sur le vif, qui a un caractère d'événement plutôt que de représentation figée.

Des sensations

6. Dans « Ornières », dès la première phrase, la rencontre du mot « parc » et du mot « route » est elle-même est étrange. Il ne peut s'agir, en tout cas, d'un parc privé. La rencontre des cercueils et des roulottes de forains est également étrange et inquiétante, de même que la collusion des chevaux de bois et des vrais chevaux (qui ont eux-mêmes le caractère de chevaux peints, cf. ligne 10 les « juments bleues »). Dans « Mystique », on peut citer notamment la collusion des mots « acier » et « émeraude » (qui ont – ou n'ont pas – qui sait ? – une signification chromatique), l'agencement des anges et des batailles, de la représentation mystique et des « progrès », etc.

7. On peut citer notamment « Des prés de flammes bondissent », le début de la troisième phrase, jusqu'à l'alinéa (vue et ouïe), et la seconde partie après l'alinéa (la douceur fleurie qui descend, association de la vue et de l'odorat reprise en conclusion de phrase : « fleurant et bleu »).

8. On peut étendre l'analyse des assonances et des allitérations à d'autres passages du poème. La première occurrence est particulièrement intéressante en raison de la disposition en chiasme des sonorités vocaliques et consonantiques : t/e/r/[o] [a]/r/e/t.

Question sur le corpus

9. La réponse à cette question aura néanmoins nécessairement un caractère personnel. La question vise à faire que les élèves soient attentifs à la manière dont ces textes affectent leur imagination.

Autoportraits

→ p. 282-283

■ « Enfance, IV »
■ « Vies, I & II »

Ces deux textes n'ont pas de caractère autobiographique au sens strict du terme (ils ne racontent pas à proprement parler la vie d'Arthur Rimbaud), mais ils ont un caractère d'autoportrait au sens plein de ce terme (le poète se décrit lui-même en employant des images qui rendent ses qualités hors normes).

Analyse des poèmes

Le poète et le monde

1. On peut être à la fois un saint, un savant, un piéton, un enfant. À un saint, précisément, rien n'est impossible. Toutefois, le personnage qui réunit toutes ces qualités a un caractère exceptionnel, extraordinaire, pour ne pas dire miraculeux.

2. La dernière unité narrative ne commence pas, contrairement aux précédentes, par le verbe être à la première personne du singulier.

3. Ces paysages successifs sont habités d'êtres animés (1er paragraphe), ou d'êtres inanimés dotés de volonté et de mouvement (2e paragraphe, les branches qui « se jettent à la croisée » – on est tenté de lire sur ce même modèle la forme pronominale du 5e paragraphe « se couvrent de » –, 4e paragraphe « la jetée partie à la haute mer »), ou de choses qui émettent des sons (3e paragraphe). Toutes ces actions ont un caractère de douce amertume (prier, paître pacifiquement en Palestine, être immobile, avancer vers la fin du monde) ou d'âpreté plus marquée (se jeter, partir), et sont associées à la figure du poète au fauteuil sombre, abandonné, petit valet, loin des oiseaux et des sources. Les adjectifs « sombre », « mélancolique », « âpres » ponctuent ce texte.

4. L'adverbe « jusqu'à » initie (par métonymie) cette thématique de la route, qu'on retrouve explicitement ligne 5, puis modifiée ligne 7 (la jetée, l'allée) et ligne 9 (les sentiers) et ligne 11, par métonymie (« en avançant »). Cette forme simple évoque le chemin de la vie.

Plusieurs vies sur une même trajectoire

5. On peut relever en particulier « Je me souviens des heures d'argent… » (lignes 3-5). On peut détailler les sensations visuelles, tactiles, olfactives. Le poète se trouve « à présent » dans un pays nordique et occidental (lignes 14-15, 20). Le mot « gentilhomme » évoque le terme anglais de *gentleman* (et dans, ce contexte rural, celui de *gentleman farmer*) : ce texte pourrait faire référence aux années anglaises de Rimbaud.

6. Il suffit de relever les adjectifs qui qualifient cette campagne. Mais c'est aussi le contraste entre la première et la seconde section qui exprime le dédain de l'occident. D'un côté, un « pays saint » (et le mot « brahmane » signifie l'Inde – où Rimbaud n'est jamais allé), où se jouent les chefs-d'œuvre, de l'autre une campagne aigre qui alimente un scepticisme triste. D'autre part le futur de l'occident est envisagé, et il est pire que le néant (ligne 9-10) : à la fin de la section 1, Rimbaud oppose son dédain à celui qu'il subit (ligne 9).

7. Ces compétences sont multiples : il est détenteur d'une sagesse sacrée (lignes 1-2, 9), d'une pensée (ligne 6), d'une expérience magnifique de l'amour et du monde (lignes 3-5, 14-15), d'une culture universelle (lignes 6-8), du don de prédiction voire de prophétie (ligne 8, 10), d'un talent de musicien (qui pourrait désigner le talent poétique lui-même) (ligne 12), d'un talent pour l'invention (lignes 11-12) – et la notion d'invention peut recouvrir l'ensemble de ces talents. C'est la revendication la plus appuyée et la plus orgueilleusement exprimée du poème.

8. Le mot « fou » peut se comprendre au sens littéral. Le mot « méchant » aussi. La seconde sous-question peut être laissée au jugement des élèves ou faire l'objet d'un débat.

Écriture d'invention

9. Par « Poème IV », on désigne la section IV d'« Enfance ». On peut envisager une structure plus narrative, plus délibérative (sur le mode « qui suis-je ? ») ou plus déclarative (à l'exemple de « Vies »).

Tableaux historiques

→ p. 284-285

■ « Après le Déluge »

L'hermétisme de ce poème ne doit pas être éludé : il est justement une invitation à travailler sur la diversité des sens du poème, sur sa dimension suggestive et sur l'identification d'un faisceau de sens possibles. « Après le Déluge » est un poème de la désillusion, de la colère et du regret : les forces de révolution faiblissent, agonisent doucement dans un confort insupportable au poète, qui couvre de sarcasmes le conformisme bourgeois et appelle au retour du Déluge. Seule la catastrophe peut faire resurgir la magie énigmatique des « pierres précieuses ».

■ « Soir historique »

Le soir peut être lu comme un crépuscule européen : Rimbaud dit ici son écœurement de la civilisation européenne, dont le matérialisme se fait de plus en plus conquérant, et remplace la force des mythes par la « magie bourgeoise » du rationalisme et par un sentimentalisme stupide. La colonisation s'apprête à faire de l'Europe et de l'Afrique un même espace sans âme, un « petit monde blême et plat ». La fin du texte retrouve les accents d'« Après le Déluge » pour appeler de ses vœux une catastrophe salutaire.

Analyse des poèmes

Un récit énigmatique [Ier POÈME]

1. L'emploi du passé simple installe une chronologie, une succession d'actions créant une narration, dont on peut noter plusieurs étapes : « un lièvre s'arrêta », « les étals se dressèrent », « le sang coula », etc. jusqu'à « Eucharis me dit que c'était le printemps ». Les connecteurs temporels renforcent la chronologie : « aussitôt que » (l. 1), « depuis lors » (l. 24), « puis » (l. 25). Mais si le poème présente toutes les apparences d'un récit cohérent, le sens lui-même demeure énigmatique : quel lien peut-on établir entre le lièvre, les castors, les enfants en deuil ou les caravanes ? Chaque phrase introduit dans le poème de nouveaux personnages et de nouveaux lieux, qui semblent autant de symboles à déchiffrer. Pourquoi le sang coule-t-il ? Qui est Eucharis, qui vient clore ce récit en annonçant le printemps ?

Le poème passe ensuite de l'énonciation du récit à celle du discours, avec les injonctions : « Sourds, roule, montez et roulez », les présents (allume, sait, ignorons) et le futur (voudra). La fin du texte, après le récit, consiste donc en l'expression d'un commentaire du poète.

2. *Rassise* peut être le participe passé féminin de rasseoir, et dans la construction, signifier « se fut assise à nouveau » : le Déluge s'est arrêté, immobilisé, son temps a passé. Ce sens est corroboré par l'injonction du poète à « relever les Déluges » à la ligne 29. L'adjectif correspondant *rassise*, lui, signifie : « Qui aborde les choses avec sérénité, avec calme, après mûre réflexion. ». Ce second sens évoque le calme, la pondération : les idéaux révolutionnaires se seraient calmés, perdant leur fougue adolescente. Enfin, la forme peut tout aussi bien provenir du verbe *rassir* : le Déluge est désormais une idée desséchée, défraîchie. Tous les sens convergent donc vers le sentiment d'une perte de vitalité, d'un vieillissement, d'un affaiblissement de l'énergie du Déluge.

3. Le poème dénonce à travers différents symboles la société sclérosée qui étouffe la vigueur adolescente de la révolte. On peut ainsi y lire plusieurs allusions aux pratiques religieuses : le lièvre, animal craintif « dit sa prière », la religion triomphe puisque « la messe et les premières communions se célébrèrent aux cent mille autels de la cathédrale ». À l'opposé, les mystères païens de la Sorcière restent scellés pour le poète. Les activités de la bourgeoise capitaliste sont également opposées à l' « idée du Déluge » : les « étals » (l. 7) des commerçants, les nouvelles constructions (« les castors bâtirent » l. 13, « le Splendid Hôtel fut bâti » l. 22), les « caravanes » des commerçants (l. 22) : tout un nouveau monde industrieux, préoccupé par la création et l'accumulation des richesses, se dresse progressivement sous nos yeux. Ce monde conservateur s'oppose à l'esprit révolutionnaire de la commune de 1871, réprimée dans le sang par le gouvernement Thiers : le sang versé est évoqué des lignes 10 à 14.

4. C'est ce monde bourgeois qui s'érige à toute vitesse que le poète rêve de détruire. Eucharis, figure de l'harmonie, lui annonce le printemps, une époque idyllique, à laquelle le poète ne croit pas. Comme les enfants (l. 15), il porte le deuil d'un monde merveilleux, et ne voit qu'ennui dans l'époque contemporaine, que les pierres précieuses fuient, « s'enfouissant » dans le sol. Il appelle donc (l. 27 à 29) les éléments de la nature à « relever les Déluges » : l'étang doit déborder, l'écume de la mer envahir la terre, l'orage tonner, pour tout submerger à nouveau.

Un tableau-réquisitoire [2e POÈME]

5. Rimbaud rejette l'ordre du monde contemporain : c'est pour lui un monde ennuyeux, rétréci « un petit monde plat et blême », « un ballet de mers et de nuits connues », un monde où même les espaces mystérieux deviennent sans surprise, « des mélodies impossibles » : un monde sans poésie, sans chant possible.

6. Le poète dénonce l'aveuglement, la « vision esclave », soumise, de ses contemporains, qui ne sont que des « touristes naïfs ». Le contemporain de Rimbaud se retire des « horreurs économiques », préfère demeurer ignorant de ce qui se passe autour de lui, en cette période de conquêtes coloniales. Nullement soucieux des « pauvres et des faibles », il se contente de passe-temps innocents et confortables, « jouant aux cartes au fond de l'étang ». Le voyageur où qu'il aille, « à tous les points où la malle nous déposera » trouvera cette même chimie sans alchimie, cette même « magie bourgeoise » d'un monde affadi.

7. La négation qui ouvre le dernier paragraphe, accentuée par la ponctuation, marque le refus obstiné du poète : il évoque, comme dans le poème précédent, les catastrophes naturelles pour détruire ce monde qui lui est insupportable (l. 18-22). Déluges (les « mers enlevées »), éruptions des « embrasements souterrains » et « exterminations » sont annoncés par les mythes, et seront bientôt réalité (« ce ne sera point un effet de légende ! » l. 22).

Vers la dissertation

8. La question doit mener les élèves à dépasser la difficulté de la langue de Rimbaud, pour comprendre en quoi le refus d'un sens immédiat, le refus de l'évidence et de la clarté sont en soi un choix poétique et politique. On pourra leur proposer de commenter dans un premier temps la citation de Boileau, en la reformulant et en expliquant quelle conception de l'écriture et de la littérature elle implique, avant de leur demander de montrer que Rimbaud s'oppose à cette conception.

I. Dans l'idéal classique, la clarté, le naturel et la simplicité sont des exigences premières de l'écriture. Ce qui choque la compréhension du lecteur est perçu négativement, de même que ce qui semble irrationnel. Il faut écrire simplement et se conformer au goût du public.

II. Au contraire, l'écriture de Rimbaud heurte la raison du lecteur. Le sens des poèmes est rarement univoque (exemple : la première phrase d'« Après le Déluge »). Rimbaud peut même vouloir choquer : les deux poèmes de la page souhaitent la venue de cataclysmes.

III. L'hermétisme de Rimbaud affirme la toute-puissance d'une expérience poétique individuelle. Le texte demeure souvent obscur, intimement lié à l'expérience personnelle et à l'expérience du langage, sans se soucier de la réception qui pourra en être faite. Il refuse le conformisme et est en cela révolutionnaire.

Étude d'ensemble

→ p. 286-287

La poésie rimbaldienne : faire table rase

1. « Départ » peut être rapproché de « Déluge » : la répétition de « assez » dit le dégoût du monde présent. Le poète souhaite un départ vers un horizon nouveau, « dans l'affection et le bruit neufs ! »

2. On reprendra pour « Après le déluge » et « Soir historique » les commentaires des textes aux pages 284-285.

3. Le colonialisme est dénoncé par ces termes : « les plus monstrueuses exploitations industrielles ou militaires ». Rimbaud constate et dénonce l'écrasement des peuples colonisés et l'esprit impérialiste des nations européennes. Les « révoltes logiques » sont les soulèvements des peuples contre cette conquête, « logiques », car attendues, allant de soi, mais qui seront écrasées par la colonisation.

4. La guerre peut aussi être pour Rimbaud un des cataclysmes venant balayer l'ordre des choses, et prendre une forme spirituelle, qui remette en cause toutes les habitudes : ainsi espère-t-il dans ce poème une guerre qui ébranle radicalement la « logique » prévue, l'ordre du monde.

5. À partir de Rimbaud, on s'interrogera sur la remise en cause du monde que peut véhiculer la poésie : cela va-t-il de soi ? On distinguera la poésie qui vise l'action politique et militante, la poésie engagée et la poésie qui vise à « changer la vie ». Rimbaud, le surréalisme et la poésie de la résistance peuvent constituer des points de départ de la réflexion.

Une poésie neuve : « il faut être absolument moderne »

6. La majorité des poèmes est constituée de prose, soit d'un seul tenant, comme « Antiques », « les Ponts », « Villes » ou « Promontoire », soit en plusieurs paragraphes, comme « Soir historique », « Conte », « Parade » ou « Génie ». D'autres sont des poèmes segmentés, qui peuvent évoquer le vers ou le verset, comme « Veillées I », « Barbare », « Départ », « A une raison », « Enfance III », « Après le déluge », « Veillées III », « Scènes », « Dévotion », « Démocratie ». Certains poèmes sont faits de fragments, comme les « Phrases ». Enfin, deux poèmes sont en vers libre : « Marine » et « Mouvement ».

7. Dans « Enfance III » et « Veillées I », chaque ligne correspond à une phrase ou deux phrases. Le retour à la ligne obéit à la ponctuation : on peut lire chaque ligne non comme un vers mais comme un court paragraphe. Dans « Mouvement » et « Marine », il s'agit bien de vers : le retour à la ligne n'obéit plus à la syntaxe mais à des choix rythmiques et sémantiques. La phrase se déroule sur plusieurs vers.

8. Trois poèmes des *Illuminations* ont pour titre et pour thème principale la ville : « Ville », qui joue le rôle d'introduction, « Villes II » (« Ce sont des villes ! ») et « Villes I » (« L'acropole officielle... ») (la numérotation des Villes n'est pas du fait de Rimbaud et varie selon les éditions). Le thème urbain est cependant présent dans d'autres textes, qui s'inspirent de Londres, de motifs architecturaux ou de traits de la modernité citadine. « Les Ponts », « Ouvriers », « Promontoire » ou « Métropolitain » développent notamment ce thème.

9. Nabuchodonosor fut roi de Babylone au XII° siècle avant notre ère : le contraste avec la Norvège est évident, qui allie régions orientales et occidentales, méridionales et septentrionales. Le même contraste a lieu dans le rapprochement des « boissons polaires » payées en monnaie indienne, « huit cents à huit mille roupies ». Ce mélange hétéroclite des références se retrouve par exemple dans « Villes II » : les « Alleghanys » et les « Libans » sont juxtaposés.

10. Les univers de référence sont multiples, éloignés dans le temps ou dans l'espace, comme si les *Illuminations* rebrassaient le monde réel sans souci de frontières et de distinction d'époque, pour créer l'homme nouveau rêvé par Rimbaud. Outre les références aux dieux de l'Antiquité grecque et romaine (« Antique », « Ville », « Villes II », notamment), on notera l'Antiquité babylonienne de Nabuchodonosor, l'époque médiévale de la Sorcière, des Rolands, des Nornes, des Mabs. Les références à l'Orient sont nombreuses, ainsi qu'aux peuples non-européens les plus éloignés : Chinois, hottentots, peuples sibériens (« Parade », « Fête d'Hiver »), Japonaises, Guaranis d'Amérique du Sud (« Métropolitain »), brahmanes, fakirs et roupies du monde indien (« Parade », « Villes I », « Vies I »). Le poème « Promontoire » mélange plus que tout autres ces univers éloignés : Italie, Amérique et Asie s'y entremêlent pour faire naître un paysage inouï, une pure création.

11. Les deux textes renvoient au conte, mais plus particulièrement à la tradition du conte oriental, qu'évoque le personnage du Génie ou le jardin de palmes.

12. La question vise à sensibiliser les élèves à la lecture des métaphores, et partira de leurs repérages, de leurs étonnements, pour les aider à mettre des mots sur ce que leur suggèrent les métaphores rimbaldiennes.

Une création merveilleuse et éphémère

13. « Fairy » évoque le personnage féérique mais glaçant d'Hélène. Le thème de la fée ou de la magie apparaît à plusieurs reprises, dans « Après le déluge », « Aube », c'est une figure féminine, positive ou inquiétante, qui l'incarne. La magie peut être aussi liée à l'univers des saltimbanques et des comédiens, dans « Parade » ou « Ornières » où passe un « défilé de féeries ». L'adjectif « féerique » lui-même est employé à plusieurs reprises par Rimbaud : ainsi du « chevalet féerique » de « Matinée d'ivresse ». La magie évoquée est celle de la création, de la toute-puissance du poète : démiurge et magicien, il peut, par la force du verbe poétique, faire surgir des univers inouïs, du « puits des magies » (« Veillées III »)

14. « Fleurs » est un exemple de cette puissance créatrice de la poésie : le poème fait éclore une floraison nouvelle à partir de la nomination de matières (or, soir, velours, cristal, satin, argent, marbre) et de pierres (agates, émeraudes, rubis) précieuses, floraison qui trouve son apothéose dans l'abondance des roses, pleines de jeunesse et de vitalité. Les pierreries, la joaillerie symbolisent à plusieurs reprises cette alchimie poétique, capable de créer magiquement des objets grandioses : c'est le cas de « Mystique », d'« Après le Déluge » ou des émeraudes de « Veillées III ».

15. La définition des « maîtres jongleurs » de « Parade », illusionnistes hors pair, peut s'appliquer au poète qui « [transforme] le lieu et les personnes, et [use] de la comédie magnétique ». Les saltimbanques d'« Ornières » rappellent également ce thème de l'illusion théâtrale : « animaux de bois doré », véhicules peints comme « des carrosses anciens ou de conte », ils transportent tout un spectacle, prêt à faire naître des mondes étonnants. Les « Scènes » évoquent plus directement le monde du théâtre à travers ses différentes scènes, tréteaux, amphithéâtres, ou « pontons de maçonnerie », sur lesquelles se déroulent différentes « féeries » : l'emploi du terme renforce ici encore le lien qu'établit Rimbaud entre théâtre, poésie et magie.

16. Le poème « Bottom » se réfère explicitement aux métamorphoses du *Songe d'une nuit d'été* : comme le poète, le personnage se transforme en âne dans la pièce de Shakespeare, qui fait la part belle au rêve et à la magie. De même, le poète prend ici successivement la forme de différents animaux.

17. « Nocturne vulgaire » (« Un souffle disperse les limites du foyer ») ou « Villes II » (« Quels bons bras, quelle belle heure me rendront cette région d'où viennent mes sommeils et mes moindres mouvements ? ») s'achèvent sur une destruction du rêve. « Parade » finit sur une phrase énigmatique qui prive le lecteur de toute certitude quant au sens définitif du texte : « J'ai seul la clé de cette parade sauvage ».

18. Certains poèmes vont, dans ce foisonnement créateur, jusqu'à faire naître d'impossibles chimères, désignées comme telles : ainsi des « fleurs arctiques » de « Barbare ». « Elles n'existent pas », affirme le poème à deux reprises : en même temps que le verbe poète ces illuminations, il en affirme le caractère illusoire.

19. Cette question doit permettre aux élèves de mieux cerner le projet des *Illuminations* : quels objectifs cette poésie se donne-t-elle ? Peut-on dire qu'elle l'a atteint, ou qu'elle en constate l'impossibilité ? Le fait qu'elle souligne parfois le caractère illusoire de toute entreprise poétique n'est-elle pas surtout le signe d'une grande lucidité ? Que dire du silence de Rimbaud, si l'on considère que les *Illuminations* sont une réussite hors du commun ? Ses ambitions étaient-elles seulement poétiques ou aussi spirituelles et existentielles ?

Écriture et prolongements

Vers la dissertation

La citation définit avec précision l'ambition rimbaldienne de recréation du monde par le langage poétique. C'est cette recréation, et la réussite ou l'échec de ce programme qu'il s'agira de mesurer. On pourra aborder les points suivants :

I. La destruction du « monde »

a. Le refus du monde : « Après le déluge », « Départ », « Démocratie », « Soir historique »

b. Le thème du cataclysme

II. Une création inouïe

a. Des êtres nouveaux : « Génie », « *Being Beauteous* », « Matinée d'Ivresse ».

b. Une nouvelle harmonie : le poète recrée un monde neuf : « Villes II », « Promontoire », et veut faire entendre une musique nouvelle.

c. Une création fragile : ce monde nouveau demeure une illusion, une vision fugace. « Ponts », « Nocturne vulgaire »

III. Une expérience poétique révolutionnaire

a. Rimbaud transforme avant tout la création poétique : les *Illuminations* sont un texte audacieux.

b. Des formes neuves et une langue étonnante : nous entrons dans une expérience singulière.

Recherche documentaire

→ **TICE** On trouvera à l'adresse suivante une sitographie critique et mise à jour régulièrement : http://abadel.free.fr/rimbaud_sur_la_toile/sites_rimbaldiens.htm

Le mythe du poète maudit

➜ p. 288-289

Recherche documentaire

– Du côté anglophone, Rimbaud est revendiqué comme une influence majeure par les Beatles (on consultera l'Anthology), Patti Smith, Jim Morrison (The Doors), Bob Dylan, ou encore Joe Strummer (The Clash).

– Sur la figure centrale de Jim Morrison, on pourra consulter la biographie de Stephen Davis, mais aussi les poèmes de Morrison lui-même. L'excellent documentaire *When You're Strange*, de Tom DiCillo (2009) donnera un aperçu du personnage.

– Sur Patti Smith, en français, on consultera l'ouvrage d'Étienne Ethaire, *Patti Smith, fille de Rimbaud*, (2010), et les ouvrages traduits de Patti Smith.

– On pourra chercher les éléments qui, dans la vie de Patti Smith, Syd Barrett (Pink Floyd) ou Jim Morrison, ont permis de les rapprocher de la figure du poète maudit.

– Du côté français, les influences sont moins nettes, en raison de la naissance plus tardive et moins flamboyante de la culture rock francophone : à partir de 1970, Serge Gainsbourg, Léo Ferré (qui met en musique plusieurs textes de Rimbaud et s'empare de la musique rock au début des années 70), Jacques Higelin, Gérard Manset ou Alain Bashung dans les années 1980 tenteront cependant l'alliance des musiques rock et pop et de la littérature.

La poésie et les mouvements littéraires : Parnasse, symbolisme, surréalisme

➜ p. 290-291

Recherche documentaire

– Sur le surréalisme et les artistes (peintres, photographes, cinéastres), on consultera les ouvrages suivants :

Pierre Chavot, *L'ABCdaire du Surréalisme*, Flammarion, 2001

Gérard Durozoi, *Histoire du mouvement surréaliste*, Hazan, 1997

– Sur le mouvement Dada, on trouvera une bibliographie exhaustive, des informations et une riche iconographie sur le site www.dadart.com. On pourra consulter également le *Journal du surréalisme*, publié aux Éditions Skira, et le catalogue de l'exposition Dada au centre Pompidou.

L'explosion des couleurs : de Van Gogh aux expressionnistes

→ p. 292-293

1 Vincent Van Gogh

Lecture de l'image

1. L'intensité de cette peinture vient notamment de l'énorme et irradiant soleil. Les silhouettes sont noires du fait du contre-jour. On peut aussi faire observer la vigueur des touches, marques de la gestuelle du peintre. Le contraste violent du premier et du second plan est aussi un facteur d'intensité.

2. Les lignes qui structurent le tableau, à part la ligne d'horizon qui le coupe à peu près à sa moitié, sont obliques. Aucune verticale n'a leur importance. La composition, bien que simple et nette, et bien qu'elle accorde une place importante à la terre plane et stable, est très dynamique.

3. L'homme est seul, peinant au travail. Il est noir, petit, anonyme. Sa silhouette tordue par l'effort forme une paire avec celle de l'arbre. Le soleil se couche sur son monde – mais c'est bien son monde : c'est lui qui a formé ce paysage, c'est lui qui sème, c'est lui qui prépare l'avenir, qui espère, qui travaille patiemment. Le semeur est une figure biblique, à laquelle Van Gogh, ancien pasteur, songe nécessairement.

2 Paul Gauguin

Lecture de l'image

1. La nudité partielle des personnages, au premier et à l'arrière-plan, et leur attitude paisible et pacifique, constituent sans doute le principal élément de réponse. Mais une étude des rapports de couleurs est aussi nécessaire. Cette toile peut être l'occasion de montrer que le vert et le rouge, l'orange et le bleu, le jaune et le violet sont des couleurs complémentaires. On notera, au moins, le recours à des couleurs chaudes et pleines, étendues par larges aplats aux contours souples, jamais tout à fait droits.

2. Ils semblent dire : profitez de la vie ; et ceci semble passer par une autre injonction : éloignez-vous des villes, choisissez la nature, soyez attentifs aux couleurs, aux formes, aux êtres vivants. La joueuse de flûte invite au plaisir de la musique et de la création en général, fait signe vers le geste fondamental de toutes les cultures humaines. Les figures d'orants, à l'arrière-plan, sont aussi une invitation à croire.

3 Le fauvisme

Lecture de l'image

1. Dans l'esprit de Gauguin (en particulier du fait des personnages contemplatifs en bas du tableau à droite), l'atmosphère est sereine. Le spectacle de la mer, dans une ambiance chaude et rouge qu'on pourrait croire de fin d'après-midi, le spectacle des barques au repos ou qui rentrent au port, le spectacle des collines qui ferment l'horizon et qui rassurent, tout cela contribue au sentiment de félicité qui habite ce tableau.

2. L'usage des couleurs n'est pas réaliste : le vert dans le ciel, le rouge sang de la plage et des barques étonne (même s'il se justifie par des considérations physiques : lumières, couleur naturelle de la pierre, etc.). L'ensemble est équilibré (autour d'une zone centrale homogène, un peu ronde), et structuré par un contraste simple entre le bleu-vert et le rouge-orange. L'artiste est animé par la recherche du beau, d'une beauté nouvelle, qui évoque la nature tout en ayant les charmes de l'artifice. C'est ce qui apparente cet art aux arts décoratifs.

4 L'expressionnisme allemand

Lecture de l'image

1. Certaines formes de ce tableau sont clairement identifiables à des arbres, à un sentier, mais d'autres ne sont pas identifiables (le rectangle bleu au fond dans l'axe par exemple). Si le rouge et le jaune du ciel évoquent le coucher du soleil, leur distribution dans l'espace de la toile (par exemple le rouge entre les branches de l'arbre à droite) est arbitraire.

2. Cette peinture-ci est beaucoup plus provocante que la précédente. Elle se présente clairement comme une alternative aux « beaux-arts ». Les impératifs de netteté et de propreté sont dédaignés, la fonction structurante du dessin est en passe de disparaître (mais n'a pas disparu), les couleurs (et en particulier le rouge) se distribuent à l'identique de part et d'autres des lignes de force du tableau. Il ne s'agit pas d'ailleurs de la même gamme de couleur que dans le tableau de Derain, en dépit des similitudes. Ce n'est pas le même rouge, ni le même vert. La comparaison des deux toiles est à cet égard intéressante. Beaucoup moins d'aménité, d'agrément, beaucoup plus de violence et de sombre chez le peintre expressionniste.

Recherche documentaire

On peut consulter en particulier le *Journal de l'expressionnisme* (Skira), le catalogue de l'exposition Kandinsky à la galerie Maeght, le catalogue de l'exposition Kandinsky au Centre Georges Pompidou, *L'Histoire de l'art* d'Ernst Gombrich, les sites internet des musées de Cologne, d'Essen, de Düsseldorf, etc. en Allemagne.

Comparaison, métaphore et métonymie

→ p. 294-295

1 Il y a deux comparaisons :

– la première compare le comparé (« le temps avec la mort ») à un « géant armé d'un glaive infatigable » (le comparant) ; l'outil de la comparaison est « comme ». La ressemblance porte donc sur le pouvoir destructeur du temps et de la mort (le glaive) et sur leur toute-puissance (géant).

– la seconde comparaison a pour comparé le temps qui emporte tout dans l'oubli et pour comparant les épis de blé qui tombent dans la corbeille des glaneurs ; mais cette comparaison s'appuie elle-même sur la métaphore qui associe la destruction par la mort et le temps à un faucheur qui coupe le blé (cf. l'image qui met une faux dans la main de la mort).

2 Comparaisons :

– « ainsi qu'un encensoir » : la fleur est comparée à un encensoir duquel s'échappe de l'encens ; dans les deux cas c'est un parfum qui est dégagé.

– « comme un cœur qu'on afflige » : le son des cordes du violon touchées par l'archet est comparé à la plainte d'un cœur qui est touché par une émotion ;

– « comme un grand reposoir » : un reposoir est dans la liturgie catholique un autel sur lequel on pose le saint sacrement, la pièce d'orfèvrerie, en général circulaire et dorée, qui contient une hostie consacrée. Le poète compare donc le soleil dans le ciel au saint sacrement et le ciel à un reposoir.

Métaphores :

« le soleil s'est noyé dans son sang qui se fige ».

Il y a ici plusieurs métaphores combinées : le soleil dans le rouge du crépuscule ressemble à un mort qui baigne dans son sang.

3 **1.** Son bras est au service du roi et de la reine : métonymie de la partie pour le tout. **3.** J'ai bu la coupe amère : métonymie du contenant pour le contenu (la coupe au lieu du liquide qu'elle contient). **4.** Ils ont croisé le fer toute la soirée : métonymie de la matière (l'épée est en fer). **5.** Paris a accueilli le poète persécuté : métonymie qui remplace les habitants de la ville par le nom de la ville).

4 Ces vers reposent sur une métonymie qui remplace les jeunes filles de la pension par « la pension » : c'est donc le lieu qui remplace les habitants du lieu. Cette métonymie permet de créer un contraste entre le sentiment de liberté donné par la promenade et les connotations négatives de la pension, considéré comme un lieu fermé, soumis à un règlement strict.

5 Ce n'est pas le jardin, mais l'image du jardin qui frappe la prunelle. Cette figure permet de souligner le choc ressenti par le locuteur.

6 **1.** Ses paroles (comparé), des fleurs de laine (comparant) ; point de comparaison : la douceur. Le point de comparaison est exprimé. **2.** Sa maison (comparé), véritable palais romain (comparant) ; point de comparaison : la présence de nombreuses statues antiques. Le point de comparaison est exprimé. **3.** La jeune fille (comparé) un jeune cabri (comparant) ; point de comparaison : bondissait dans les prés. Le point de comparaison est explicité. **4.** Comparé (les étoiles), comparant (la poussière) ; point de comparaison : la multitude de points dans l'espace. Point de comparaison non explicité. **5.** Comparé (le regard), comparant (le printemps). Point de comparaison : fraîcheur, innocence… Point de comparaison non explicité.

Activités d'écriture

Écriture d'invention

Cet exercice s'inspire d'un jeu littéraire proposé par « Les papous dans la tête » (émission oulipienne de France-Culture, dont le site internet peut être consulté). Les substantifs utilisés par Rimbaud (oiseaux, troupeaux, villageoises, etc.) sont simples et constituent pour cette raison une bonne base de travail.

Arthur Rimbaud, « Ma bohème (Fantaisie) »

→ p. 297

1. Thème et motif

a. Il convient d'abord de relever l'ensemble des termes qui caractérisent les personnages comme un poète : les mots « Muse », « rimes » et « rimant », « lyres ». Pour la jeunesse, on retient en particulier le vers 6 ; pour la pauvreté, les indices sont nombreux (vers 1 et 2, vers 5, etc.) ; pour le bonheur aussi (bonheur de la rêverie sur le bonheur au vers 4, ravissement et bien-être aux vers 9 et 11-12, etc.).

b. La vie de bohême est une vie d'artiste pauvre, mais heureuse, et amoureuse, au jour le jour. L'opéra de Puccini et la chanson d'Aznavour peuvent compléter ce texte. La comparaison fera ressortir la spécificité de la bohême rimbaldienne : elle est solitaire, et elle est champêtre.

c. Un seul élément signifie à proprement parler la terre dans ce poème, et c'est un élément très rimbaldien, il s'agit des routes (v. 9). Le mot « septembre » et le mot « vin » peuvent, ensemble, suggérer la présence des vignes au moment des vendanges, et les « ombres fantastiques » la présence de grands arbres : mais rien de littéral. Le poète est tourné vers le ciel, et ce sont les étoiles (liées au thème du rêve et à l'univers du conte) qui constituent l'essentiel du paysage.

d. On peut considérer que le poème agence des détails « réalistes », caractérisant le personnage (par exemple les élastiques des souliers), dans un paysage à la fois merveilleux et sensuel (le vers 8 en particulier réunit ces deux qualités). On peut noter les synesthésies, très rimbaldiennes, amorce de surréalisme, aux vers 8 et 9. Les vers 6 et 7 font signe vers l'univers du conte, qui comme on sait a un fond inquiétant ; ce que confirme l'adjectif « fantastiques » (v. 12).

2. Mouvement et genre

a. Il s'agit de « j'égrenais dans ma course / des rimes » (comme le Petit-Poucet égrène des cailloux).

b. Une « fantaisie » est une forme musicale brève et libre, en général pour instrument seul. Le poème de Rimbaud est, par son lexique et par sa prosodie, très libre. Il convient en particulier de noter l'interjection du vers 4, le tour très oral du vers 3 (avec l'emploi dérisoire, gentiment potache, du terme médiéval), ou l'image humoristique des vers 13-14.

c. Il s'agit d'un sonnet en alexandrins (poème de quatorze vers disposés en deux quatrains, puis deux tercets), dont les rimes présentent une variante par rapport à la forme régulière sous laquelle Clément Marot l'introduisit en France (rimes abba, abba, ccd, eed) ; ici, les rimes des deux quatrains diffèrent (abba, cddc, eef, ggf).

d. La marche solitaire, dans un cadre campagnard, la jeunesse énergique, la rêverie sous le ciel, l'exaltation extatique, le lyrisme, l'autoportrait, mais aussi l'humour et l'amour du jeu formel, tout cela est hérité du romantisme français (qui lui-même hérite, en particulier, de la poésie baroque et de la poésie anglaise).

e. Il s'agit d'un rejet. Paradoxal, car le mot « rime » n'est pas à la rime. Le mot n'en est pas moins fortement accentué et isolé par le point. La coupe principale du vers est là, et non à l'hémistiche (même si l'enjambement à la césure entre le sujet et le verbe reste classique). Il convient de remarquer aussi le rejet de strophe à strophe (mieux : de quatrain à tercet) des vers 8-9, qui pour le coup n'est guère classique. Rejet dont l'effet est redoublé aux vers suivants (10-11) et aux vers 13-14. Cette expansion de la phrase, cette extension du rythme après le mot « élastiques » est, avec le rejet du mot « rimes », une des grandes subtilités savantes et ludiques tout à la fois de ce poème.

3. Langue et style

a. On a déjà noté les faits marquants des vers 3 et 4. En comparaison, l'emploi du mot « idéal » est particulièrement recherché.

b. Le poème est à la première personne du singulier et il évoque le poète lui-même, qui nous fait ici une sorte de confidence amusée, sur un rythme fluide et accidenté qui se rapproche du rythme de la parole. Cette confidence amusée est aussi un autoportrait du poète en train de créer (de même qu'il y a des autoportraits de peintres en train de peindre).

c. Le ton est humoristique, et en même temps assez tendre.

4. Littérature et arts

a. La société n'est pas évoquée : elle n'existe pas pour ce marginal, qui loge au firmament. On peut y voir une forme de dédain pour le monde bourgeois. Il préfère sa pauvreté heureuse au confort et à l'argent. De même, il préfère la campagne à la ville. Il préfère la poésie à la technologie et à l'industrie.

b. On a l'embarras du choix. On peut songer par exemple à des œuvres de Courbet, d'Hugo ou de Liszt.

Commentaire

On peut suivre par exemple les axes suivants :

I. Un autoportrait du poète en enfant

II. Une fantaisie poétique

III. Un éloge de la poésie

7. L'argumentation au XVIIe siècle

Introduction au chapitre

Ce chapitre a pour objet de montrer comment les genres argumentatifs se sont développés au XVIIe siècle, en étudiant l'évolution du monde des idées et des outils littéraires : comment les textes argumentatifs du XVIIe siècle font-ils transition entre l'humanisme du XVIe siècle et les Lumières du XVIIIe siècle, du point de vue des questions abordées et du point de vue des formes littéraires ?

D'autre part, on étudiera dans ce chapitre, comme le recommandent les textes officiels, la manière dont l'Antiquité constitue, au cours du Grand Siècle, un modèle intellectuel et esthétique et une source d'inspiration : sous quelle forme les auteurs du XVIIe siècle s'emparent-ils des œuvres gréco-latines ?

Ce chapitre donnera un large panorama de la pensée au XVIIe siècle, à travers l'étude de genres et de formes variées.

Indications bibliographiques

– Antoine ADAM, *Histoire de la littérature française au XVIIe siècle*, collection « Bibliothèque de l'Évolution de l'Humanité », Éditions Albin Michel, 1997, 3 vol.

– Patrick DANDREY, *La Fabrique des fables*, Klincksiek, 1991 et PUF, 1996.

– Patrick DANDREY, *L'Éloge paradoxal de Gorgias à Molière,* PUF, 1997.

– Marc FUMAROLI, *L'Âge de l'éloquence : rhétorique et « res literaria » de la Renaissance au seuil de l'époque classique*, Droz, 1980, rééd. Albin Michel, 1994.

– Marc FUMAROLI, préface à l'édition des *Fables* en Pochothèque, 1995.

– Gisèle MATHIEU-CASTELLANI, *Montaigne, l'écriture de l'essai,* coll. « Écrivains », PUF, 1998.

– Laurent THIROUIN, *Le Hasard et les règles : le modèle du jeu dans la pensée de Pascal*. Préface de Jean Mesnard, Vrin, 1991.

– *Vanité-Mort, que me veux-tu ?* catalogue de l'exposition à la Fondation Pierre Bergé / Yves Saint Laurent, Éditions de La Martinière, 2010.

– *C'est la vie ! Vanités de Pompéi à Damien Hirst,* catalogue de l'exposition au musée Maillol, Patricia Nizain, Skira-Flammarion, 2010.

Les multiples facettes de l'éloge et du blâme

Satire d'un individu, blâme d'un type humain → p. 302-303

Jean de La Bruyère, *Les Caractères*

Cet extrait des *Caractères* permet à La Bruyère de dénoncer le ridicule des dédaigneux. Ses qualités de portraitiste sont ici au service d'une satire des mœurs de son temps, puisque le texte oscille entre propos particulier et propos général. Il représente un Pamphile qui, loin de l'idéal de l'honnête homme, a tous les travers du courtisan.

Théophraste, *Caractères*

La Bruyère s'inspire dans ses *Caractères* de l'ouvrage antique du même nom, écrit par Théophraste au IIIe siècle avant J.-C. L'extrait choisi, qui expose la couardise, permet de faire circuler les élèves entre les œuvres, afin de leur montrer que les auteurs se nourrissent de leurs prédécesseurs. Il conviendra d'évoquer l'influence des sources grecques et latines sur les écrivains du XVIIe siècle, voire de replacer cette question en contexte en évoquant la Querelle des Anciens et des Modernes.

(http://homere.iliadeodyssee.free.fr/traducteur/dacier/dacier02.htm)

Analyse des textes

De Pamphile aux Pamphiles [1er TEXTE]

1. Le prénom Pamphile (de *pan*, «tout» et *philein*, «aimer») signifie étymologiquement «celui qui est aimé de tous». C'est par ailleurs l'un des noms du valet de trèfle dans un jeu de carte populaire au XVIIe siècle, dans lequel il devient la carte la plus forte, alors qu'il est d'ordinaire la figure la plus faible. On peut donc voir une double ironie dans ce traitement de l'onomastique par La Bruyère, puisque, d'une part, Pamphile cherche à se hisser au niveau des «grands» (l. 11-12) sans jamais perdre une forme de servilité (l. 5), et d'autre part il cultive une personnalité antipathique (l. 21-25, son impolitesse est soulignée).

2. Le texte procède à une généralisation progressive du propos. C'est nettement visible dans l'évolution de la détermination du nom Pamphile, puisqu'on passe de l'absence d'article («Pamphile» l. 1) à l'article indéfini singulier («un Pamphile» l. 7 et 11), pour enfin déboucher sur l'article défini pluriel («les Pamphiles» l. 25). On a donc une transformation en plusieurs étapes d'un nom propre en nom commun (c'est ce qu'on appelle une antonomase), puisque le terme reçoit successivement une détermination puis acquiert la propriété de s'accorder en nombre, ce qui le fait basculer dans la catégorie grammaticale des substantifs. Il désigne dès lors un type humain.

La dénonciation du règne des apparences [1er TEXTE]

3. On peut repérer dès la l. 2 un jeu de mots sur l'étymologie de l'adjectif «grave», qui signifie à la fois sérieux et lourd, pesant, et par extension, ramené vers le sol par la gravité. Le terme est donc en antithèse avec «l'élévation de sa voix», expression qui elle aussi est ambivalente, puisqu'elle peut désigner soit la dignité, la noblesse de son discours, soit l'ambitus et la portée de sa voix. On peut donc lire dans cette phrase que la seule «élévation» dont sa «voix» est capable concerne sa tessiture (c'est prolongé l. 24 avec l'expression «vous parle si haut»). À la l. 5, on retrouve un oxymore («il a une fausse grandeur qui l'abaisse»), destiné à souligner l'artificialité du personnage. L 11-12, la figure est développée, avec une succession de précisions; Pamphile est l'imitation ridicule d'un «grand», une sorte de petit «grand». Il s'agit donc d'un portrait burlesque.

4. Dans les dernières lignes, le satiriste développe une comparaison entre «les Pamphiles» et des comédiens sur une scène théâtrale. Il s'agit bien entendu de montrer qu'ils jouent un rôle, qu'ils sont faux et hypocrites. Mais dans le contexte du XVIIe siècle, la référence au théâtre peut se doubler de deux autres significations. Tout d'abord, le comédien, à l'époque, est une figure largement rejetée, en particulier par l'Eglise, qui le juge immoral et l'excommunie systématiquement. La comparaison est donc dégradante. De plus, la mention de la «comédie», si elle peut désigner à l'époque toute pièce de théâtre, évoque aussi le genre de la comédie, c'est-à-dire celui qui met en scène des personnages de basse ou moyenne condition. Les Pamphiles sont donc rapprochés des personnages les moins dignes qui puissent être représentés sur scène, ce qui souligne encore une fois que le personnage aspire à plus qu'il n'est.

5. Pamphile incarne le dédain («il a des termes à la fois civils et hautains»), la vanité («il se fait suivre») et l'hypocrisie (voir les réponses précédentes sur sa fausseté).

6. À travers la satire de Pamphile, La Bruyère propose une critique des mœurs de son temps, en particulier de la dissociation de l'être et du paraître. La description de Pamphile navigue en permanence entre extérieur et intérieur (voir le champ lexical de l'ostentation: l. 9-10, l. 24). Il s'agit donc de dénoncer le règne des apparences, qui se trouve renforcé dans un monde où la figure du courtisan prend de plus en plus de place. La Bruyère brosse leur portrait avec une ironie féroce.

Des portraits convaincants [1er et 2e TEXTES]

7. Dans ces deux extraits, le défaut humain dénoncé est mis en scène à travers des exemples qui oscillent entre cas particulier et généralisation. Ainsi, dans le texte de Théophraste, on passe dans le premier paragraphe de la «couardise», comme notion générale, au «couard», qui est son incarnation. De même, chez La Bruyère, le passage du particulier «Pamphile» au général «les Pamphiles» traduit une circulation entre l'exemple et la notion. Théophraste reste, on le constate, plus vague que La Bruyère dans son exemplification, dans la mesure où jamais son personnage de «couard» n'est nommé. Il reste un pronom «il» qui peut à la fois désigner une personne précise et l'ensemble des poltrons. Pourtant, si La Bruyère donne un nom à Pamphile, c'est un pseudonyme pour le marquis de Dangeau, ce qui a pour effet de brouiller le référent. Le recours à l'exemple permet donc paradoxalement de viser l'ensemble de ceux qui présentent le défaut dépeint. De plus, la narration d'anecdotes et le recours à des fragments de dialogue ont pour effet de rendre le récit plus animé. Les saynètes racontées mettent en situation le personnage moqué, ce qui renforce l'efficacité de la satire. Ainsi, la vantardise du couard, qui, à la fin du texte de Théophraste, s'enorgueillit d'un courage qu'il n'a pas eu, permet de grossir le trait pour construire une caricature à visée comique. De même, dans *Les Caractères,* le portrait de Pamphile en mouvement, à partir de la l. 17, permet de mettre au jour la stratégie qui préside à ses relations sociales. La mise en scène du personnage et les paroles rapportées au discours direct dénoncent son hypocrisie de manière efficace, dans la mesure où les lecteurs peuvent reconnaître des attitudes qu'ils ont connues chez ceux qu'ils côtoient, voire leur propre manière d'être. Les deux auteurs, en illustrant leur leçon morale par un récit coloré et amusant, construisent des apologues qui permettent de «plaire et instruire».

Écriture d'invention

8. On sera attentif, dans l'évaluation de ce travail, à deux éléments en particulier: tout d'abord, les élèves doivent réutiliser des procédés d'écriture propres au blâme, afin que leur écriture d'invention défende une opinion. Ensuite, ils doivent faire preuve d'imagination afin de passer du blâme d'un personnage à celui d'un type humain. Le professeur peut éventuellement leur suggérer de recourir à la figure de l'antonomase, comme le fait La Bruyère.

Activité orale

9. Cet entraînement à la lecture peut donner lieu à une activité en classe, dans la mesure où il s'agit d'exercer les élèves à produire des lectures à voix haute de qualité.

Le burlesque au service de la satire → p. 304-305

■ Paul Scarron, « Vous faites voir des os… »

Ce sonnet de Scarron est un contre-blason, qui permet au poète de proposer une forme de vanité poétique (voir Histoire des arts, p. 338-339). À travers la satire du rire d'Hélène, le poète provoque le rire du lecteur; c'est aussi l'occasion d'engager une réflexion sur la déchéance du corps et sur la mort. Les procédés d'écriture du blâme seront à étudier.

■ Paul Scarron, «Au lecteur, qui ne me connaît pas»

L'autoportrait de Scarron permet de mettre en perspective la cruauté du sonnet «Vous faites voir des os...», dans la mesure où le poète satiriste se décrit lui-même comme contrefait, dans un travail d'auto-ironie particulièrement ciselé.

Analyse des textes

Un poème satirique [Ier TEXTE]

1. On constate que la femme est appelée par son prénom «Hélène», au vers 1, tandis que dans le dernier tercet, elle est interpellée avec le groupe nominal «vilaine bête». L'expression, très péjorative, conduit à une animalisation de la femme, ce que redouble l'utilisation du verbe «crever», qui est normalement utilisé pour parler de la mort d'un animal. Entre la première et la dernière strophe, Hélène est donc déshumanisée. Il s'y ajoute que le niveau de langue, courant à soutenu dans les trois premières strophes, bascule dans la familiarité dans le dernier tercet, avec les formules «vilaine bête» et «creviez de rire».

2. Au vers 8, Scarron fait un jeu de mots sur la polysémie du verbe «déchausser». En effet, le terme, lorsqu'il s'applique à des dents, signifie qu'elles sont sorties de la gencive comme un pied sortirait d'une chaussure. Scarron s'amuse de cette expression figée et souligne son origine, en plaçant dans le vers les mots «pieds» et «déchaussés» l'un à côté de l'autre. Il cherche, par ce trait d'esprit, à provoquer le rire du lecteur.

3. Dans l'Antiquité grecque, Hélène, épouse de Ménélas, est la plus belle femme du monde. L'amour qu'elle suscite chez Pâris, un prince troyen, qui n'hésite pas à l'enlever à son époux, est à l'origine de la Guerre de Troie. Par ailleurs, ce prénom fait référence à la poésie amoureuse de Ronsard, au XVIe siècle, en particulier au recueil *Sonnets pour Hélène* (1578). Scarron s'amuse donc ici des clichés du blason poétique tout en renversant, de manière burlesque, les connotations attachées au prénom Hélène.

La satire au service d'une réflexion [Ier et 2e TEXTES]

4. Le mot «os» est une périphrase métaphorique pour désigner les dents d'Hélène. L'utilisation de ce terme est particulièrement frappante, dans la mesure où elle assimile la femme à un squelette. Plus largement, le substantif «os» introduit le champ lexical de la mort dans le sonnet, surtout présent dans les deux tercets. Dans les quatrains, c'est le lexique de la maladie et de la blessure qui domine: «éclatez», «rompre les flancs»,

« sanglants ». Au vers 10, le poète mentionne les « convois » qui suivent les enterrements, ainsi que les « pleureuses », ce qui est peut-être une manière d'engager Hélène à pleurer à ses propres funérailles. La formule triviale « pourvu que vous creviez de rire », au dernier vers, constitue une réappropriation de l'expression figée « crever de rire », qui perd son sens imagé au profit de son sens littéral.

5. Le rire est souvent un mécanisme de défense contre les sujets tabous. Rire de la mort permet ici à la fois de la mettre à distance et de rappeler la vanité de la vie humaine.

6. Dans le dernier tercet, le pronom « vous » semble avoir un référent ambigu. Grammaticalement, il s'agit toujours d'Hélène, mais le pronom peut aussi désigner le lecteur, qui est effectivement en train de rire en lisant le sonnet. Scarron nous interpelle donc directement, avec une grande violence, en nous faisant réfléchir sur notre propre rapport avec la vieillesse et la mort. Surtout, en nous confondant avec Hélène avec un pronom commun, il suggère qu'en riant d'Hélène, nous venons en réalité de rire de nous-mêmes.

La satire et son auteur [Ier et 2e TEXTES]

7. La lecture de cet autoportrait de Scarron modifie un peu la lecture que l'on a du sonnet « Vous faites voir des os... ». En effet, on constate que le satiriste est malade et que son corps est déformé par les affections dont il souffre. La description qu'il donne de ses traits physiques est sans concession, d'autant plus qu'elle commence par l'affirmation d'une volonté d'objectivité ; pour couper cours aux rumeurs qui circulent sur son aspect, l'auteur va faire son autoportrait (l. 3 à 9). Dans la description proprement dite, au second paragraphe, il commence par s'exprimer en des termes mesurés, qui donnent l'impression qu'il nous livre une image honnête de lui-même. Ainsi, il nuance ses propos à l'aide de modalisateurs « Ma tête est *un peu* grosse pour ma taille », « J'ai la vue *assez* bonne ». À l'occasion, il souligne même un trait positif : « J'ai eu la taille *bien faite*, quoique petite ». On pense ici à la litote du vers 2 dans le sonnet, « et ne sont guère blancs » pour dire que les dents sont gâtées. Au fur et à mesure que la description avance, Scarron passe de l'apparente objectivité à la caricature, par le biais du travail de l'hyperbole : ainsi, aux lignes 18 à 21, la peinture des angles que ses membres forment entre eux est évidemment impossible (« l'angle aigu » semble irreprésentable). On a donc un accroissement progressif du grossissement ; le plaisir de la description l'emporte sur la véracité du portrait et Scarron joue à donner une image de lui-même sous le signe de l'outrance. Il en va de même dans le portrait d'Hélène, dans la strophe 2 en particulier. Il est donc évident que le portrait d'Hélène et celui de l'auteur ont de multiples points communs, à commencer par le mauvais état de leurs dents. En décrivant Hélène, Scarron décrit donc non seulement le lecteur, mais aussi sa propre apparence. Rire d'Hélène, c'est rire de son propre aspect.

La satire et l'image [Ier TEXTE et IMAGE]

8. On peut comparer l'aspect d'Hélène, décrit par Scarron, aux traits cadavériques des vieilles femmes dépeintes par Goya. Le personnage moqué par le poète rit comme si elle était toujours capable de séduire ; les sujets du peintre, richement parées, pleines de coquetterie malgré leur âge avancé, se contemplent dans le miroir comme si elles étaient belles.

Recherche documentaire

9. → TICE Quelques sites intéressants à consulter :

http://cgi.stanford.edu/~dept-fren-ital/rbp/?q= node/218

http://abardel.free.fr/recueil_de_douai/venus/blasons.htm

La lettre, vecteur de critique politique → p. 306-307

■ François de Fénelon, *Lettre à Louis XIV*

Cette lettre de Fénelon est particulièrement intéressante car elle propose une argumentation rigoureusement construite à la fois sur des procédés visant à convaincre et sur les outils de la persuasion. En outre, une réflexion sur la liberté de parole dont fait preuve l'auteur pourra naître de l'étude du texte, afin de montrer que l'Ancien Régime ne signifie pas la mise sous le boisseau de toute expression subversive. Éventuellement, une comparaison avec les époques ultérieures, jusqu'au monde actuel, pourra venir enrichir le débat.

Analyse du texte

Un tableau inquiétant de l'état de la France

1. Le champ lexical de la misère est omniprésent dans le texte : « meurent de faim », « abandonnée », « languissent », « anéanti », « pauvre peuple », etc... On note que le tableau que dresse Fénelon, lignes 1 à 14, est construit sur le procédé de l'accumulation. L'épistolier cite de manière exhaustive tous les éléments qui constituent le peuple français : « les villes et les campagnes », « les ouvriers », « tout commerce », « ce pauvre peuple », « les magistrats », « la noblesse ». Il en résulte une impression de multitude, qui est reprise dans les expressions hyperboliques : « la foule des gens qui demandent et qui murmurent », « tout le royaume », « tout », et « personne ». Ce faisant, il souligne que la déchéance ne concerne pas seulement les classes laborieuses, mais l'ensemble de la société, y compris les aristocrates, ce qui renforce la portée de la critique.

2. Dans le second paragraphe, Fénelon montre que la misère est en train de soulever le peuple (« La sédition s'allume peu à peu de toutes parts » l. 20), et il souligne combien le risque de corruption est grand lorsqu'il évoque, lignes 27 à 29, les difficultés que rencontrent les magistrats.

3. Pour parler de la relation que le peuple et le roi entretenaient autrefois, Fénelon utilise le passé composé, qui exprime une action accomplie dans le passé, dont on observe les conséquences dans le présent (l. 2, l. 5, l. 17). Cela montre bien que la confiance du peuple pour son roi est révolue. Pour exprimer la relation actuelle, Fénelon utilise le présent. Pour parler de ce qui devrait être, il utilise le conditionnel, qui exprime l'irréel (l. 1, l. 7-8, l. 15, l. 29). Il y a, à travers l'usage de ce mode, une volonté nette de différencier la situation réelle des suggestions qu'il propose, encore bien loin d'être en usage.

Une lettre polémique

4. Pour s'adresser à Louis XIV, Fénelon utilise à deux reprises le vocatif « Sire » (l. 12 et l. 25). La seconde occurrence est insérée dans une phrase interrogative qui renforce l'interpellation par la demande explicite d'une réponse : « Quelle réponse à cela, Sire ? » La formulation, sinon agressive, est du moins extrêmement pressante. Tout au long de la lettre, le roi est interpellé à travers de très nombreuses marques de deuxième personne du pluriel. La critique est donc violente et très directe, et la dénonciation des « conseils flatteurs », responsables pour partie du désastre, ne l'adoucissent pas.

5. Dans un texte, lorsque le narrateur, ou locuteur principal, rapporte les paroles d'un locuteur secondaire, on parle de discours rapporté. Lignes 22 à 25, par exemple, Fénelon se fait le porte-parole de l'opinion. Par le pronom « on » (« dit-on », l. 22), il donne au jugement négatif sur le roi une valeur de généralisation. À travers lui, le peuple mécontent tout entier s'adresse au roi.

6. Fénelon reproche au roi de réduire le peuple à la misère en prélevant des impôts démesurés pour financer ses campagnes militaires (l. 5 à 7). Louis XIV a en effet eu un règne marqué par des guerres nombreuses et coûteuses (voir aussi La Fontaine, « Le Rat qui s'est retiré du monde », p. 326-327). De plus, il le met en garde contre les mauvais conseillers (l. 15-16), en montrant que ses plus proches courtisans peuvent le mener à sa perte s'il leur accorde une confiance aveugle.

Le roi idéal

7. Fénelon explique au roi que le pacte sur lequel la monarchie est fondée est en train de se fissurer, dans la mesure où la confiance populaire dans un roi père de ses sujets est remise en cause. On retrouve ce motif à deux reprises (l. 1, puis l. 22). Cette image paternelle renforce le caractère persuasif du texte car elle cherche à toucher le roi, comme le montre le champ lexical des émotions et des sentiments : « aimer comme vos enfants », « si passionnés pour vous », « cœur de père », « tant aimé », « l'amitié, la confiance, et même le respect ».

Lecture de l'image

8. Le décor, en ruine, symbolise l'indigence des personnages. La jeune fille au premier plan semble demander la charité à la mère de famille qui est debout devant elle, alors même qu'elles semblent toutes les deux être aussi pauvres l'une que l'autre, comme en témoignent leurs haillons. On a donc l'impression d'un univers si misérable que les pauvres en sont réduits à faire l'aumône aux pauvres. On peut bien sûr également penser qu'il s'agit de la mère et de la fille qui comptent leur monnaie ou qui se la partagent.

Écriture d'invention

9. Cette écriture d'invention permettra de mesurer si les élèves savent différencier convaincre et persuader et s'ils sont capables d'en exploiter les outils. On pourra leur faire souligner, dans chaque texte qu'ils rédigeront, les marques propres aux deux stratégies argumentatives.

L'oraison funèbre, entre éloge et sermon → p. 308-309

■ Jacques Bénigne Bossuet, *Oraison funèbre de Henriette-Anne d'Angleterre*

Cet extrait de la célèbre oraison funèbre propose un éloge de la défunte qui se mêle à un sermon religieux, à une leçon adressée aux vivants. Le travail de l'hypotypose y est particulièrement intéressant, de même que la tonalité pathétique.

■ Cicéron, *De Oratore*

On a choisi cet exrait de *L'Orateur* car Cicéron y développe un art poétique de l'éloge qui semble directement influencer les choix d'écriture de Bossuet. La circulation entre les modèles antiques et les œuvres du XVIIe siècle s'avère particulièrement riche, notamment en ce qui concerne l'art oratoire.

Analyse des textes

L'éloge de la défunte [Ier et 2e TEXTES]

1. Les élèves peuvent relever la phrase lignes 3 à 4, mais aussi éventuellement celles des lignes 5-6 ou 13-15. Dans tous les cas, les prescriptions de Cicéron sont respectées, puisque Bossuet met l'accent sur l'héroïsme de la princesse, qui affronte la mort avec dignité et retenue.

2. Dans l'oraison de Bossuet, on remarque que le vocabulaire hyperbolique est fortement représenté. Le champ lexical de la grandeur et de l'élévation est présent : « grandes puissances », « élévation », « le roi, la reine, Monsieur, toute la cour », « assez grand et assez terrible », « tout ce qu'on peut imaginer de plus glorieux ». L'accent est donc mis sur la condition exceptionnelle de cette princesse.

3. Dans le texte de Bossuet, l'éloge funèbre aboutit à une leçon religieuse catholique car l'auteur est un homme d'Église. Il écrit dans un contexte culturel et spirituel marqué par une grande piété chrétienne. Cicéron, en revanche, appartient à la culture antique romaine, qui se caractérise par le polythéisme. C'est la raison pour laquelle il évoque à la l. 14 la « bonté des dieux ».

Un tableau saisissant [Ier TEXTE]

4. À la ligne 15, l'orateur rompt brutalement la cohérence du système temporel en passant, au sein de la même phrase, du passé simple au présent de l'indicatif (« on trouve tout consterné »). Jusqu'à la ligne 20, Bossuet utilise le présent de narration à la place du passé simple pour rendre sa description plus vivante et plus animée. Cette utilisation du présent est l'une des marques de l'hypotypose, puisque la scène frappe le lecteur, qui a l'impression de la vivre à travers le discours.

5. Dans le texte, on relève de très nombreuses tournures exclamatives (l. 10 à 12 ; l. 27 à 34) et une question rhétorique (l. 13). Il s'agit d'une ponctuation expressive, qui traduit les sentiments qui s'emparent du locuteur. Cette ponctuation est particulièrement caractéristique de la tonalité pathétique.

6. En plus du travail sur le présent, que nous avons vu, Bossuet décrit de petites scènes très vivantes, dans lesquelles il met en scène les principaux personnages de la cour. La mort de la princesse est décrite précisément, à travers une mise en scène fortement dramatisée (elle trépasse alors que ses proches la tiennent dans leurs bras). De plus, en se présentant comme témoin visuel de la scène, l. 18, Bossuet laisse entendre qu'il nous propose une description particulièrement renseignée de l'événement. Enfin, il ne se contente pas de convoquer le sens de la vue, mais il donne une dimension auditive à son tableau, en détaillant les bruits qui accompagnent la scène (« retentit », « des cris », « gémissaient », et en choisissant la métaphore de l' « éclat de tonnerre »).

Un destin exemplaire [Ier TEXTE]

7. Bossuet propose une leçon religieuse à travers cette oraison. Dans la tradition médiévale des recueils d'*exempla*, il donne à ce texte une dimension édifiante. Bossuet explique deux choses : tout d'abord, la princesse voit son salut assuré par cette mort brutale, dans la mesure où elle est fauchée en pleine innocence ; d'autre part, le décès de cette grande aristocrate doit servir à l'édification des fidèles car Dieu s'en sert pour rappeler à tout le monde la vanité de la vie terrestre (voir Histoire des arts, p 182)

Vers le commentaire

8. Voici un plan possible, avec un exemple d'introduction et de conclusion.

Introduction. *(Amorce)* Selon Cicéron, l'art de l'éloge réside dans l'admiration pour la grandeur des actions et l'élévation des êtres dépeints. *(Présentation du texte)* Imprégné de culture antique, Bossuet prononce en 1670 une oraison funèbre en accord avec ce principe cicéronien lorsqu'il fait l'éloge d'Henriette-Anne d'Angleterre, jeune épouse du frère du roi qui est décédée brutalement. *(Problématique)* L'homme d'Église profite de cette oraison pour proposer une leçon de piété aux vivants. Nous chercherons à mesurer de quelle manière Bossuet mêle éloge et sermon dans cet extrait. *(Annonce du plan)* Après avoir montré qu'il s'agit d'un portrait laudatif, nous nous intéresserons au travail de l'hypotypose, afin de voir ce qui rend cette scène particulièrement frappante. Dans un dernier temps, il s'agira d'étudier la rhétorique de l'exemplarité, pour déterminer quelle leçon religieuse l'homme d'Église cherche à inculquer.

I. Un portrait élogieux

a. Des qualités hyperboliques

b. Un entourage sous le signe de la grandeur

c. Jeunesse et vertu : le portrait d'une Juste.

II. Une scène animée et édifiante

a. L'hypotypose : une scène animée

b. Les adresses à l'auditoire : faire voir la scène

c. Le développement du pathos : faire pleurer le public.

III. Une mort édifiante

a. Le motif de l'élection divine : une mort exemplaire

b. Un memento mori.

Conclusion. Au terme de cette analyse, il apparaît que l'éloge et le sermon s'enrichissent mutuellement, dans la mesure où c'est en développant une narration particulièrement frappante de la mort de cette jeune princesse vertueuse que Bossuet entend l'ériger en exemple. Ce faisant, il développe une argumentation a fortiori, en montrant que ce qui est valable pour les personnes les plus élevées l'est encore plus les autres hommes.

L'éloge paradoxal

→ p. 310-311

■ Molière, *Dom Juan*

L'éloge de l'inconstance permet de comprendre que la rhétorique de l'éloge peut être utilisée pour défendre une valeur traditionnellement blâmée. Il s'agit, outre le plaisir carnavalesque, de remettre en cause la légitimité de l'échelle des valeurs. Le jeu est teinté d'influences sophistes (les maîtres sophistes apprenaient à leurs élèves à défendre une cause, puis son contraire, voir Histoire littéraire pp. 336-337 du manuel).

Érasme, *Éloge de la folie*

L'extrait de *L'Éloge de la folie* est l'un des éloges paradoxaux les plus célèbres, même si l'on en trouve des exemples antérieurs, notamment chez Platon (éloge paradoxal de Socrate par Alcibiade dans *Le Banquet* ou éloge d'Hélène dans *Gorgias*).

Analyse des textes

Un éloge paradoxal libertin [Ier TEXTE]

1. La fidélité est définie comme un «faux honneur» (l. 3), et comparée à un enterrement et à la mort (l. 4-5). En outre, Dom Juan définit ceux qui la pratiquent comme des «ridicules», qui font une «injustice» aux femmes qu'ils ne séduisent pas. Elle est donc associée à un vocabulaire nettement péjoratif. En revanche, l'inconstance est caractérisée à l'aide de termes mélioratifs: la «violence» du désir est qualifiée de «douce», et il définit la passion amoureuse comme «belle», d'une «douceur extrême». On a donc un renversement des valeurs admises, en particulier sous l'angle de la religion chrétienne, qui présente le couple marié comme le seul cadre où la sexualité peut s'exprimer.

2. Tout au long du texte, Dom Juan se réapproprie la métaphore militaire pour évoquer la séduction amoureuse. Il parle de «petits progrès», d'une «âme qui a peine à rendre les armes», de «petites résistances» à «forcer pied à pied», et utilise le verbe «vaincre» (l. 22). Dans la fin du texte, il utilise les termes de «conquêtes», de «conquérants», de «maître», et se compare même à la figure du guerrier «Alexandre» le Grand, célèbre pour avoir conquis une grande partie du monde. On remarque que le texte est très ambigu, dans la mesure où cette image militaire omniprésente, qui assimile la femme à une place forte à prendre contre son gré, peut sous-entendre une défense du viol.

3. Pour Dom Juan, tout le plaisir de l'amour se trouve dans la conquête, dans l'effort de séduction. Une fois l'amour consommé, l'objet de son désir perd tout intérêt à ses yeux. Pour défendre cette thèse, il procède de manière rigoureuse. Tout d'abord, il met à mal la thèse adverse, qui défend la fidélité, en la ridiculisant (l. 1 à 9). Son propos est alors général. Puis, il recourt à l'exemple particulier, en l'occurrence l'expérience personnelle, et explique, non sans humour, que c'est par déférence pour la beauté de chacune qu'il courtise toutes les femmes (l. 9 à 16). Ensuite, il revient au propos général pour expliquer les étapes de la conquête amoureuse et le plaisir qu'on en retire (l. 16 à 24). Il montre que la conquête correspond à la fin du désir amoureux (l. 24 à l. 28). Enfin, il se fonde à nouveau sur l'expérience personnelle pour décrire de manière hyperbolique le caractère intarissable de son désir (l. 28 à la fin de la tirade).

Le plaisir de l'impertinence [2e TEXTE]

4. Le texte d'Érasme évoque les organes génitaux des hommes et des femmes, et plus largement, la sexualité. À aucun moment il ne désigne explicitement son objet, puisque des l. 1 à 6, il procède par devinette, à l'aide de périphrases («cette autre partie, si folle, si ridicule, qu'on ne peut la nommer sans rire»). Le lecteur doit donc comprendre entre les lignes qu'il s'agit d'une allusion au sexe. Par la suite, il poursuit ce jeu de devinette, puisque dans la dernière phrase, la copulation est désignée par une longue périphrase.

5. Il s'agit de questions rhétoriques (ou oratoires). Elles permettent d'associer le lecteur à la construction du sens du texte, dans la mesure où il est interpellé pour interpréter le texte. Elles permettent de créer une connivence entre le narrateur et le lecteur.

6. La procréation est tournée en ridicule, c'est un «jeu risible entre gens ivres», ce qui est une manière, en insistant sur le bas corporel, de lui donner une dimension triviale. Cela s'oppose au discours religieux, qui cherche à concilier la procréation nécessaire avec un idéal de chasteté, mais qui en aucun cas ne l'envisage comme un «jeu». Érasme insiste dans la dernière phrase sur le fait que tous, y compris les hommes d'Église, trouvent leur origine dans la sexualité.

7. Le tabou occupe une place centrale dans ces deux textes. On constate qu'il touche dans les deux cas à la sexualité, ce qui rend ces extraits subversifs pour leurs époques respectives.

Écriture d'invention

8. On vérifiera dans cette écriture d'invention que les élèves ont compris comment fonctionne le renversement des valeurs et qu'ils savent construire une argumentation organisée autour de plusieurs étapes.

Le XVIIe siècle et la crise de la pensée

La raison vaincue par l'illusion des sens

→ p. 312-313

■ Michel de Montaigne, *Essais*

Dans cet extrait, l'exemple du vertige est utilisé comme une petite scène visant à illustrer une théorie philosophique. En proposant un texte de Montaigne, il s'agissait de montrer combien cette figure de l'humanisme a informé les formes de la pensée au XVIIe siècle, comme on le voit dans le passage des *Pensées* choisi.

■ Blaise Pascal, *Pensées*

Dans ce fragment 41, Pascal reprend, dans une intertextualité transparente, l'exemple du vertige développé par Montaigne. La mise en regard des deux textes permet de mesurer combien les liens entre les deux penseurs, malgré le temps qui les sépare, sont forts.

Analyse des textes

Une argumentation exemplaire [Ier TEXTE]

1. Montaigne commence par décrire deux protocoles expérimentaux pour vérifier ses hypothèses. Il propose de mettre un philosophe dans une cage suspendue au-dessus du vide et en conclut qu'il sera pris de vertige (l. 1 à 5). L'argument a fortiori débouche sur une généralisation (l. 5 à 7). Puis, il propose un second protocole expérimental visant à montrer que nous aurions peur de marcher sur une poutre située en hauteur, alors que ça nous paraît aisé quand la même poutre est au sol (l. 7 à 11). L'utilisation du pronom « nous », qui désigne la communauté des lecteurs et de Montaigne, amène à l'intervention du « je » (l. 12 à 23). Montaigne rapporte alors ses expériences personnelles de vertige en montagne, en s'engageant dans la construction de sa réflexion. À partir de la ligne 22, Montaigne recourt à deux arguments d'autorité en citant Tite-Live et Démocrite. Enfin, la dernière phrase constitue une sorte d'exemple limite, qui permet de rendre implicitement les conclusions des expériences menées : les sens sont faillibles et entravent l'exercice de la raison. La manière dont il pose ses hypothèses avant de les vérifier par des protocoles expérimentaux imite la démarche scientifique.

2. Après avoir exposé la mise en scène de plusieurs expériences hypothétiques destinées à montrer que même l'homme le plus sage voit sa raison prise en défaut face à la puissance de son vertige, Montaigne fait intervenir un exemple personnel (l. 12), puisqu'il introduit le pronom « je ». À l'appui de sa théorie, il propose le récit de sa propre expérience empirique du vertige. L'anecdote permet de donner une coloration personnelle à l'exposé philosophique, ce qui favorise l'identification et la confiance du lecteur dans la véracité des théories avancées. De plus, on voit que Montaigne répond ici au projet qu'il poursuit dans *Les Essais* (« Je me suis offert à moi-même comme sujet » écrit-il en II, 8).

3. Il s'agit d'arguments d'autorité, visant à accroître la confiance du lecteur dans les propos tenus par Montaigne, puisqu'ils sont assis sur l'autorité de grands penseurs antiques qui constituent des références dignes de foi. En se réclamant de leur parrainage intellectuel, l'auteur accroît la valeur de son argumentation aux yeux du lecteur.

Le vertige de la raison [Ier et 2e TEXTES]

4. L'imagination est une « puissance trompeuse » car elle échappe à la rationalité. En effet, le « je », dans le texte de Montaigne, sait qu'il ne risque rien (l. 15-16), mais l'imagination interfère avec sa raison et lui donne le vertige (l. 13-14). Pascal oppose également la « raison » et « l'imagination » dans l'extrait proposé, montrant que cette puissance l'emporte sur la raison.

5. L'exemple du philosophe, que Pascal tire de l'extrait des *Essais* de Montaigne, n'est pas choisi au hasard. En effet, il s'agit du philosophe, qui est associé à la sagesse (voir l'étymologie) et dont la raison n'est généralement pas remise en cause. Chez Pascal, on note la formulation hyperbolique grâce au superlatif « le plus grand philosophe du monde ». Il s'agit d'un argument a fortiori : si même le philosophe est victime de son imagination trompeuse, alors c'est à plus forte raison valable pour tous les hommes qui sont moins sages. Personne ne peut donc se prévaloir d'une raison assez solide pour échapper aux illusions.

Écriture d'invention

6. À travers cette écriture d'invention, on mesure deux choses : la capacité des élèves à raconter et analyser une expérience personnelle, comme le fait Montaigne dans le premier texte, et leur bonne compréhension de la thèse que les deux auteurs défendent quant à l'opposition entre raison et illusion sensorielle (ce sera déterminé par la cohérence de l'anecdote choisie par les élèves).

Les limites de la perception par les sens

→ p. 314-315

■ René Descartes, *Méditations métaphysiques*

L'extrait de Descartes est un bon exemple du recours à l'expérience concrète pour rendre accessibles des concepts philosophiques. L'exemple qu'il choisit, de même que la relation qu'il noue avec le lecteur, témoigne de sa volonté d'être pédagogue.

Molière, *L'École des femmes*

Ces quelques vers de *L'Ecole des femmes* reprennent l'exemple développé par Descartes en faisant dévier le propos, puisque Arnolphe utilise le morceau de cire comme métaphore de sa pupille maintenue dans l'ignorance, Agnès. L'intertextualité montre la fortune des thèses cartésiennes au XVIIe siècle.

Analyse des textes

L'expérience au service de l'argumentation [Ier TEXTE]

1. Descartes utilise le présent en lui conférant essentiellement deux valeurs. À la ligne 1, il utilise le présent d'énonciation « commençons », puis utilise le présent de vérité générale « nous croyons », « nous touchons », « nous voyons ». De même, dans la phrase suivante, le verbe « je n'entends pas » est au présent d'énonciation, puis les autres verbes au présent de vérité générale. À partir de la ligne 5, on a de nouveau le présent d'énonciation, comme l'indiquent les références à la situation d'énonciation « Prenons pour exemple ce morceau de cire » ou « Mais voici que, cependant que je parle », même si certaines occurrences sont ambivalentes, comme par exemple à la l. 10-11 ou à la l. 14 : on peut à la fois considérer que Descartes décrit le morceau de cire particulier qu'il manipule au moment de l'énonciation, mais plus vraisemblablement, il parle de tout morceau de cire, ce qui suggère qu'il puisse s'agir d'un présent de vérité générale.

2. Le philosophe utilise le passé composé (l. 6 et et l. 18) et l'imparfait (l. 12, l. 17 et l. 19) pour signifier l'antériorité par rapport au moment de l'énonciation. Il se sert également du futur (l. 15) pour indiquer que l'état du morceau de cire a changé par rapport à un passé révolu. Par ce cadrage temporel précis, Descartes circonscrit la relation de l'expérience dans une dialectique de l'avant et de l'après qui met en valeur la modification radicale que le morceau de cire subit. En outre, cela permet d'ajouter un effet de dramatisation à la mise en scène.

3. Des lignes 1 à 5, Descartes définit le sujet de sa réflexion en exposant le cadre dans lequel il l'inscrit : *Définition du sujet*. Des lignes 5 à 11, le philosophe présente l'objet sur lequel son expérience va s'appuyer dans son état initial : *Description de la cire froide*. Des lignes 11 à 15, il raconte l'expérience qui consiste à faire chauffer la cire et décrit les modifications par lesquelles l'objet passe. De la ligne 15 à la fin, il formule sa problématique sous la forme d'une question rhétorique, puis y répond, en montrant que la permanence de l'objet est indiscutable malgré le changement, même si nos sens ne perçoivent plus la même chose : *Conclusions*.

Un philosophe pédagogue [Ier TEXTE]

4. Le recours à l'expérience est mis en scène comme s'il intervenait au moment de l'énonciation, ce qui est de manière évidente une posture rhétorique – il n'est pas en train de faire chauffer de la cire tout en écrivant. Descartes pousse même l'illusion jusqu'à dramatiser les changements opérés sur la cire, qui viennent comme interrompre son propos (l. 11-12). Le procédé permet de rendre le texte particulièrement vivant.

5. Les phrases interrogatives sont à la fois des questions rhétoriques et une manière de prendre le lecteur à témoin en l'associant à la construction de l'expérience. Cette démarche permet de rendre le texte plus vivant. Ce faisant, Descartes noue une relation similaire à l'enseignement avec ses lecteurs, puisqu'il les interroge et les fait participer à la leçon qui s'élabore.

Du morceau de cire à l'âme féminine [Ier et 2e TEXTES]

6. Molière reprend l'image de Descartes de manière parodique, puisqu'il désigne l'âme de sa femme idéale comme un morceau de cire dont il pourrait à loisir modifier la « forme ». Ce déplacement donne une image inquiétante d'Arnolphe, dont la tyrannie s'exprime ici de manière claire. La comparaison de la femme avec le morceau de cire est en outre une réification.

Lecture de l'image

7. Dans le tableau de Dali, on remarque que l'image peut être lue de deux manières différentes, car par un effet d'illusion d'optique, il y a deux tableaux en un. D'une part, on peut voir une femme en train de lire une lettre, debout près d'une fenêtre. Mais d'autre part, on peut voir un autoportrait de l'artiste, reconnaissable grâce à sa moustache caractéristique. Les rideaux de la première lecture sont les cheveux de Dali dans la seconde. La tête de la femme devient l'œil du peintre. Son buste et son bras deviennent le nez et la moustache de Dali. L'intérêt de ce tableau, comme son nom *L'image disparaît* le suggère, c'est que l'on ne voit jamais les deux images exactement en même temps ; lorsque le spectateur choisit de regarder l'autoportrait, la femme qui lit disparaît, tandis que la vision de la femme annule celle du peintre. Cette image évoque donc la question de la permanence de l'objet au-delà de ses modifications formelles, ce qui rejoint la problématique soulevée par les deux extraits.

Prolongement

8. Le texte du bâton brisé est plus complexe à comprendre, mais il vient compléter de manière riche cet extrait, en recourant également à la description d'une illusion d'optique. Il pourra particulièrement intéresser les élèves ayant une appétence pour les sciences.

Recherche documentaire

9. → **TICE** On pourra aiguiller les élèves vers une recherche d'images orientée vers l'art baroque, surtout religieux. Il ne sera inutile de faire réfléchir les élèves à des formes modernes de trompe-l'œil, comme dans le graffiti, pour montrer à la fois la permanence et le renouvellement dans les arts. En observant des exemples de trompe-l'œil, les élèves pourront comprendre que cet art met précisément à profit les limites de notre perception sensorielle pour créer l'illusion.

Réflexions diverses sur l'esprit et l'erreur humaine → p. 316-317

François de la Rochefoucauld, *Maximes*

Nous proposons ici une sélection de quelques maximes qui se rapportent à des sujets proches. Nous avons veillé à proposer des maximes de schémas et de longueurs différents, afin de souligner la variété de cette forme brève.

Épicure, *Maximes*

Toujours dans l'optique de mettre au jour les rapports entre textes classiques et sources antiques, nous avons donné quelques exemples de maximes épicuriennes, afin de montrer que cette forme trouve son origine dans l'antiquité.

Analyse des textes

L'art de la maxime [1er et 2e TEXTES]

1. Ces maximes adoptent souvent une formulation paradoxale et amènent à une réflexion philosophique, alors que les dictons sont le plus souvent l'expression du bon sens populaire. Ainsi, la maxime 114 commence comme un dicton, en affirmant la douleur que cause la trahison d'autrui, mais elle se complexifie dans sa deuxième partie en proposant une pensée paradoxale, qui sollicite, de la part du lecteur, une méditation. De la même manière, la maxime II d'Épicure, qui prend la forme d'un syllogisme, va à l'encontre de la pensée commune.

2. Les mêmes mots sont souvent répétés car le moraliste s'emploie à mettre au jour les paradoxes du fonctionnement de l'être humain. Dès lors, il doit faire des nuances très précises. Ainsi, dans la maxime 118, la reprise du verbe «tromper» sous sa forme passive «être trompés» souligne un effet paradoxal de l'honnêteté, à travers une formule finement ciselée. Il en va de même dans la maxime 119, dans laquelle l'art de la dissimulation aboutit paradoxalement à la perte de soi, grâce à la reprise du verbe «se déguiser».

3. Le temps verbal qui domine très largement est le présent gnomique. La Rochefoucauld alterne les formulations impersonnelles, avec les pronoms «il», «on» ou «chacun» (maximes 97, 98, 104, 106, 114, 115, 129, 132) et les formulations plus personnelles, avec le pronom «nous», qui permet une plus grande inclusion du moraliste dans le propos (maximes 106, 117, 118, 119). On constate cependant que son propos est marqué par la généralisation et l'abstraction. Il en va de même pour les maximes d'Épicure, qui sont générales.

Une argumentation lapidaire [1er TEXTE]

4. La Rochefoucauld propose une vision de l'homme fortement pessimiste, dans la mesure où il apparaît comme particulièrement sujet à l'erreur. La raison humaine est bornée (maxime 106), et surtout, l'homme tombe souvent lui-même dans ses propres pièges (102, 115, 117, 118, 119, 127).

5. Les maximes du corpus jouent sur des variations subtiles entre ces divers termes. Il établit dans la maxime 97, contre l'opinion commune, une identité entre le «jugement» et l' «esprit», puis il corrige légèrement son propos en expliquant que le «jugement» est une conséquence de l'exercice de «l'esprit». Les rapports entre le «cœur» et «l'esprit» sont précisés dans plusieurs maximes successives. Ainsi, entre les maximes 98, 102, 103 et 108, il propose une série de variations sur un même thème, en disséquant la manière dont ces deux notions sont liées. Dans la maxime 102, ainsi, il semble déplorer le primat du «cœur» sur la raison, tandis que dans la maxime 108, il montre que «l'esprit» est incapable de se substituer au «cœur». La brièveté des formules laisse penser que le moraliste joue sur la polysémie des termes, laissant le lecteur construire sa propre interprétation des sentences. Ainsi, selon qu'on donnera au terme «esprit» l'acception de «siège de la raison» ou de «brio», selon qu'on comprendra le «cœur» comme «la sensibilité», «le courage» ou «la charité», on entendra un discours tout à fait différent, ce qui confère à chaque pensée une richesse de signification infinie. La tromperie, enfin, est évoquée à la fois comme la trahison, dans la maxime 114, comme la manipulation, maxime 118, et comme l'erreur, maxime 115 («se tromper») et maxime 97.

6. La concision des maximes est frappante pour le lecteur, d'autant plus qu'en quelques mots, une pensée parfois complexe est énoncée de manière lapidaire. Ces sentences sont assez brèves pour être facilement retenues – l'art de la conversation se développe beaucoup au XVIIe siècle. Ces pensées fulgurantes incitent le lecteur à la réflexion, dans la mesure où il doit souvent faire preuve d'une activité intellectuelle pour saisir toute la portée de la phrase.

7. L'enseignement que le lecteur doit retirer de la lecture des maximes est avant tout moral et philosophique. La vision de l'homme et du monde qu'elles véhiculent est sans concessions. Par leur formulation impersonnelle, elles incitent le lecteur à méditer sur ses propres paradoxes.

Écriture d'invention

8. L'exercice a pour dessein de vérifier que les élèves ont repéré le mode de construction des maximes et qu'ils sont capables d'utiliser la formulation paradoxale.

Recherche documentaire

9. → **TICE** Les élèves gagneront à circuler sur différents sites proposant des définitions et des exemples de haïku afin de comprendre ce genre poétique. Ils pourront en déduire que s'il entretient des liens avec la maxime, par sa brièveté, sa sobriété et sa grande exigence formelle, l'effet que sa concision recherche est différent, puisque dans le haiku, il s'agit de saisir une impression évanescente.

Croyance et pari sur l'existence de Dieu

→ p. 318-319

■ Savinien Cyrano de Bergerac, *Les États et Empires de la Lune*

Cet extrait des États et Empires de la Lune surprend par son audace, dans la mesure où Cyrano met dans la bouche de l'un de ses personnages un discours violemment matérialiste, en reprenant l'image topique du pari.

■ Blaise Pascal, *Pensées*

Extrait extrêmement célèbre de la philosophie pascalienne, ce texte permet de mettre en perspective la pensée du pari sur l'existence de Dieu. Nous avons coupé un passage difficile du texte afin d'en simplifier l'approche par les élèves.

Analyse des textes

Le pari audacieux de l'athéisme [Ier TEXTE]

1. Le fait de mettre le discours athée dans la bouche d'un habitant de la Lune permet de prévenir les probables critiques en se dédouanant à l'avance : Cyrano affirme ainsi que ce n'est pas lui qui parle, ni même un terrien, ce qui est un moyen de contourner les critiques des censeurs – ce qui n'a pas fonctionné, le texte a bien été censuré !

2. Dans la dernière phrase du texte, Dieu est présenté comme un enfant qui joue à cache-cache. L'image est particulièrement triviale et blasphématoire, dans la mesure où elle dénonce une infantilité de Dieu, ce que redouble le vocabulaire puéril mis dans sa bouche (« Toutou, le voilà »). La dernière phrase pose aussi l'alternative selon laquelle Dieu serait « ou sot ou malicieux », ce qui dans les deux cas est insultant, puisque la sottise équivaut à un défaut d'intelligence, et la malice à une mauvaise intention, apanage de Satan.

3. L'expression souligne de manière comique, par l'usage d'un jeu de mots sur l'expression attendue « ma foi » ou « par ma foi », que le locuteur ne partage pas la foi du héros et qu'il est viscéralement athée ; son langage même en est imprimé puisqu'il va jusqu'à modifier une expression figée.

Une argumentation par analogie [Ier et 2e TEXTES]

4. Le champ lexical du jeu est omniprésent dans les deux textes. Dans l'extrait de Pascal, le pari est présenté comme une partie de pile ou face, dans laquelle l'homme a tout intérêt à choisir la foi, parce qu'elle est plus avantageuse que l'impiété, que Dieu existe ou non. C'est l'argument que le héros cherche à opposer au jeune athée dans le texte de Cyrano au premier paragraphe. Pourtant, on constate que l'image du jeu est détournée rapidement, puisqu'au lieu de l'image de l'homme qui parie, c'est l'image de Dieu qui joue à cache-cache avec les hommes qui est développée. Il y a donc un détournement burlesque du motif.

5. L'analogie avec le jeu, qui rencontre un fort engouement au XVIIe, permet de favoriser l'adhésion du lecteur en le situant dans une situation qui lui est familière. Pascal, dont le projet littéraire est destiné à convaincre et persuader les libertins de se convertir, utilise fréquemment ce procédé. En recourant à des images qui appartiennent à leur univers, il entend gagner en efficacité.

Vers le commentaire

6. Introduction. *(Amorce)* La tragédie écrite par le libre-penseur Cyrano de Bergerac, *La Mort d'Agrippine,* met en scène une profession d'athéisme qui fit grand scandale. *(Présentation de l'œuvre)* On trouve une thèse similaire dans cet extrait des *États et Empires de la Lune*, dans lequel le héros fait un voyage sur la lune et rencontre, parmi divers étranges êtres, un jeune athée. *(Présentation du texte)* Le dialogue entre les deux personnages est l'occasion d'un débat sur l'existence de Dieu, au cours duquel le héros soumet l'argument du pari à son interlocuteur qui le bat en brèche, multipliant les blasphèmes et thèses athées. *(Problématisation)* On se demandera donc quelles fonctions la dégradation burlesque joue dans le texte. En d'autres termes, dans quelle mesure avons-nous affaire à un monde à l'envers ? *(Annonce du plan)* Pour ce faire, on étudiera dans un premier temps la forte structuration logique du discours de l'athée, qui retourne habilement l'argument du pari, avant de s'intéresser à la rhétorique du blasphème et du renversement carnavalesque. Dans un dernier temps, nous nous interrogerons sur le choix de mettre dans la bouche d'un habitant de « l'autre monde » ce discours.

Plan

I. Le renversement de l'argument du pari

a. La structure logique de l'argument du héros

b. La déconstruction de l'argument du pari point par point, avec la trivialisation burlesque du raisonnement.

II. Un discours blasphématoire et carnavalesque

a. La rhétorique du blasphème

b. Le plaisir du texte et de la provocation

c. Un discours sous le signe de l'outrance

III. Un discours venu d'ailleurs

a. Le héros garant de la foi humaine

b. Un « autre monde » pour éviter la censure ?

Failles de la raison et superstition

➜ p. 320-321

Fontenelle, *Histoire des oracles*

Ce texte de Fontenelle, auteur à cheval sur le Grand Siècle et le siècle des Lumières, boucle de manière intéressante ce parcours, dans la mesure où l'apologue qu'il propose annonce les procédés d'écriture que Voltaire mettra par exemple en place dans son *Dictionnaire philosophique*. Il est à la croisée des chemins entre les formes argumentatives dominantes dans ces deux siècles.

Analyse du texte

Un apologue rigoureusement construit

1. Premier paragraphe – sous la forme d'un petit discours moral général, Fontenelle introduit le propos de l'apologue : *Il faut vérifier ses sources pour éviter le ridicule.* Second paragraphe – Fontenelle introduit le récit : *De la leçon à son illustration.* Troisième paragraphe – le narrateur raconte l'histoire de la dent d'or : *Comment naissent les rumeurs.* Dernier paragraphe – le narrateur tire des conclusions du récit raconté, avec l'intervention du pronom « je », en expliquant pourquoi les hommes croient aux rumeurs : *La raison imparfaite de l'homme.* On constate donc que le récit est encadré par des paragraphes qui l'introduisent et qui le commentent en généralisant le propos.

Un apologue plaisant

2. Les personnes à qui on soumet l'anecdote sont « professeur de médecine », « historien », ou encore « savant ». C'est ironique dans la mesure où ce sont les catégories culturelles les plus instruites qui sont les plus crédules. Fontenelle dénonce ainsi la cuistrerie des savants et la vacuité de certains de leurs débats.

3. Le pronom « on » désigne les savants, et plus globalement l'opinion.

4. Le récit est saturé par les indications temporelles : « en 1593 », « en 1595 », « en la même année », « aussitôt ». On constate donc que le temps s'accélère au fur et à mesure que l'histoire se diffuse, puisque les réactions se succèdent d'abord à plusieurs années d'intervalle, avant d'être presque simultanées.

5. La chute de l'anecdote porte une forte charge comique et satirique, dans la mesure où l'on s'aperçoit que cette histoire qui a fait couler tant d'encre ne reposait en réalité sur rien. De plus, c'est un orfèvre, donc un artisan, qui n'a pas la culture érudite des savants qui ont débattu, qui dévoile la vérité. C'est une manière de montrer que le bon sens n'est pas nécessairement l'attribut des intellectuels pédants.

Un apologue didactique

6. Dans le dernier paragraphe, Fontenelle tire les leçons de cette anecdote et souligne, contre l'opinion commune, que le défaut des hommes n'est pas tant ce qu'ils ne comprennent pas, mais les mystères et superstitions qu'ils inventent. Certes, la raison humaine est lacunaire, mais c'est surtout la crédulité face aux leurres qui nuit aux hommes.

7. Le narrateur utilise dans les paragraphes 1, 2 et 4, le pronom « nous » et le pronom « je », ce qui signifie qu'il s'inclut dans la catégorie des hommes capables de se laisser duper par leur crédulité. Certes, il dénonce cette tendance, mais il ne se présente pas de manière surplombante vis-à-vis des autres hommes.

8. À travers cette critique de la superstition, il est possible que Fontenelle vise la mise en scène de certains mystères et miracles par la religion catholique. En effet, la convocation ironique d'une explication divine au paragraphe 3 suggère que l'auteur se moque de l'utilisation de prétendus miracles pour impressionner les fidèles.

Lecture de l'image

9. Cette image se lit comme un texte écrit, de gauche à droite, une ligne après l'autre. On constate que tous les personnages sont représentés deux fois : une fois comme auditeur, l'autre fois comme locuteur. En outre, le premier personnage, qui semblait lancer la rumeur, est aussi la dernière auditrice, ce qui signifie que ses propos lui reviennent *in fine*. L'illustrateur s'amuse à varier la manière dont les personnages communiquent, puisque le téléphone est à plusieurs reprises utilisé comme vecteur.

Écriture d'invention

10. Cette écriture d'invention vise à mesurer la capacité des élèves à mettre en scène un récit lié à une leçon morale. On vérifiera dans l'évaluation de cet exercice que l'illustration a été bien interprétée.

La Fontaine, *Fables*, livre VII

Une dédicace en forme d'art poétique

→ p. 324-325

■ « À Madame de Montespan »

Analyse du texte

Un plaidoyer en faveur de l'apologue

1. La Fontaine attribue une double paternité à la fable, qui vient à la fois des « immortels », donc des dieux, et d'Ésope, désigné à travers la périphrase « Le sage par qui fut ce bel art inventé ». La Fontaine confond ces deux origines en proposant d' « ériger en divinité » le fabuliste grec, ce qui est une manière de dire que son inspiration doit avoir été d'essence divine pour permettre l'écriture de tels textes. Ce parrainage est nettement valorisant pour le genre de la fable.

2. La Fontaine, tout au long de la dédicace, tresse ce qu'il dit de la fable et ce qu'il dit de Madame de Montespan afin de construire une analogie entre la protectrice et le livre qu'il lui confie. Tout d'abord, au v. 11, il esquisse un parallélisme entre le charme que Madame de Montespan exerce et celui des apologues d'Ésope. Puis, progressivement, il montre qu'elle a un lien privilégié avec les fables (v. 19 à 22 : elle seule les comprend) et que leurs destins sont intrinsèquement liés (v. 33 à 35). Après tout, en choisissant de donner la forme d'un apologue à sa dédicace intitulée « À Madame de Montespan », il fait d'elle une fable tout en proposant en même temps un art poétique.

Dédicace et séduction

3. Le fabuliste signe sa fable en marquant sa présence de manière appuyée par le biais de la première personne du singulier et du pluriel. Cette présence s'accroît au fil du poème. Le pronom « vous » est utilisé à plusieurs reprises pour inscrire la destinataire, Madame de Montespan, dans la fable. À deux reprises, il la désigne sous le nom flatteur « Olympe », ce qui est une manière de l'associer aux dieux antiques. Il reprend ce motif à la toute fin du texte lorsqu'il déclare ne vouloir « bâtir des temples » que pour elle, dans la mesure où c'est une manière de la comparer à une déesse.

4. Le poète souligne deux traits chez sa protectrice. Tout d'abord, il utilise des formules galantes pour souligner son charme (v. 11), en interrompant ses compliments, non sans humour, sous le prétexte qu'il ne devrait pas se montrer trop empressé vis-à-vis de la favorite du roi (v. 24 à 28). Par ce trait d'esprit, il renouvelle un peu le genre très convenu de l'éloge. De plus, il montre qu'elle a du pouvoir et que ses jugements esthétiques sont respectés (v. 15 à 19 ; v. 29 à 35) : elle a la capacité d'influencer la réception de l'œuvre.

Dédicace et demande de protection

5. Le champ lexical de l'argent et de l'échange est très présent dans le texte : « don », « présent », « mérite », « dons », « s'acquérir », « prix », « partage », « demande », « devoir », « salaire ». Les termes utilisés, même s'ils n'ont souvent qu'un sens métaphorique, dessinent un réseau lexical lié au bien matériel dans la fable. Implicitement, on comprend que le poète espère une pension en échange de la dédicace qu'il offre à la protectrice.

6. Le champ lexical militaire est également utilisé : « captive », « détruit », « rempart », « abri », « protégez ». Il s'agit pour le poète de représenter Madame de Montespan en protectrice grâce à la métaphore filée de la guerre.

7. L'adjectif « favori » est choisi par La Fontaine dans la mesure où Madame de Montespan est la favorite de Louis XIV. C'est aussi lui que le fabuliste veut atteindre à travers cette fable, d'autant que nous l'avons vu, il est mentionné de manière périphrastique au v. 27. Dans cette optique, on comprend d'ailleurs mieux le développement de la métaphore militaire : Louis XIV doit prendre soin de ce livre comme il prend soin de sa favorite, d'autant plus que la dédicace s'est efforcée de dresser un parallèle entre les fables et Madame de Montespan, dont les destins sont comme confondus.

Vers le commentaire

8. Introduction. *(Amorce)* Madame de Montespan, favorite de Louis XIV, a exercé un rôle important dans la protection des artistes et des auteurs. *(Situation de l'œuvre)* Au moment de publier le second recueil des *Fables*, La Fontaine place en exergue de l'œuvre une dédicace à cette protectrice influente. *(Situation du texte)* Il choisit de donner à cette épître la forme d'une fable, ce qui lui permet de s'approprier le genre convenu de la dédicace en lui donnant la teneur d'un art poétique, dans lequel il construit parallèlement les louanges de la fable et de Madame de Montespan. *(Problématique).* Nous nous demanderons dès lors de quelle manière le fabuliste parvient à concilier dédicace et présentation du projet poétique dans cette fable liminaire. *(Annonce du plan)* Après avoir déterminé dans quelle mesure ce texte est un plaidoyer en faveur de l'apologue, nous analyserons le lien que le poète établit entre le recueil et sa protectrice. Pour finir, nous nous demanderons de quelle manière La Fontaine met en scène sa demande de protection.

Recherche documentaire

5. ➜ **TICE** www. chateauversailles.fr/l-histoire/personnages-de-cour/epoque-louis-XIV/madame-de-montespan

Chercher également dans les pages web consacrées aux grands auteurs qu'elle a protégés : Boileau, Molière, La Fontaine.

La fable comme satire de l'actualité

➜ p. 326-327

« Le rat qui s'est retiré du monde »

Analyse du texte

Un apologue venu d'ailleurs ?

1. La caution fantaisiste de « la légende des Levantins » sert à déplacer le propos dans le temps et l'espace vers un Orient légendaire, afin de dissimuler le fait que la fable parle d'événements actuels, qui concernent la France. De plus, la mention d'une légende, d'un texte source, permet de donner l'illusion d'une authentification de l'histoire racontée, comme si elle se parait d'un plus grand sérieux en vertu de cet argument d'autorité.

2. La fable évoque également un « fromage de Hollande », et la ville de « Ratopolis », terme construit sur la racine grecque *polis* (la cité). Cela signifie donc la ville des rats, et la fausse étymologie grecque du néologisme renvoie à l'antiquité. On note aussi une mention du « dervis » (v. 35), qui fait référence au monde musulman. Le contexte spatial et temporel est donc totalement brouillé. Le fromage de « Hollande », pourtant, est un indice que la fable parle de la guerre de neuf ans, et la mention d'un moine (v. 35) désigne la véritable cible : le clergé catholique du XVIIe siècle.

La satire de l'actualité

3. La fable est l'occasion pour La Fontaine de faire la satire de l'actualité. En effet, il fait allusion à la guerre de Hollande. Si cette référence est obscure pour nous, elle était facilement décelable pour les contemporains. C'est ainsi que l'on peut interpréter la mention dans le poème du « fromage de Hollande » dans lequel le rat va se réfugier. La précision de l'origine du fromage est un indice à l'attention des lecteurs afin qu'ils comprennent le sens caché de la fable. Dans cette optique, on comprend que le « peuple rat » représente les Français, de même que Ratopolis, néologisme forgé par le fabuliste sur les racines « rat » et « polis », la « cité » en grec, est une image de la France. Le « peuple chat », lui, représente les Hollandais. Le fabuliste, à travers le rat ermite, fait la satire du clergé, qui refuse de participer financièrement à la guerre de Hollande, considérant que sa participation doit se limiter à des prières (l. 26 à 29). Son insistance sur sa pauvreté, qui est en contraste avec l'opulence dans laquelle la fable a montré qu'il vit, constitue un coup de griffe de La Fontaine contre l'hypocrisie du clergé qui amasse des richesses tout en faisant vœu de pauvreté.

4. Pour montrer l'hypocrisie du rat, La Fontaine a recours au procédé de l'ironie tout au long de la fable, ce qui suppose une connivence de la part du lecteur, qui doit savoir lire entre les lignes pour comprendre le vrai sens du texte. Ainsi, tous les termes appartenant au champ lexical de la piété, lorsqu'ils sont attachés au rat, doivent être compris comme des antiphrases, dans lesquelles le poète dit le contraire de ce qu'il faut comprendre : « dévot personnage » ; « pauvre reclus » ; « nouveau saint », signifient en réalité faux dévot, hypocrite, avare. L'ironie repose aussi, de manière plus discrète, sur des choix de lexique impropres : au vers 7, lorsque le fabuliste utilise le verbe « subsister », c'est-à-dire survivre, pour qualifier le nouveau mode de vie du rat, il souligne de manière implicite qu'en réalité, il mène grand train. Le procédé de l'ironie permet donc de renforcer la satire en rendant le personnage ridicule : le poète fait mine de croire à sa piété afin de mieux faire apparaître sa fausseté.

Une moralité à décrypter

5. La morale est formulée sous forme d'une devinette, grâce à l'utilisation de deux questions : « Qui désignai-je à votre avis / Par ce rat si peu secourable ? / Un moine ? ». La Fontaine, avec habileté, nous pose une première question, d'apparence rhétorique (notre première réponse est « un moine » !), en nous faisant participer grâce à « à votre avis », mais s'amuse à brouiller les pistes en niant cette impression de lecture. Son affirmation selon laquelle il désigne un « dervis », c'est-à-dire un religieux soufi, est bien entendu à lire de manière ironique : le fabuliste désigne une cible explicite (le « dervis »), en niant parler de sa cible implicite (le moine). De cette manière, il joue avec la censure, puisque jamais il ne dénonce explicitement le clergé, tout en rendant son propos transparent pour le lecteur. L'utilisation du verbe « supposer » au dernier vers introduit un doute sur le vrai propos qui est tenu dans la fable, et La Fontaine joue sur une connivence avec son lecteur, qui doit être capable de comprendre l'implicite. Cela permet de renforcer l'efficacité de l'argumentation, puisque le lecteur doit mettre en œuvre son intelligence pour comprendre la fable, dans laquelle il est pris à témoin.

6. La Fontaine dénonce dans cette fable deux vices du clergé, qui sont liés : l'avarice et l'hypocrisie. L'avarice du rat se traduit par le refus qu'il oppose à la demande du peuple rat ; en effet, au lieu de participer, en tant que membre de la société, à l'effort de guerre, le rat refuse de donner quoi que ce soit, même « fort peu ». Le contraste entre le rat glouton et la modestie de l'aumône demandée est renforcé par l'utilisation du double adverbe « fort peu ». On constate la richesse du rat grâce à l'expression « Il devint gros et gras », qui joue sur des procédés d'insistance : les deux adjectifs ont un sens proche, et de plus, ils permettent au fabuliste de jouer sur l'allitération en « GR » qui renforce leur similitude. L'hypocrisie du rat est soulignée dans l'extrait par le fait que le rat semble rompre les vœux les plus essentiels du clergé : les moines font vœu de pauvreté, et certains ordres, appelés ordres mendiants, consacrent leur vie à la prière et vivent de la charité. Le problème dans cette fable, c'est que c'est le moine qui est riche, qui refuse d'exercer la charité, et qui utilise l'argument selon lequel il passe sa vie en prières pour refuser d'offrir son aide. La Fontaine se livre ici à une satire des moines, sous couvert de faire une satire des derviches. Il évoque ici un événement qui lui est contemporain, le refus, de la part du clergé, de participer financièrement à la guerre de Hollande, mais sa critique est plus large : en effet, les défauts que La Fontaine attache au clergé sont traditionnels depuis le Moyen-Age. Accusés de profiter des biens offerts par les fidèles, les moines sont souvent représentés comme goinfres, passant plus de temps à manger, boire et courtiser les femmes qu'à prier. Le fabuliste s'inscrit donc ici dans une tradition satirique ancienne.

Lecture de l'image

7. D'après le tonneau qui se trouve à côté du fromage, le sol et les murs en pierre, il est probable que Grandville situe cette scène dans une cave. C'est une manière de prolonger la satire proposée par La Fontaine, puisque l'ermite, loin de se retirer du monde, s'est enfermé dans un garde-manger.

8. L'esprit satirique de La Fontaine est bien présent dans la façon dont Granville figure la visite des « députés du peuple rat » venus « demander quelque aumône légère » et la façon hypocrite dont les reçoit l'ermite, habillé d'une bure de moine, mains jointes en signe de dévotion, l'air désespéré de ne pouvoir rien leur donner, bien campé dans son fromage. Quelques détails diffèrent entre le texte et son illustration: le rat de l'image n'est ni gros ni gras contrairement à ce que décrit La Fontaine ; la solitude profonde de l'ermitage se transforme sur l'image en un espace encombré de victuailles (immense tonneau à droite du fromage où est l'ermite ; plus loin, on perçoit une échelle permettant certainement d'accéder à d'autres réserves situées plus haut).

Activité orale

9. L'exercice permet de préparer progressivement les élèves à proposer des lectures à voix haute de qualité. On pourra profiter des erreurs pour proposer des compléments en métrique.

Une fable double, un apologue à double détente

→ p. 328-329

« Le Héron, la fille »

Analyse du texte

Une structure en écho

1. Les schémas narratifs sont similaires. La situation initiale est que le héron se promène auprès de la rivière et que la fille veut un mari. L'élément perturbateur qui déclenche l'action, c'est que les deux sont difficiles dans leurs choix : le héron dédaigne les poissons nobles car il n'est pas sûr d'avoir assez faim, et la fille se gausse de bons partis. Les péripéties sont pour « le Héron » le fait qu'il refuse successivement les bons poissons et les poissons moins nobles (les tanches puis les goujons), jusqu'au moment où il n'y pas plus aucun poisson à attraper. Pour « la Fille », les péripéties sont le rejet des bons partis, puis le rejet des partis médiocres, jusqu'au moment où elle vieillit et ne peut plus trouver de mari. La résolution, qui se confond avec la situation finale, est pour le héron la joie de trouver un limaçon et pour la fille, le bonheur d'épouser un mauvais parti. Dans les deux cas, la situation finale est paradoxalement assez heureuse. On note malgré tout une distorsion temporelle entre les deux fables, puisque le récit du « Héron » dure le temps d'un repas, alors qu'il s'étend sur plusieurs années dans « la Fille ».

2. Tous les discours rapportés, dans les deux fables, se caractérisent par l'utilisation d'une ponctuation expressive, marquée par les points d'exclamation et d'interrogation. Cette ponctuation, associée à des répétitions (anaphore de « moi », v. 18, de « quoi », v. 45), traduit l'indignation des personnages et leur orgueil, puisqu'ils réagissent tous deux avec un mépris outragé au sort qu'on leur réserve. L'effet comique vient de ce que le héron et la fille s'emportent contre un « on » indéfini, qui représente le « destin » (v. 42).

3. Les conclusions fonctionnent en écho, avec la reprise des mêmes termes (adjectifs « heureux » et « aise » et verbe « rencontrer »), mais pour accentuer l'effet de miroir entre les deux récits, le fabuliste propose une construction en chiasme en inversant l'ordre des adjectifs.

Une fable double mise en scène

4. La Fontaine propose une seconde fable pour prolonger la première. Il transforme l'univers animal en univers humain, dépliant en diptyque l'analogie entre les deux parties de la fable. Ce faisant, il écrit un apologue original, puisque la moralité se trouve encadrée par deux récits qui l'illustrent, l'un dans le monde animal et l'autre dans le monde humain. D'une certaine manière, il s'agit d'une réflexion sur la lecture des fables, puisque le fabuliste mime le travail de transposition auquel les lecteurs se livrent.

5. Dans la moralité, La Fontaine dit très explicitement qu'à travers les animaux, il veut parler aux hommes et peindre leurs défauts : « ce n'est pas aux hérons / Que je parle ; écoutez, humains, un autre conte ; / Vous verrez que chez vous j'ai puisé ces leçons ». Les animaux sont donc désignés comme un détour pour peindre les hommes, ce qui est généralement implicite dans les autres fables, dans lesquelles le lecteur doit de lui-même comprendre l'analogie avec le monde humain.

Des animaux et des hommes

6. Le héron est personnifié grâce aux prosopopées (v. 18-19 et 21-22). D'une manière générale, des sentiments humains lui sont prêtés (l'orgueil et le dédain). On constate d'ailleurs que le fabuliste choisit un vocabulaire à la fois humain et animal pour décrire le héron, puisqu'il évoque ses « longs pieds » et son « cou ». Les poissons, la « carpe » et le « brochet », sont personnifiés et rendus sympathiques grâce aux appellations familières « commère » et « compère ». Leur activité, faire « mille tours » dans l'eau, suggère qu'ils mènent une existence paisible et agréable. De même, au v. 14, l'eau est comparée aux « demeures » des tanches, ce qui accroît le parallélisme avec l'univers humain et suscite l'empathie du lecteur.

7. Par analogie, la recherche d'un mari est assimilée à la pêche de poissons par un héron. Il s'agit d'une image triviale, burlesque, qui dégrade à la fois les maris, comparés à divers poissons, et les femmes, qui semblent envisager le mariage comme une partie de pêche.

Écriture d'invention

8. On évalue à travers ce travail d'écriture la capacité des élèves à reprendre un schéma narratif – ce qui suppose d'avoir su l'établir – et leur bonne compréhension du lien entre récit et leçon dans les apologues. En fonction de leurs compétences d'écriture, les élèves pourront choisir d'écrire en prose ou en vers.

Burlesque et héroï-comique

→ p. 330-331

« Les Deux Coqs »

Analyse du texte

L'Iliade dans une basse-cour : entre héroï-comique et burlesque

1. Le vocabulaire épique est particulièrement présent dans cette fable : « guerre », « Troie », « querelle envenimée », « sang des dieux », « combat », « vainqueur », etc. Une épithète homérique est un complément de nom figé qu'on retrouve fréquemment pour qualifier les héros de *L'Iliade* et de *L'Odyssée* (« L'Aurore aux doigts de rose », « Achille aux pieds légers »). Dans cette fable, la formule « Hélène au beau plumage » est une parodie d'épithète homérique, dans la mesure où elle concerne une poule. Il s'agit donc d'une fable héroï-comique (la noblesse du motif épique est rabaissée pour évoquer une querelle entre volailles), et burlesque (les volailles en question sont évoquées en termes élevés).

2. Le terme « coquet » est formé sur la racine « coq ». Il signifie « avoir une attitude de coq », ou « faire le beau », à partir du stéréotype selon lequel le coq est un animal orgueilleux. Dans cette fable, La Fontaine s'amuse de l'étymologie du terme en la réactivant grâce au jeu de mots : c'est un coq (et un coq vaincu !) qui fait ici le « coquet ».

Une leçon en forme de parodie

3. La basse-cour symbolise les sociétés humaines et le fait que les conflits éclatent le plus souvent à propos de motifs futiles et vains. La fragilité de la paix est mise en valeur dans le vers 1 grâce à la construction en parataxe. L'absence de lien logique formel souligne la brutalité avec laquelle la situation se renverse.

4. Le bras de la Fortune est ici le « vautour » (l. 21), qui apparaît comme une sorte de *diabolus ex machina*. Son intervention montre la vanité des accomplissements terrestres, qui n'ont aucune valeur en regard de la mort imminente. Elle montre aussi que les victoires humaines ne profitent pas toujours à ceux qui en sont à l'origine.

5. Un peu comme dans « Le Corbeau et le renard », La Fontaine montre ici que l'orgueil cause la perte de ceux qui s'en rendent coupables. En effet, c'est parce qu'il se met en valeur en montant « sur les toits » et parce qu'il commet un péché d'orgueil en chantant sa victoire que le vainqueur se fait remarquer par le vautour. La Fontaine propose donc ici une leçon d'humilité, qui est reprise explicitement dans la moralité.

6. Le coq est l'emblème de la France à partir de la fin de l'Empire romain. Peut-être La Fontaine suggère-t-il ici, de manière implicite, que la France doit se montrer moins belliqueuse et faire preuve de plus d'humilité dans ses conquêtes.

Lecture de l'image

7. Alors que la fable de La Fontaine se caractérise par ses effets comiques et sa tonalité enlevée, l'illustration que propose Chagall est beaucoup plus sombre. Le peintre a choisi le noir et blanc et un trait brouillé, ce qui met l'accent sur la violence du combat, plus que sur son caractère parodique. Chagall choisit de représenter l'instant du combat, qui fait l'objet d'une ellipse dans la fable.

Recherche documentaire

8. ➔ **TICE** Les élèves trouveront facilement des informations en cherchant ces termes sur un moteur de recherche.

De l'apologue antique à la fable

➔ p. 332-333

■ « La Tête et la Queue du serpent »

Analyse des textes

De la fable d'Ésope à celle de La Fontaine
[Ier et 2e TEXTES]

1. La Fontaine part d'une fable en prose et la versifie. De plus, on remarque que dans l'apologue, il développe largement la partie récit, qui était très brève chez Ésope. Ainsi, la longue prosopopée de la queue augmente le caractère plaisant de l'histoire. Enfin, il transfère l'univers d'Ésope, où le divin était absent, dans un monde chrétien, avec une intervention divine.

2. La leçon délivrée par La Fontaine est bien plus générale que celle que propose Ésope. En effet, La Fontaine fait du serpent une métaphore organiciste du corps social dans son ensemble, alors que chez Ésope, il s'agit uniquement de décrire l'organisation familiale (dans le sens grec d'*oikos*, où la famille comprend au sens large les esclaves). Le contexte politique et culturel différent joue bien entendu un rôle dans ce glissement.

Du danger des tête-à-queue [Ier TEXTE]

3. La fable joue sur des effets de jeux de mots dans le passage consacré à l'intervention divine. L'expression « bonté cruelle », qui associe deux termes de sens normalement incompatible, joue sur un décalage dans la perception de cette prière réalisée : par rapport à la prière de la queue, le Ciel fait preuve de « bonté », puisqu'il accède à sa demande. Pourtant, si on se place du point de vue des effets qui en découlent, il s'agit bien de conséquences néfastes, cruelles. Ainsi, le fabuliste souligne avec humour que l'on ne doit pas prier de manière égoïste pour ses petits projets personnels, parce que nous ne mesurons pas nécessairement les conséquences de la réalisation de nos vœux. De plus, le poète suggère ici que le Ciel pourrait accorder cette prière uniquement dans le but de donner une leçon à l'orgueil de la queue : comme il récompense, Dieu est capable de punir les vices. L'expression « sourd aux aveugles souhaits » repose sur le champ lexical de la privation des sens : « sourd » et « aveugle » se répondent. La Fontaine personnifie ici à la fois la queue et le ciel. De plus, on constate que logiquement, ce ne sont pas les « souhaits » qui sont « aveugles » mais la queue. Il y a donc un décalage nommé hypallage, qui suggère que l'aveuglement de la queue contamine tout ce qui la concerne, y compris les vœux qu'elle formule.

4. La moralité de la fable apparaît au dernier vers, par le biais d'une comparaison entre le récit qui vient d'être fait et le fonctionnement d'un État : « Malheureux les États tombés dans son erreur ». Le lecteur doit compléter l'analogie par lui-même et comprendre que l'État ressemble à un corps, dont la tête est le dirigeant, en l'occurrence le roi, et la queue le peuple. Dès lors, la fable dénonce la volonté que pourrait avoir le peuple d'obtenir du pouvoir. Il s'agit pour le fabuliste de légitimer l'autorité royale : la tête doit diriger, parce que la hiérarchie est naturelle, de naissance (on est dans l'Ancien Régime), et parce que le peuple n'en a pas la capacité (il est « aveugle » comme la queue, c'est-à-dire qu'il n'est pas cultivé et qu'il est né pour suivre le roi). L'intervention divine, dès lors, se comprend comme un moyen de renforcer la monarchie absolue de droit divin, puisque l'on voit, dans la fable, que c'est Dieu qui décide de placer tel ou tel sur le trône. De plus, le fabuliste nous montre un animal qui n'est pas constitué d'un corps qui forme un tout et d'un esprit unique, mais d'un corps divisé, avec deux esprits distincts qui sont en situation de conflit. Cela peut être une manière pour lui de montrer que les sujets ne doivent pas s'opposer aux opinions de la tête pensante car cela risque de créer du chaos dans la société. Il faut donc qu'il n'y ait qu'une seule instance dirigeante pour préserver l'harmonie du pays. Peut-être y a-t-il dans les propos de La Fontaine des souvenirs des révoltes récentes, à savoir la Fronde, au cours de laquelle les nobles ont disputé le pouvoir du roi (Louis XIV avait été très marqué par cela quand il était petit, ce qui l'a conduit à essayer d'avoir le contrôle sur les nobles). De même, on peut y voir une référence aux guerres de religion du siècle précédent. Pourtant, même si la queue est ridiculisée, on constate que La Fontaine laisse entendre son discours pendant une longue prosopopée (une prosopopée est une prise de parole par un élément personnifié) : même si sa revendication est ridiculisée, quand elle affirme qu'elle « fai(t) mainte et mainte lieue » sous les ordres de la tête, on entend tout de même une mise en garde de manière implicite. Le roi doit prendre en compte la souffrance de ses sujets pour ne pas attiser les révoltes.

Vers le commentaire

5. La prosopopée de la queue, qui est un ajout de La Fontaine par rapport au texte source d'Ésope, s'étend sur seize vers. Son utilisation de la formule « Je suis son humble servante », qui est une manière ironique de dire « Je m'y oppose », au moment même où elle revendique son égalité avec la tête, suggère que son vocabulaire la trahit : alors qu'elle voudrait être égale, elle utilise une formule qui contient le mot « servante », ce qui peut être une manière pour le poète de suggérer qu'elle ne peut pas échapper à sa condition, d'autant que le mot « servante » rime avec « suivante » deux vers plus loin. On remarque d'ailleurs que la plupart des vers consacrés à la queue sont des octosyllabes et des vers de trois syllabes, qui ne sont pas particulièrement nobles, alors que le vers qui commence par « La tête » et les vers consacrés à l'intervention divine et à la moralité sont des alexandrins, le vers le plus élevé, celui de l'épopée. Même la versification rend compte de l'inégalité de nature entre la tête et la queue. De plus, elle affirme dans sa longue prière qu'elle va être une excellente « guide », alors qu'en réalité, quelques vers plus loin, les quatre vers consacrés à ses errements soulignent l'absurdité de la situation dans laquelle elle s'est mise. La comparaison triviale « Pas plus clair que dans un four », de même que les titubations ridicules de la queue qui se cogne contre tous les obstacles achèvent de la décrédibiliser. La Fontaine s'amuse à ménager, dans cette fable, une chute qui est une véritable chute, puisque le serpent tombe dans « les eaux du Styx ». Le contraste avec l'assurance de la queue dans sa prosopopée est renforcé par la brièveté de la chute et de la moralité. Enfin, on constate que le fabuliste utilise une syntaxe, dans les deux derniers vers, qui modifie l'ordre habituel des mots dans la phrase. C'est sans doute une manière pour lui de se moquer une dernière fois de la queue, en imitant, dans son langage, la folle entreprise à laquelle elle s'est livrée.

Prolongement

6. Ces prolongements permettent de voir différents exemples de la métaphore organiciste pour parler de société. Ils serviront utilement de textes complémentaires à l'étude de cette fable, d'autant qu'ils permettent aux élèves de mesurer combien les fables peuvent se répondre les unes aux autres.

Étude d'ensemble

→ p. 334-335

Le dynamisme du dialogue

1. a. Il s'agit du discours direct.

b. « *Tous les gens querelleurs, jusqu'aux simples mâtins,* / Au dire de chacun, *étaient de petits saints* » relève du discours indirect car nous avons une formule introductrice, « au dire de chacun ».

L'exemple suivant, « Un loup, quelque peu clerc, prouva par sa harangue / Qu'*il fallait dévouer ce maudit animal, / Ce pelé, ce galeux, d'où venait tout leur mal* », est aussi du discours rapporté au style indirect, par le biais de la formule introductrice « prouva par sa harangue qu' ».

Le dernier élément, « *Manger l'herbe d'autrui! quel crime abominable!* » en revanche, relève du discours indirect libre, car il n'y a aucun verbe introducteur dans son environnement immédiat.

2. « se plaint qu'*elle agit seule, et qu'elle a tout le soin / Qu'aucun n'aide aux chevaux à se tirer d'affaire* » : il s'agit de discours rapporté au style indirect.

« Le moine *disait son bréviaire* (...) Une femme *chantait* » : il s'agit d'un récit de paroles, ou discours narrativisé.

« Dame mouche *s'en va chanter à leurs oreilles* » relève du discours narrativsé.

« *Respirons maintenant*, dit la mouche aussitôt / *J'ai fait tant que nos gens sont enfin dans la plaine / Ca, Messieurs les chevaux, payez-moi de ma peine* » : il s'agit d'un passage de discours rapporté au style direct.

Cette variété des discours rapportés permet de donner à entendre toutes les voix humaines et animales de manières diverses, ce qui participe au caractère vivant du récit.

La versification

3. On trouve des alexandrins, des heptasyllabes, et des trisyllabes. On remarque que le vers noble, l'alexandrin, est essentiellement utilisé pour évoquer la tête, le ciel et la moralité, alors que la queue est condamnée au vers impair, l'heptasyllabe, plus prosaïque. En outre, le choix d'un vers impair peut être un trait d'humour de la part du fabuliste, qui attribue un vers impair à cette queue qui se cogne à tous les obstacles.

4. L'octosyllabe et l'alexandrin, qui est le vers épique, sont alternés dans cette fable. Il s'agit, de la part de La Fontaine, d'une parodie du style épique. On constate qu'au fur et à mesure que le récit s'approche de sa fin, les octosyllabes prennent le pas sur les alexandrins, comme si les masques tombaient peu à peu. À partir du vers 24, qui raconte la parade grotesque du coq vaincu, on n'a plus que des octosyllabes, qui accompagnent la description de la célébration triviale et imméritée du perdant.

5. Le dernier vers est un rejet. Le renvoi dans le vers suivant du COD du verbe « manger » crée un effet d'attente et de chute, qui renforce l'impression provoquée par cet aveu du lion.

La construction du recueil

6. Cette activité vise à favoriser la circulation au sein du livre pour les élèves. On leur proposera de relever les thèmes reparaissant afin d'établir des liens entre les différentes pièces. Ainsi, le thème du mariage apparaît dans les fables « Le mal marié » et « le Héron, la Fille ». Le thème de la convoitise, le rêve d'une vie meilleure et l'ironie du sort apparaissent dans « La laitière et le pot au lait» et «le Curé et le mort». Le rapport entre les courtisans et les puissants est évoqué dans «Les Animaux malades de la peste» et «la Cour du lion». La dépravation du clergé, ou au moins sa fausse dévotion, sont dénoncées dans «Le rat qui s'est retiré du monde» et «Le Curé et le mort». Pour chaque thème, l'élève pourra montrer les points communs et variations dans le traitement. Le même type d'exercice est envisageable avec les personnages reparaissant (le lion ou le curé, par exemple).

7. Animaux :

À Madame de Montespan

I. Les Animaux malades de la peste

III. Le Rat qui s'est retiré du monde

VI. La cour du Lion

VII. Les Vautours et les Pigeons

XII. Les deux Coqs

XV. Le Chat, la Belette et le petit Lapin

XVI. La tête et la queue du Serpent

XVII. Un Animal dans la Lune

Hommes :

II. Le Mal Marié

V. Les souhaits

IX. La Laitière et le Pot au lait

X. Le Curé et le Mort

XI. L'Homme qui court après la Fortune et l'Homme qui l'attend dans son lit

XIII. L'ingratitude et l'injustice des Hommes envers la Fortune

XIV. Les Devineresses

Animaux et hommes :

IV. Le Héron, la Fille.

VIII. Le Coche et la Mouche

On constate un équilibre entre les fables qui mettent en scène un univers humain et celles qui évoquent le monde animal. Ce n'était pas le cas dans les livres précédents, qui prenaient place dans l'univers animal de façon plus fréquente.

8. La formule de Patrick Dandrey s'applique aux fables doubles, dont on trouve plusieurs exemples dans l'ensemble du recueil (I, 15 et 16 ; II, 11 et 12 par exemple). Selon les éditions, «Le Héron, la Fille» est soit présenté comme un seul apologue, soit les deux récits sont détachés l'un de l'autre. «La laitière et le pot au lait» et «Le Curé et le mort», en revanche, sont deux fables distinctes. Le jugement du critique signifie que le lien entre les deux récits repose sur le souvenir du lecteur, qui reconnaît une structure commune. Dans «Le Héron, la Fille», on constate que ce lien est explicitement exprimé, puisque le fabuliste propose une transition entre les deux parties de l'apologue, en soulignant la construction en diptyque : «ce n'est pas aux hérons / Que je parle ; écoutez, humains, un autre conte ; / Vous verrez que chez vous j'ai puisé ces leçons». Le lien entre «La laitière et le pot au lait» et «Le Curé et le mort» est plus subtil, dans la mesure où c'est par un rappel partiel du titre de la fable précédente dans le dernier vers du «Curé et le mort» que le lecteur comprend le dialogue à l'œuvre. Dans «Le Héron, la fille», le «souvenir» dont parle P. Dandrey repose sur un schéma narratif commun (ce qu'il définit comme les «séquences» de chaque fable) et sur la figure du chiasme aux vers 25-26 et 76-77, qui suggère la composition en miroir de l'ensemble. On passe de l'univers animal à l'univers humain, La Fontaine thématisant ici le recours aux animaux pour peindre des attitudes humaines. Dans «La laitière et le pot au lait» et «Le Curé et le mort», on retrouve aussi un schéma narratif commun, puisque le rêve de fortune est brutalement brisé par un accident. On constate cependant la présentation de deux univers fortement différenciés, puisque l'innocente Perette laisse place à un curé faux dévot et concupiscent. La chute est d'ailleurs bien plus macabre dans la seconde fable : Perette perd le lait, qui n'est qu'un symbole de la vie, tandis que le curé meurt réellement. On a donc la reprise d'un même schéma, mais dans des univers radicalement opposés, ce qui peut suggérer l'universalité de certains défauts humains.

Écriture et prolongements

Vers la dissertation

Analyse du sujet et problématisation. Le sujet engage à proposer une réflexion sur la variété des fables et sur leur capacité à rendre compte du monde de manière exhaustive. De plus, les deux vers du fabuliste filent la métaphore du théâtre pour évoquer l'œuvre. La tension dialectique repose donc sur le paradoxe suivant : si les fables sont une «comédie» (au sens classique de «pièce de théâtre, quel que soit son genre»), c'est-à-dire un art de la feinte, du déguisement et de la mise en scène, comment peuvent-elles rendre compte de manière réaliste de l' «univers» ?

I. L'art de la mise en scène

Dans cette partie, on analyse la théâtralité de l'œuvre, en étudiant l'art de la mise en scène et du dialogue. On s'intéresse également aux jeux de faux-semblant et de déplacement que le fabuliste opère en transposant ses récits dans un univers animal, mais aussi en se donnant des cautions fantaisistes, et globalement, en plaçant les histoires dans un contexte spatio-temporel brouillé. On pourra lire la composition des livres comme une succession de saynètes destinées à croquer des traits humains, et on pourra rapprocher le dessein de La Fontaine de celui de La Bruyère dans *Les Caractères*, ou encore de Molière dans ses comédies. Enfin, on peut s'intéresser à la thématisation de la question de la théâtralité et de l'artifice, en évoquant notamment la peinture de la cour que le poète propose.

Transition autour de l'idée selon laquelle les fables sont théâtrales, mais qu'en même temps, elles parviennent à rendre compte du monde de manière exhaustive. Les deux pôles ne sont donc pas inconciliables.

II. Une « comédie humaine » et animale

Dans le second mouvement, on s'intéresse à l'extraordinaire variété des personnages, thèmes, lieux et situations évoqués dans *Les Fables*. Volonté d'exhaustivité dans la peinture de la société et des caractères humains (d'où la référence à Balzac dans le titre de la partie). On montre que la théâtralité n'est pas seulement synonyme d'artifice, mais qu'elle est aussi mise en scène, donc mise en valeur (l'analyse des procédés de dramatisation sera intéressante à cet égard, de même que la progression dramatique ; chaque fable apparaîtrait alors comme une petite comédie). Elle favorise donc la compréhension et paradoxalement, le détour permet d'accéder à une vérité. On revient alors au projet de La Fontaine, qui veut à la fois « instruire et plaire », et qui, par le déguisement et le jeu, parvient à donner à ses apologues une dimension universelle et intemporelle. Le parrainage divin qu'il leur attribue est alors programmatique, puisqu'il fait œuvre de démiurge.

Recherche documentaire

➜ **TICE** On conseillera aux élèves de croiser plusieurs résultats de recherche sur l'alexandrin (wikipedia, forums littéraires, dictionnaires en ligne), ce qui peut être l'occasion de parler avec eux de la relativité dans la qualité des résultats trouvés sur internet. On attendra qu'ils trouvent qu'il s'agit du vers associé à l'épopée parce que c'est celui qui se rapproche le plus du rythme de la prose, et que donc il permet plus aisément la narration. De là, son association avec les figures héroïques et sa noblesse par rapport aux autres mètres.

La figure de l'orateur antique

→ p. 336-337

Marc Fumaroli, *L'Âge de l'éloquence : rhétorique et « res literaria » de la Renaissance au seuil de l'époque classique*, Droz, 1980 ; rééd. Albin Michel, 1994

http://www.unige.ch/lettres/framo/enseignements/methodes/srhetorique/rdintegr.html

Recherche documentaire

→ **TICE** On pourra orienter les élèves vers quelques beaux discours de Cicéron, notamment extraits des *Catilinaires* ou des *Verrines*, *Le Panégyrique de Trajan* de Pline le Jeune, et quelques extraits du *Banquet* ou du *Gorgias* de Platon (la liste est loin d'être exhaustive). On peut envisager de demander à chaque élève de sélectionner un bref extrait de discours et de le présenter, ainsi que son auteur, à la classe.

→ **TICE** Les exemples les plus proches de discours délibératif sont les textes de Fénelon et de Cyrano de Bergerac, dans la mesure où ils traitent de la question politique ou religieuse et cherchent à déterminer la position à adopter. Ces deux textes relèvent cependant également du discours démonstratif.

Le discours judiciaire est mis en avant dans « La Tête et la queue du serpent » lorsque la queue adresse un plaidoyer *pro domo* au ciel.

Tous les textes du groupement 1, qui porte sur l'épidictique, de même que la dédicace « À Madame de Montespan », relèvent du discours démonstratif.

Les vanités

→ p. 338-339

1 Une nature morte

Lecture de l'image

1. Le sablier et le crâne représentent la brièveté de l'existence terrestre, en mettant l'accent sur le temps qui passe (sablier) et la mort (crâne) qui doit rester présente à l'esprit des croyants.

2. La composition du tableau est d'une grande sobriété : le fond noir et le socle en pierre permettent de concentrer l'attention du spectateur sur les trois objets représentés. Ce dépouillement favorise la méditation.

2 Un tableau-sermon

Lecture de l'image

La posture de Marie-Madeleine, qui est assise et dont la tête repose sur la main, ainsi que son expression, montrent qu'elle est pensive. Les objets mis en exergue, à savoir le crâne qu'elle tient sur ses genoux et la bougie qu'elle contemple, suggèrent qu'elle est en train de méditer. Un sentiment de calme et de simplicité se dégage du tableau.

3 Une composition métaphorique

Lecture de l'image

Les divertissements terrestres qui sont figurés dans ce tableau sont la musique (lyre), la géographie (globes terrestres), la lecture (livres) et les sciences (instruments de calcul et d'astronomie). Le divertissement, comme d'ailleurs dans la philosophie de Pascal, ne se limite pas aux plaisirs de l'existence, mais s'étend aussi aux études et au travail.

3. L'anamorphose du crâne n'est correctement visible que lorsque le spectateur quitte la salle par la droite. Lorsqu'il contemple le tableau, il ne voit qu'une forme indéchiffrable. Cette image cachée permet à la fois de donner l'impression d'un surgissement brutal de l'image de la mort, et de suggérer que le vrai sens de la vie est caché, dissimulé par les activités et plaisirs humains.

4. Le crucifix caché a un rôle similaire. Il désigne la présence permanente de Dieu, que les vivants ne parviennent pas toujours à déceler car ils sont aveuglés par le divertissement.

Recherche documentaire

→ **TICE** L'activité permettra de vérifier que les élèves savent se servir de la recherche d'images dans le moteur de recherche qu'ils utilisent. L'ouverture des exposés à des vanités qui n'appartiennent pas à l'époque baroque permettra de comprendre comment des mêmes thèmes et formes peuvent être investis à différentes époques. L'activité s'inscrit dans le cadre d'un travail sur l'argumentation dans la mesure où les élèves seront amenés à justifier leur choix.

L'ironie

→ p. 340-341

1 Le passage qui peut être interprété comme ironique est la troisième réplique de Covielle («Lui marchand! [...] de l'argent»). Seul le spectateur est censé voir que Covielle ne parle pas sérieusement; M. Jourdain ne perçoit que le sens littéral, ce qui révèle qu'il n'est pas particulièrement subtil. Covielle produit une description du père de M. Jourdain qui montre qu'il était à l'évidence un marchand, tout en prétendant qu'il cherche au contraire à démontrer qu'il n'en était pas un.

2 Le passage ironique se trouve à la fin: «pourvu que je ne parle en mes écrits ni de l'autorité, ni du culte, ni de la politique, ni de la morale, ni des gens en place, ni des corps en crédit, ni de l'Opéra, ni des autres spectacles, ni de personne qui tienne à quelque chose, je puis tout imprimer librement, sous l'inspection de deux ou trois censeurs».
Comme dans l'exercice 1, le locuteur feint de soutenir un point de vue absurde: il affirme quelque chose («je puis tout imprimer librement»), mais la manière dont il l'explicite montre qu'en réalité il pense le contraire (il n'y a pas de liberté). La contradiction est si apparente que le destinataire est amené à faire l'hypothèse que le locuteur parle de façon ironique.

3 L'auteur veut dénoncer la misère dans laquelle vivent beaucoup de ses compatriotes. Cette misère est décrite dans le premier paragraphe de manière non ironique, où l'auteur adopte le point de vue d'un homme normal, affligé de voir tant de souffrances. Mais la suite du texte est ostensiblement ironique car, étant donné les valeurs officiellement partagées par la société, il est impensable que le locuteur parle sérieusement. La solution proposée (manger les enfants des pauvres comme s'il s'agissait d'animaux d'élevage) est en contradiction violente avec les valeurs qui sous-tendent le premier paragraphe et plus largement avec les valeurs dont se réclame la société. On retrouve là le même procédé que dans le texte célèbre de Montesquieu sur l'esclavage, où l'auteur défend l'esclavage au nom d'arguments moralement scandaleux.
L'auteur utilise ce procédé pour provoquer un choc, éveiller la conscience du lecteur: on ne peut pas traiter les hommes comme des animaux.

Activités d'écriture

Écriture d'invention

On évalue dans cet exercice la bonne compréhension de la figure et la capacité des élèves à réutiliser l'ironie. On vérifiera leur aisance dans le maniement de l'implicite.

Question sur le corpus

Introduction. L'ironie est une figure qui consiste à ce que le locuteur fasse semblant d'affirmer quelque chose qu'il ne pense pas, tout en faisant sentir au destinataire qu'il ne faut pas comprendre ce qu'il dit de manière littérale. Son fonctionnement nécessite donc que le lecteur soit capable d'identifier le second degré. Dans les fables «Les deux coqs» et «Le rat qui s'est retiré du monde», La Fontaine y a recours, afin de dénoncer des défauts humains. De la même manière, La Bruyère, dans *Les Caractères,* décrit de manière ironique le personnage de Pamphile pour se moquer de la vanité des orgueilleux. Enfin, Fontenelle, en racontant l'apologue de la dent d'or, dans l'*Histoire des Oracles*, tourne en dérision la crédulité des hommes face aux faux miracles. On se demandera dans quelle mesure l'ironie sur laquelle ces textes reposent est au service de l'efficacité de l'argumentation. Après avoir analysé le travail de l'implicite dans ces textes, nous verrons comment le recours à l'ironie permet d'établir une connivence avec le lecteur. Enfin, nous déterminerons en quoi elle rend la satire efficace.

Plan (suggéré par les conseils de méthodes; d'autres choix sont bien sûr possibles)

I. Ironie et écriture de l'implicite

II. Ironie et connivence avec le lecteur

III. Ironie et satire

Jean de La Fontaine, «La Laitière et le Pot au lait»

→ p. 63

1. Thème et motif

L'apologue dénonce les excès de l'imagination. En effet, dans la fable, Perette multiplie les rêves et les calculs pour faire fructifier la valeur de son « pot au lait » jusqu'à perdre le sens des réalités, puisque son imagination débordante fait qu'elle se voit déjà propriétaire d'une «vache et son veau», au terme d'une accumulation plaisante de trocs imaginaires. L'irréalité de sa rêverie est marquée au vers 22 par le fait qu'elle «saute», ayant totalement perdu le contact avec le réel et ayant surtout oublié la présence du récipient sur sa tête. La fable est donc, de manière amusante, construite sur une triple chute: chute du récit, chute métaphorique des rêves de Perette (v. 23, avec destruction lapidaire en un seul vers de la fortune imaginaire qu'elle avait progressivement élaborée entre les v. 7 et 21, dans une gradation décroissante à rebours), chute littérale du pot au lait (v. 23). Le motif est évoqué dans la moralité à travers l'image figée des «châteaux en Espagne». On constate que le poète s'inclut sans aucune ambiguïté dans la catégorie des rêveurs (après tout, il est fabuliste!), et on remarque d'ailleurs une forme de tendresse dans sa manière d'évoquer la jeune paysanne.

2. Le genre de l'apologue

Le schéma narratif de la fable se décompose de la manière suivante: situation initiale (v. 1 à 6: Perette va joyeusement au marché vendre du lait); élément perturbateur et péripéties (v. 7 à 21: Perette se met à rêver et imagine sa fortune à venir); élément de résolution (v. 22-23: la chute du lait interrompt la rêverie); situation finale (v. 24-29: Perette rentre chez elle penaude en faisant le chemin inverse par rapport à la situation initiale, et va avouer sa maladresse à son mari). Le récit est rendu particulièrement vivant grâce à l'utilisation du monologue intérieur, qui nous livre les pensées de la jeune paysanne, dont le lecteur suit l'emballement. Cet emballement de sa rêverie donne le sentiment que le rythme de la narration s'accélère jusqu'à la soudaine chute – la fable va «à grands pas», comme Perette au v. 4. On voit que La Fontaine développe la partie narrative de l'apologue afin de rendre la fable plaisante.

3. Langue et style

La partie récit de l'apologue est consacrée à l'exemple particulier de Perette. On constate au v. 28-29 que le pronom «on» désigne l'opinion publique, qui tire de cette histoire un «récit». Il s'agit en réalité d'un jeu de La Fontaine qui donne une caution fantaisiste à sa fable; soit «on» désigne la nouvelle médiévale de Bonaventure des Périers dont La Fontaine s'inspire, soit le pronom fait référence, par énallage de personne, au «je» du poète.

Dans la partie leçon de l'apologue, le fabuliste circule entre les propos généralisants (v. 32-33) et l'exemple personnel, puisqu'il utilise le pronom «je» dans les six derniers vers. Ce pronom personnel désigne le poète, qui se met du côté des rêveurs, mais il peut aussi s'appliquer à chaque lecteur qui possède une imagination un peu trop vive. Le pronom «je» peut donc ici à la fois définir le poète et par extension maximale, l'ensemble de la communauté des rêveurs.

4. La leçon de la fable

L'imagination ne semble pas condamnée fermement, dans la mesure où le poète s'implique fortement dans la fable, ce qui a une fonction métapoétique évidente: les auteurs, comme les lecteurs qui aiment les fables, sont des rêveurs invétérés. À cet égard, un parallèle avec «Le Pouvoir des Fables», en particulier dans la mise en scène du «je», sera giboyeux.

Commentaire

Problématisation. La problématique peut porter sur l'ambivalence de la dénonciation de la rêverie dans la fable. En effet, si le texte semble proposer une morale austère qui s'érige contre l'imagination et la folie des rêveurs, dans la mesure où la jeune femme est punie pour sa maladresse, on constate que le ton est léger, le personnage principal sympathique, et que surtout, le fabuliste se met en scène dans la catégorie des rêveurs.

I. Des dangers de l'imagination

On étudie dans cette partie la chute brutale des rêves de Perette avec la chute du pot au lait. On analyse le lait comme symbole de la vie (il a d'ailleurs, de manière métaphorique, donné naissance à toute une étable) et sa perte comme une image du danger. On étudie également le motif de la punition, avec l'évocation des coups probables du mari. Dans la moralité, l'image de «Gros-Jean» à laquelle le poète s'associe, est synonyme de bêtise.

II. Le bonheur du rêve

Dans la seconde partie, on s'intéresse à la légèreté du récit, à son rythme enlevé (qui suit la marche enthousiaste de Perette), au caractère sympathique de la jeune Perette et à la peinture attendrie que le fabuliste en donne. Le long monologue intérieur renforce l'identification du lecteur à cette figure. On admire, d'une certaine manière, le pouvoir de son imagination, capable de créer une fortune à partir de presque rien. Dans la moralité, de même, il y a un caractère magique dans l'imagination qui permet d'échapper au réel pour se construire un rêve de bonheur (devenir roi, sultan, avoir tous les succès amoureux et matériels)

III. Le rêve comme image de l'écriture et de la lecture

Affirmation que la rêverie concerne tout le monde. Son caractère universel tend à la légitimer. De plus, le fort investissement du « je » qui se met en scène comme rêveur évoque le plaisir de l'écriture, dans la mesure où la fiction consiste à créer des mondes, comme le fait Perette. Le lecteur participe à la rêverie, dans la mesure où il peut s'identifier au « je », lui qui pratique la suspension d'incrédulité le temps de la lecture. Dès lors, on peut avancer l'hypothèse selon laquelle la chute du pot au lait serait en fait une image pour le difficile retour à la réalité que constitue la fin de la lecture.

Conclusion autour du fait que la rêverie ne saurait être véritablement condamnée par un fabuliste. Ouverture sur le traitement plus noir et négatif que donne la fable suivante, « Le Curé et la mort », de ce motif.

8. L'argumentation au XVIIIe siècle

Introduction au chapitre

Les deux groupements de textes ont été choisis autour de ce qui peut légitimement apparaître comme les principales préoccupations du XVIIIe siècle. D'abord, écrire une littérature « militante » qui révèle l'état du siècle et expose avec force les combats à gagner contre l'obscurantisme et l'asservissement sous toutes leurs formes : l'intolérance, la torture, la guerre et le principe de l'absolutisme monarchique. Ensuite, imaginer des sociétés utopiques soit par le retour au passé d'un mythique âge d'or, soit par l'élaboration d'une fiction anhistorique, pour construire un certain nombre de valeurs nouvelles plus conformes à l'épanouissement de l'homme et à son désir de liberté. Les textes s'efforcent d'illustrer le choix des philosophes des Lumières de s'exprimer à travers des genres très variés et dans une forme argumentative qui peut aller de l'explicite à l'implicite. *Zadig* en œuvre intégrale permettra aux élèves d'entrer dans l'œuvre de Voltaire par le conte et de voir que celui-ci porte les idées des Lumières en proposant une réflexion sur le bien et le mal, sur l'existence ou pas de la Providence, sur l'optimisme ou le pessimisme.

Indications bibliographiques

– René POMEAU, Jean EHRARD, *Littérature française*, t. 5, *De Fénelon à Voltaire*, Arthaud, 1993.

– Michel DELON, Robert MAUZI, Sylvain MENANT, *Littérature française*, t. 6, *De l'Encyclopédie aux Méditations*, Arthaud, 1993.

– Ernst CASSIRER, *La Philosophie des Lumières*, Fayard, 1990.

Une littérature de combat

Contre l'asservissement des femmes

→ p. 348-349

Marivaux, *La Colonie*

Le théâtre est l'occasion d'argumenter indirectement. *La Colonie* offre un écho des discussions du XVIIIe siècle autour de la condition féminine.

Analyse du texte

Une condition dictée par les hommes

1. Selon Arthénice, les hommes ont imposé une image très futile de la femme, la cantonnant aux domaines de la frivolité, de la mode, de tout ce qui touche à la beauté, au charme et au désir de plaire, enfin au ménage et à l'économie de la maison. Ils ont « étouffé » son esprit et ce sont des tyrans (l. 11).

2. Dans sa première réplique, Arthénice parle des femmes avec la distance d'un entomologiste, comme si elle n'en était pas, comme si elle avait à définir un être curieux, complexe. Elle prend le point de vue général, qui est celui des hommes et développe le mot « beauté » pour sous-entendre au final que c'est une vision superficielle, de l'ordre du paraître: « c'est dire, à peu près, ce qu'on en voit, ce n'est pas effleurer ce qu'on en pense » (l. 5 et 6). Dans sa deuxième réplique, cette fois les hommes désignés par « ils » sont accusés d'être des tyrans, ayant étouffé l'esprit des femmes qu'ils redoutaient (l. 10 à 14). La locutrice s'impose: en témoigne le vocabulaire axiologique « tyrans », « condamnent ». Dans sa troisième réplique, on peut relever l'anaphore de « c'est » et l'anaphore de « à nous qui ». La tirade est construite en deux temps opposés: les tâches auxquelles les hommes confinent les femmes (suite de la deuxième tirade) d'abord, puis à partir de « voilà toutes les fonctions qu'ils nous laissent ici-bas », la riposte: les missions qu'elles ont en réalité assumées. Dans ses quatrième et cinquième répliques, Arthénice fait porter cette fois l'ironie sur les femmes elles-mêmes (« il est vrai [] que nous sommes des astres »): hyperbolisation du lexique concernant la beauté, la femme muse, la femme aimée, avec la concession: « [] nous nous entêtons du vil honneur de leur plaire ».

3. Arthénice énumère les éloges traditionnellement faits aux femmes dans une accumulation de syntagmes phrastiques identiques comme autant de caractéristiques à contester. Le but est de faire la somme à la fois des clichés masculins et de la réalité de la condition féminine. Il s'agit de faire réagir l'auditoire dans la fiction (« une femme », « une autre », « une des femmes », « une autre femme », « Madame Sorbin ») et vraisemblablement aussi le public. Le pronom indéfini « on » est présent dans la première et la quatrième réplique: il représente les hommes en général. Le seul « on » à avoir un sens différent est celui de la réplique de Madame Sorbin ligne 38: il représente des femmes (puisque les hommes sont « ces enfants »). La réplique « Friandise, dont il y a plus de six mille ans que nous vivons » confirme cette interprétation.

Les femmes vues par les femmes

4. Arthénice reconnaît aux femmes les qualités spécifiques suivantes: policer les mœurs, éduquer à la sensibilité, à la vie morale et sociale, pratiquement faire passer les êtres masculins de l'état de bêtes à celui d'êtres humains (l. 20- 22).

5. La thèse implicite défendue par Arthénice est que les hommes font des femmes des êtres de beauté, des êtres qu'on révère pour mieux les contenir dans les domaines du ménage et de l'économie. Ses arguments sont les suivants:

- la beauté louée plus que de raison;
- l'esprit condamné;
- les tâches dévolues aux femmes;
- la frivolité de la mondanité;
- l'expression de la louange de la beauté (exemples par des verbes d'action).

Sa conclusion est que c'est aussi la faute des femmes qui acceptent de jouer ces rôles.

6. Les hommes sont vus comme des tyrans qui ne reconnaissent aux femmes aucune qualité de l'esprit (l. 10-14) et comme des flatteurs qui louent la beauté des femmes de manière hyperbolique (l. 28-36). D'où l'ambiguïté des femmes soulignée par la réplique d'une autre femme (l. 39-40) et la réplique d'Arthénice (l. 41-44): les femmes acceptent de plaire et d'être coquettes.

7. Le dialogue théâtral est particulièrement propice à l'échange d'arguments parce que l'interlocuteur présent peut relancer l'argumentation et c'est la circulation de la parole qui permet de rebondir sur tel ou tel aspect du problème. Par ailleurs, cette même circulation de la parole offre aux interlocuteurs l'opportunité d'approuver ou de désapprouver, d'apporter des exemples. Le dialogue de théâtre permet de rendre concrète l'argumentation.

Écriture d'invention

8. On peut conseiller aux élèves de partir des quatre dernières répliques de la scène qui contiennent tous les éléments de l'ambiguïté féminine qui peuvent faire basculer un des personnages dans la défense du maintien du *statu quo*.

Prolongement

On pourra proposer aux élèves les problématiques suivantes :

– un statut contradictoire (la femme n'est pas égale à l'homme mais peut être une intellectuelle et a joué un rôle non négligeable dans la diffusion des lumières) ;

– la femme et la tradition familiale et religieuse ;

– la femme et l'amour ;

– la femme et la science.

Contre l'esclavage

→ p. 350-351

■ Montesquieu, *De l'esprit des lois*
■ Condorcet, *Réflexions sur l'esclavage des Nègres*

Cet extrait célèbre de *De l'esprit des lois* permet de travailler sur le rôle de l'ironie dans l'argumentation. En face de ce texte où Montesquieu avance masqué, est proposé un texte de Condorcet où l'esclavage est directement dénoncé.

Analyse des textes

Une indignation camouflée (Ier TEXTE)

1. « Je dirais » est à l'irréel du présent. C'est bien ainsi qu'il faut l'entendre afin de ne pas prendre la suite pour un plaidoyer pro-esclavagiste.

2. Montesquieu fait semblant de défendre l'esclavage en neuf petits paragraphes juxtaposés qui contiennent chacun un argument développé. Le texte prend l'allure formelle d'une démonstration patiente et irréfutable qui semble aller jusqu'au fond de chaque argument. Les affirmations sont péremptoires. Une relecture précise permet d'observer dans chaque paragraphe une faille qui rend inacceptable ce qui est proclamé. On se rend finalement compte que Montesquieu passe en revue les arguments esclavagistes pour mieux les ridiculiser.

3. Premier argument : l'Histoire, les guerres de colonisation ; deuxième argument : domaine de l'économie ; troisième argument : domaine de l'esthétique ; quatrième argument : domaine religieux (dissociation entre la couleur noire de la peau et la présence de l'âme) ; cinquième argument : domaine de l'étude des civilisations (références aux civilisations asiatiques) ; sixième argument : domaine de l'étude des civilisations (suite), référence analogique avec une tradition égyptienne ; septième argument : domaine de l'étude du comportement ; huitième argument : domaine religieux ; neuvième argument : domaine politique (les princes européens ne considèrent pas comme importante la question de l'esclavage).

4. Si l'on considère la progression globale de l'argumentation, on ne peut s'empêcher de constater l'absence d'articulations logiques entre les paragraphes. C'est le procédé de simple addition qui a été choisi sans qu'on voie vraiment de justification dans l'ordre de présentation des arguments.

La force de l'ironie (Ier TEXTE)

5. L'irréel du présent de la première phrase doit attirer l'attention du lecteur sur le mode de lecture. Il est impossible qu'un philosophe des Lumières se livre à l'apologie de l'esclavage. Pour chaque argument, voyons la « faille » évoquée plus haut.

– Argument 1 : le rapport logique entre les guerres et l'esclavage n'a évidemment rien de logique.

– Argument 2 : l'argument selon lequel l'esclavage permettrait d'avoir le sucre à meilleur prix n'est pas acceptable moralement.

– Argument 3 : décalage absolu entre la cause (« nez si écrasé ») et la conséquence (« qu'il est impossible de les plaindre »).

– Arguments 4 et 8 : l'argument aboutit à la mise en cause de Dieu et de l'Évangile, car on en en vient à se demander si les esclavagistes peuvent être chrétiens.

– Arguments 5 et 6 : décalage entre l'argument et l'exemple.

– Argument 7 : la référence à l'importance de l'or fait fi de la relativité de cette valeur.

– Argument 9 : la référence aux princes européens est ridiculisée par la relative « qui font entre eux tant de conventions inutiles ».

Chaque argument est donc en réalité perverti. Montesquieu, en feignant d'énumérer un ensemble d'arguments pro-esclavagistes, montre qu'il s'agit de faux arguments.

6. On pourra relever les exemples suivants :

– arguments 5 et 6, pseudo argument d'autorité qui est réduit à néant par le décalage qu'il opère. La caution des Asiatiques et des Égyptiens parce que les uns font des Noirs des eunuques et les autres tuent tous les hommes roux, est décalée et absurde ;

– arguments 1 et 3 : raisonnement par l'absurde, le rapport logique établi n'en est pas un ;

– arguments 3, 5 et 6 : intrusion du grotesque ;

– argument 9 : antiphrase.

7. Le texte de Montesquieu se révèle un réquisitoire anti-esclavagiste très efficace : le philosophe énumère tous les arguments qui fondent la thèse esclavagiste et montre, par l'ironie, qu'ils sont fallacieux. Nous avons vu dans la question 5 que chaque argument est en réalité sans fondement, ou incohérent, ou dépourvu de logique, ou faussement conforme à l'enseignement religieux, ou absurde. Montesquieu énumère tous les arguments esclavagistes pour mieux en montrer la mauvaise foi, le cynisme et les préjugés. Il en appelle au lecteur perspicace qui doit voir ici l'ironie à l'œuvre.

Une dénonciation directe (2e TEXTE)

8. Condorcet fait un éloge de l'homme noir par honte de l'homme blanc qui s'est enrichi aux aux dépens du premier et au nom des intérêts du commerce. C'est la souffrance de l'esclave et l'injustice des blancs qui bouleversent Condorcet. Il s'exprime en référence aux droits fondamentaux de la personne humaine.

9. Les marques de l'énonciation sont celles d'un locuteur complètement investi dans ce qu'il dit. Ainsi dénonce-t-il les écrits calomnieux des esclavagistes qu'il traite de « tyrans » (l. 17 et 19), leur insolence. Il oppose le commerce et la justice (l. 17-18). L'anaphore « telle est » introduisant des antiphrases, martèle la condamnation des maîtres blancs. Par ailleurs, Condorcet n'hésite pas à faire part de son émotion : il a le « cœur déchiré par le spectacle » des « maux » des esclaves.

10. Le traitement énonciatif différencie les deux textes : les interlocuteurs de Condorcet sont les esclaves, la dénonciation de l'esclavage est directe, alors que les interlocuteurs de Montesquieu sont ses lecteurs habituels qu'il veut faire rire aux dépens des esclavagistes et que la dénonciation de l'esclavage, on l'a vu, est indirecte. Montesquieu est « masqué », Condorcet, à visage découvert.

Activité orale

11. Quelques repères :

– au XVIe siècle, la traite des noirs est développée par l'Espagne puis par le Portugal, à destination des colonies espagnoles et portugaises de l'Amérique du Sud ;

– au XVIIe siècle, s'ajoutent les Hollandais qui deviennent maîtres du trafic ;

– au XVIIIe siècle, les Anglais et les Français font de plus en plus de commerce « triangulaire » (de l'Europe vers l'Afrique, on échange de la bimbeloterie contre des esclaves que l'on transporte vers les Amériques d'où l'on revient chargé de marchandises vers les ports européens). Nantes et Bordeaux sont ainsi des villes que le commerce triangulaire a considérablement enrichies au XVIIIe siècle.

Prolongement

À l'origine, le Code noir (ordonnance prise par Colbert en 1685) devait être un texte protecteur des esclaves (interdiction de vendre séparément les membres d'une même famille, possibilité pour les esclaves de se marier entre eux, interdiction au maître d'imposer un mariage). Mais l'ordonnance stipule aussi que l'esclave qui s'évade pendant un mois a les oreilles coupées, à la deuxième tentative d'évasion, il a le jarret coupé, à la troisième, il est condamné à mort

Contre la guerre

→ p. 352-353

■ Voltaire, *Candide*
■ Voltaire, *Dictionnaire philosophique*, article « Guerre »

Dans la continuité du choix des textes précédents, l'extrait de *Candide* et celui du *Dictionnaire philosophique* permettent de confronter un texte de fiction contre la guerre et un article ou l'auteur s'adresse directement à ses lecteurs.

Analyse des textes

Une vision esthétique (Ier TEXTE)

1. La guerre est présentée globalement comme un beau spectacle parfaitement harmonieux et aussi ordonné qu'un ballet. Cette vision esthétique s'exprime particulièrement au début du texte ; le narrateur apprécie en spectateur ; le premier mouvement de la première phrase est ascendant, en quatre adjectifs laudatifs. Dans ce spectacle, il y a aussi de la musique ; le même procédé est à l'œuvre dans la deuxième phrase : quatre instruments sont évoqués avec l'utilisation du mot « harmonie ». On relèvera aussi l'allusion au « théâtre de la guerre » (l. 29).

2. Les morts qui tombent de chaque côté évoquent des soldats de plomb. Ainsi, cela contribue à la vision esthétique de la guerre et d'une certaine manière à sa « dématérialisation » puisqu'on n'a pas l'impression qu'elle est faite par des « humains » ; plus encore, elle a les allures d'un jeu.

3. Les deux premières phrases du texte sont construites sur le même modèle : un premier mouvement assez long suivi d'une chute. Dans la première phrase, la chute « que les deux armées » s'oppose aux quatre adjectifs laudatifs précédents. Brutalement, le mot « armées » introduit l'idée que ce beau spectacle est une bataille. Même procédé pour la deuxième phrase : le premier mouvement énumère les instruments de musique et culmine avec le mot « harmonie » qui conforte l'appréciation esthétique sur le spectacle offert, après la vue, à l'ouïe, sauf que le mot « canon » assimilé par la syntaxe énumérative à un instrument de musique vient rappeler opportunément la guerre, ainsi que la subordonnée comparative « telle qu'il n'y en eut jamais en enfer ». Comme l'intrusion du mot « canon », le mot « enfer » à la toute fin de la phrase ouvre le champ à la réalité. Voltaire fait ici œuvre de dénonciation. Son ironie implique évidemment la complicité du lecteur : elle consiste à faire coexister deux visions incompatibles, celle de la beauté et celle de la guerre.

Une contre-épopée (Ier TEXTE)

4. On peut soumettre aux élèves une ou plusieurs laisses de la *Chanson de Roland* qui évoquent les combats : on y retrouvera le vertige des chiffres et du démembrement, le soin à décrire comment les guerriers sont dépecés par les coups d'épée. Voltaire réécrit dans le style épique, à ceci près qu'il n'est pas, lui, dans l'admiration de la geste épique (voir réponse suivante sur l'oxymore « boucherie héroïque »). Le nombre des morts est à chaque étape de la bataille en augmentation vertigineuse : « six mille » (l. 4), « neuf à dix mille » (l. 6), puis « quelques milliers d'hommes » (l. 7) et enfin le tout : « une trentaine de mille » (l. 8). Aucune émotion ne transparaît dans cette macabre comptabilité, au contraire, il semble que l'importance du chiffre des victimes valorise la bataille. Candide s'enfuyant, la narration adopte son point de vue : c'est une vision d'horreur sur les victimes civiles. Comme dans l'épopée, la violence du lexique dit l'acharnement meurtrier (« morts », « mourants », « brûlé », « criblés », « égorgés », « éventrées », « à demi brûlées ») et le démembrement des corps (« mamelles sanglantes », « cervelles », « bras et jambes coupées », « membres palpitants »), mais la perspective de Voltaire est différente de celle du poète épique. Voltaire ne glorifie pas le combat et les combattants : il s'attarde sur la souffrance et la mutilation pour exprimer l'inacceptable.

5. L'oxymore « boucherie héroïque » est la clé de lecture du passage. Un héros ne peut pas être un boucher. Ramener de manière très réaliste le massacre à ce qu'il est, une boucherie, introduit à la contre-épopée que nous avons déjà évoquée. Lui adjoindre l'adjectif « héroïque », c'est dévaloriser à jamais le guerrier. Ravalé au rang de « boucher », il n'est plus excusable qu'il soit Bulgare ou Abare ! L'épopée est raillée et le jeune Candide fuit en vain vers un territoire plus propice à l'exercice de la philosophie de son maître Pangloss : « raisonner [ ] des effets et des causes ».

6. L'ironie irrigue complètement le texte. On a déjà vu comment elle mine les deux premières phrases. Dans la suite du texte, le nombre de victimes est faussement légitimé par le fait que ce sont des « coquins » qui « infectent » la surface du monde ! À la ligne 8, le mot « âmes » vient rappeler que ces victimes sont des hommes. Le vocabulaire des philosophes de l'Optimisme s'insinue, là aussi comme une absurde justification : ainsi du « meilleur des mondes » ou de « la raison suffisante ». Les deux armées sont parfaitement égales dans leur comportement « héroïque » : « Candide s'enfuit au plus vite dans un autre village : il appartenait à des Bulgares, et des héros abares l'avaient traité de même ». D'ailleurs, il n'y a ni vainqueur, ni vaincu puisque chacun des deux rois fait célébrer une messe d'actions de grâce. Enfin au cœur de la contre-épopée, Voltaire fait place au « droit public », qui est vidé de son sens puisqu'il ne sert ici qu'à justifier les horreurs de la guerre. Voltaire confronte donc son héros à une réalité tellement horrible qu'il ne peut que la fuir même s'il tente philosophiquement de la justifier. Le philosophe des Lumières émaille son tableau d'assez d'indices pour que le lecteur lise une condamnation sans appel de la guerre.

L'écriture de l'indignation

7. le premier texte fait partie d'un conte. Il est écrit à la troisième personne du singulier. Voltaire, même s'il adopte de temps en temps le point de vue de Candide c'est le cas à l'occasion de la fuite de notre héros manipule par l'ironie la perspective épique pour faire un réquisitoire contre la guerre. Dans l'article « Guerre » du *Dictionnaire philosophique*, qui devrait donner la définition de la guerre, l'indignation est première, directe (interpellation des « Misérables médecins des âmes », et des « Philosophes moralistes ») du locuteur au lecteur, qui est d'ailleurs englobé dans le « nous » (l. 26) et dont le « je » pathétique qui s'exprime à partir de la ligne 18 est aussi une image. L'ironie est active mais elle n'a pas pour fonction de masquer Voltaire, au contraire. Par le procédé du décalage, elle renforce l'idée de l'absurdité des conflits. « Le merveilleux de cette entreprise infernale » offre une antiphrase surtout à la lecture de la suite : les deux camps opposés sont toujours vainqueurs. Le prince, chef de guerre, est nommé « chef des meurtriers ». Le *Te Deum* est ridiculisé, déprécié, traité de « chanson » pleine de barbarismes. Le troisième paragraphe adopte le point de vue d'un mourant dans un champ de ruines sur le théâtre de la guerre qui ne sait pas pour qui et pourquoi on s'est battu.

8. Dans l'un et l'autre texte sont évoqués le nombre incroyablement élevé de victimes, les remerciements à Dieu des Princes dont aucun n'est vaincu. La notion d'héroïsme est mise en cause par l'oxymore « boucherie héroïque » dans *Candide*, par la périphrase « ce qu'il y a de plus affreux dans la nature entière » dans l'article « Guerre ». Les effets des combats sont décrits de manière assez réaliste dans les deux textes. La différence est dans le traitement formel : *Candide* est un conte, Voltaire y avance caché, l'ironie permet d'identifier sa thèse. Dans l'article « Guerre », l'auteur laisse libre cours à son indignation et sa fureur et apparaît au grand jour.

À ces textes, on peut ajouter la lecture du chapitre III de *La Chartreuse de Parme* de Stendhal concernant Fabrice del Dongo à Waterloo et envisager de voir les films de Stanley Kubrick : *Les Sentiers de la gloire* et/ou *Barry Lindon*.

Vers le commentaire

9. On pourra proposer la problématique et le plan suivants :

Comment le procédé de l'ironie engage-t-il une double lecture de ce texte ?

I. Une vision esthético-philosophique

II. Une contre-épopée dénonciatrice

Contre la torture

→ p. 354-355

■ Voltaire, *Dictionnaire philosophique portatif*, article « Torture »
■ Beccaria, *Des délits et des peines*

Ce texte permet à la fois de continuer à passer en revue les combats de Voltaire et des philosophes des Lumières et de circonscrire l'importance du *Dictionnaire philosophique* dans cette perspective. Le texte de Beccaria en écho montre la dimension européenne du problème de la torture.

Analyse des textes

Un article de dictionnaire (Ier TEXTE)

1. Un article de dictionnaire donne des informations de l'ordre de la définition, sans aucune implication de l'énonciateur. Voici par exemple des extraits de l'article « Torture » du dictionnaire Robert :

« 1. Peine grave, punition corporelle pouvant entraîner la mort, autrefois infligée par la justice. Souffrance physique intense infligée pour arracher des aveux. 2. *Mettre quelqu'un à la torture* : l'embarrasser. 3. Souffrance physique ou morale intolérable. »

Il s'agit de donner une définition claire et de traiter du sens propre et du sens figuré, ce qui est fait dans les définitions 2 et 3.

2. Le premier paragraphe relève dans son début du domaine historique puisque Voltaire évoque la torture sous les Romains. Cette référence lui permet d'introduire l'idée qu'on ne considère pas comme un être humain celui à qui on administre la torture. D'où l'exemple contemporain pour Voltaire du magistrat de la Chambre criminelle qui ordonne la torture à une sorte de sous-homme pour passer le temps

Dans le deuxième paragraphe, Voltaire après avoir rappelé que le magistrat de la chambre criminelle achète sa charge, raconte une anecdote qui prouve que la torture est du domaine de la quotidienneté du dit magistrat.

Le troisième paragraphe esquisse un parallèle entre les Anglais, qui ont renoncé à la torture, et les Français. À l'évidence Voltaire est anglophile.

Le quatrième paragraphe est consacré à l'affaire de La Barre qui illustre le scandale entre la faute commise et les châtiments donnés.

Le cinquième paragraphe enfin est une conclusion en forme de constatation : selon Voltaire la France du XVIIIe siècle a bonne réputation sur le plan culturel mais on ne sait pas que par ailleurs, c'est une nation arriérée et barbare.

Les cinq paragraphes sont reliés plus thématiquement que syntaxiquement puisqu'aucun connecteur logique ne vient articuler un paragraphe avec le suivant ou le précédent. C'est plutôt par le procédé d'accumulation qu'est construite la page.

3. Le paragraphe 1 illustre la fausse justification historique : les Romains ne torturaient que leurs esclaves, les esclaves n'étaient pas considérés comme des hommes, les Romains ne torturaient donc pas des hommes. Les magistrats qui ordonnent la torture au XVIIIe siècle peuvent considérer que ceux à qui ils font donner la question ne sont pas des hommes D'où la désinvolture dont ils font preuve. Les énumérations des étapes de la torture dans les paragraphes 1 et 4 illustrent l'inhumanité et l'inutilité de ces procédés qui ne sont que des rituels d'humiliation sans aucune justification judiciaire. La revue des châtiments infligés au Chevalier de La Barre tiendrait de l'humour noir si le décalage entre la faute commise et la punition par la mort ne tenait pas de l'horreur et de la barbarie. L'anglophilie de Voltaire apparaît dans le paragraphe où il compare les deux pays suggérant que l'Angleterre est une nation bien plus « civilisée » que la France.

Un manifeste contre la torture (2e TEXTE)

4. La thèse de Beccaria est celle, très moderne, du respect de la présomption d'innocence tant que la culpabilité n'a pas été établie. Selon cette thèse, toute tentative d'extorquer des aveux sous la torture est une violation du droit élémentaire au respect de la vie humaine et donc une « barbarie ».

5. Le premier paragraphe présente clairement la thèse (voir réponse 4). Le deuxième paragraphe commence par un résumé du paragraphe précédent en un argument : « Un homme ne peut être considéré comme coupable avant la sentence du juge ». À cet argument s'articule, par l'intermédiaire de la conjonction de coordination « et », un deuxième : la société doit protection à l'homme tant qu'il n'a pas été reconnu coupable. Le troisième argument, entretient avec le précédent un rapport de conséquence souligné par le connecteur logique « donc » : la torture relève du « droit de la force » (ce n'est donc pas un principe éthique). Le troisième paragraphe est une sorte de conclusion qui rejette l'utilisation de la torture dans tous les cas. Beccaria s'exprime en une alternative justifiée : le coupable confondu doit être puni selon la loi et sans l'utilisation de la torture, dans le cas d'un délit ou crime qui n'est pas complètement prouvé, on ne doit pas risquer de torturer un innocent.

Le texte se termine par l'idée qu'on ne devrait plus torturer au XVIIIe siècle. On n'aura aucune difficulté à montrer la grande modernité, pour ne pas dire la grande actualité, de ce texte.

6. En lisant Beccaria, Voltaire se trouve conforté dans son « militantisme » contre la torture et la justice qui l'utilise.

Écriture d'invention

7. La réponse à la question 1 constitue une aide précieuse pour ce travail.

Contre l'obscurantisme religieux

→ p. 356-357

■ Voltaire, *Lettre à Damilaville*, 1er mars 1765
■ D'Holbach, *Encyclopédie*, article « Prêtres »

Le choix de cette lettre de Voltaire est dicté par la volonté de présenter un exemple de correspondance au XVIIIe siècle, une correspondance privée qui continue le débat public. En écho, l'article « Prêtres » de l'*Encyclopédie* permet de voir comment l'esprit philosophique considère les prêtres.

Analyse des textes

Un récit dénonciateur (Ier TEXTE)

1. La phrase introductive donne le ton et circonscrit la cible de Voltaire : une justice digne du tribunal de l'Inquisition du XIIIe siècle. Dans l'expression « une furie infernale », l'adjectif fait redondance avec le nom qu'il qualifie puisque les furies sont les divinités romaines qui correspondent aux Érinyes grecques. Le présent de l'indicatif dans sa valeur de présent de narration est majoritaire dans cette lettre, qui contient par ailleurs un récit au passé puisqu'il se déroule sur fond d'affaire Calas. L'imparfait et le passé simple en témoignent (imparfait : l. 6, 12, 15 et 16, passé simple : l. 17, 26). Voltaire choisit de relater les faits de l'accusation (l. 6 à 12) dans des phrases simples, nombreuses et courtes. Chacune ayant pour noyau un verbe d'action. La parataxe domine. Cette absence de connecteurs temporels ou logiques entre les phrases accélère le récit, le concentre sur l'énumération et l'accumulation des actions. Le récit est actualisé, vivant. Le destinataire en est plus attentif. Des lignes 12 à 16 Voltaire expose ironiquement comment les catholiques voient les protestants et évoque la circonstance qui aggrave le cas des Sirven : la condamnation des Calas. Le troisième paragraphe raconte comment la fureur qui s'empare du tribunal de Toulouse ne laisse aux Sirven que la possibilité de fuir vers la résidence suisse de Voltaire. Même procédés que dans le paragraphe précédent : utilisation de la parataxe, phrases courtes dont les noyaux sont des verbes d'action. Le récit est ainsi fait de tableaux saisissants successifs. Le décor des Alpes n'est planté que pour exprimer la souffrance et le courage des Sirven qui traversent une nature hostile. Le paragraphe conclusif résume l'avis de Voltaire qu'il veut faire partager à son destinataire.

2. L'indignation de l'épistolier se marque par la phrase introductive de la lettre et sa partie conclusive. La référence à l'Inquisition et à Simon de Montfort situe les événements en pleine hystérie et répression féroce contre les hérétiques. À la fin de la lettre, Voltaire utilise l'ironie pour distribuer les rôles de la fable : les magistrats qui « instruisent » l'affaire sont assimilés à des bouchers, les Sirven à des moutons. Par ailleurs, le pathétique est présent : la fille accouche dans la neige. Le chiasme « et, mourante, elle emporte son enfant mourant dans ses bras » insiste sur la détresse de cette famille qui ne peut trouver son salut que dans la Suisse de Voltaire. Ce pathétique est revendiqué par l'épistolier qui avoue qu'il est en deçà de la réalité des effets produits sur lui par cette affaire : « Il m'est impossible de vous peindre tant d'innocence et tant de malheurs ». La phrase équivaut aussi à un élan d'indignation qui doit gagner le destinataire.

3. La visée argumentative du récit consiste à prouver l'absurdité, l'énormité de l'accusation qui repose sur des préjugés religieux qui devraient être incompatibles avec le catholicisme. Deux crimes sont commis du côté des persécuteurs : avoir forcé la conversion de la fillette au catholicisme, avoir décidé qu'elle avait été tuée par ses parents. Les persécutés sont innocents mais l'obscurantisme religieux empêche de les entendre.

Un article pamphlet ? (2e TEXTE)

Cet article de l'*Encyclopédie* est violemment anticlérical. Il serait intéressant de le faire lire en entier en lecture cursive.

4. L'article commence par la définition la plus large possible du mot « prêtre » avant d'esquisser, sur le ton de l'historien, l'évolution du rôle des prêtres au cours de l'histoire jusqu'à la domination du clergé sur tous les fidèles y compris les souverains. D'Holbach évoque une époque passée, lointaine mais indéterminée durant laquelle par étapes successives, la nécessité des « cérémonies » (l. 4) qui rendent hommage à la divinité (remarquons que l'auteur de l'article fait mine de parler de toutes les religions), « la superstition » (l. 6) (le grand mot est lâché) s'installant, les prêtres forment « un groupe séparé » (l. 8), allusion à peine voilée à la constitution hiérarchique du clergé, qui, dès lors, au service de la divinité (l. 10), est un ordre lui-même tellement vénéré (l. 10) qu'il en vient à dépasser les frontières implicites de sa fonction pour disputer le pouvoir à la royauté (l. 13).

Pour éviter la censure, D'Holbach ne fait pas de références historiques précises. On ne sait de quelle religion il s'agit puisque la formulation englobe les prêtres de toutes les religions ; on ne sait pas non plus quelle est l'époque et quels sont les souverains désignés. Il n'empêche que D'Holbach installe l'idée (l. 15 et suivantes) que les prêtres sont bientôt des usurpateurs et des tyrans qui tiennent le pouvoir y compris celui des rois grâce à la superstition et au fanatisme. Il indique enfin que lutter contre eux même quand on est roi est une entreprise périlleuse parce qu'ils sont devenus « des hommes sacrés » (l. 18).

5. Cet article peut être considéré comme un pamphlet parce que, sous des dehors policés, en laissant dans l'anonymat les époques et les souverains concernés, en faisant allusion au christianisme d'un temps non précisé (l. 22), D'Holbach fait une critique acerbe et sans ambiguïté du pouvoir des prêtres dans l'histoire et de ses conséquences en des termes très violents : « vaines prétentions », « flots de sang » (l. 22), « droits usurpés », « affreuse Inquisition » (l. 25), « sacrifices humains », (l. 26), « barbarie » (l. 27). Les « contrées éclairées par les lumières » (l. 28), évoquées à la fin de l'extrait, laissent croire qu'il peut y avoir un clergé citoyen et respectueux des devoirs et des droits des individus (l. 29) : liberté est laissée au lecteur d'identifier ces pays (l'Angleterre ?). Il n'est pas du tout sûr que ce soit la France, terre de persécutions des protestants encore au XVIIIe siècle, il n'est pas sûr non plus que, sous la plume de D'Holbach, ces pays existent !

6. La lettre de Voltaire s'en trouve placée sous une perspective plus précise : Voltaire, comme D'Holbach, n'attaque pas Dieu ou la divinité mais ses zélés serviteurs qui tiennent le peuple en les entretenant dans des querelles le mot est faible d'un autre âge, où la superstition tient lieu de raison. Le prêtre a le pouvoir de façonner les consciences. Ainsi Voltaire peut-il de manière très grinçante dire que les catholiques « de la province » croient « qu'un des points capitaux de la religion protestante est que les pères et les mères sont tenus de pendre, d'égorger ou de noyer tous leurs enfants qu'ils soupçonneront avoir quelque penchant pour la religion romaine ». Argument absurde et sordide, évidemment.

Recherche documentaire

7. Pour s'informer des différentes campagnes de Voltaire contre les erreurs judiciaires, on peut consulter, outre la correspondance de Voltaire (lettres du 1er mars 1765, 16 juillet 1766, 26 mai 1778) :

– *Relation de la mort du chevalier de La Barre à Monsieur le Marquis de Beccaria,*

– L'article « Certain, certitude » des *Questions sur* l'Encyclopédie (1770-1772) dans lequel il évoque le cas de Martin et de Montbailli.

Contre l'absolutisme → p. 358-359

■ Diderot, *Encyclopédie*, article « Autorité politique »

Cet article de l'*Encyclopédie* vise à montrer aux élèves que la monarchie française, absolue et de droit divin, a été aussi ébranlée par les écrits des philosophes.

Analyse du texte

Une démonstration

1. La démonstration de Diderot est construite à partir d'une proposition (ou postulat) : « Aucun homme n'a reçu de la nature le droit de commander aux autres ». Pour Diderot, la nature et l'autorité sont antinomiques. La troisième phrase offre cependant une concession introduite par « si » (l. 3) : Diderot reconnaît la possibilité d'une origine naturelle de l'autorité dans la stricte limite de « la puissance paternelle » et dans un temps borné par l'arrivée des enfants à l'âge adulte : la restriction est introduite par « mais », adversatif (l. 4). Cette concession faite, la thèse est exprimée à partir de la ligne 7 et jusqu'à la ligne 10 : après une adresse à l'interlocuteur (« Qu'on examine bien »), Diderot expose l'alternative en « ou » (l. 8) et « ou » (l. 9). Il y a pour lui deux origines à l'autorité : la force ou « le consentement » [] « par un contrat fait ou supposé ». La suite du texte va analyser ces deux types d'autorité.

Le deuxième paragraphe illustre l'autorité par la force qui est une usurpation (l. 11). La locution conjonctive « en sorte que » (l. 13) introduit la conséquence : cette autorité peut être renversée par ceux-là mêmes à qui on l'a imposée. Le troisième paragraphe introduit par le connecteur de temps « quelquefois » est consacré à un cas particulier : l'autorité par la force peut changer de nature et rentrer dans le second type d'autorité, celle qui est consentie (l. 17 à 20). Au paragraphe suivant, Diderot analyse l'autorité fondée sur un contrat. Il en désigne les limites (cf. la conjonction de coordination exprimant la cause : « car ») d'ordre religieux : c'est Dieu auquel l'homme est soumis. C'est Dieu qui permet (l. 28) l'existence du prince à qui l'on doit obéir avec mesure. À partir de là, Diderot fait une distinction entre les signes extérieurs de la soumission qui ne sont que protocolaires et la soumission intérieure qu'il assimile à un « crime d'idolâtrie » (l. 33). Le dernier paragraphe contient l'éloge d'une monarchie héréditaire, certes, qui serait réconciliée avec le peuple et la nation, en filigrane, cela équivaut à la critique de la monarchie absolue.

2. L'autorité fondée sur la violence (l. 11 à 16) est exprimée par le champ lexical de la violence, facile à relever. Diderot évoque le rapport de force entre celui qui s'est emparé du pouvoir et ceux qui lui obéissent. Le mot « usurpation » est déterminant dans le paragraphe : il stigmatise une situation qui est fragile parce qu'elle peut être renversée par un coup de force. Dans l'expression « ils secouent le joug » Diderot songerait-il à un soulèvement révolutionnaire ?

Quand il présente l'autorité fondée sur un accord (l. 21 à 43), Diderot ne s'étend pas sur les termes du « consentement », mais ce mot associé au terme employé plus avant dans le texte de « contrat » est très important à l'époque des Lumières. Il précise les limites de cette autorité (l. 21 à 25) : dans la mesure où l'homme a un maître supérieur qui est Dieu, cette autorité doit être « utile » à l'état et à la société des hommes. C'est Dieu qui permet aux hommes de créer entre eux des rapports de subordination à condition que ce soit dans « la raison » et « la mesure ». À partir de là, Diderot développe l'opposition entre la soumission superficielle et sans conséquence à des rituels protocolaires de l'ordre de la mondanité (cf. l'exemple de l'Anglais l. 40-41) et la soumission profonde de l'esprit qui lui paraît criminelle. On voit là se dessiner une critique de la monarchie de droit divin, même si elle n'est pas nommée.

La contestation de la monarchie absolue

3. La notion de monarchie absolue de droit divin est contestée implicitement dès le paragraphe sur l'autorité par « consentement ». Les termes « raison » et « mesure » semblent antinomiques avec la célébration de la monarchie absolue de droit divin. Quand Diderot critique la soumission profonde de certains sujets à l'autorité, il désigne implicitement le roi de France et l'idolâtrie dont il est l'objet, lui qui ne devrait pas s'arroger « les droits du créateur » (l. 32). La critique est évidente et Diderot a l'habileté de la relier à l'existence de Dieu.

4. Et en effet, Diderot ne conteste pas l'existence de Dieu. Il lui donne même un rôle régulateur dans la société puisqu'il permet aux hommes de se choisir une autorité (l. 26 à 32). Mais cette autorité ne doit pas lui faire concurrence ! On voit combien, dans le système de Diderot, Dieu est une garantie contre les tyrans et les monarques de droit divin : l'homme ne doit une soumission absolue qu'à Dieu.

5. et **6.** Diderot oppose implicitement les signes extérieurs de la soumission à la soumission profonde de l'esprit. En prenant comme exemple l'Anglais qui fléchit le genou devant le roi mais reste libre la monarchie anglaise est admirée des philosophes des Lumières parce que son pouvoir est très encadré par les Chambres il fait une référence implicite à la Cour de France où le roi est révéré comme une sorte de Dieu sur terre.

7. La dernière partie du texte fait l'éloge d'une monarchie héréditaire telle qu'elle n'existe pas encore en France. La phrase : « ce n'est pas l'État qui appartient au prince, c'est le prince qui appartient à l'État » (l. 52-53) en est la clé. Le Prince serait une émanation du peuple, délégué par lui pour administrer le bien public et redevable devant le peuple de ses faits et gestes. La dernière phrase de l'extrait commente cette formule en faisant des princes « les usufruitiers » de la couronne. Par deux fois, Diderot précise que le gouvernement appartient au peuple (l. 48-49 et 62).

Une littérature de l'utopie

Nostalgie de l'âge d'or → p. 360-361

■ Fénelon, *Les Aventures de Télémaque*

Le choix de cet extrait de Fénelon doit montrer aux élèves qu'il y a une continuité entre le XVIIe et le XVIIIe siècle

Analyse du texte

Un paradis

1. La Bétique était traditionnellement située en Espagne du sud. Pour Fénelon, cela ressemble fort au paradis d'avant la chute : un climat doux et agréable, sans excès ni de froid ni de chaleur, favorable à l'homme (l. 1 à 6), un pays dédié à l'agriculture grâce à la fertilité de sa terre, et à l'élevage. La vie y est simple et austère : l'or et l'argent ne sont pas considérés comme des richesses, pas de luxe, communauté des biens, la terre n'est pas une propriété privée. L'autorité est exercée par le père de famille, tout est fraternité, pas de délits, de compétition, de violence ou d'envie. On voit que la Bétique est le contraire de la France du XVIIe siècle Fénelon s'adresse ainsi à un prince, sans doute pour le faire réfléchir sur la société de son temps. La Bétique est un Paradis perdu, certes, mais elle dessine aussi les contours de la société dont rêve Fénelon.

2. Tout concourt au bonheur des habitants dans la nature : le climat tempéré, la beauté du paysage, ses fleurs et plantes odorantes (l. 6 à 8), son relief avec des montagnes qui permettent l'élevage. Dans la société, la bonté des habitants les met à l'abri de bien des maux connus au XVIIe siècle : cette bonté naturelle est garantie par la simplicité et l'austérité des hommes qui partagent la terre et ses produits. Ils ne s'intéressent qu'au nécessaire. On sait peu de choses sur le système politique et le gouvernement mais on voit bien se profiler l'idéal de Fénelon : une pratique de la vertu qui repose sur des relations sociales qui font disparaître tout conflit d'intérêt (l. 28), qui ignore la guerre entre états (l. 38 à 44), où chaque individu est libre et égal à l'autre (l. 32), où la seule autorité est exercée – et encore dans la tempérance – par le père de famille (l. 17).

Un modèle ?

3. On peut voir ici en Fénelon un précurseur des Lumières. Cet extrait, comme bien d'autres dans *Les Aventures de Télémaque*, contient la satire implicite et indirecte de la fin du règne de Louis XIV, marqué par les ravages de l'absolutisme, les guerres, les conflits religieux et la corruption. Fénelon condamne le luxe et l'argent. Il fait l'apologie de la fraternité (l. 29-30), et de l'égalité (l. 31-32). Pour compléter l'utopie de la Bétique, il faut lire le Livre III (l'évocation de la ville de Tyr et des Phéniciens), le Livre V (l'évocation de la Crète), et le Livre X (l'évocation de Salente, *République* idéale, où le roi ne fait pas la guerre mais œuvre pour la paix, développe l'agriculture et le commerce, éduque le peuple à la simplicité et l'éloigne du luxe). Sur le bon roi et le tyran, voir le Livre II.

4. Fénelon n'est pas très précis sur les principes politiques, économiques et sociaux qui régissent le pays idéal : sans doute sa pensée se cherche-t-elle mais c'est aussi un peu la loi du genre. Les auteurs d'utopie restent souvent dans des généralités généreuses. Par ailleurs, c'est au bout de la lecture intégrale des *Aventures de Télémaque* – un roman d'initiation, il ne faut pas l'oublier, où le héros Télémaque s'instruit au fil de ses rencontres – que s'esquisse mieux la vision politique et sociale de Fénelon.

5. Les paroles des habitants de la Bétique sont rapportées au style direct pour mieux marquer leur étonnement, leur indignation il leur paraît inconcevable de travailler à son propre malheur et leur prêter un argument contre la guerre (« la vie est si courte »).

Écriture d'invention

6. Il importe de réfléchir aux failles de cette utopie et donc de faire parler un habitant de la Bétique, qui, sans être vindicatif et agressif il a été bien élevé, dans une famille évidemment vertueuse ne trouve pas complètement son bonheur dans ce pays où le temps semble s'être arrêté et où, par exemple, toute idée de progrès ou de création de besoin nouveau, est d'abord suspecte parce qu'inutile et propice à l'affaiblissement de la volonté et du sens moral.

L'évaluation portera bien sûr sur les capacités de l'élève à évoquer les raisons pour lesquelles on s'ennuie en Bétique et on met en cause une certaine forme de bonheur, assuré, prévu, encadré.

La vertu, condition du bonheur → p. 362-363

■ Montesquieu, *Lettres persanes*

L'histoire des Troglodytes est un apologue célèbre dans la production de Montesquieu. Il permettra aussi de voir comment se tissent des liens avec le texte précédent.

Analyse du texte

Les mauvais Troglodytes, un contre-exemple

1. Les mauvais Troglodytes ont échoué à force de refuser une quelconque autorité et de privilégier l'intérêt individuel avant l'intérêt commun. Ils ont récolté le malheur et la dissension. Les lettres XI et XII sont antithétiques.

2. Les mauvais Troglodytes sont par cinq fois évoqués explicitement (l. 1 à 3, l. 7 et 8, l. 12, l. 16 à 18, l. 34) et on peut dire qu'ils sont une référence négative implicite dans l'ensemble du texte. Pour Montesquieu, il ne peut y avoir bonheur que s'il y a vertu. La permanence de ce contre-exemple (l. 16 et suivantes), s'explique sans doute par la difficulté de l'exercice de la vertu. Rappeler régulièrement les dommages provoqués par les mauvais Troglodytes peut aider à conserver courage et volonté pour la vertu.

Les conditions du bonheur

3. Deux familles rescapées de la « désolation générale » vont mener une vie vertueuse à l'écart. Montesquieu, par leur truchement, nous présente ce qui est pour lui un modèle pour le genre humain. Les bons Troglodytes ont de « l'humanité » puisqu'ils sont l'opposé des mauvais Troglodytes, le sens de « la justice » et pratiquent « la vertu » (l. 6). Dans la suite du texte, Montesquieu développe ces thèmes.

– La vertu (l. 9-10) : « Ils travaillaient avec une sollicitude commune pour l'intérêt commun ». La ligne 14 évoque « les vertueuses mains » qui cultivent la terre ; la ligne 16, le souci de transmettre la nécessité de la vertu à leurs enfants ; aux lignes 18 et 19, la formule est aussi frappante qu'une maxime, « ils leur faisaient surtout sentir que l'intérêt des particuliers se trouve toujours dans l'intérêt commun ». Des lignes 23 à 27, Montesquieu note la réussite de cet enseignement de la vertu dans l'évolution du « jeune peuple » ; la ligne 35 lie très explicitement « vertu renaissante » et bonheur. Enfin les bons Troglodytes sont généreux (l. 42) et n'ont pas le sens de la propriété : ils mélangent leurs troupeaux (l. 44-45).

– La justice est liée à la pratique de la vertu. Elle est rappelée à la ligne 22 : « la justice pour autrui est une charité pour nous ». À la ligne 29, ce sens de la justice se trouve « chéri des Dieux ». Le contre-exemple des mauvais Troglodytes est toujours là, fonctionnant à la fois comme un encouragement et un avertissement : « ils chantaient les injustices des premiers Troglodytes [ ] » (l. 34).

– Leur « humanité » se révèle aussi dans leur soumission aux Dieux. Montesquieu y voit un principe éducatif et régulateur (« la religion vint adoucir dans les mœurs ce que la Nature y avait laissé de trop rude », l. 30). À l'évidence, pour lui, la société idéale doit respecter et craindre les Dieux (l. 35-37).

4. Le champ lexical de la vertu se circonscrit essentiellement autour de l'expression de l'altruisme, donné comme un principe de vie (« Ils travaillaient avec **une sollicitude commune** pour **l'intérêt commun** » l. 9 et 10) et comme un principe d'éducation (« Toute leur attention était **d'élever leurs enfants à la vertu** » (l. 16), le respect de « l'intérêt commun » est confondu et non opposé à « l'intérêt particulier ». La vertu se développe dans « le jeune peuple » : « [ ] la vertu, bien loin de s'affaiblir dans la multitude, fut fortifiée, au contraire, par un plus grand nombre d'exemples » (l. 26-27). Le rituel du chant en commun, le soir après le travail associe au rappel des mauvais Troglodytes, « la **vertu renaissante** avec un nouveau peuple et sa félicité », et « le bonheur d'une **condition toujours parée de l'innocence** ». Enfin, le « peuple troglodyte se regardait comme **une seule famille** ». Le sens de la communauté est donc à la fois moral, social et économique.

5. Les bons Troglodytes parviennent à instaurer une vie en communauté harmonieuse en partie par le souci constant de l'éducation des enfants à la vertu (l. 16 et suivantes), de la crainte des Dieux (l. 30, 36-37), du partage des chants (l. 34-35) qui opposent les malheurs passés et le bonheur « renaissant », et des présents (l. 42-43).

Un apologue

6. Le développement de la thèse de Montesquieu se fait à partir d'un premier paragraphe qui présente les bons Troglodytes par antinomie avec les mauvais Troglodytes et dans les conditions de leur bonheur : une vertu qui privilégie l'intérêt commun, pas de discorde, un peuple agriculteur. Le deuxième paragraphe est consacré à l'éducation des enfants. Par ce thème Montesquieu insiste sur l'éducation à la vertu (l. 16). À l'évidence, la vertu ne va pas de soi : les bons Troglodytes développent à cet égard un discours pédagogique. Ils doivent rappeler le contre-exemple des mauvais Troglodytes, écarter l'idée qu'elle est difficile à exercer (l. 19-21), montrer les avantages de la vertu notamment en ce qui concerne « l'intérêt » de l'individu et de la justice (d'où la phrase « sentir que l'intérêt des particuliers se trouve toujours dans l'intérêt commun »). Les paragraphes suivants décrivent le bonheur du peuple troglodyte dans sa vie quotidienne de peuple agriculteur et berger dans la simplicité, la frugalité, le sens communautaire et la soumission aux Dieux.

7. L'intégration d'un apologue dans les lettres à Mirza fait d'Usbek une sorte de porte-parole du philosophe des Lumières. En racontant l'histoire des Troglodytes, il se fait militant, sa réflexion est déjà très élaborée. Il est clairement ici une figure de l'auteur Montesquieu et cela annonce, dans la perspective de l'ensemble de l'œuvre (l'Histoire des Troglodytes se situe au début de l'échange épistolaire), qu'il sera un voyageur particulier : il va avoir sur les êtres, les institutions, les coutumes qu'il va rencontrer, une vision plus critique que le simple étonnement de l'étranger. Il interrogera avec sa raison, sa culture mais aussi son propre point de vue philosophique. Le récit de voyage intégrera la réflexion politique.

8. Le débat sur les relations entre le bonheur et la vertu est récurrent au XVIIIe siècle. Pour un lecteur de cette époque, c'est un écho des préoccupations contemporaines. Notons qu'à la lettre XII, les bons Troglodytes n'ont pas encore besoin d'un roi : l'altruisme, l'abnégation et la religion naturelle suffisent à leur assurer une vie communautaire idyllique. Montesquieu n'a pas encore écrit *De l'Esprit des lois* mais il a réfléchi aux rapports entre l'individu et l'intérêt commun. La fin du règne de Louis XIV et le début de la Régence sont propices à une réflexion sur l'individu et le pouvoir et plus globalement sur la monarchie.

Vers la dissertation

9. L'apologue permet l'argumentation par l'exemple. Au lieu de théoriser sur les qualités nécessaires aux individus pour organiser une société cohérente et stable, Montesquieu invente un apologue (ou une parabole) qui lui permet de montrer concrètement ce que seraient les rapports humains et le bonheur dans la société dont il rêve et par là même, il prend une distance critique avec le monde dans lequel il vit.

On peut imaginer la problématique et les deux parties suivantes :

Problématique : l'apologue favorise une réflexion sur notre société grâce à une stratégie du détour.

I. La fiction d'un monde très éloigné du nôtre

a. dépaysement géographique favorable aux descriptions exotiques qui peuvent séduire le lecteur

b. élaboration du point de vue faussement naïf du voyageur venu d'ailleurs

II. La révélation de notre monde par le modèle construit

a. le miroir inversé ou critique de notre société

b. l'élaboration d'une leçon par utopie interposée

Prolongement

Avec l'*Histoire des Troglodytes*, Montesquieu associe vertu, bonheur et démocratie. À la lettre XIV, l'optimisme est tempéré. En éprouvant le besoin d'avoir un roi, les Troglodytes semblent douter de l'efficacité de leur vertu à les protéger

Éloge de l'homme primitif → p. 364-365

■ Rousseau, *Discours sur l'origine et les fondements de l'inégalité parmi les hommes*

■ Voltaire, *Lettre à Rousseau*, 30 août 1755

Il nous a paru intéressant de lire ce texte dans la perspective de l'utopie. L'argumentation de Rousseau a suscité beaucoup de commentaires en son temps : la réaction virulente de Voltaire en est un exemple.

Analyse des textes

La supériorité de l'homme primitif (Ier TEXTE)

1. Dans la première partie du *Discours sur l'origine de l'inégalité*, Rousseau évoque « l'état de nature » sans le situer historiquement. Dans l'extrait choisi, Rousseau fait l'hypothèse (l. 1 à 5) que « l'homme sauvage », contraint de n'utiliser que son corps pour se défendre de la rigueur de la nature est d'une force exceptionnelle (c'est la thèse) et qu'il transmet cette force à ses enfants, la nature se chargeant d'éliminer les faibles (premier argument). Dans le second paragraphe, le second argument est illustré de nombreux exemples : il s'agit de montrer que « l'homme sauvage » se suffit à lui-même, qu'il a dressé son corps puisqu'aucune technologie ne l'entoure pour faire face à toutes les situations auxquelles il est exposé. De la l. 18 à la fin du texte, et comme en conséquence de l'argument précédent, Rousseau affirme la supériorité de « l'homme sauvage » sur « l'homme civilisé ».

2. Les phrases interrogatives se situent toutes dans le second paragraphe. Elles appellent toutes la même réponse : « Non ». Il s'agit donc de questions oratoires destinées à impliquer l'interlocuteur ou le lecteur dans l'argumentation. Les quatre questions donnent quatre exemples de situation que « l'homme sauvage » ne connaît pas (l'utilisation de la hache, de la fronde, de l'échelle et du cheval) et qui, rétrospectivement, expliquent sa supériorité physique

Une utopie ? (Ier TEXTE)

3. Ce développement est assimilable à une utopie parce que Rousseau n'imagine pas l'homme primitif comme un homme proche de l'animal sauvage, il crée une fiction (qu'il ne situe pas dans l'histoire de l'évolution de l'homme) où il évoque une sorte d'état idéal de l'homme qu'il va pouvoir opposer à la seconde partie de son discours : l'apparition de l'inégalité.

4. Rousseau donne à voir « l'homme civilisé » comme rendu fragile par les progrès techniques et technologiques qui l'entourent et qui l'empêchent de trouver en lui les ressources physiques nécessaires. Cette vision parcourt tout le second paragraphe. L'homme civilisé fait confiance à l'outil qu'il a construit (hache, fronde, échelle) ou à l'animal qu'il a transformé en moyen de locomotion par souci de rapidité. Ce sont des adjuvants précieux dont il ne saurait se passer. Sans eux, face à un homme primitif, il serait mis en échec tant il a « délégué » sa force en quelque sorte. Rousseau prépare la seconde partie de son discours : quand il évoquera les aspects négatifs de l'évolution de l'homme, il citera la disparition des qualités physiques.

Une réponse cinglante (2e TEXTE)

5. Voltaire fait semblant d'écrire une lettre élogieuse. Or l'ensemble de la lettre offre une double lecture. La thèse de Rousseau est réduite à une caricature. À partir de la phrase: « Il prend envie de marcher à quatre pattes quand on lit votre ouvrage », on comprend que Voltaire, non content de ne pas adhérer aux propos de Rousseau, va chercher à les ridiculiser, à les disqualifier, en mettant les rieurs de son côté. Il se met en scène en lecteur philosophiquement proche de Rousseau pour développer aussitôt l'idée contraire confortée par l'actualité de ses préoccupations: sa santé, les « méchants » sauvages du Canada et la guerre. Tout se passe comme si Rousseau avait, dans son discours, remplacé le mot « homme » par le mot « sauvage » d'où le trait de Voltaire qui s'assimile à « un sauvage paisible ».

On pourrait faire lire avec profit l'article « Homme » du *Dictionnaire philosophique* de Voltaire.

6. Remercier Rousseau d'avoir écrit un livre « contre le genre humain », c'est l'exclure du mouvement des Lumières. Le mot « bêtes » à la l. 8 doit être entendu dans ses deux sens (« animal » et « stupide »). C'est en réalité un Voltaire indigné qui écrit contre un Rousseau bien trop prompt, selon lui, à louer « l'état de nature ». D'où la ridiculisation de la thèse de Rousseau par Voltaire: il la transforme en constat d'une absurdité. L'éloge de « l'état de nature » est assimilé à un retour à l'état animal (l. 9 et 10). Cela nous vaut un deuxième paragraphe construit sur l'hypothèse improbable de Voltaire redevenu « sauvage »: une marche à quatre pattes impossible, deux contre-arguments: les progrès de la médecine (l. 15-17) et la disparition des « bons sauvages » par assimilation des mœurs des nations « civilisées » (l. 19), et une constatation (l. 20): « Je me borne à être un sauvage paisible ». La fin de la lettre cultive encore mais pour la ridiculiser l'analogie entre « l'homme sauvage » et l'animal: Voltaire invite Rousseau à venir « brouter » (l. 24) les herbes de son pays natal. Implicitement, il l'accuse de ne pas vivre comme il le prône par ailleurs dans ses écrits! L'envoi final avant la signature est évidemment très hypocrite. La formule « la plus tendre estime » est ici une antiphrase.

Écriture d'invention

7. L'idée essentielle est de défendre la thèse de Rousseau en faisant le procès ironique des progrès de l'homme dans son évolution. Voltaire réduit la thèse de Rousseau à un homme à quatre pattes, on peut imaginer une réponse à l'auteur de *Candide*, par ailleurs collaborateur de l'*Encyclopédie*, qui ridiculiserait un homme qui croit au progrès.

L'Eldorado

→ p. 366-337

Voltaire, *Candide*

Candide raconte le voyage initiatique d'un héros qui a reçu une éducation peu propice à lui faire accepter la réalité du monde. Au centre du conte, il y a un pays idéal, *L'Eldorado*.

Analyse du texte

À l'opposé du monde européen

1. Il semble en effet que l'univers de l'Eldorado soit à l'opposé de l'univers européen du XVIIIe siècle sur les plans des mœurs, de la religion et des institutions. Le vieillard évoque la religion de l'Eldorado à la demande de Candide. Le lecteur reconnaît une version du déisme que prône Voltaire: pas d'église constituée, pas de clergé régulier ou séculier, pas de disputes théologiques, pas de lourds rituels de célébration mais uniquement des remerciements quotidiens. Les mœurs prennent aussi le contre-pied de ce que Candide a connu en Europe: la garde royale est assumée par des filles, on fait aux deux voyageurs une réception grandiose, la manière extrêmement simple de saluer le roi déconcerte Candide et Cacambo. Sur le plan des institutions, la grande surprise est qu'en Eldorado une place majeure est accordée aux connaissances scientifiques et à la recherche (l. 40 à 42) tandis que « la cour de justice, le parlement » n'existent pas, non plus que les prisons.

2. L'Eldorado est aussi le monde de la beauté, de la profusion et de l'exagération (cf. les chiffres). Voltaire dévoile ainsi qu'il s'agit d'un monde rêvé, idéal, utopique. Candide est fasciné par la beauté des marchés et des places, par les odeurs qui émanent des pierreries. À l'évidence, pour la première fois depuis qu'il a quitté la Westphalie, Candide se trouve dans un monde exceptionnel, paradisiaque, dédié au bonheur de ses habitants, sans traces de conflits d'aucune sorte. L'insistance du regard des deux personnages sur la beauté des lieux s'explique par le contraste qu'ils offrent avec le monde d'où viennent Candide et Cacambo.

3. La relation de l'accueil au palais royal, la bonhomie du roi, l'absence d'appareil répressif qui implique une société sans crime ni délinquance, la description du décor urbain, tout concourt à une réflexion sur la relativité des usages: ce qui est rare en Europe semble proliférer en Eldorado comme les matériaux du décor urbain (« fontaines d'eau rose » et « de liqueurs de canne à sucre »), le gigantisme des constructions (« édifices publics élevés jusqu'aux nues »), le pavement odorant (« une espèce de pierreries qui répandaient une odeur semblable à celle du gérofle et de la cannelle »). Par-delà la leçon que peut en retirer Candide dans son initiation au monde, Voltaire s'adresse évidemment à son lecteur: le système européen des valeurs est mis à mal.

Un monde idéal et utopique

4. et **5.** L'Eldorado est un monde de l'imaginaire. Tout ce qui relève du luxe, de la rareté ou même de l'irréel dans le monde européen de Candide et Cacambo est en Eldorado la banalité: hauteur et ampleur des constructions (« galerie de deux mille pas »), tissu (« duvet de colibri »), fontaines d'eau rose et de liqueur Un peu comme dans l'écriture épique, Voltaire joue de l'utilisation de chiffres prodigieux (« cinq ou six mille musiciens », « vingt belles filles », « deux files chacune de mille musiciens », « deux mille pas ») ou des pluriels (« officiers » et « officières », mot inventé pour l'occasion). L'abondance dans le récit comme dans la description est souvent exprimée par le procédé de l'accumulation.

Cela crée un décalage d'où l'ironie n'est pas absente : à l'évidence le texte joue sur la redondance, l'exagération. Voltaire s'adresse à son lecteur pour l'inviter à être moins naïf que Candide et ne voir dans l'Eldorado qu'une utopie, même si à travers elle se dessine un modèle de pays idéal.

6. L'intérêt du XVIIIe siècle et de Voltaire pour les sciences est dans la dernière phrase de cet extrait. L'Eldorado ne serait pas parfait s'il n'y avait cette mention d'un « palais des sciences » avec une galerie « toute pleine d'instruments de mathématiques et de physique » : signe que le monde utopique de Voltaire n'est pas « fini ». Clos dans l'espace (on l'atteint après des difficultés d'accès, sans le vouloir, c'est un lieu protégé par le relief), il n'est pas clos dans le temps : les sciences ont encore à faire progresser l'humanité.

7. Candide est à la recherche de Cunégonde, ne l'oublions pas. L'Eldorado est un monde où « tout est bien », cependant Cunégonde n'y est pas Sur le plan de la fiction, il est normal que Candide ne reste pas en Eldorado puisqu'il veut retrouver Cunégonde. Par ailleurs, le fait que Candide quitte l'Eldorado signifie bien qu'il s'agit d'un monde imaginaire, assez proche du merveilleux, une sorte de parenthèse dans le récit qui permet à Voltaire de distiller quelques-unes de ses idées sur la société et le gouvernement.

Vers le commentaire

8. On peut proposer les deux axes suivants à partir des questions posées :

I. Un univers déconcertant et prodigieux

II. Voltaire et son lecteur : le sens de l'utopie

Recherche documentaire

9. Quelques repères :

– dans l'Antiquité, croyance en une cité fabuleuse faite de palais d'or ;

– au Moyen Âge, la relation du voyage de Marco Polo redonne foi au mythe de la cité fabuleuse ;

– au XVIe siècle, lors de la colonisation espagnole et portugaise de l'Amérique du sud, les conquistadors cherchent l'Eldorado que l'on situe en Colombie ou au Pérou. En 1596, W. Raleigh écrivit un livre fait de descriptions de l'Eldorado.

Ce mythe rejoint évidemment celui de l'âge d'or.

La figure du « bon sauvage »

→ p. 368-339

■ Diderot, *Supplément au Voyage de Bougainville*

Texte anticolonialiste, le *Supplément au Voyage de Bougainville* permet de constater la réactivation du mythe du « bon sauvage » chez un auteur qui a aussi prôné d'autres modèles de société.

Analyse du texte

Un discours véhément

1. Dans la première partie du discours qui ne figure pas dans l'extrait choisi, le vieillard s'adresse à ses frères tahitiens en leur prédisant l'avenir le plus sombre l'esclavage avec le retour prochain sur leurs terres des Européens. Dans la seconde partie du discours, le vieillard s'adresse globalement à Bougainville. Cependant le discours est rythmé par la reprise récurrente d'une opposition entre les Tahitiens (« nous ») et Bougainville (« tu ») qui représente les Européens. S'ajoute une opposition ponctuelle entre « elles », les femmes (l. 8 à 10) et « nous », prolongée en une opposition entre « elles » et « vous » (le navigateur et ses hommes). À la ligne 13, le « tu » désigne le Tahitien que le vieillard invite à témoigner sur ce qu'ont écrit les hommes de Bougainville sur « la lame de métal » et il redevient Bougainville à la ligne 15. Le « vous » de la ligne 25 désigne le Tahitien et Bougainville. Le vieillard affirme qu'ils sont frères et c'est le seul moment où il n'oppose pas les Tahitiens et les Européens. Avec cette alternance de pronoms personnels (« tu »/ « nous »), se construit une argumentation, l'opposition radicale de deux modes d'existence et de pensée : le « nous » introduit l'indignation et la défense des Tahitiens par la présentation de leurs principes de vie, le « tu » ou le « vous » (quand il est l'équivalent de ce « tu ») une attaque des Européens et de l'esprit colonisateur.

2. Le discours du vieillard fait entendre ce qui différencie la civilisation tahitienne de la civilisation européenne. Il est très efficace, notamment grâce à des procédés oratoires qui ont pour effets d'impliquer directement l'interlocuteur ou les interlocuteurs. Le vieillard ne ménage pas Bougainville, en témoigne cette violente injonction qui semble ne pas appeler de réponse peu après l'apostrophe « Et toi » qui théâtralise le propos : « écarte promptement ton vaisseau de notre rive » (l. 2). L'injonction réapparaît à la ligne 29, et de la ligne 36 à la fin de l'extrait pour signifier un point de non-retour, une condamnation totale, un rejet absolu des attitudes européennes.

Au début de l'extrait, on peut observer des phrases composées d'indépendantes courtes, accumulées en parataxe, quelquefois articulées entre elles par la conjonction de coordination « et » qui prend alors une valeur adversative : par exemple, lignes 4 à 6 : « Nous suivons le pur instinct de la nature, **et** tu as tenté d'effacer de nos âmes son caractère. Ici tout est à nous, **et** tu nous as prêché je ne sais quelle distinction du *tien* au *mien*. » On a à la fois ici symétrie dans la construction grammaticale des deux phrases et opposition à l'intérieur de chacune d'elles. Cela crée un effet de balancement dans la redondance, destiné à marquer les esprits mais aussi un rapprochement saisissant entre les oppositions. C'est une manière très astucieuse de faire la somme de tous les griefs en dynamisant le principe d'accumulation.

Les interrogations oratoires qui s'additionnent après l'hypothèse « Si un Tahitien débarquait un jour sur vos côtes [ ] », sont des interpellations déguisées de Bougainville et des siens qui permettent de saisir combien sont condamnables les comportements induits par l'esprit colonisateur alors que les Tahitiens sont dans l'innocence même, la générosité, et l'attachement à des valeurs complètement opposées.

« Suivre le pur instinct de la nature »

3. La première accusation portée est dans l'apostrophe à Bougainville devenu « chef des brigands ». Le ton est donné : le navigateur et ses compagnons sont considérés comme d'infâmes individus, malhonnêtes et organisés en une bande de pillards. Il s'agira d'une violente diatribe, et l'annonce est faite dès le début avec force par une subordination de cause : ces Européens sont une menace, ils ne peuvent que « nuire » (l. 3) aux Tahitiens. On a déjà vu plus haut le principe d'organisation du discours : alternance « tu »/ « vous » et opposition systématique des usages et des valeurs. L'accusation argumentée progresse par glissement de thèmes :

– thèse : Bougainville et les siens ont tenté de dénaturer le principe même de la civilisation tahitienne lignes 4-5. Ils se sont comportés en colonisateurs ;

– argument 1 : intrusion de la notion de possession, inconnue des Tahitiens (illustration avec l'exemple de la jalousie allumée entre les femmes, l. 6-10 et celui de la future mise en esclavage de l'île, l. 11-15) ;

– argument 2 : volonté d'asservir le peuple tahitien ; le vieillard débouche sur la notion de « vol de toute une contrée » (l. 21) ;

– argument 3 : Bougainville et les siens sont liberticides (l. 21-26) ;

– argument 4 sous forme de questions oratoires et en creux, affirmation de leur intolérance ;

– argument 5 : ils se sont créés des « besoins superflus » et des « commodités de vie » (l. 33 et suivantes). Il s'agit là d'« inutiles lumières » pour les Tahitiens. Le vieillard va opposer leur goût pour le temps du repos.

4. Ce texte peut être en effet considéré comme un réquisitoire anticolonialiste. Diderot aborde les problèmes posés par l'attitude des colonisateurs, leur mépris absolu des populations indigènes et la volonté d'un anéantissement de leurs civilisations, une conquête tout à la fois territoriale, économique et spirituelle.

5. Le vieillard, en contrepoint à chaque comportement des colonisateurs, célèbre la vertu des Tahitiens et leur attachement à une vie naturelle :

– affirmation forte de leur innocence et de leur bonheur (l. 3) ;

– attachement à la nature (l. 4) ;

– absence de propriété (l. 5) et donc pas de rivalité et de violence ;

– peuple libre et capable de lutter contre l'esclavage (l. 10 à 23) ;

– peuple tolérant, capable d'accueil et de générosité (l. 18 à 29 : « Nous avons respecté notre image en toi ») ;

– honnêteté des mœurs (l. 29-30) ;

– sagesse : pas de biens superflus (l. 31-32 jusqu'à la fin de l'extrait).

6. Le vieillard, en même temps qu'il condamne Bougainville et ses hommes, fait donc l'éloge d'une civilisation très proche de la nature. C'est ainsi que l'on peut considérer que le *Supplément au voyage de Bougainville* offre une approche du mythe du « bon sauvage » dont le vieillard est un archétype. L'homme civilisé n'est pas le plus sage. La condition du bonheur est ici une vertu naturelle qui ignore la propriété, cultive le repos (l. 39 à 42) et limite le travail à la nécessité de se nourrir et de se vêtir (l. 32 à 38).

7. Diderot est un esprit complexe et contradictoire. Condamnant le colonialisme sur les plans politique et social, et ses conséquences sur les peuples colonisés, il semble esquisser son idéal de société : respect absolu de la nature, valeurs proches de celles véhiculées par le mythe du « bon sauvage » : pas de propriété privée, liberté sexuelle, absence d'autorité politique de forme monarchique, absence d'autorité judiciaire et religieuse (il n'y a pas de vices). Cependant la lecture intégrale de l'œuvre de Diderot nous conduit à penser que ce n'est pas là le modèle unique de société pour le philosophe !

Écriture d'invention

8. On évaluera essentiellement dans ce travail la capacité des élèves à mettre dans la bouche de Bougainville une défense cohérente qui fait la part des actions condamnables de ses hommes et celle de ses propres aspirations. Bougainville peut tenter de convaincre le vieillard qu'il n'est pas venu à Tahiti pour transformer les Tahitiens en Européens, que la tolérance est une vertu qu'il partage mais qu'il croit au progrès et à l'initiative individuelle.

Voltaire, *Zadig*

Le choix des extraits est circonscrit autour de la problématique suivante : comment ce conte philosophique prend-il en charge à la fois le combat pour les valeurs fondamentales des Lumières et l'interrogation voltairienne sur la Providence ?

D'un héros parfait

→ p. 372-373

« Le Borgne »

Analyse du texte

Une parodie de conte oriental

1. Dans cet incipit, Voltaire utilise les éléments du conte traditionnel : la formule « Au temps de [...] il y avait [...] », un cadre spatio-temporel très vague – Moabdar est inventé par l'auteur, le temps est anhistorique et le lieu, Babylone, n'est pas décrit – enfin une apparition immédiate du héros qui est la perfection sur le plan physique et moral. Mais ces éléments sont détournés et la discordance s'installe dès les premières lignes ; dans le portrait de Zadig se glisse la présentation d'une société qui lui est hostile (l. 5 à 9). À la discrétion du héros s'oppose le bruit confus des autres, symbolique du danger potentiel qu'ils représentent puisqu'ils ont de la « faiblesse » et se livrent « à ces médisances téméraires, à ces décisions ignorantes ». Cette impression se confirme quand le narrateur introduit les « mages » (les prêtres) qui accusent Zadig de « mauvais sentiments » parce que, produit d'une éducation qui a fait une part importante à la science, il se fie à la raison Le lecteur perçoit le regard critique et ironique de Voltaire dans ces indices qui mettent à mal le conte traditionnel : Zadig est entouré de fanatiques et de superstitieux, il est trop parfait pour eux, il a trop de qualités, il est surtout plus libre. La première mésaventure (la tentative d'enlèvement de Sémire) arrive très vite. Voltaire utilise les éléments formels du conte merveilleux tout en nous indiquant que nous ne sommes pas exactement dans ce genre.

2. Voltaire ajoute la couleur orientale dans le choix des noms, des lieux, la caractérisation des personnages, les hyperboles et les redondances, enfin les références constantes à des institutions et des titres orientaux qu'on lira après cet extrait du chapitre 1. Il reproduit jusqu'à la parodie le style oriental en insistant sur l'outrance, l'exubérance, la violence (voir la tentative d'enlèvement de Sémire, l. 32 à 40). Il a choisi d'utiliser et de détourner le conte oriental parce que cela lui permet de déguiser la critique sociale, politique et religieuse. Il n'est pas le seul au XVIIIe siècle à utiliser le truchement d'une peinture orientaliste pour éviter les foudres de la censure royale (voir Montesquieu, *Lettres persanes*, Crébillon, *Le Sopha*, D'Holbach, *Le Bon Sens*).

3. Ce début de conte est issu d'un double détournement : celui du conte merveilleux et celui du conte oriental (voir réponses aux questions 1 et 2). Cependant, la dégradation de l'univers du conte se fait très rapidement. Voltaire invite son lecteur à méditer sur la gratuité des événements que le héros doit vivre même s'il en triomphe temporairement. Il est beau, jeune, cultivé, intelligent et raisonnable : il devrait être heureux mais la destinée est imprévisible. Dès la première page du conte, Voltaire précise ironiquement ses intentions : nous ne sommes qu'au début de l'histoire de Zadig et le voilà déjà dans la souffrance, l'injustice et l'incompréhension

Des personnages trop parfaits ?

4. Zadig a des qualités exceptionnelles : l'utilisation systématique de formules superlatives dans le goût oriental ne doit pas faire oublier qu'on a là sans doute le portrait d'un jeune homme cultivé, contemporain de Voltaire et lecteur des philosophes (« il avait appris », « instruit dans les sciences », « il savait ») Il vit dans le siècle, n'oublie pas la vie sociale, la patience (l. 4 à 6) et s'intéresse à ses interlocuteurs. Il a appris à se taire (l. 23-24). Quelques éléments suggèrent pourtant qu'il n'est pas très bien intégré dans la société babylonienne (voir réponse 1) : « il cherchait à vivre avec des sages » (l. 15) et ils ne semblent pas très nombreux à Babylone ! Les qualités de Zadig contrastent avec l'esprit borné des « mages » Il n'est pas indifférent que le premier paragraphe du chapitre qui contient le portrait de Zadig soit consacré dans sa seconde moitié aux connaissances scientifiques du héros. Le lecteur sait qu'on a en germe le retournement de situation qui mettra le héros à l'épreuve.

5. L'énonciation porte la trace des interventions du narrateur omniscient et on ne peut pas douter qu'il s'agisse ici de Voltaire qui juge « ce vain bruit de paroles, qu'on appelait conversation dans Babylone », qui ironise sur la métaphysique dont depuis toujours on sait « fort peu de chose » (l. 17 et 18), sur les amis de Zadig dont la présence à ses côtés est évidemment la conséquence de ses « grandes richesses » (l. 25) et sur la naïveté de son héros qui « crut qu'il pouvait être heureux » (l. 27). Cette dernière modalisation annonce des perturbations dans la destinée du personnage.

6. Le discours direct qui fait entendre Sémire permet à Voltaire de théâtraliser son récit et d'attirer l'attention sur ce personnage féminin dont le lecteur ne doit pas douter. Le narrateur a rappelé d'abondance les très vifs sentiments qui l'attachent à Zadig et ses remerciements sont à la hauteur de la passion qu'elle éprouve pour son futur mari. Voltaire pessimiste sur les liens amoureux? misogyne? jouant avec le lecteur, prépare le revirement de situation qui interviendra plus tard et en paraîtra encore plus incompréhensible faisant de Zadig une victime.

L'ironie à l'œuvre

7. La réponse à la question 5 donne déjà quelques exemples d'ironie. On peut aussi observer dans la seconde partie du premier paragraphe (l. 20 à 24) des éléments de satire de l'ignorance et du fanatisme du clergé dans l'ironie de l'antiphrase « il avait de mauvais sentiments ». On sait que pour Voltaire la raison scientifique doit l'emporter sur les dogmes religieux. Décalage ironique aussi dans l'évocation du jeune Orcan et de ses hommes armés: il n'est que le « neveu d'un ministre » mais ses prétentions sont sans borne Sans doute faut-il voir là une raillerie sur un usage aussi français qu'oriental

8. Le lecteur entre ainsi dans le conte philosophique: dès la première page, il rencontre la parodie et l'ironie dont les effets comiques vont lui suggérer une double lecture. *Zadig*, pour être une histoire orientale, n'en reste pas moins une œuvre qui, permettant à Voltaire d'avancer masquer, véhicule une réflexion sur la destinée humaine et la société de son temps. L'argumentation y est concrète et indirecte.

Vers le commentaire

9. On pourra s'inspirer des réponses aux questions précédentes.

Suggestion de plan:

I. La question du genre

a. Conte merveilleux?

b. Conte oriental?

II. Un héros parfait au destin perturbé

a. Un jeune philosophe

b. Une société hostile

Prolongement

On retrouve dans le premier chapitre de *Candide* ce qui relève du conte merveilleux détourné par l'ironie. La vie au château de Thunder-ten-tronckh est assimilable est un paradis terrestre. Nous sommes dans le monde de Candide, monde d'avant la chute, anhistorique, hiérarchique et idéalisé. C'est la curieuse Cunégonde (Ève tentatrice) qui va perturber le tableau: Candide commet une infraction sexuelle et sociale; il sera chassé du paradis terrestre.

Du danger d'être savant → p. 374-375

« Le Chien et le Cheval »

Analyse du texte

Zadig, un scientifique injustement accusé

1. La méthode d'investigation de Zadig relève de la précision de ses observations et de sa capacité à élaborer des déductions à partir de ce qu'il voit, de ce qu'il sait, et de ce qu'il a appris, un peu comme le célèbre Sherlock Holmes. L'art de Voltaire consiste à présenter d'abord les conclusions de Zadig avant d'instruire le lecteur sur les étapes de l'observation et du raisonnement qui lui ont permis d'arriver à la vérité. Zadig n'est pas un mage mais un scientifique: il va de l'observation précise du détail à la loi, au principe.

2. Le discours de Zadig (l. 31 à 51) commence par une profusion de formules hyperboliques qui parodient le merveilleux oriental. Au début du chapitre, le narrateur présente un Zadig modeste (l. 6); quand il le fait parler devant ses juges, il lui prête une connaissance parfaite de la rhétorique de la plaidoirie. Zadig prononce les formulations attendues de la tradition orientale: en apostrophe, une accumulation de périphrases fleuries (l. 31 à 33) dans laquelle Voltaire a inséré pour le lecteur des éléments de décalage ironique (voir question 6), puis une utilisation systématique d'adjectifs dont le sens relève du superlatif absolu (« auguste », « respectable », « sacré », « vénérable », « très illustre », de nouveau « auguste » pour la reine, cette fois). Par ailleurs Zadig marque fortement les étapes de son raisonnement. Voltaire continue à ancrer le conte dans l'atmosphère des *Mille et une nuits* qu'il mêle ici à un discours qui se veut une démonstration scientifique. Cela va lui permettre de faire la satire de la justice.

3. Le savant est admiré du roi, de la reine et des juges. Le roi est sans doute un despote éclairé, et les magistrats sont contraints d'admirer la qualité du raisonnement de Zadig. Mais face à la reconnaissance du savant et de sa place dans la société, force est de constater que les institutions n'avancent pas toutes au même rythme puisque les prêtres (l. 57-58) déclarent Zadig sorcier. Le savant court donc des risques dans une société où les archaïsmes religieux sont trop prégnants. Souvenons-nous qu'au chapitre 1, Voltaire a présenté Zadig comme un scientifique déjà aux prises avec « les mages », faisant allusion à l'opposition des théologiens catholiques aux théories de Galilée.

4. Zadig est dans un premier temps, après sa plaidoirie, grandi par cette expérience. Les juges sont convaincus. Mais l'appareil judiciaire est tellement lourd dans son fonctionnement et ses rituels que Zadig perd le bénéfice de sa victoire temporaire (l. 61 à 64). Cela confine à l'absurde mais sert le propos de Voltaire: Zadig, déçu, est décidé à se taire, désormais, quoi qu'il ait vu. On sait que cela lui vaudra d'être encore châtié. La leçon est donc ici très ambiguë. Il faut retenir que cet épisode renforce l'incohérence de la destinée de Zadig.

La satire de la justice

5. L'appareil judiciaire devant lequel Zadig est convoqué rend des jugements expéditifs (voir l. 24 à 26) : le héros est condamné au knout « et à passer le reste de ses jours en Sibérie ». Disproportion absolue entre la condamnation et la faute supposée. L'enchaînement des propositions dans la phrase semble être aussi rapide que le jugement. Zadig n'a pas pu se défendre. Le cérémonial judiciaire est extrêmement codifié et alors que Zadig est innocenté par le cheval et la chienne retrouvés, on lui fait payer une lourde amende « pour avoir dit qu'il n'avait point vu ce qu'il avait vu ». Le système est absurde et la vénalité des juges bien réelle : au-delà de la reconnaissance royale, les juges s'arrangent pour ne pas avoir tout à fait tort. La charge ironique de Voltaire est à son comble à la fin du passage quand la procession de tout le personnel de justice (« en grand appareil ») se déplace solennellement chez Zadig pour lui rembourser le montant de son amende... tout en lui faisant payer les frais de justice. Voltaire pousse la raillerie encore plus loin en mentionnant « les honoraires » des valets. Il n'y a donc pas au final de justice rendue.

6. La phrase, sous couvert d'effets orientalistes et de respect de la couleur locale, joue précisément de l'antiphrase. Les trois apostrophes « Étoiles de justice, abîmes de science, miroirs de la vérité » disent le contraire de ce que laisse entendre Zadig/Voltaire. Les formules sont hyperboliques et il faut les lire en quelque sorte à l'envers : il ne s'agit que d'une parodie de justice par des magistrats ignares qui n'ont que faire de la vérité. L'éloge doit être compris comme le comble du blâme. La suite de la phrase fonctionne sur des discordances : la relative qui complète les trois groupes nominaux comporte quatre compléments d'objet sous forme de groupes nominaux à la construction identique, chacune stigmatisant sous couvert d'hommage, une tare : la lourdeur de l'appareil judiciaire (« la pesanteur du plomb »), son arbitraire et sa volonté de condamner (« la dureté du fer »), la pompe du cérémonial (« l'éclat du diamant ») et pour finir, la vénalité (« beaucoup d'affinité avec l'or »).

Écriture d'invention

7. Le dialogue doit s'insérer dans un récit cadre qui présentera soit une « affaire » précise sur laquelle Zadig et Sherlock Holmes se pencheront, soit une sorte de rencontre d'experts... L'essentiel est que les élèves montrent bien que pour les deux personnages l'observation minutieuse peut engager dans une déduction rigoureuse. La connaissance du héros de Conan Doyle est susceptible d'aider les élèves.

Prolongement

La lecture de l'article « Torture » du *Dictionnaire philosophique* est un renvoi aux pages 354 et 355 du livre de l'élève. Il permet de rapprocher la satire de la justice du combat contre la torture et de rappeler la très grande actualité de ces problèmes au XVIIIe siècle.

De l'intolérance

➜ p. 376-377

■ « Le Souper »

Analyse du texte

La condamnation de l'intolérance

1. La querelle des convives porte sur la valeur des différentes religions, chacun défendant celle dans laquelle il a été élevé avec des arguments spécieux confinant à l'absurde. Il n'y a aucun échange entre les convives sinon une agression qui va crescendo jusqu'à l'intervention de Zadig. Voltaire semble faire une sorte de revue des principales religions qui existent en Europe, en Orient et en Extrême Orient pour mieux introduire le déisme que défendra Zadig.

2. L'homme de Cambalu, c'est-à-dire le Chinois est assez respectueux des autres, contrastant avec le Chaldéen. Il semble ne pas placer sa religion au-dessus de celle des autres, utilisant beaucoup de modalisateurs. On peut dire que la raison dicte son discours. Ainsi du « peut-être » qui introduit l'idée que ses principes religieux valent bien « les bœufs et les poissons ». Manière aussi d'exprimer une distance face à ces considérations. Zadig lui-même (l. 34-35) lui sait gré d'avoir été raisonnable (serait-ce un clin d'œil de Voltaire ? Les philosophes des Lumières éprouvent de la sympathie pour la Chine). À y regarder de plus près, cependant, deux prétéritions (l. 13-14 : « Je ne dirai rien de mon pays ; il est aussi grand [...] » et l. 15-17 : « Je ne dispute pas d'antiquité [...] mais s'il fallait parler d'almanach, je dirais que toute l'Asie prend les nôtres [...] ») manifestent une volonté de faire entendre aux autres que la Chine est sans conteste un très grand pays dont l'influence est considérable.

3. Avec l'intervention du Grec, la violence s'aggrave : il pratique l'insulte (l. 19 à 21) et accapare la parole, empêchant les autres de parler. Sa référence au chaos originel ne permet pas à la discussion – si discussion il y a ! – d'avancer. Quand vient le tour du Celte, ses paroles rapportées au discours indirect s'avèrent non seulement agressives mais aussi intolérantes, ridiculement chauvines (il « dit en jurant qu'il n'y avait que Teutath et le gui de chêne qui valussent la peine qu'on en parlât ») et dangereusement menaçantes (« si quelqu'un parlait mal de Teutath, il lui apprendrait à vivre »). En même temps ces excès tournent le discours du fanatisme en dérision. L'irruption du rappel par le Celte de l'anthropophagie des Scythes, ses ancêtres, qui ne doit pas empêcher « qu'on ne dût avoir beaucoup de respect pour sa nation » appartient à ces procédés de décalage ironique chers à Voltaire qui ridiculisent les propos tenus, de même que la mention « il avait toujours du gui dans sa poche » (qui prouve qu'il est plus dans la superstition que dans la foi) et la conséquence disproportionnée de ces discours absurdes : « Sétoc vit le moment où la table allait être ensanglantée ».

Le déisme

4. Les paroles de Zadig sont d'abord (l. 31 à 36) rapportées au discours narrativisé avec l'insertion d'un discret discours indirect (« il lui dit qu'il avait raison et lui demanda du gui ») et ensuite au discours direct. Le discours narrativisé permet d'aller très vite en résumant les propos tenus. En effet, l'essentiel pour le lecteur est de savoir que Zadig arrive à calmer tout le monde avant d'argumenter pour dépasser la querelle. Ce qui est rapporté au discours direct est évidemment ce qui est le plus frappant pour l'auditoire, et qui va aboutir à l'idée de l'Être suprême que tous admettront.

5. C'est parce que la violence des propos a atteint le paroxysme que Voltaire fait intervenir Zadig. Remarquons que le personnage donne à sa réaction une certaine solennité : « Zadig [...] se leva enfin ». Zadig procède avec tact et méthode : il réussit à calmer d'abord le plus dangereux (le Celte) et finit par s'adresser au « plus raisonnable ». Sa grande habileté est de feindre de s'intéresser à chacun (l. 32-33). Les convives ne peuvent qu'être profondément étonnés en entendant le paradoxe : « vous êtes tous du même avis ». Pour apaiser le conflit, Zadig déplace donc la question initiale. Là encore, il donne sa conclusion avant de révéler le raisonnement intermédiaire qui ne peut qu'être écouté avec beaucoup de ferveur tant il est attendu ! Il ne s'agit pas d'évoquer la valeur des religions mais leur point commun. Les fanatiques ne peuvent pas y penser. C'est le déisme le plus simple que Zadig fait triompher.

6. Zadig n'admet pas tout. Il a bien soin d'éliminer tout ce qui, dans les religions, est de l'ordre du rituel, de la tradition absurde ou du folklore. Il interpelle chacun des convives sur le principe antérieur au rituel. Cela seul l'intéresse et c'est ainsi qu'il n'obtient que des réponses positives à sa question. Zadig donne à tous une leçon de tolérance : il ne dit pas que toutes les religions se valent, il fait découvrir qu'elles reposent toutes sur un même principe « celui qui a fait », « celui qui vous a donné », « un Être supérieur ». Il n'est pas sûr que les ennemis soient réconciliés mais ils se retrouvent unis en Zadig !

La permanence de l'ironie

7. Le recours à l'exotisme est ici un procédé de détour de l'apologue. Nous sommes dans le conte : en inventant cette scène de repas improbable, en faisant parler chaque convive de sa religion – ou plutôt des signes extérieurs de sa religion –, Voltaire se permet de railler chacune d'elle. Sans longue discussion théologique, le fanatisme apparaît ici concrètement grâce aux marionnettes que sont le Chaldéen, le Grec, le Celte, etc. qui réduisent leur foi à une dangereuse caricature. Au lecteur d'exercer sa raison !

8. L'ironie est présente dans tout le texte (voir les réponses aux questions 2 et 3). Par l'intermédiaire des propos des personnages convoqués, Voltaire présente les religions sous leurs rituels les plus ridicules qui opèrent souvent des rapprochements burlesques. L'ironie réside aussi dans l'insistance à dénoncer les conséquences de l'abus du rituel : des comportements violents jusqu'au meurtre. La leçon de tolérance est implicite et le triomphe provisoire de Zadig à la fin la rend explicite.

9. Zadig pourrait retrouver la paix et le bonheur à la fin du chapitre XII mais son initiation n'est pas terminée. Le récit fait une pirouette : le héros est condamné à mort par ceux-là mêmes qui n'ont pas pu écouter sa leçon de tolérance et sa présentation du déisme ! Le triomphe du jeune philosophe est de courte durée : Voltaire lui invente un dur retour à la réalité, c'est-à-dire au fanatisme. La référence finale au bûcher exprimée comme un retournement (inattendu et très rapide) de situation rappelle in extremis qu'en ce siècle où les Lumières doivent éclairer... toutes les consciences, il reste encore beaucoup à faire pour que disparaisse la barbarie.

Vers le commentaire

10. Les trois axes de la lecture analytique peuvent servir de plan au commentaire du texte.

Du malheur des hommes

→ p. 378-379

■ « Le Pêcheur »

Analyse du texte

Le pêcheur narrateur

1. Reprendre l'histoire de Zadig et d'Astarté du point de vue du pêcheur permet à Zadig auditeur et interlocuteur d'entendre ce qu'on disait de lui – et en effet le pêcheur parle du « fameux ministre Zadig », preuve quasi objective qu'il le fut, effectivement – d'avoir des informations qui permettent de remplir les passages qu'il ne connaît pas de son histoire : remarquons l'ironie qui signale le passage de la justice chez Zadig : « je trouvai les archers du grand desterham, qui, munis d'un papier royal, pillaient sa maison loyalement et avec ordre ». Le verbe « piller » va difficilement avec l'adverbe « loyalement » ! En même temps, nous nous acheminons vers la fin du conte et cet artifice narratif a l'immense mérite de rappeler au lecteur ce qui reste pour Zadig un pur moment de bonheur avant la chute (chapitre 5 à 8). Le lecteur peut alors se demander si le dénouement du conte va permettre le retour à cette situation d'équilibre. Enfin, l'histoire de Zadig et d'Astarté fonctionne ici comme une sorte d'archétype du récit de destins malheureux.

2. C'est ainsi que les malheurs du pêcheur sont habilement intégrés dans ceux de Zadig. L'ironie le dispute à la rapidité du récit. En même temps que le pêcheur donne des hypothèses sur le sort qui fut réservé à la reine, il ne perd pas de vue son sujet et conclut par ce qui est une chute pour l'histoire d'Astarté mais une péripétie pour le récit du pêcheur: « mais tous m'assurèrent qu'on ne me paierait point mes fromages » (l. 12-13). Le récit du pêcheur rejoint ainsi la destinée de Zadig. Ce sont bien deux désespérés qui se sont rencontrés. Mais Zadig est le sauveur du pêcheur. Il change de rôle et pour une fois, il va pouvoir agir pour modifier le destin d'autrui en conseillant au pêcheur de se rendre à Babylone où il le rejoindra.

3. Le récit du pêcheur est une sorte de mise en abyme de l'histoire de Zadig dans la mesure où l'absurdité des événements est celle-là même vécue par Zadig : incohérence du sort qui redouble dans l'acharnement (la maison saccagée puis brûlée), incompréhension, mais aussi passage devant une justice ruineuse dont Voltaire fait la satire comme au chapitre 3. Simplement Zadig est le héros de l'histoire et il n'a jamais atteint le degré de dénuement du pêcheur.

Du malheur au bonheur

4. Le récit met en scène la cascade des malheurs par des phrases composées souvent de propositions juxtaposées par un point-virgule ou deux points. Ces signes de ponctuation remplaçant un connecteur logique ou temporel. Le récit est rendu plus rapide et plus vivant par cette parataxe, d'autant que les verbes d'action sont nombreux (voir de la l. 10 à la l. 18). L'ironie est toujours présente par exemple dans l'intégration du problème du paiement des fromages dans les hypothèses sur la mort d'Astarté, dans la satire de la justice, dans la guerre qui vient conclure la vente de la maison du pauvre pêcheur, ainsi que dans les poissons qui « se moquent » de lui.

5. Zadig écoute, comme souvent dans le conte. Ici, il n'est pas silencieux puisque le conteur nous dit qu'il interrompt souvent le pêcheur pour demander des nouvelles d'Astarté. C'est la loi du genre : *Zadig* est aussi un conte merveilleux et comme Candide doit retrouver Cunégonde, Zadig doit retrouver Astarté. Mais Voltaire sait que la vie n'est pas un conte et il complique à plaisir le destin de son héros. Dans le chapitre 15, Zadig est plus serein devant le malheur: il lui a été permis de sauver le pêcheur, de se conduire en ange et il est satisfait de pouvoir infléchir la destinée de ce dernier, faire peut-être – car rien n'est sûr – le bonheur de quelqu'un. Le lecteur sent que l'aventure initiatique est en voie d'achèvement.

6. Non content d'avoir sauvé le pêcheur, Zadig lui donne la moitié de la fortune qu'il possède. Cette fin annonce celle du chapitre 18. Dans le chapitre 15, Zadig pourrait être convaincu des bienfaits de la Providence : il a souffert, le pêcheur a souffert mais ces successions incohérentes de malheurs semblent avoir un sens caché puisque le bonheur est à nouveau et de manière inattendue à portée de mains.

Prolongement

Le lecteur trouvera dans *Les Mille et Une Nuits* le style que Voltaire tourne ici en dérision en particulier dans la redondance, l'ornement dans la description, l'outrance, mais aussi les figures de la sensualité, de la tyrannie et du fanatisme.

De l'apparition du sens? → p. 380-381

■ « L'Ermite »

Analyse du texte

Un récit de la surprise

1. Comme toujours chez Voltaire, les péripéties s'enchaînent très vite, encore plus vite ici... et le contraste est grand pour le lecteur entre la générosité de la mère qui envoie son fils aider ses hôtes à passer un pont dangereux et la mort brutale, injuste et cruelle de ce fils. Les phrases sont relativement courtes, les verbes d'action nombreux et le récit réduit à l'essentiel. Le lecteur s'identifie facilement à Zadig, il éprouve les mêmes sentiments : il ne comprend pas. Ici on a des connecteurs temporels (« le lendemain », « Quand », « alors ») qui marquent fortement, en les dramatisant, les étapes du récit lequel laisse vite la place au dialogue entre l'ermite et Zadig.

2. L'irruption du merveilleux permet au lecteur de se préparer à l'explication... Zadig se révolte contre l'ermite, mais cette révolte est arrêtée net par la transformation de l'ermite en ange. Immédiatement d'ailleurs, Zadig se prosterne.

Les interrogations de Zadig

3. Zadig réagit très violemment contre l'ermite dans la première partie du texte. Il l'invective et c'est la révolte contre le mal : « Ô monstre ! le plus scélérat de tous les hommes », « Qui te l'a dit, barbare ? ». Quelques lignes plus loin, ces invectives se transforment en apostrophes sacrées : « Ô envoyé du ciel ! Ô ange divin » et Zadig prosterné a retrouvé la posture du respect, de la soumission et de la déférence puisqu'il demande à l'ange la permission de parler. L'ange fait de lui un homme exceptionnel qui mérite d'avoir des explications (l. 33-35). Enfin Zadig pose les questions que le lecteur voudrait poser.

4. À la ligne 25, la transformation du vieillard est vue par Zadig : deux complétives l'expriment après le verbe « il aperçut ». Ensuite, une phrase déclarative composée de deux indépendantes juxtaposées par un point-virgule consacre la description de l'ange. Notons une certaine amplitude de la seconde indépendante qui insiste sur la transfiguration : le corps de l'ange est « majestueux et resplendissant de lumière », lumière symbolique du divin, évidemment.

5. Zadig s'étant révolté, l'ermite devenu ange va lui révéler le secret de la destinée, du bien et du mal. Zadig continue d'objecter. L'ange argumente en plaçant le bien et le mal dans une suite d'événements cohérente où le hasard n'a pas sa place pour l'Être suprême. Zadig reçoit l'ordre (l. 58) de ne plus chercher à comprendre : « Faible mortel, cesse de disputer contre ce qu'il faut adorer ». Au moment où Zadig veut objecter encore (« Mais, dit Zadig... ») l'ange l'interrompt et Zadig abandonne le combat philosophique. Qu'est-ce à dire ? Vraisemblablement qu'il est difficile d'accepter que l'ordre divin soit indifférent au bonheur et au malheur des hommes. Zadig est peut-être en cet instant Voltaire qui admet difficilement la coexistence du bien et du mal sur terre. Mais c'est plus globalement à la réflexion que ce passage conduit le lecteur : Zadig en terminant son initiation, perd ses illusions sur le monde avant de devenir un bon roi. Il accepte de se soumettre et de regarder la réalité en face.

Le sens de l'apologue

6. Nous sommes dans un conte, nous ne devons pas l'oublier. Le vieillard est un personnage issu du merveilleux. Dans la fiction, pour Zadig, c'est l'interprète de Dieu. Pour le lecteur c'est le personnage qui donne le mode d'emploi, la carte maîtresse par laquelle Voltaire va exposer sa propre idée de la Providence. Même s'il est aussi Zadig, Voltaire est un peu Jesrad : il nous fait part de l'état de sa réflexion sur le bien et le mal au moment où il écrit ce conte. Zadig va vers le bonheur, la Providence concilie donc la liberté de l'individu avec la soumission nécessaire à un ordre supérieur des causes et des effets qui n'est pas toujours compréhensible mais qui existe, c'est ce qu'explique Leibniz dans sa *Théodicée*.

7. Le sens de cet apologue peut être dans la formule « il n'y a point de mal dont il ne naisse un bien » et dans le rétablissement in extremis d'une cohérence d'ensemble qui a fait défaut au lecteur comme au personnage de Zadig. C'est le « Mais » final de Zadig qui vient relancer le débat. Il n'est pas du tout sûr que la réflexion de Voltaire soit achevée ici. Il est certain qu'à ce stade, il suit la philosophie de Leibniz : le mal doit être nécessaire, acceptons-le pour le bonheur futur. Zadig accepte sa condition d'homme mais la morale du conte, elle, reste ouverte.

Recherche documentaire

8. On pourra faire lire le *Poème sur le désastre de Lisbonne* grâce à un moteur de recherche. C'est un événement très important dans le siècle et l'évolution de la philosophie voltairienne. L'exercice consiste à faire comprendre aux élèves que, pour Voltaire, cet événement réduit l'optimisme à néant. Le mal est un scandale. Si Dieu a voulu cela, l'homme n'est rien. S'il s'est agi de punir Lisbonne, la punition est gratuite. Voltaire sombre dans le pessimisme et tout en voulant rester mesuré après l'expression d'une très grande émotion, il avoue ne trouver aucune réponse satisfaisante.

Prolongement

Cette lecture complémentaire permet aux élèves de faire le point sur ce qu'est la théorie de Leibniz. L'optimisme de Leibniz est raillé dans *Candide* qui opte finalement pour un pessimisme mesuré qui ne doit pas faire renoncer à l'action dans le cadre d'une vie consacrée au travail et à la sagesse (voir le chapitre 30). Entre *Zadig* et *Candide*, Voltaire a réaffirmé son refus de la métaphysique et renoncé à l'ordre du monde proposé par Pope et Leibniz.

Étude d'ensemble

→ p. 382-383

Un conte dans le goût de l'Orient

1. Pour cette première question, on peut se reporter à l'étude du premier extrait de *Zadig*, « D'un héros parfait ».

2. On peut faire la structure du conte en se référant aux lieux de l'action et à la nature des événements vécus par le héros. On considérera trois moments :

I. Jusqu'au chapitre 8 l'action se passe à Babylone ou au bord de l'Euphrate : le héros est dans le bonheur qui culmine à sa nomination comme premier ministre au chapitre 8 mais il vit cependant un certain nombre d'événements douloureux.

– Chapitres 1 et 2 : Zadig est confronté à deux déceptions amoureuses successives.

– Chapitre 3 : il est confronté à la Cour de justice.

– Chapitres 4 à 8 : il se consacre à la philosophie mais il est par deux fois condamné à mort et sauvé. Il gagne le concours de l'action la plus généreuse et devient premier ministre. Il tombe amoureux de la reine Astarté, il est condamné à être étranglé et s'enfuit.

II. Du chapitre 9 au chapitre 13, c'est l'errance de l'Égypte à l'Arabie.

– Chapitres 9 à 11 : Zadig est condamné à l'esclavage par la justice égyptienne. Il est racheté par le marchand Sétoc.

– Chapitre 11 : il réforme une loi de la tribu de Sétoc selon laquelle on brûlait les veuves.

– Chapitre 12 : à Balzora, Zadig apaise une querelle sur la valeur comparée des religions.

– Chapitre 13 : il est condamné au bûcher par les prêtres de la tribu de Sétoc.

III. Du chapitre 14 au chapitre 19 : Zadig est sur le chemin de la sagesse et du retour à Babylone.

– Chapitre 14 : il fait la connaissance d'Arbogad, chef heureux de voleurs, qui l'a attaqué et qui lui révèle que le roi Moabdar est mort mais ne sait pas ce qu'est devenue Astarté.

– Chapitre 15 : il sauve un pêcheur qui allait se suicider et qui lui raconte à son tour ses malheurs.

– Chapitre 16 : alors qu'il croise des femmes à la recherche d'un basilic, il retrouve Astarté, captive chez le seigneur Ogul. Elle lui raconte son histoire. Zadig guérit Ogul en échange de la liberté d'Astarté.

– Chapitre 17 : Astarté redevient reine de Babylone. On organise un tournoi pour désigner un mari à Astarté. Zadig s'y inscrit, le gagne et perd son armure.

– Chapitre 18 : Zadig désespéré rencontre un ermite dont le comportement finit par le surprendre. L'ermite, en réalité l'ange Jesrad, lui révèle les secrets de la Providence. Zadig participe à l'épreuve des énigmes et il est fait roi de Babylone.

L'action progresse par rencontres plus ou moins inattendues suivies d'épreuves que Zadig gagne. Mais l'alternance du bonheur et du malheur demeure. Par exemple, à la fin du chapitre 12, Zadig, vantant l'Être suprême, est arrivé à réconcilier des convives qui se querellent violemment sur le bien fondé de leurs religions respectives. Cependant, il apprend qu'il est condamné au bûcher.

3. Chaque chapitre a une très forte unité (le titre en fait foi), et peut être considéré comme un apologue parce que la morale (ou la leçon) est circonscrite et claire. Le chapitre 3 « le Chien et le Cheval » est une virulente satire de la justice, le chapitre 12 « Le Souper » consacre le combat contre le fanatisme.

4. Voir l'étude du premier extrait de *Zadig*, « D'un héros parfait ».

5. Voir l'étude du premier extrait de *Zadig*, « D'un héros parfait ».

À ce sujet relire le chapitre 4 qui comporte la critique du style oriental

6. Voltaire parodie dans *Zadig* le roman sentimental, caractérisé par l'invraisemblance des situations, et « l'expression hyperbolique de l'amour. Ainsi, des scènes archétypales de romans sentimentaux apparaissent tout au long de *Zadig* lorsque le lecteur assiste, par exemple, à des enlèvements (chapitres 1 et 9), des séparations (chapitres 8 et 16), des retrouvailles (chapitres 16 et 19). Dans le chapitre 8, Voltaire donne à lire une véritable peinture du sentiment amoureux et de ses effets physiologiques et moraux. Il utilise pour cela un vocabulaire associé aux romans sentimentaux traditionnels (« trait », « feu », « gémissements », « larmes », « flamme »). Mais, même si Voltaire semble prendre plaisir à détailler les progrès des sentiments de Zadig pour Astarté, il s'agit surtout de parodier et de proposer une satire de ce genre. Chaque situation inspirée des romans sentimentaux se termine de manière décevante pour le héros : ainsi l'illusion romanesque est-elle rompue pour permettre au lecteur de comprendre l'ironie et l'intention moqueuse de Voltaire (voir les épisodes avec Sémire et Azora aux chapitres 1 et 2).

Un roman d'apprentissage

7. On peut travailler sur cette question à partir du tableau élaboré pour la structure du récit (voir réponse à la question 2). Les épreuves de Zadig ne sont pas de même nature : elles lui sont imposées au gré de son voyage initiatique par :

- l'amour ;
- les religieux ;
- une pseudo-justice ;
- les usages d'un pays (l'Égypte) ;
- des brigands ;
- le roi ;
- le peuple de Babylone.

Déçu en amour par Sémire et Azora (chapitres 1 et 2), il connaîtra l'amour partagé avec Astarté.

Il est souvent condamné :

– à mort par des religieux (début chapitre 4, fin du chapitre 12) ou par le roi (chapitre 8) ;

– au knout ou à de fortes amendes par une justice spécieuse et corrompue (chapitre 3) ou à l'esclavage (chapitre 11).

Il est attaqué par des brigands (chapitre 14).

Il passe des épreuves à l'instar du héros de chevalerie : au chapitre 17, on a bien un tournoi comme à l'époque médiévale avec des chevaliers en armures C'est le peuple de Babylone qui organise les épreuves que Zadig passe pour conquérir la main d'Astarté et enfin pour être roi de Babylone.

8. et **9.** Le lecteur comme Zadig ne perçoit pas dans un premier temps le sens des épreuves traversées tant leur gratuité apparaît évidente. Cependant, même s'il faut attendre les révélations de l'ange Jesrad pour les replacer dans la perspective et la cohérence de l'ordre divin avant l'accès au pouvoir et au bonheur de Zadig, il y a des indices interprétables. Au chapitre 8, Zadig devient premier ministre, puis c'est la chute ; au chapitre 18, il deviendra roi de Babylone, entre ces deux moments, les épreuves qu'il passe lui font rencontrer la réalité des hommes : le fanatisme religieux, la cupidité du monde judiciaire, la barbarie de certaines coutumes, le bonheur dans le vol, le malheur du peuple, etc. ; il n'en sera que meilleur monarque.

10. À la fin du conte, Zadig semble avoir changé : il est au début de son histoire un jeune homme serein qui fait confiance à son intelligence, sa modestie, sa discrétion, son sens de la rhétorique. Il écoute beaucoup. Il prend subtilement position. L'amour pour Astarté le pousse progressivement à agir mais c'est devant l'ermite du chapitre 18 qu'il se révèle avant de se soumettre respectueusement, non sans tenter jusqu'au bout d'avoir des réponses à la question essentielle du partage sur terre du bien et du mal. Il est un peu plus qu'une sage marionnette entre les mains de son créateur. Il a appris le monde. Il s'est accompli.

Les formes du mal

11. Voir la réponse à la question 2.

12. et 13. Zadig n'est jamais désespéré : nous sommes dans l'univers du conte d'une part, d'autre part notre héros est le produit d'une éducation qui lui permet d'utiliser sa raison. Il a donc une certaine maîtrise de l'émotion et du discours. Il sait se défendre, physiquement et intellectuellement. À partir du moment où Zadig rencontre Arbogad, il commence à douter vraiment de la Providence et se dit que le mal est triomphant et que la vie est faite de hasards juxtaposés. Il est convaincu que le bien n'est pas récompensé. Mais cette rencontre a lieu au chapitre 14 au moment où le lecteur s'achemine vers la fin de l'œuvre. Zadig est soutenu par le souvenir d'Astarté et c'est sa rencontre avec l'ermite au chapitre 18 qui va paradoxalement le ramener vers l'idée que ses épreuves vont construire son bonheur. Souvenons-nous qu'au chapitre 15, il avait joué auprès du pêcheur le rôle d'un ange sauveur et il en avait remercié Orosmade.

14. Le comportement du vieillard est d'abord profondément incompréhensible et choquant. Il accrédite l'idée du mal gratuit et le lecteur réagit d'abord comme Zadig, par l'indignation. Or le vieillard dans sa réponse à Zadig parle au nom de la Providence : « la Providence a mis le feu » (l. 17), « apprenez que ce jeune homme dont la Providence a tordu le cou » (l. 18-19). Avant de se transformer en ange Jesrad, il est déjà incontestablement un interprète des lois divines puisqu'il connaît l'avenir. Il montre à Zadig que ce qu'il considère comme un crime gratuit est en réalité une sorte d'action de prévention pour qu'un mal plus grand n'ait pas lieu. C'est cette idée que Jesrad défendra dans le dialogue final avec Zadig sur les formes du mal. Les épreuves de Zadig prennent donc un tout autre sens avec cette formule de l'ange : « tout est épreuve, ou punition, ou récompense, ou prévoyance » (l. 55-56). Rejoignant la *Théodicée* de Leibniz, Voltaire semble approuver l'idée qu'il n'y a du mal que par nécessité dans l'articulation des effets et des causes. En prenant l'exemple du pêcheur qui voit le bonheur lui sourire au moment même où il est prêt à mettre fin à ses jours, Jesrad apprend à Zadig qu'il n'est pas encore capable de comprendre pourquoi il a vécu tel ou tel événement mais que sa vie a sa complète cohérence. C'est donc dans une perspective positive qu'il faut relire les épreuves du héros et ses rencontres avec le mal parce qu'elles ont un sens caché. Zadig est en effet un roman initiatique et il est clair que le héros sort différent des épreuves qu'il a subies.

Le pessimisme et les formes de la Providence

15. Le pessimisme de Voltaire dans *Zadig* s'exprime dans le nombre d'épreuves que son héros affronte, dans la violence des situations inattendues qui provoque l'incompréhension, dans le décalage presque constant entre les actes et leurs conséquences. Le pessimisme gagne même le héros (voir questions 12-13) : il n'est jamais récompensé de ses bonnes actions. Pire, il est quelquefois puni dès qu'il a fait le bien (voir fin du chapitre 12).

16. C'est *in extremis* que l'optimisme triomphe à la fin comme après un revirement de situation. Le pessimisme de Voltaire a-t-il complètement disparu ? Le dialogue avec l'ange est interrompu, Zadig avait encore une objection et c'est là probablement le signe que conclure sur l'optimisme est peut-être un peu simple. Il est vrai que Zadig connaîtra deux autres épreuves à l'issue positive avant de devenir roi (chapitre 19) : il est rationnel, il a besoin d'une réponse à la question du sens de sa destinée. L'ange Jesrad ne doit pas le satisfaire pleinement cependant et il semble que Voltaire pose dès lors le problème de la place de la liberté de l'homme dans ce système, mais le déiste a décidé de remercier quand même Dieu.

17. Le vieillard et l'ange sont une seule et même personne : nous sommes dans un conte merveilleux et un apologue ! Il faut qu'une sorte de *deus ex machina* expose la morale de l'histoire : les malheurs de Zadig peuvent continuer Le personnage du vieillard, parce qu'il est d'origine divine Voltaire reprend la figure mythique de l'ermite qu'il double de celle de l'ange , et qu'il a la connaissance de l'ordre divin est celui qui va permettre à une autre situation de s'installer. Il signale que Zadig est entré dans la dernière phase de son initiation : il a reçu les lumières. Il sait que sa vie a un sens et que cela veut dire accepter l'existence du mal sur la terre.

18. Toutes ses épreuves rendent ambiguë la position de Zadig vis-à-vis de la Providence. Néanmoins, notre héros est déiste, il en a fait la profession de foi au chapitre 12. C'est ce qui explique son revirement immédiat (il se prosterne) quand le vieillard disparaît pour laisser la place à l'ange Jesrad. Il est dans l'acceptation, même s'il n'est pas complètement convaincu de l'utilité du mal pour que triomphe le bien.

19. L'hypothèse philosophique qui est celle de Voltaire n'est pas explicite mais il semble – comme son héros – essayer de se convaincre de la nécessité du mal pour préserver le bien et de l'existence d'une Providence qui veille sur les meilleurs. *Candide* sera très nettement plus pessimiste.

Zadig une œuvre des Lumières

20. *Zadig* est un apologue. Il propose une morale implicite. Au premier niveau de lecture, c'est un conte divertissant au sens littéral du terme, il emprunte au conte merveilleux traditionnel mais aussi au conte oriental : nous lisons les aventures du jeune Zadig qui sont autant d'épreuves d'un voyage initiatique qui mènera le héros au bonheur. Au second niveau de lecture, Voltaire, au gré des péripéties vécues par son héros, dresse un tableau critique de la société française du XVIIIe siècle, d'où la présence fréquente de la satire, et invite son lecteur à réfléchir sur le sens profond de la destinée humaine et sur les formes de la Providence.

21. On se référera surtout au chapitre 3 (voir « Du danger d'être savant », questions 5 et 6) où Voltaire met en scène, grâce à l'ironie et à la parodie, une justice cruelle, ridicule et cupide.

22. Le récit des aventures de Zadig est aussi l'occasion de railler tous les fanatismes religieux et de plaider pour la tolérance. On se référera au chapitre 12 (voir « De l'intolérance ») mais aussi aux chapitres 4, 11 et 13. Voltaire attaque la cruauté des prêtres (voir l'archimage Yébor qui veut empaler Zadig sous un prétexte absurde) et leur cupidité (au chapitre 13, Zadig est condamné au bûcher parce qu'il a fait abandonner la pratique qui consistait à brûler les veuves, il a ruiné les prêtres, appelés « mages », « archimages », « pontifes » et « brahmanes »). Voltaire montre les religions sous leurs aspects de rituels bien plus proches du folklore et de la superstition que de la spiritualité. Le chapitre 12, intitulé « Le Souper » est exemplaire à cet égard. Chaque convive défend avec hargne sa religion. On s'y reportera. Le chapitre 11 dénonce les pratiques barbares qui se maintiennent sous couvert de religion. Ainsi Almona dit : « Je suis dévote ; je serais perdue de réputation, et tout le monde se moquerait de moi, si je ne me brûlais pas ». Face à cela Zadig oppose la tolérance (voir chapitres 4 et 12) et fait comprendre que l'important est d'adorer et de remercier l'Être suprême.

23. Dans sa trajectoire, Zadig est premier ministre au chapitre 8 et il devient roi de Babylone au chapitre 19. Il a eu une éducation éclairée, il cultive le rationalisme. Voltaire a choisi de parler concrètement de fanatisme religieux, de la même façon, il choisit de montrer concrètement (le genre du conte et l'apologue le lui permettent) comment un roi cultivé doit régner en respectant les principes de la justice et de l'équité, comment il doit s'entourer pour rendre un jugement par exemple (voir chapitre 6, « Le Ministre ») ou pour avoir des amis (chapitre 19, « Les Énigmes »), comment il doit éloigner de lui la vengeance et l'humiliation des ennemis et se préoccuper de son peuple (chapitre 19). Voltaire nous donne donc quelques éléments qui permettent de dresser le portrait du roi idéal selon lui. Implicitement se tisse une réflexion contre la pratique française du pouvoir absolu.

L'ironie voltairienne

24. L'objectif de l'exercice est de faire revenir les élèves sur des aspects très précis du texte afin de trouver des exemples pertinents de procédés décrits dans la consigne. On se référera aux différentes analyses des extraits de *Zadig* dans lesquelles une place est presque toujours faite à l'ironie.

25. On se reportera aux pages « Du danger d'être savant » (extrait du chapitre 3) et « De l'intolérance » (extrait du chapitre 12). L'ironie et la parodie permettent à Voltaire une critique qui, pour être virulente, n'en est pas moins masquée, jouant avec la connivence du lecteur.

Écriture et prolongements

Écriture d'invention

L'objectif de l'exercice est de voir si l'élève est capable de créer des procédés ironiques et de les utiliser à bon escient.

Suggestions de lecture

- À propos des *Lettres persanes* : l'intérêt est évidemment de détourner la censure, de faciliter la critique sociale, morale et politique, d'aller le plus loin possible dans l'ironie et la satire puisqu'elle est prêtée à un étranger. Le Persan s'étonne de tout, pour lui Paris et la France sont du pur exotisme.
- La lecture de *Candide* permet de montrer aux élèves que la réflexion de Voltaire sur le mal a évolué et qu'il est nettement plus pessimiste dans cette œuvre qui met en scène toutes les variétés du mal que le XVIIIe siècle a connues : la guerre, le fanatisme religieux, l'Inquisition, le tremblement de terre et le ras de marée, l'esclavage et la traite des noirs, etc.

L'œuvre du siècle : l'*Encyclopédie*

➜ p. 384-385

Recherche documentaire

➜ **Dans l'article « Encyclopédie »**, Diderot assigne à l'entreprise trois types d'objectifs :

– objectifs regroupés autour de la connaissance (cf. l'étymologie du mot « encyclopédie »). La transmission des connaissances doit se faire en utilisant la raison et non le dogmatisme ;

– objectifs liés au progrès moral : le XVIIIe siècle croit avec force que le progrès des connaissances, le progrès des techniques, doit conduire au bonheur ;

– objectifs liés à la contestation : il s'agit de « tout remuer sans exception et sans ménagement ».

➜ Les principaux collaborateurs de l'*Encyclopédie*

– Condillac (1714-1780) : auteurs d'articles consacrés à la philosophie

– D'Alembert (1717-1783) : mathématicien, membre de l'académie de sciences à vingt-trois ans et co-directeur de l'*Encyclopédie* avec Diderot jusqu'en 1758. Il quitte la direction de l'*Encyclopédie* après les remous causés par son article « Genève ».

– Damilaville (1723-1768) : haut fonctionnaire des Finances, ami de Voltaire et Diderot, auteur des articles « Paix » et « Population »

– Daubenton (1716-1800) : collaborateur de Buffon, auteur d'articles de sciences naturelles.

– Duclos (1704-1772) : historiographe du roi. Auteur d'articles de critique artistique

– Dumarsais (1676-1756) : philosophe rationaliste, spécialiste de stylistique et de lexique, il a dirigé tous les articles concernant la grammaire. C'est lui qui rédigea l'article « Philosophe ».

– D'Holbach (1723-1789) matérialiste et athée, il écrit plus de quatre cents articles concernant la géologie, la minéralogie, la métallurgie, la chimie, mais aussi les articles « Prêtres », « Représentants », et « Théocratie ».

– Jaucourt (1704-1779) remarquable « rédacteur en chef », travailleur acharné, a écrit 17000 articles sur les 60660 que compte l'Encyclopédie, notamment « Guerre », « Inquisition », « Monarchie », « Peuple », « Esprit philosophique », « Presse »

– Marmontel (1723-1799) : homme de Lettres, écrit des articles de critique littéraire et de morale.

– Quesnay (1694-1774) : premier médecin ordinaire du roi Louis XV, élabore la doctrine des physiocrates selon laquelle le sol est la seule source de richesse. Auteur des articles « Grains » et « Fermiers ».

– Rousseau (1712-1778) : écrit des articles sur la musique et l'article « Economie politique ». Il rompra avec les encyclopédistes après la parution de l'article « Genève » écrit par d'Alembert.

– Saint-Lambert (1716-1803) : poète, auteur des articles « Luxe » et « Génie ».

– Turgot (1727-1781), maître des requêtes au Parlement de Paris et futur ministre de Louis XVI, passionné d'économie, il collabore à l'Encyclopédie jusqu'en 1757. Il favorisera les idées des physiocrates et s'inspirera des encyclopédistes dans certaines de ses réformes.

– Voltaire (1694-1778) : fournit des articles littéraires et historiques ; défenseur ardent de l'*Encyclopédie* et de Diderot qu'il nomme « frère Platon ».

Une architecture de l'utopie : la Saline royale d'Arc-et-Senans

→ p. 386-387

2 La Saline royale, un projet de cité utopique

Lecture de l'image

On peut être sensible à la beauté de l'ensemble, faite de perfection symétrique, à l'espace somptueux du demi-cercle, aux bâtiments qui se répondent (ainsi le bâtiment d'entrée et la maison du directeur), à la perspective que l'œil peut embrasser. Cependant, il faut lire attentivement le paragraphe qui se trouve sous cette photographie et se souvenir qu'il s'agit d'une façon de « rationaliser le travail des ouvriers ». Tout a été pensé : de l'organisation du travail à la vie privée. Tout est prévu, encadré, et la maison du directeur domine l'ensemble. Briques, pierres, hautes toitures, l'ensemble établit de nouveaux rapports entre l'espace, les volumes, la lumière et les fonctions des bâtiments.

3 « Tout voir, tout entendre, ne rien dissimuler »

Lecture de l'image

1. La maison du directeur est très inspirée de l'architecte italien Palladio. Les colonnes doriques et le fronton donnent à cette maison un aspect austère et monumental.

2. À l'évidence, elle ressemble à un temple grec : elle en a la beauté et la perfection mais aussi le caractère sacré.

3. Le fronton percé d'un *oculus* est symbolique du pouvoir que représente le lieu : c'est le cœur religieux, administratif et politique de la Saline.

4 Une vie communautaire

Lecture de l'image

La grotte du bâtiment d'entrée marque le passage entre le monde de l'extérieur et celui, particulier, de la saline avec ses règles bien précises. C'est le lieu que l'on traverse pour aboutir en quelque sorte à un autre monde.

Les connecteurs

→ p. 388-389

1 **Au bout de quelque temps**, je remarquai que le bruit et le battement d'ailes s'augmentaient beaucoup, et que ma boîte était agitée çà et là comme une enseigne de boutique par un grand vent ; j'entendis plusieurs coups violents qu'on donnait à l'aigle, **et puis, tout à coup**, je me sentis tomber perpendiculairement pendant plus d'une minute, mais avec une vitesse incroyable. Ma chute fut terminée par une secousse terrible, qui retentit plus haut à mes oreilles que notre cataracte du Niagara ; **après quoi** je fus dans les ténèbres pendant une autre minute, **et alors** ma boîte commença à s'élever de manière que je pus voir le jour par le haut de ma fenêtre. Je connus **alors** que j'étais tombé dans la mer, et que ma boîte flottait.

2 Notre âme est faite **pour** *(non connecteur)* penser, c'est-à-dire pour apercevoir : **or** *(connecteur)* un tel être doit avoir de la curiosité ; **car** *(connecteur)*, comme toutes les choses sont dans une chaîne où chaque idée en précède une et en suit une autre, on ne peut **jamais** *(non connecteur)* avoir une chose sans désirer d'en avoir une autre ; et, **si** *(connecteur)* nous n'avions pas ce désir pour celle-ci, nous n'aurions eu aucun plaisir à celle-là. **Ainsi** *(connecteur)*, quand on nous montre une partie d'un tableau, nous souhaitons de voir la partie qu'on nous cache, **à proportion** *(non connecteur)* du plaisir que nous a fait celle que nous avons vue. C'est **donc** *(connecteur)* le plaisir que nous donne un objet qui nous porte vers un autre ; c'est **pour cela** *(connecteur)* que l'âme cherche toujours des choses nouvelles, et ne se repose jamais. **Ainsi** *(connecteur)* on sera toujours sûr de plaire à l'âme lorsqu'on lui fera voir beaucoup de choses, ou **plus qu'***(non connecteur)* elle n'avait espéré d'en voir.

3 **a.** Sont connecteurs: «le matin», «le soir», «mais», «si», «puisque»,»s'», «par là».
b. «Le matin»: GN; il lie «sa bibliothèque était ouverte à tous les savants» à ce qui précède.
«Le soir»: GN; il lie «sa table l'était à la bonne compagnie» à la proposition qui précède.
«Mais»: conjonction de coordination; elle lie les deux propositions qui précèdent à «il connut bientôt combien les savants sont dangereux».
«Si»: conjonction de subordination; elle lie «cet animal n'existe pas» à «comment défendre le griffon».
«Puisque»: conjonction de subordination; elle lie «Zoroastre ne veut pas qu'on en mange» et «il faut bien qu'il existe».
«S'»: conjonction de subordination; elle lie «il y a des griffons» et «n'en mangeons point».
«Par là»: groupe prépositionnel; il lie « **S'**il y a des griffons, n'en mangeons point ; s'il n'y en a point, nous en mangerons encore moins» et « nous obéirons tous à Zoroastre. »
c. Sont connecteurs logiques: «mais» (opposition), «si» (hypothèse), «puisque» (justification), «s'» (hypothèse), «par là» (cause).

4 **Quoique** *(opposition)* nous regardions les châtiments et les récompenses comme les grands pivots du gouvernement, je puis dire **néanmoins** *(opposition)* que la maxime de punir et de récompenser n'est pas observée en Europe avec la même sagesse que dans l'empire de Lilliput [ ]. Ces peuples regardent comme un défaut prodigieux de politique parmi nous que toutes nos lois soient menaçantes, et que l'infraction soit suivie de rigoureux châtiments, **tandis que** *(opposition)* l'observation n'est suivie d'aucune récompense ; c'est **pour cette raison** *(cause)* qu'ils représentent la justice avec six yeux, deux devant, autant derrière.

Activités d'écriture

Écriture d'invention

• L'objectif du premier exercice est d'utiliser les connecteurs spatiaux-temporels et logiques pour évoquer la Saline royale d'Arc-et-Senans dans sa perfection d'une part, dans son ambiguïté d'autre part. Le professeur peut préparer l'exercice en faisant d'abord décrire la photographie aérienne: l'espace, la symétrie, la lumière, les matériaux, la fonction des bâtiments. La question proposée à la page 386 peut être l'objet d'un moment de discussion en classe, permettant aux élèves d'élaborer des arguments.

• Le second exercice est l'imitation d'un article du *Dictionnaire philosophique* de Voltaire. On se reportera page 354, à l'analyse de l'extrait de l'article «Torture».

César Chéneau du Marsais, *Encyclopédie*, article « Philosophe »

➜ p. 390-391

1. Genre

a. L'article «Philosophe» permet de comprendre ce qui anime les encyclopédistes. Dumarsais y présente l'honnête homme du XVIIIe siècle, maîtrisé, attentif aux autres, libéré des passions, guidé par la raison et prêt à l'action.

b. Les mots les plus fréquemment répétés sont: «philosophe», «raison», «probité», «société», «honnête homme». On reconnaît là les mots clés qui définissent le philosophe du XVIIIe siècle. Le mot «raison» est dominant: c'est la raison qui régit la réflexion, l'analyse, l'argumentation et l'action du philosophe qui vit dans la société et qui pratique la vertu.

c. Thèse du passage: le philosophe doit vivre en société et s'y rendre utile.

Argument 1: le philosophe est un intellectuel qui est gouverné par «l'esprit d'observation et de justesse».

Argument 2: il n'est pas un pur esprit.

Argument 3: il doit vivre en société et acquérir les qualités nécessaires.

Argument 4: il veut développer les relations humaines (plaire et se rendre utile).

Argument 5: il pratique la vertu en même temps qu'il cultive la raison.

Argument 6: il refuse le désordre des passions fanatiques et de l'irrationnel.

Argument 7: il agit en société en honnête homme.

Les arguments s'enchaînent moins par des connecteurs logiques que par une parataxe qui favorise l'approfondissement de l'argument par un autre.

2. Mouvement

a. Le philosophe du XVIIIe siècle exerce sa raison dans tous les domaines. Il ne doit pas vivre isolé mais avec la société. Il doit s'appliquer à cela et faire preuve de générosité pour ses semblables. La vertu lui est aussi nécessaire que la raison. Il est réfléchi et conforme sa conduite à celle de l'honnête homme.

b. L'esprit des Lumières évoqué implicitement dans cet extrait concerne évidemment le rôle essentiel qu'y joue la raison, mais aussi le souci pour le philosophe d'être un citoyen parmi les autres et de garder la maîtrise de ses émotions.

c. Il est essentiel que le philosophe du XVIIIe siècle soit un homme sociable: il parle de la société dans laquelle il vit et s'adresse à elle dans ses divers combats. Voltaire par exemple est arrivé – de manière très moderne – à mobiliser l'opinion contre les erreurs judiciaires.

Commentaire

On pourra proposer le plan suivant:

Le philosophe dans la vie sociale

I. Un comportement guidé par la raison

II. Un esprit curieux, généreux, ouvert aux autres

III. Un citoyen vertueux

Notes

IMPRIM'VERT®

Imprimé en France par la Nouvelle Imprimerie LABALLERY à Clamecy
N° d'édition : 005532-01 - N° d'imprimeur : 107094
Dépôt légal : juillet 2011